プリント形式のリアル過去問で本番の臨場感！

埼玉県公立高等学校

2025年春受験用　解答集

本書は，実物をなるべくそのままに，プリント形式で年度ごとに収録しています。
問題用紙を教科別に分けて使うことができるので，本番さながらの演習ができます。

■　収録内容

・解答集(この冊子です)

書籍ＩＤ番号，この問題集の使い方，最新年度実物データ，教科別入試データ解析，
解答例と解説，ご使用にあたってのお願い・ご注意，お問い合わせ

・2024(令和６)年度　～　2022(令和４)年度　学力検査問題

・リスニング問題音声《オンラインで聴く》　詳しくは次のページをご覧ください。

○は収録あり	年度	'24	'23	'22			
■ 問題収録		○	○	○			
■ 解答用紙		○	○	○			
■ 配点		○	○	○			
■ 英語リスニング音声・原稿		○	○	○			

全教科に解説
があります

注)問題文等非掲載:2023年度社会の6

資料の非掲載につきまして

著作権上の都合により，本書に収録している過去入試問題の資料の一部を掲載しておりません。ご不便をおかけし，誠に申し訳ございません。

JN132040

教英出版

■ 書籍ＩＤ番号

リスニング問題の音声は，教英出版ウェブサイトの「ご購入者様のページ」画面で，書籍ＩＤ番号を入力してご利用ください。

入試に役立つダウンロード付録や学校情報なども随時更新して掲載しています。

書籍ＩＤ番号　159311

（有効期限：2025年9月30日まで）

【入試に役立つダウンロード付録】
「ラストチェックテスト（標準／ハイレベル）」
「高校合格への道」

【リスニング問題音声】
オンラインで問題の音声を聴くことができます。
有効期限までは無料で何度でも聴くことができます。

■ この問題集の使い方

年度ごとにプリント形式で収録しています。針を外して教科ごとに分けて使用します。①片側，②中央のどちらかでとじてありますので，下図を参考に，問題用紙と解答用紙に分けて準備をしましょう（解答用紙がない場合もあります）。

針を外すときは，けがをしないように十分注意してください。また，針を外すと紛失しやすくなりますので気をつけましょう。

① 片側でとじてあるもの

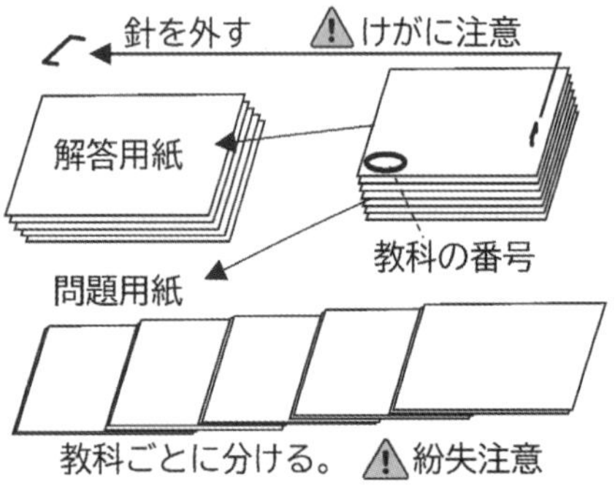

② 中央でとじてあるもの

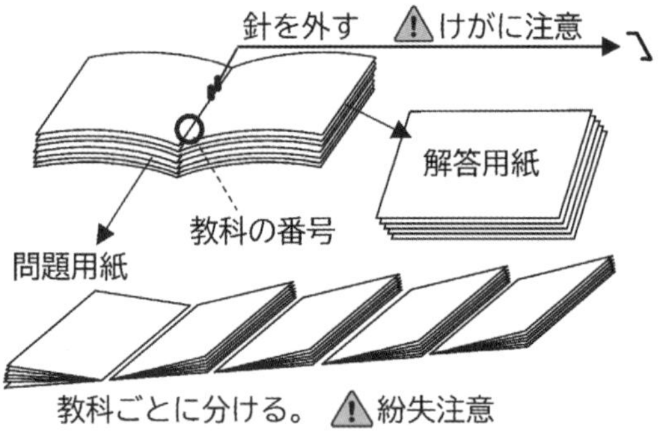

※教科数が上図と異なる場合があります。
解答用紙がない場合や，問題と一体になっている場合があります。
教科の番号は，教科ごとに分けるときの参考にしてください。

■ 最新年度 実物データ

実物をなるべくそのままに編集していますが，収録の都合上，実際の試験問題とは異なる場合があります。実物のサイズ，様式は右表で確認してください。

問題用紙	Ａ４冊子（二つ折り）
解答用紙	Ａ３片面プリント

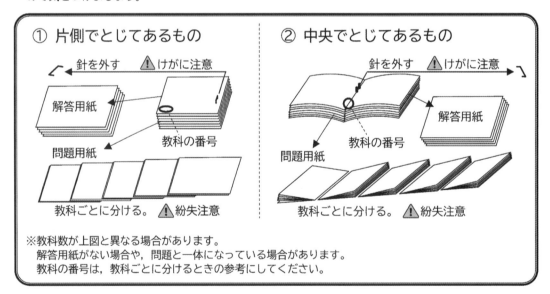

埼玉県　公立高校入試データ解析　国語

分野別データ			2024	2023	2022
大問の種類	長文	論説文・説明文・評論	○	○	○
		小説・物語	○	○	○
		随筆・紀行文			
	古文・漢文		○	○	○
	詩・短歌・俳句			○	
	その他の文章		○	○	○
	条件・課題作文		○	○	○
	聞き取り				
漢字・語句	漢字の読み書き		○	○	○
	熟語・熟語の構成		○		○
	部首・筆順・画数・書体				
	四字熟語・慣用句・ことわざ				
	類義語・対義語				
文法	品詞・用法・活用		○		○
	文節相互の関係・文の組み立て		○	○	
	敬語・言葉づかい				
文章の読解	長文	語句の意味・補充			○
		接続語の用法・補充			
		表現技法・表現の特徴	○	○	○
		段落・文の相互関係			
		文章内容の理解	○	○	○
		人物の心情の理解	○	○	○
	古文・漢文	歴史的仮名遣い	○	○	○
		文法・語句の意味・知識			
		動作主	○	○	○
		文章内容の理解	○	○	○
	詩・短歌・俳句			○	
	その他の文章		○	○	○

形式データ	2024	2023	2022
漢字の読み書き	5	5	5
記号選択	12	10	11
抜き出し	0	3	1
記述	7	8	8
作文・短文	1	1	1
その他			

2025年度入試に向けて

小説は，登場人物の言動から心情を読み取ることがポイント。説明的な文章は，段落ごとに内容をおさえながら，全体として何を言いたいのかをつかもう。記述問題には，指定された言葉を使って答えるものもあるので，要点をおさえて端的にまとめる練習をしておこう。例年，漢字や文法など，国語知識の問題も広く出題されている。基本事項を復習し，得点源にしよう。古文の設問は，内容理解が中心。作文は，資料から読み取ったことをもとに書くものが出題されている。「自分の体験をふまえて」などの条件に注意しながらまとめよう。

埼玉県　公立高校入試データ解析　数学

学校選択問題を除く分析となっています。

<table>
<tr><th colspan="2">分類</th><th>2024</th><th>2023</th><th>2022</th><th>問題構成</th><th>2024</th><th>2023</th><th>2022</th></tr>
<tr><td rowspan="7">式と計算</td><td>数と計算</td><td>○</td><td>○</td><td>○</td><td rowspan="4">小問</td><td rowspan="4">[1](1)～(8)
計算問題</td><td rowspan="4">[1](1)～(8)
計算問題
[2](2)文字式の
文章問題</td><td rowspan="4">[1](1)～(8)
計算問題
(12)平方根</td></tr>
<tr><td>文字式</td><td>○</td><td>○</td><td>○</td></tr>
<tr><td>平方根</td><td>○</td><td>○</td><td>○</td></tr>
<tr><td>因数分解</td><td>○</td><td>○</td><td>○</td></tr>
<tr><td>1次方程式</td><td>○</td><td>○</td><td>○</td><td rowspan="3">大問</td><td rowspan="3"></td><td rowspan="3">[3]無限小数，有限
小数</td><td rowspan="3"></td></tr>
<tr><td>連立方程式</td><td>○</td><td>○</td><td>○</td></tr>
<tr><td>2次方程式</td><td>○</td><td>○</td><td>○</td></tr>
<tr><td rowspan="4">統計</td><td rowspan="2">データの活用</td><td rowspan="2">○</td><td rowspan="2">○</td><td rowspan="2">○</td><td>小問</td><td>[1](12)度数分布表，(16)箱ひげ図</td><td>[1](9)標本調査，(16)箱ひげ図</td><td>[1](14)箱ひげ図，(15)標本調査</td></tr>
<tr><td>大問</td><td></td><td></td><td></td></tr>
<tr><td rowspan="2">確率</td><td rowspan="2">○</td><td rowspan="2">○</td><td rowspan="2">○</td><td>小問</td><td>[1](13)2個のさいころ</td><td>[1](13)3枚の硬貨</td><td></td></tr>
<tr><td>大問</td><td></td><td></td><td>[3]さいころ2回，座標</td></tr>
<tr><td rowspan="7">関数</td><td>比例・反比例</td><td>○</td><td>○</td><td>○</td><td rowspan="4">小問</td><td rowspan="4">[1](9)1次関数</td><td rowspan="4">[1](10)1次関数，
反比例
(11)変域
(15)放物線，直線</td><td rowspan="4">[1](10)1次関数，
反比例
[2](2)放物線，平行
四辺形の面積</td></tr>
<tr><td>1次関数</td><td>○</td><td>○</td><td>○</td></tr>
<tr><td>2乗に比例する関数</td><td>○</td><td>○</td><td>○</td></tr>
<tr><td>いろいろな関数</td><td></td><td></td><td></td></tr>
<tr><td>グラフの作成</td><td></td><td></td><td></td><td rowspan="3">大問</td><td rowspan="3">[3]座標平面
放物線，直線，
線分の長さと比</td><td rowspan="3"></td><td rowspan="3"></td></tr>
<tr><td>座標平面上の図形</td><td>○</td><td></td><td>○</td></tr>
<tr><td>動点，重なる図形</td><td></td><td></td><td></td></tr>
<tr><td rowspan="9">図形</td><td>平面図形の性質</td><td>○</td><td>○</td><td>○</td><td rowspan="5">小問</td><td rowspan="5">[1](10)円，角度
(11)平行四辺形，
三角形
(14)回転体
(15)正三角形</td><td rowspan="5">[1](12)台形
(14)球，円
[2](1)作図</td><td rowspan="5">[1](9)円，角度
(11)円すいの展開
図，中心角
(13)平行線，相似
(16)円柱，相似
[2](1)作図</td></tr>
<tr><td>空間図形の性質</td><td>○</td><td>○</td><td>○</td></tr>
<tr><td>回転体</td><td>○</td><td></td><td></td></tr>
<tr><td>立体の切断</td><td></td><td>○</td><td></td></tr>
<tr><td>円周角</td><td>○</td><td></td><td>○</td></tr>
<tr><td>相似と比</td><td>○</td><td>○</td><td>○</td><td rowspan="4">大問</td><td rowspan="4">[2](1)作図
(2)合同の証明
[4]空間図形
直方体，三角形</td><td rowspan="4">[4]空間図形
正四角柱，
立体の切断</td><td rowspan="4">[4]平面図形
円，三角形
相似の証明</td></tr>
<tr><td>三平方の定理</td><td>○</td><td>○</td><td>○</td></tr>
<tr><td>作図</td><td>○</td><td>○</td><td>○</td></tr>
<tr><td>証明</td><td>○</td><td>○</td><td>○</td></tr>
</table>

2025年度入試に向けて

学校選択問題ではない方の問題は難易度が高くないため，基本問題の点をどれだけ取りこぼさないかが合否を分ける。出題の内容の幅が広いので，どの分野の問題が出ても対応できるように，問題集で訓練しておこう。特に図形問題は問題数が多く，勉強次第で大きな得点源になりうる。

埼玉県　公立高校入試データ解析　社会

分野別データ		2024	2023	2022	形式データ	2024	2023	2022
地理	世界のすがた	○	○	○	記号選択	7	6	7
	世界の諸地域 （アジア・ヨーロッパ・アフリカ）	○	○	○	語句記述	3	5	2
	世界の諸地域 （南北アメリカ・オセアニア）	○	○	○	文章記述	4		3
	日本のすがた	○	○	○	作図			
	日本の諸地域 （九州・中国・四国・近畿）	○			計算			
	日本の諸地域 （中部・関東・東北・北海道）	○	○	○				
	身近な地域の調査	○	○	○				
歴史	原始・古代の日本	○	○	○	記号選択	6	5	5
	中世の日本	○	○	○	語句記述	2	3	4
	近世の日本	○	○	○	文章記述	2	2	2
	近代の日本	○	○	○	並べ替え	1	2	2
	現代の日本	○	○	○				
	世界史	○	○	○				
公民	わたしたちと現代社会	○	○	○	記号選択	6	5	5
	基本的人権	○	○	○	語句記述	1	2	4
	日本国憲法	○			文章記述	1	2	2
	民主政治	○	○	○				
	経済	○	○	○				
	国際社会・国際問題	○	○	○				

2025 年度入試に向けて

例年通りの出題パターンはほぼ変わっていない。1は総合的な世界地理，2の日本地理では地形図を使った読み取りが必出である。3が古代から近世までの歴史，4が近代以降の歴史である。5は政治経済から人権まで幅広く公民分野の出題があり，6では日本の1つの地域に絞った地歴公の混合問題になっている。多くの資料を扱った問題がよく出題されるので，資料のもつ意味をしっかりと理解するための学習をしたい。そのためには数多くの入試問題を解くことが一番である。

埼玉県　公立高校入試データ解析　理科

分野別データ		2024	2023	2022
物理	光・音・力による現象	○	○	○
	電流の性質とその利用	○		○
	運動とエネルギー	○	○	○
化学	物質のすがた		○	○
	化学変化と原子・分子	○	○	○
	化学変化とイオン		○	○
生物	植物の生活と種類	○	○	○
	動物の生活と種類	○	○	○
	生命の連続性と食物連鎖	○	○	○
地学	大地の変化	○	○	○
	気象のしくみとその変化	○	○	○
	地球と宇宙	○	○	○

形式データ	2024	2023	2022
記号選択	16	14	15
語句記述	7	10	6
文章記述	6	5	6
作図	2	2	3
数値	2	3	2
化学式・化学反応式	1	1	1

2025年度入試に向けて

上記の分野別データからも分かる通り，中学校３年間で学習した内容からまんべんなく出題される。苦手な分野や単元がある場合は，早めに克服しておきたい。記号選択や語句記述の問題は，基本的な内容を理解していれば正解できる問題が多くなっているので，教科書の重要語句やその周辺の内容をしっかり覚えれば，正答率を高めることができるだろう。また，計算の理由や説明が必要な問題，比較的長い文章で答える問題なども出題されている。頭の中で筋道を立てることができたとしても，それを文章でうまく表現できるとは限らない。本番で急に書けるようになるものではないので，過去問を使って練習をしておこう。

埼玉県　公立高校入試データ解析　英語

学校選択問題を除く分析となっています。

分野別データ		2024	2023	2022
音声	発音・読み方			
	リスニング	○	○	○
文法	適語補充・選択	○	○	○
	語形変化			
	その他			
英作文	語句の並べかえ	○	○	○
	補充作文			
	自由作文	○	○	○
	条件作文			
読解	語句や文の補充	○	○	○
	代名詞などの指示内容			
	英文の並べかえ			
	日本語での記述	○	○	○
	英問英答	○	○	○
	絵・表・図を選択	○		
	内容真偽	○	○	○
	内容の要約	○	○	○
	その他			

形式データ			2024	2023	2022
リスニング	記号選択		8	8	8
	英語記述		3	3	3
	日本語記述				
文法・英作文・読解	読解	会話文	4	4	4
		長文	2	2	2
		絵・図・表	2	2	2
	記号選択		8	8	8
	語句記述		4	5	5
	日本語記述		1	1	1
	英文記述		8	6	6

2025 年度入試に向けて

リスニングでは，放送文が流れる前に，問題用紙の選択肢などの内容をしっかり見ておこう。英語が苦手でも確実に得点したいのは大問２。単語をたくさん覚えて対策しよう。まとまった英文を速く読む力を身につけておくこと。

長文読解は文章が長いので，特に問題で問われている部分を確実に読み取ろう。

自由英作文は難しい単語を使う必要はないので，書ける単語を使って文を作ろう。条件を守って間違いのない文を作ろう。

埼玉県公立高等学校

《2024　国語　解答例》

1　問1．イ　　問2．エ　　問3．物理のセンスがあるから物理部に入ったと思われた　　問4．スポーツの世界を離れて、答えがないことが楽しくて物理部で研究や観測をしている　　問5．ウ，オ

2　問1．⑴はんぷ　⑵かいじゅう　⑶ぬぐ　⑷就任　⑸危　　問2．ア　　問3．ウ
問4．⑴エ→ア→ウ→イ　⑵イ　⑶採れるからです

3　問1．エ　　問2．元の所有者などのアイデンティティが付帯することにより、再び商品化されるときに価値が変わる　　問3．ア　　問4．イ　　問5．元の所有者がモノを媒介として受け手に働きかけているならば、そのモノはまだ元の所有者に帰属している

4　問1．近衛殿に一休の歌をささげる　　問2．ア　　問3．きょうじたまいて　　問4．エ

5　〈作文のポイント〉
・最初に自分の主張、立場を明確に決め、その内容に沿って書いていく。
・わかりやすい表現を心がける。自信のない表現や漢字は使わない。
さらにくわしい作文の書き方・作文例はこちら！→https://kyoei-syuppan.net/mobile/files/sakupo.html

《2024　数学　解答例》

1　⑴ $2x$　⑵ -9　⑶ $18xy^2$　⑷ -4　⑸ $3\sqrt{3}$　⑹ $(x-9)(x+8)$　⑺ $x=1$　$y=-4$
⑻ $\frac{-7\pm\sqrt{41}}{4}$　⑼ $2x+4$　⑽108　⑾3　⑿エ　⒀ $\frac{1}{6}$　⒁ 192π　⒂9
⒃期間①より期間②の方が，第1四分位数，第3四分位数ともに基準日に近い

2　⑴右図

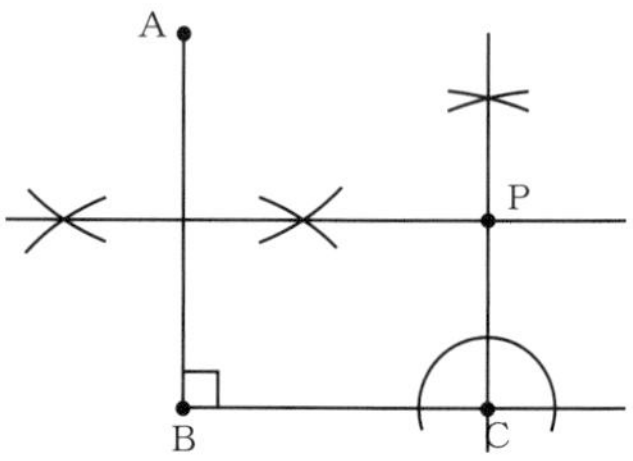

⑵△ＡＣＤと△ＡＧＢにおいて，
仮定から，ＡＣ＝ＡＧ…①，ＡＤ＝ＡＢ…②
∠ＣＡＤ＝∠ＣＡＢ＋∠ＢＡＤ＝∠ＣＡＢ＋90°
∠ＧＡＢ＝∠ＧＡＣ＋∠ＣＡＢ＝90°＋∠ＣＡＢから，∠ＣＡＤ＝∠ＧＡＢ…③
①，②，③から，２組の辺とその間の角がそれぞれ等しいので，△ＡＣＤ≡△ＡＧＢ

3　⑴ア．t　イ．$\frac{1}{3}t^2$　⑵点Ｒのｙ座標が，点Ｑのｙ座標より大きくなるから。　⑶ $\frac{9}{4}$，$\frac{15}{4}$

4　⑴378　⑵ $\frac{24\sqrt{5}}{5}$

《2024　学校選択問題　数学　解答例》

1　⑴$-100xy^2$　⑵$2-2\sqrt{2}$　⑶$\frac{7\pm\sqrt{29}}{10}$　⑷エ　⑸9　⑹$\frac{4}{3}$　⑺$\frac{1}{2}x+2$

⑻$4\sqrt{2}\pi$　⑼108　⑽期間①より期間②の方が，第１四分位数，第３四分位数ともに基準日に近い

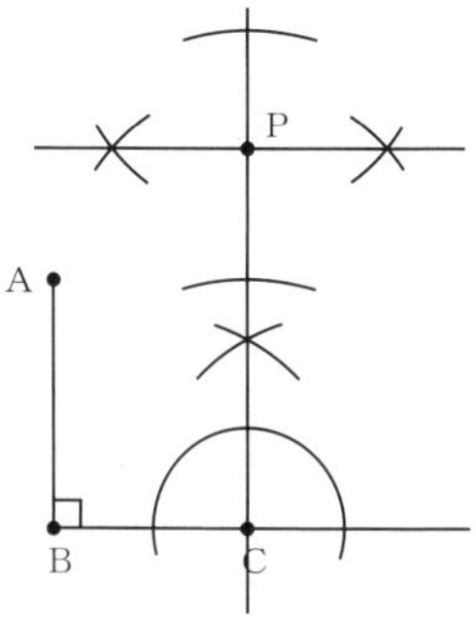

2　⑴右図

⑵△ＡＣＤと△ＡＧＢにおいて，

仮定から，ＡＣ＝ＡＧ…①，ＡＤ＝ＡＢ…②

∠ＣＡＤ＝∠ＣＡＢ＋∠ＢＡＤ＝∠ＣＡＢ＋90°

∠ＧＡＢ＝∠ＧＡＣ＋∠ＣＡＢ＝90°＋∠ＣＡＢから，∠ＣＡＤ＝∠ＧＡＢ…③

①，②，③から，２組の辺とその間の角がそれぞれ等しいので，△ＡＣＤ≡△ＡＧＢ…④

△ＡＧＨと△ＩＣＨにおいて，

④から，∠ＡＧＨ＝∠ＩＣＨ…⑤　∠ＧＨＡ＝∠ＣＨＩ…⑥

⑤，⑥から，２組の角がそれぞれ等しいので，△ＡＧＨ∽△ＩＣＨ

したがって，∠ＧＡＨ＝∠ＣＩＨ＝90°

3　⑴ア．t　イ．$\frac{1}{3}t^2$　⑵点Ｒのy座標が，点Ｑのy座標より大きくなるから。　⑶$\frac{9}{4}$，$\frac{15}{4}$

4　⑴$\frac{1}{4}$　⑵①５　②９

5　⑴378　⑵$\frac{6\sqrt{10}}{5}$

《2024　社会　解答例》

1　問１．大西洋　問２．ア　問３．ベトナムは韓国より賃金が安く，15～49歳の人口の割合が高いから。

問４．イ，ウ

2　問１．エ　問２．紀伊　問３．イ　問４．Ｑ．フェリーと旅客船の輸送人数が減っている　Ｒ．多くの人が大都市に行くようになった　問５．ア

3　問１．ウ　問２．エ　問３．土地を地頭と領家で分け合った。　問４．イ　問５．伊能忠敬

4　問１．⑴エ　⑵物価が上昇して，人々の生活は苦しくなった　問２．ウ　問３．ア　問４．マルタ

5　問１．イ　問２．ア，イ，オ　問３．ウ　問４．自主財源だけでまかなえない分を補って，財政の格差をおさえるため。　問５．クーリング・オフ　問６．ア　問７．ウ

6　問１．ウ→イ→ア→エ　問２．エ　問３．Ｐ．シリコンバレー　(記号)…ア　問４．(記号)…エ　Ａ．新たな輸出国への広報をしたり，海外の消費者に動画で紹介したりすることで，鹿児島県の黒豚肉の輸出量が増えている

《2024　理科　解答例》

1　問1．ア　　問2．エ　　問3．ウ　　問4．イ
問5．季節風〔別解〕モンスーン　　問6．無性生殖　　問7．化学
問8．半導体

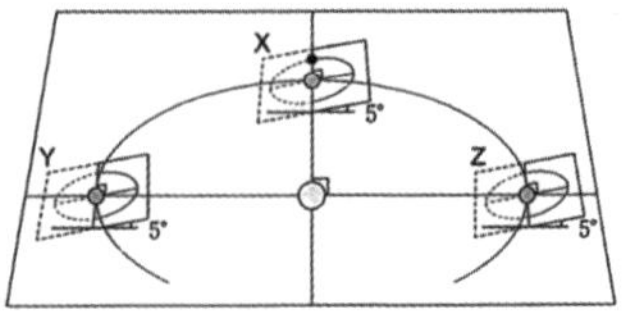

2．問3の図

2　問1．衛星　　問2．Kの部分が見えない
問3．N．月食　記号…X　月の位置…右図　　問4．1.3　　問5．エ

3　問1．ア　　問2．Ⅰ．外骨格　Ⅱ．保護する　　問3．イ，エ　　問4．生息している環境に適する
問5．Ⅲ．B　Ⅳ．S

4　問1．生じた水が加熱部分に流れて，試験管が割れないようにするため。
問2．37　　問3．結果…C　理由…ウ　　問4．$Na_2CO_3+H_2O+CO_2 \rightarrow 2NaHCO_3$　　問5．ア

5　問1．右図　　問2．イ　　問3．ウ　　問4．(1)両コースの点Aにある鉄球がもっている位置エネルギーの大きさは同じで，コースは違っても点Fでは，すべての位置エネルギーが運動エネルギーに移り変わり，運動エネルギーの大きさが同じになるから。　(2)Ⅰ．BC′　Ⅱ．運動エネルギーが大きくなり，速さが大きくなる

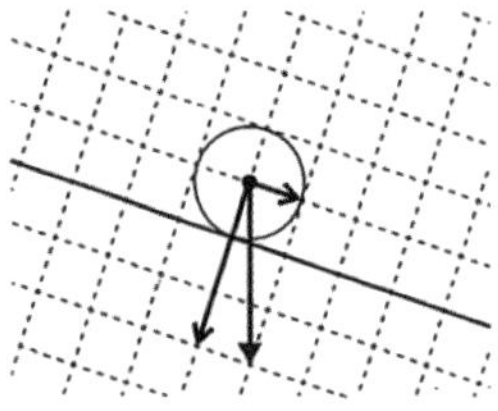
5．問1の図

《2024　英語　解答例》

1　No. 1．D　　No. 2．B　　No. 3．A　　No. 4．A　　No. 5．C　　No. 6．(1)C　(2)D　(3)B
No. 7．(1)two years　(2)play baseball　(3)nature

2　問1．A．test　B．Friday　C．by　　問2．want to study　　問3．join Study Time?　We need your help to study English.

3　問1．C　　問2．ア　　問3．was a country called　　問4．likes to look　　問5．ウ

4　問1．なぜ日本の人々は簡素なピクトグラムを作ったのか。　　問2．had to think of another way　　問3．エ
問4．イ　　問5．ア　　問6．エ　　問7．classmates will enjoy

5　問1．between　　問2．イ　　問3．①playing sports better.　②Playing sports is a kind of communication.　I can communicate with other players through playing sports.

《2024　学校選択問題　英語　解答例》

1　No. 1．D　　No. 2．B　　No. 3．A　　No. 4．A　　No. 5．C　　No. 6．(1)C　(2)D　(3)B
No. 7．(1)two years ago　(2)how long they　(3)books she wants

2　問1．イ　　問2．had to think　　問3．useful for making the information easier for foreign visitors to
問4．ア　　問5．Because there is too much information in a limited space.　　問6．(1)ウ　(2)イ　　問7．anything I can

3　問1．A．called　B．lives　　問2．①カ　②エ　③ア　　問3．特定の匂いを与えること。　　問4．Because we can save water and food.　　問5．a technology that can help sick or injured people　　問6．(1)surprised to
(2)not necessary　(3)hard for

4　Yes, I do.　If we use this way to pay, we can pay quickly and don’t have to carry much money with us.　That saves time for stores, too.　Also, we can easily check how much money we have used.　This will make us more careful when we use money.

2024 解説 令和6年度 埼玉県公立高等学校

《2024　国語　解説》

1　問1　「ウチュウセンの観測ですか？」と質問した天音《あまね》の言葉から、真宙《まひろ》は「飛行船のように細長い機体の『宇宙船』」をイメージしたため、初対面のはずの柳《やなぎ》くんに天音はいきなり何を言い出すのかと「当惑し」たのである。よって、イが適する。

問2　真宙は、柳くんは「足が速くて、(陸上部に)スカウトされた」と聞いていたので、物理部に所属しているという柳くんに、「陸上部は？」と質問した。ところが「柳くんがびっくりしたように真宙を見つめ返」したので、聞いてはいけないことを聞いてしまったのではないかと思い、ひやりとして「体温がすっと下がっていく感覚」にとらわれている。よって、エが適する。

問3　物理部で宇宙線の観測や人工衛星の製作をしているという柳くんに、天音は「物理って、得意な人は全問正解できるくらい理解できて、だけど逆に、そういうセンスがない人は～まったく太刀打ちできない世界なんだって聞いたことがあります～すごい」と感心していた。しかし、柳くんが「オレ、選択科目で物理、取ってないし」と言ったので「え……という声」が「真宙と天音、両方の口から洩《も》れた」。柳くんは、自分が物理のセンスがあるから物理部に入ったと思われていたことに気づき、二人の期待に沿えなくて何だか申し訳ないような気になったのである。

問4　真宙は「柳くんがスポーツの世界から離れてしまうなんて、想像もできなかった」が、「物理の研究とか観測って、どういうところが楽しいですか」という天音の質問に、当の柳くんは「答えがないこと」「まだない答えを探してる～そこが楽しいのかもしれない」と答えた。つまり、真宙は「柳くんがスポーツの世界から離れ」たことと、その柳くんが「答えがない」物理の「研究とか観測が楽しいからやってる」ことに衝撃を受けたのである。

問5　ウ．真宙が「えっと目を見開いた」のは、天音の質問に対し、(陸上部に入ったと思っていた)柳くんが「物理部だよ」と答えたからであり、「天音が初対面の柳くんに気軽に話しかけている」からではない。　オ．傍線部②の後に、「柳くんは、すごくサッカーがうまかった。練習や試合でプレーを見て、あんなふうになりたいと憧れた」と真宙が過去を回想している部分があるが、「『過去』の場面」に切り替わっているわけではない。

2　問2　══ 部とアの「ない」は、動詞の未然形に接続し、文節で区切ることができないので助動詞。イは「頼りない」という形容詞の一部、ウは形容詞、エは補助形容詞。

問3　ウの「濁流」は上の漢字が下の漢字を修飾している熟語。その他は似た意味の漢字をかさねた熟語。

問4(1)　最初に、「地産地消とは、どのような意味でしょうか」という問いかけに対する答えを説明した、エが入る。そして、その地産地消の現状について、ア「次の二点」、すなわち、ウ「まず、地産地消の効果」とイ「次に、埼玉県産の農産物を普及させる取り組み」について調べたという流れになる。　(2)　スピーチにおいては、イのように原稿に目を落としたままでは、聞く人の反応が確かめられない。また、常に一定の速度で話すと、退屈に聞こえる。　(3)　══ 部の「～のは」を受けて、文末が理由を表す形になるように、「採れます」を「採れるからです」と直す。

3　問1　第2段落に、タンザニアでは「モノの寿命限界までリユースやリサイクルされ」、さらに「誰かがひとたび所有したモノが贈与や転売を通じて別の誰かの所有物となる」ことが「何度も繰り返される」ことで、モノが「社会の中で循環してきた」とある。よって、エが適する。

問2　第5～7段落にあるように、モノには「モノの社会的履歴」、すなわち「モノにまつわるさまざまな関係性」が埋め込まれているので、「ひとたび誰かのものとされたモノが再び商品化されるとき」、「元の所有者や関係者のアイデンティティがモノに付帯する」ことがある。そして、それによって「交換価値」が変化するのである。

問3　第9段落にあるように、もらった手編みのマフラーを「不要になっても捨てるのを躊躇《ちゅうちょ》する」のは、「マフラーを編んだ恋人の思い、すなわち魂が込められているように感じられ」、マフラーを捨てることは「そのモノとの関係だけでなく、そのモノを媒介にして恋人への執着と決別する」ことを意味しているからである。よって、アが適する。

問4　第 10 段落にあるように、贈り物には与え手の人格の一部が宿っていて、「ヒトとモノ」には「分離不可能な関係」があると論じてきた「人類学」は、「『個人』が所有物に対して排他的な権利を有するという～私的所有論の考え方」と対立してきた。傍線部④は、「所有」と「他者への贈与や分配」を分けて考えているので、「私的所有論」の考え方。よって、イが適する。

問5　第 13 段落と第 11 段落を参照。「元の所有者がモノを媒介として財を譲り受けた者たちに働きかけている」(第 13 段落)限り、「そのモノはいまだ持ち主に帰属している」(第 11 段落)。つまり、贈り物の元の持ち主は、贈り物を介して受け手に働きかけ続けているので(法的にはともかく)「その贈り物の所有権を放棄した」とは言えないのである。だから、私的所有に失敗することが「損失」で、贈与が「利他的な行為」であるとは言えないのである。

4　**問1**　農民たちは「かかる事」、すなわち一休《いっきゅう》が詠んだ「是《これ》（＝歌）をもちて近衛《このえ》殿へ捧《ささ》げ」ても、「免おほく給《たま》はること」などできないと感じている。

問2　一休が帰ってしまったので、どうすればいいか集まって相談したのは、アの「百姓共」(＝農民たち)である。

問3　古文の「エ段＋う」は、「イ段＋ょう」に直す。古文で言葉の先頭にない「はひふへほ」は、「わいうえお」に直す。

問4　この和歌は、「百姓」を苦しめて「近衛殿」の名声を汚す「左近《さこん》」は、「月」を覆い隠す「むら雲」や、「花（桜)」を散らす「風」のようによくない存在であると、「近衛殿」に訴えている。よって、エが適する。

【古文の内容】

農民たちが一休を招いて、「この訴状をお書きください」と頼むと、(一休は)「お安い御用だ、どんなことだ」とおっしゃるので、(農民たちは)「これこれのことにございます」と申しあげたところ、(一休は)「長々しい訴状など必要ない。これを持って近衛殿に差し上げよ」と言って歌を詠んで届けなさった。

世の中（にふさわしくないもの）は、月に（かかる）むら雲、桜に（吹く）風、近衛殿には（農民を苦しめる）左近であることよ

と詠んで、これを届けさせたので、村々の農民たちは、「こんなことでは、(近衛殿が）年貢のお許しを多くくださることなど思いもよりません」と申したところ、一休は「ひたすらこの歌だけ差し上げよ」とおっしゃられてお帰りになったので、農民たちは集まって相談したが、元から土のついた（無学な）男たちで、一筆も読み書きできないので、しかたなく例の歌を（近衛殿に）差し上げたところ、近衛殿は（この歌を）御覧になって、「これはどのような人が詠んだのだ」とおっしゃった。農民たちが申すには、「たき木の一休殿の御作品でございます」と申すので、(近衛殿は)「そのふざけたことをする人（＝一休）以外に、そんなことを言う人は今の世にいない」と面白がりなさって、多くの（年貢の）免除をご命令なされたということだ。

《2024　数学　解説》

1　(2)　与式＝－８－１＝－９

(3)　与式＝$6x^2y \times 12y \times \frac{1}{4x} = 18xy^2$

(4)　与式より，$5x-6x=-3+7$　　$-x=4$　　$x=-4$

(5)　与式$=2\sqrt{3}+\sqrt{3}=3\sqrt{3}$

(6)　積が-72，和が-1となる２つの整数を探すと，-9と８が見つかる。よって，与式$=(x-9)(x+8)$

(7)　$6x-y=10$より，$y=6x-10$…①，$4x+3y=-8$…②とする。②に①を代入してyを消去すると，

$4x+3(6x-10)=-8$　　$4x+18x-30=-8$　　$22x=-8+30$　　$22x=22$　　$x=1$

$x=1$を①に代入して，$y=6\times1-10=-4$

(8)　２次方程式の解の公式より，$x=\dfrac{-7\pm\sqrt{7^2-4\times2\times1}}{2\times2}=\dfrac{-7\pm\sqrt{41}}{4}$

(9)　**【解き方】yがxの１次関数であり，傾きが２だから，この１次関数の式は$y=2x+b$とおける。**

１次関数の式に$(x,\ y)=(-3,\ -2)$を代入して，$-2=2\times(-3)+b$　　$b=4$となる。

よって，求める１次関数の式は$y=2x+4$である。

(10)　**【解き方】右図のように補助線を引く。中心角は対応する弧の長さに比例する。**

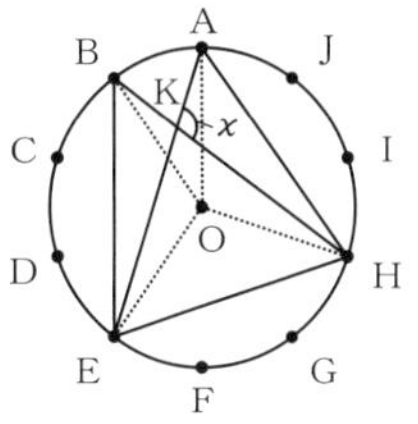

$\overset{\frown}{BE}$は円周の$\dfrac{3}{10}$倍の長さだから，$\angle BOE=360^\circ\times\dfrac{3}{10}=108^\circ$

円周角は，同じ弧に対する中心角の半分の大きさだから，

$\angle KHE=\dfrac{1}{2}\angle BOE=\dfrac{1}{2}\times108^\circ=54^\circ$

同様に，$\angle AOH=108^\circ$だから，$\angle KEH=54^\circ$

△ＫＥＨにおいて，三角形の１つの外角は，これととなり合わない２つの内角の和に等しいから，$\angle x=\angle KHE+\angle KEH=54^\circ+54^\circ=108^\circ$である。

(11)　**【解き方１】高さが等しい三角形の面積比は，底辺の長さの比に等しいことを利用する。**

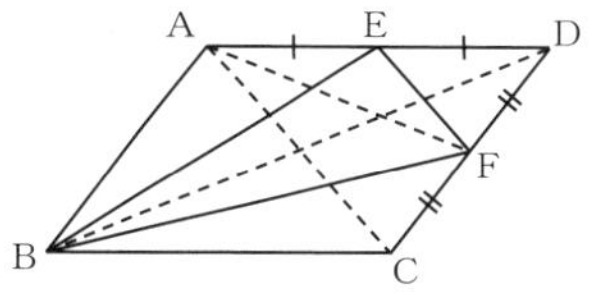

平行四辺形ＡＢＣＤの面積をＳとする。平行四辺形の面積は，対角線によって２等分されるから，$\triangle ABD=\triangle BCD=\triangle ACD=\dfrac{1}{2}S$である。

△ＡＣＤと△ＡＦＤで，底辺をそれぞれＣＤ，ＦＤとしたときの高さが等しいから，$\triangle ACD:\triangle AFD=CD:FD=2:1$となるので，

$\triangle AFD=\dfrac{1}{2}\triangle ACD=\dfrac{1}{2}\times\dfrac{1}{2}S=\dfrac{1}{4}S$

△ＤＥＦと△ＡＦＤで，底辺をそれぞれＤＥ，ＤＡとしたときの高さが等しいから，

$\triangle DEF:\triangle AFD=DE:DA=1:2$となるので，$\triangle DEF=\dfrac{1}{2}\triangle AFD=\dfrac{1}{2}\times\dfrac{1}{4}S=\dfrac{1}{8}S$

同様に考えて，$\triangle ABE=\dfrac{1}{2}\triangle ABD=\dfrac{1}{4}S$，$\triangle BCF=\dfrac{1}{2}\triangle BCD=\dfrac{1}{4}S$だから，

$\triangle EBF=$(平行四辺形ＡＢＣＤの面積)$-\triangle DEF-\triangle ABE-\triangle BCF=S-\dfrac{1}{8}S-\dfrac{1}{4}S-\dfrac{1}{4}S=\dfrac{3}{8}S$

よって，$\triangle EBF:\triangle DEF=\dfrac{3}{8}S:\dfrac{1}{8}S=3:1$なので，△ＥＢＦの面積は△ＤＥＦの面積の３倍である。

【解き方２】右のように作図し，△ＥＢＦ，△ＤＥＦと面積が等しい三角形を探す。

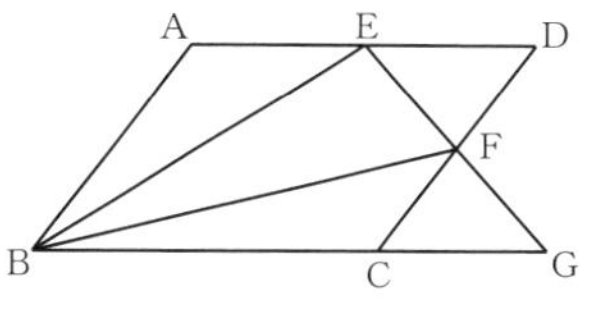

ＡＤ//ＢＧより，△ＤＥＦ∽△ＣＧＦとなり，ＤＦ＝ＣＦだから，

△ＤＥＦ≡△ＣＧＦである。したがって，ＥＦ＝ＧＦより△ＥＢＦ＝△ＦＢＧ，

△ＤＥＦ＝△ＣＧＦである。

$BC:CG=AD:DE=2:1$だから，$BG:CG=(2+1):1=3:1$なので，

$\triangle EBF:\triangle DEF=\triangle FBG:\triangle CGF=BG:CG=3:1$

よって，△ＥＢＦの面積は△ＤＥＦの面積の３倍である。

⑿　ア．中央値は，20÷２＝10 より，大きさ順に 10 番目と 11 番目の値の平均である。これらの値はともに 12 冊以上 16 冊未満の階級にふくまれるので，中央値は８冊以上 12 冊未満の階級にはない。よって，正しくない。

イ．(相対度数)＝(その階級の度数)÷(度数の合計)だから，４÷20＝0.2 である。よって，正しくない。

ウ．最頻値は，度数が最も大きい階級の階級値だから，12 冊以上 16 冊未満の階級の階級値である。

よって，(12＋16)÷２＝14(冊)なので，正しくない。

エ．(累積相対度数)＝(その階級以下の度数の合計)÷(度数の合計)だから，(20－３)÷20＝0.85 であり，正しい。

以上より，正しいものは**エ**である。

⒀　**【解き方】$10x+y$は大きいさいころの出た目の数を十の位の数，小さいさいころの出た目の数を一の位の数としてつくった２けたの整数の値である。**

十の位の数と一の位の数がともに１から６までの数となる２桁の７の倍数は，14，21，35，42，56，63 の６個である。２つのさいころの目の出方は全部で６×６＝36(通り)あるから，求める確率は，$\frac{6}{36}=\mathbf{\frac{1}{6}}$である。

⒁　**【解き方】回転体は右図のように，大きい円柱から小さい円柱をくり抜いた立体になる。**

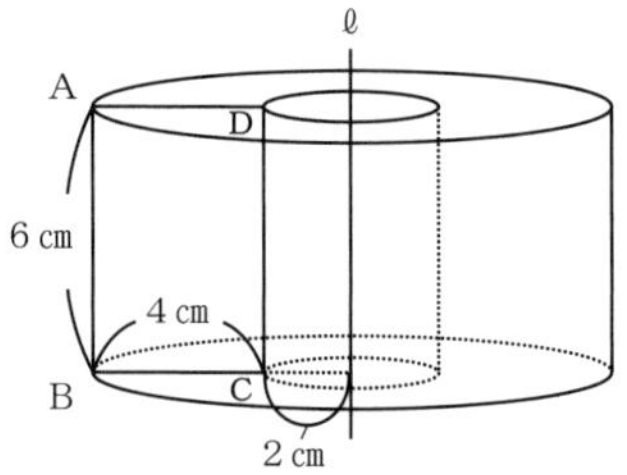

大きい円柱の底面の半径は４＋２＝６(cm)，高さが６cmであり，小さい円柱の底面の半径は２cm，高さが６cmである。よって，求める体積は

$6^2\pi\times6-2^2\pi\times6=(36\pi-4\pi)\times6=\mathbf{192\pi}$(cm³)

⒂　**【解き方】かげをつけた，１辺の長さが４cmの正三角形の面積を t とおき，１辺が８cmの正三角形をx個並べたときのかげをつけた部分の面積の合計と，重ならない部分の面積をそれぞれ t（t＞0）を用いて表す。**

１辺の長さが８cmの正三角形をx個並べたとき，１辺の長さが４cmのかげをつけた正三角形は$(x-1)$個できるから，面積は$t(x-1)$cm²と表せる。

１辺の長さが８cmの正三角形と４cmの正三角形の相似比は８：４＝２：１だから，面積比は２乗の比の$2^2:1^2$＝４：１となる。重ならない部分の面積は，両端の２個の正三角形においては$4t-t=3t$(cm²)，それ以外の$(x-2)$個の正三角形においては，$4t-2t=2t$(cm²)だから，合計で，

$3t\times2+2t(x-2)=2tx+2t=t(2x+2)$(cm²)である。

したがって，$t(x-1):t(2x+2)=2:5$より，$2(2x+2)=5(x-1)$　　これを解いて，$\mathbf{x=9}$

⒃　箱ひげ図では，第１四分位数から第３四分位数までの範囲(四分位範囲)を箱で表すことで，中心付近のデータの分布の様子がわかるようになっている。

２　⑴　ＡＢとＢＣは垂直で，ＡＢ//ＰＣだから，ＰＣとＢＣは垂直である。よって，ＰはＣを通るＢＣの垂線上の点である。ＡＢ：ＰＣ＝２：１だから，ＰはＡＢの垂直二等分線上にあるので，これらの直線の交点をＰとする。

⑵　まず，問題文の仮定を図にかきこんで，証明のために必要な条件を探そう。条件が足りない場合は，問題の内容に応じて，図形の性質，平行線の同位角・錯角などからわかることもかきこんでみよう。

３　⑴　Ｑは直線$y=x$上の点であり，x座標が t だから，Ｑのy座標は直線の式に$x=t$を代入して，$\mathbf{y=t}$である。

Ｒは放物線$y=\frac{1}{3}x^2$上の点であり，x座標が t だから，Ｒのy座標は放物線の式に$x=t$を代入して，$\mathbf{y=\frac{1}{3}t^2}$である。

⑵　$0<t<3$のとき，直線$y=x$は放物線$y=\frac{1}{3}x^2$より上にあるので，ＱはＲの上側にある。一方，$3<t\leqq5$のとき，直線$y=x$は放物線$y=\frac{1}{3}x^2$より下にあるので，ＱはＲの下側にある。

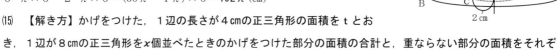

⑶ **【解き方】3＜t≦5のとき，右図のようになる。PR＝PQ＋RQだから，PQ：RQ＝4：1のとき，PQ：PR＝PQ：(PQ＋RQ)＝4：(4＋1)＝4：5である。**

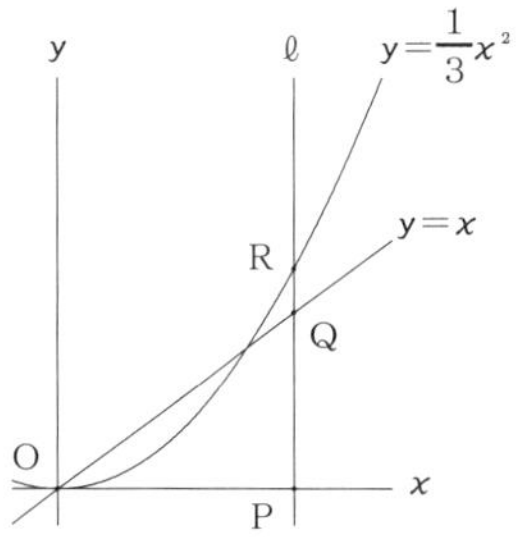

PQ＝(Qのy座標)－(Pのy座標)＝t－0＝t，

PR＝(Rのy座標)－(Pのy座標)＝$\frac{1}{3}t^2-0=\frac{1}{3}t^2$である。

0＜t＜3のとき，PQ：PR＝4：3より，PQ×3＝PR×4

$t\times3=\frac{1}{3}t^2\times4$　　これを解いて，t＝0，$\frac{9}{4}$　　0＜t＜3より，t＝$\mathbf{\frac{9}{4}}$

3＜t≦5のとき，PQ：PR＝4：5より，PQ×5＝PR×4　　$t\times5=\frac{1}{3}t^2\times4$

これを解いて，t＝0，$\frac{15}{4}$　　3＜t≦5より，t＝$\mathbf{\frac{15}{4}}$である。

4 ⑴ **【解き方】△AFBと相似な三角形の辺の長さの比を利用して解く。**

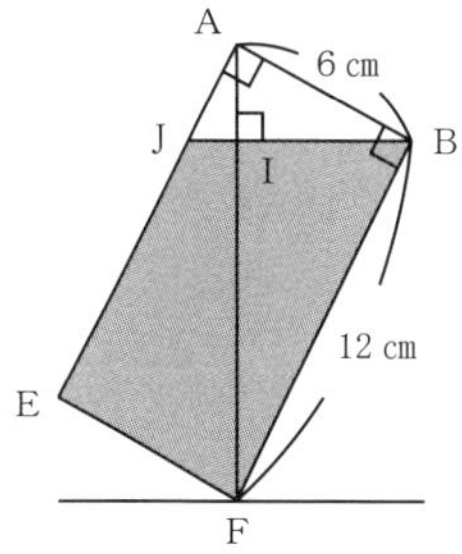

△AFBにおいて，三平方の定理より，AF＝$\sqrt{6^2+12^2}=6\sqrt{5}$(cm)

よって，△AFBは3つの辺の長さの比が6：12：$6\sqrt{5}$＝1：2：$\sqrt{5}$の直角三角形である。右図で，△ABIに注目すると，△AFB∽△ABI，△JBA∽△ABIだから，△AFB∽△JBAである。

よって，△JBAの3つの辺の長さの比はAJ：AB：JB＝1：2：$\sqrt{5}$だから，

AJ＝AB×$\frac{1}{2}$＝6×$\frac{1}{2}$＝3(cm)より，JE＝AE－AJ＝12－3＝9(cm)

四角形JEFBは台形であり，容器に入った水の体積は，底面が四角形JEFBで高さが6㎝の四角柱の体積と等しいので，$\frac{1}{2}$×(9＋12)×6×6＝**378**(㎤)である。

⑵ **【解き方】△AFB∽△ABIであることを利用する。**

△ABIの辺の長さの比は，AI：IB：AB＝1：2：$\sqrt{5}$だから，AI＝AB×$\frac{1}{\sqrt{5}}=\frac{6}{\sqrt{5}}=\frac{6\sqrt{5}}{5}$(cm)

よって，FI＝AF－AI＝$6\sqrt{5}-\frac{6\sqrt{5}}{5}=\mathbf{\frac{24\sqrt{5}}{5}}$(cm)

《2024　学校選択問題　数学　解説》

1 ⑴ 与式＝$(-6xy^3)\times\left(\frac{2}{3x^2y}\right)\times25x^2=\mathbf{-100xy^2}$

⑵ $xy-x-y+1=x(y-1)-(y-1)=(x-1)(y-1)$　　この式に$x=\sqrt{2}+1$，$y=\sqrt{2}-1$を代入して，

$(\sqrt{2}+1-1)(\sqrt{2}-1-1)=\sqrt{2}\times(\sqrt{2}-2)=\mathbf{2-2\sqrt{2}}$

⑶ $(x-1)^2$＝Aとおくと，与式より，$5A^2+3A-1=0$　　2次方程式の解の公式より，

$A=\frac{-3\pm\sqrt{3^2-4\times5\times(-1)}}{2\times5}=\frac{-3\pm\sqrt{29}}{10}$　　$x-1=\frac{-3\pm\sqrt{29}}{10}$　　$x=\frac{-3\pm\sqrt{29}}{10}+\frac{10}{10}=\mathbf{\frac{7\pm\sqrt{29}}{10}}$

⑷ ア．中央値は，20÷2＝10より，大きさ順に10番目と11番目の値の平均である。これらの値はともに12冊以上16冊未満の階級にふくまれるので，中央値は8冊以上12冊未満の階級にはない。よって，正しくない。

イ．(相対度数)＝(その階級の度数)÷(度数の合計)だから，4÷20＝0.2である。よって，正しくない。

ウ．最頻値は，度数が最も大きい階級の階級値だから，12冊以上16冊未満の階級の階級値である。

よって，(12＋16)÷2＝14(冊)なので，正しくない。

エ．(累積相対度数)＝(その階級以下の度数の合計)÷(度数の合計)だから，(20－3)÷20＝0.85であり，正しい。

以上より，正しいものは**エ**である。

⑸ **【解き方】かげをつけた，1辺の長さが4㎝の正三角形の面積をtとおき，1辺が8㎝の正三角形をx個並べ**

たときのかげをつけた部分の面積の合計と，重ならない部分の面積をそれぞれｔ（ｔ＞0）を用いて表す。

１辺の長さが８cmの正三角形をx個並べたとき，１辺の長さが４cmのかげをつけた正三角形は$(x-1)$個できるから，面積はｔ$(x-1)$cm²と表せる。

１辺の長さが８cmの正三角形と４cmの正三角形の相似比は８：４＝２：１だから，面積比は２乗の比の$2^2:1^2=4:1$となる。重ならない部分の面積は，両端の２個の正三角形においては４ｔ－ｔ＝３ｔ(cm²)，それ以外の$(x-2)$個の正三角形においては，４ｔ－２ｔ＝２ｔ(cm²)だから，合計で，

$3t\times2+2t(x-2)=2tx+2t=t(2x+2)$(cm²)である。

したがって，$t(x-1):t(2x+2)=2:5$より，$2(2x+2)=5(x-1)$　　これを解いて，$x=$**９**

⑹　**【解き方】平行四辺形ＡＢＣＤの面積をＳとする。高さが等しい三角形の面積比は，底辺の長さの比と等しい。**

平行四辺形は対角線によって面積が２等分されるから，△ＡＢＤ＝△ＤＡＣ＝$\frac{1}{2}$Ｓである。

△ＤＡＣと△ＤＥＦについて，Ｅ，ＦはそれぞれＡＤ，ＣＤの中点なので，中点連結定理より，

△ＤＡＣ∽△ＤＥＦで，相似比は２：１である。相似な図形の面積比は相似比の２乗の比となるから，

△ＤＡＣ：△ＤＥＦ＝$2^2:1^2=4:1$より，△ＤＥＦ＝$\frac{1}{4}$△ＤＡＣ＝$\frac{1}{4}\times\frac{1}{2}$Ｓ＝$\frac{1}{8}$Ｓとなる。

△ＡＢＤと△ＡＢＥで，底辺をそれぞれＡＤ，ＡＥとしたときの高さは等しいから，△ＡＢＤ：△ＡＢＥ＝ＡＤ：ＡＥ＝２：１より，△ＡＢＥ＝$\frac{1}{2}$△ＡＢＤ＝$\frac{1}{2}\times\frac{1}{2}$Ｓ＝$\frac{1}{4}$Ｓとなる。

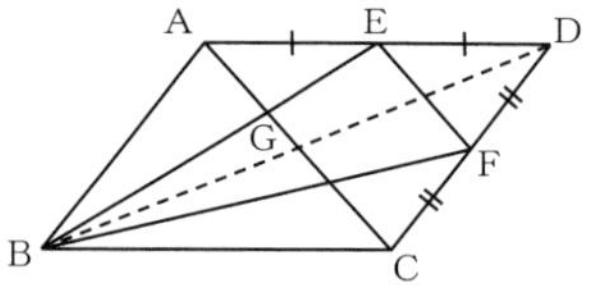

ＢＣ//ＡＤより，△ＣＧＢ∽△ＡＧＥで，相似比はＢＣ：ＥＡ＝２：１なので，

ＢＥ：ＧＢ＝(２＋１)：２＝３：２

△ＡＢＥと△ＡＢＧで，底辺をそれぞれＢＥ，ＢＧとしたときの高さは等しいから，△ＡＢＥ：△ＡＢＧ＝ＢＥ：ＧＢ＝３：２　　したがって，△ＡＢＧ＝$\frac{2}{3}$△ＡＢＥ＝$\frac{2}{3}\times\frac{1}{4}$Ｓ＝$\frac{1}{6}$Ｓ

以上より，△ＡＢＧの面積は△ＤＥＦの$\frac{1}{6}$Ｓ÷$\frac{1}{8}$Ｓ＝$\mathbf{\frac{4}{3}}$(倍)

⑺　**【解き方】１次関数のグラフの傾きは，グラフ上の２点間の変化の割合と等しいことを利用する。**

Ａ，Ｂはそれぞれ放物線$y=ax^2$上の点だから，Ａのy座標は$y=a\times(-2)^2=4a$，Ｂのy座標は$y=a\times4^2=16a$となる。よって，ＡＢ間の変化の割合は$\frac{16a-4a}{4-(-2)}=2a$であり，これが直線ＡＢの傾きの$\frac{1}{2}$に等しい。

$2a=\frac{1}{2}$より$a=\frac{1}{4}$だから，Ａのy座標は$4\times\frac{1}{4}=1$より，Ａ(－２，１)

直線ＡＢの式を$y=\frac{1}{2}x+b$とおき，Ａの座標を代入すると，$1=\frac{1}{2}\times(-2)+b$　　$b=2$

したがって，直線ＡＢの式は$\boldsymbol{y=\frac{1}{2}x+2}$

⑻　**【解き方】できる立体は右図のように，①△ＤＢＣを回転させてできる円すいから，②△ＤＡＥを回転させてできる円すいと，③△ＣＡＥを回転させてできる円すいを取り除いた立体になる。**

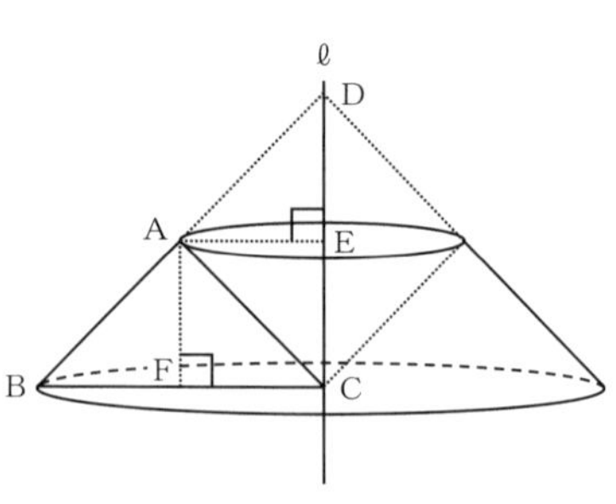

△ＡＢＣは直角二等辺三角形だから△ＤＢＣも直角二等辺三角形であり，

△ＤＡＥ，△ＣＡＥも直角二等辺三角形である。

ＢＣ＝$\sqrt{2}$ＡＢ＝$2\sqrt{2}$(cm)，ＡＥ＝ＦＣ＝$\frac{1}{2}$ＢＣ＝$\sqrt{2}$(cm)

△ＤＡＥと△ＤＢＣの相似比はＡＥ：ＢＣ＝$\sqrt{2}:2\sqrt{2}=1:2$だから，

下線部②と①の体積比は，$1^3:2^3=1:8$　　△ＤＡＥ≡△ＣＡＥだから，②と③の体積は等しい。

したがって，②の体積をＶとすると，求める体積は，８Ｖ－Ｖ－Ｖ＝６Ｖ　　ＤＥ＝ＡＥ＝$\sqrt{2}$cmだから，

$V=\frac{1}{3}\times(\sqrt{2})^2\pi\times\sqrt{2}=\frac{2\sqrt{2}}{3}\pi$(cm³)　　よって，求める体積は，$6\times\frac{2\sqrt{2}}{3}\pi=\mathbf{4\sqrt{2}\pi}$(cm³)

(9)　**【解き方】右図のように補助線を引く。△ＫＥＨについて，外角の性質を利用する。**

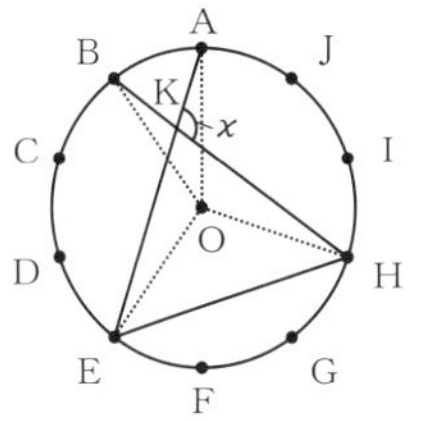

$\overset{\frown}{\mathrm{BE}}$は円周の$\dfrac{3}{10}$倍の長さだから，$\angle\mathrm{BOE}=360^\circ\times\dfrac{3}{10}=108^\circ$

円周角は，同じ弧に対する中心角の半分の大きさだから，

$\angle\mathrm{KHE}=\dfrac{1}{2}\angle\mathrm{BOE}=\dfrac{1}{2}\times108^\circ=54^\circ$

同様に，$\angle\mathrm{AOH}=108^\circ$ だから，$\angle\mathrm{KEH}=54^\circ$

△ＫＥＨにおいて，三角形の１つの外角は，これととなり合わない２つの内角の和に等しいから，$\angle x=\angle\mathrm{KHE}+\angle\mathrm{KEH}=54^\circ+54^\circ=$ **108°** である。

(10)　箱ひげ図では，第１四分位数から第３四分位数までの範囲(四分位範囲)を箱で表すことで，中心付近のデータの分布の様子がわかるようになっている。

2　(1)　ＡＢとＢＣは垂直で，ＡＢ//ＰＣだから，ＰＣとＢＣは垂直である。よって，ＰはＣを通るＢＣの垂線上の点である。ＡＢ：ＰＣ＝２：３だから，右図のように直線ＰＣ上に，ＡＢ：ＱＣ＝１：１となる点Ｑと，ＡＢ：ＲＣ＝１：２となる点Ｒをとり，ＲＱの中点をＰとすればよい。

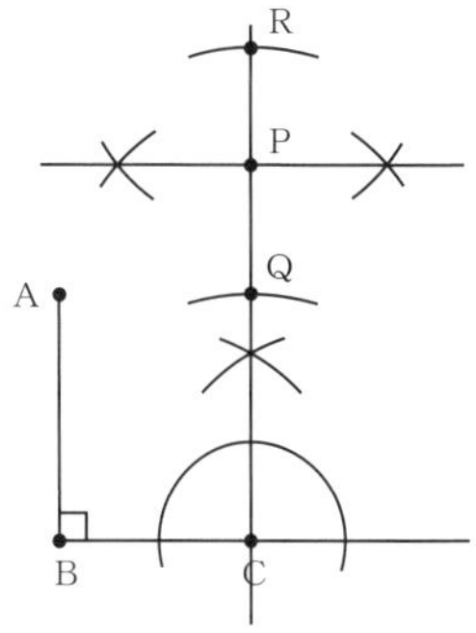

(2)　まず，問題文の仮定を図にかきこんで，証明のために必要な条件を探そう。条件が足りない場合は，問題の内容に応じて，図形の性質，平行線の同位角・錯角などからわかることもかきこんでみよう。

3　(1)　Ｑは直線$y=x$上の点であり，x座標が t だから，Ｑのy座標は直線の式に$x=$ t を代入して，$y=$ **t** である。Ｒは放物線$y=\dfrac{1}{3}x^2$上の点であり，x座標が t だから，Ｒのy座標は放物線の式に$x=$ t を代入して，$y=\dfrac{1}{3}t^2$である。

(2)　$0<t<3$のとき，直線$y=x$は放物線$y=\dfrac{1}{3}x^2$より上にあるので，ＱはＲの上側にある。一方，$3<t\leqq5$のとき，直線$y=x$は放物線$y=\dfrac{1}{3}x^2$より下にあるので，ＱはＲの下側にある。

(3)　**【解き方】$3<t\leqq5$のとき，右図のようになる。ＰＲ＝ＰＱ＋ＲＱだから，ＰＱ：ＲＱ＝４：１のとき，ＰＱ：ＰＲ＝ＰＱ：(ＰＱ＋ＲＱ)＝４：(４＋１)＝４：５である。**

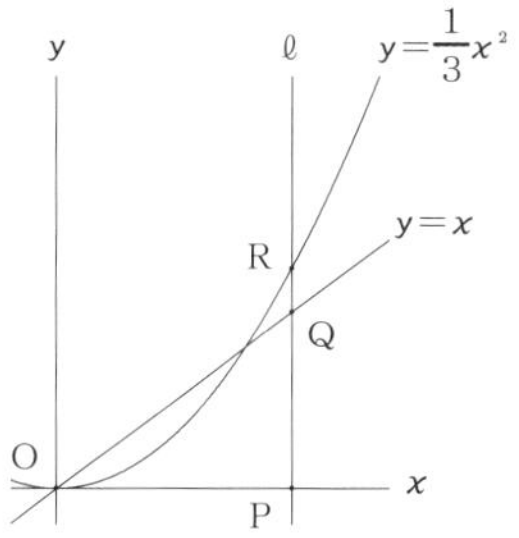

ＰＱ＝(Ｑのy座標)－(Ｐのy座標)＝$t-0=t$，

ＰＲ＝(Ｒのy座標)－(Ｐのy座標)＝$\dfrac{1}{3}t^2-0=\dfrac{1}{3}t^2$である。

$0<t<3$のとき，ＰＱ：ＰＲ＝４：３より，ＰＱ×３＝ＰＲ×４

$t\times3=\dfrac{1}{3}t^2\times4$　　これを解いて，$t=0,\ \dfrac{9}{4}$　　$0<t<3$より，$t=$ $\mathbf{\dfrac{9}{4}}$

$3<t\leqq5$のとき，ＰＱ：ＰＲ＝４：５より，ＰＱ×５＝ＰＲ×４　　$t\times5=\dfrac{1}{3}t^2\times4$

これを解いて，$t=0,\ \dfrac{15}{4}$　　$3<t\leqq5$より，$t=\mathbf{\dfrac{15}{4}}$である。

4　**【解き方】硬貨を投げて表が出れば頂点２つ分，裏が出れば頂点１つ分だけＰが進むから，表を$\boxed{2}$，裏を$\boxed{1}$として，数字の合計が$\boxed{4}$になったとき，Ｐが正方形の辺上を１周する。**

(1)　硬貨を２回投げたときの数字の合計が$\boxed{4}$になればよい。このような組み合わせは，(１回目，２回目)＝($\boxed{2}$，$\boxed{2}$)のみであり，硬貨を２回投げたときの表裏の出方は全部で２×２＝４(通り)だから，求める確率は，$\mathbf{\dfrac{1}{4}}$である。

(2)①　数字の合計が$\boxed{4}$になるような硬貨の表裏の出方の数を考える。表が１回も出ない場合，($\boxed{1}$，$\boxed{1}$，$\boxed{1}$，$\boxed{1}$)の１通り，表が１回出る場合，($\boxed{2}$，$\boxed{1}$，$\boxed{1}$)($\boxed{1}$，$\boxed{2}$，$\boxed{1}$)($\boxed{1}$，$\boxed{1}$，$\boxed{2}$)の３通り，表が２回出る場合，($\boxed{2}$，$\boxed{2}$)の１通りだから，ちょうど１周で操作が終了する場合の数は１＋３＋１＝**５**(通り)ある。

②　**【解き方】ＰがＡに止まらずに正方形を１周するためには，１周目にＤに止まってから表が出てＢに止まらなければならない。**

ＡからＤまでの進み方の数は，数字の合計が[3]になるような硬貨の表裏の出方の数と等しいから，
([1]，[1]，[1])([2]，[1])([1]，[2])の３通りある。ＤからＢへの進み方は１通りである。
ＢからＡまでの進み方の数は，数字の合計が[3]になる場合だから３通りである。
よって，求める場合の数は，$3\times1\times3=$ **9**(通り)

5 (1) **【解き方】△ＡＦＢと相似な三角形の辺の長さの比を利用して解く。**

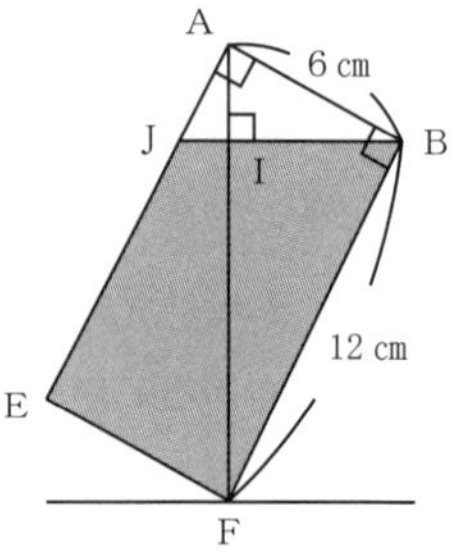

△ＡＦＢにおいて，三平方の定理より，ＡＦ＝$\sqrt{6^2+12^2}=6\sqrt{5}$(cm)
よって，△ＡＦＢは３つの辺の長さの比が$6:12:6\sqrt{5}=1:2:\sqrt{5}$の
直角三角形である。右図で，△ＡＢＩに注目すると，△ＡＦＢ∽△ＡＢＩ，
△ＪＢＡ∽△ＡＢＩだから，△ＡＦＢ∽△ＪＢＡである。
よって，△ＪＢＡの３つの辺の長さの比はＡＪ：ＡＢ：ＪＢ＝$1:2:\sqrt{5}$だから，
ＡＪ＝ＡＢ$\times\frac{1}{2}=6\times\frac{1}{2}=3$(cm)より，ＪＥ＝ＡＥ－ＡＪ＝$12-3=9$(cm)
四角形ＪＥＦＢは台形であり，容器に入った水の体積は，底面が四角形ＪＥＦＢで高さが６cmの四角柱の体積と等しいので，$\frac{1}{2}\times(9+12)\times6\times6=$ **378**(cm³)である。

(2) **【解き方】右図のように，ＡＢの延長とＦＰの延長との交点をＬとする。△ＦＰＫ∽△ＡＢＫ，△ＡＰＬ∽△ＡＢＫ，ＦＰ＝ＡＰより，△ＦＰＫ≡△ＡＰＬである。ＢＬ＝$x$cmとし，ＢＫの長さを２通りのxの式で表す。**

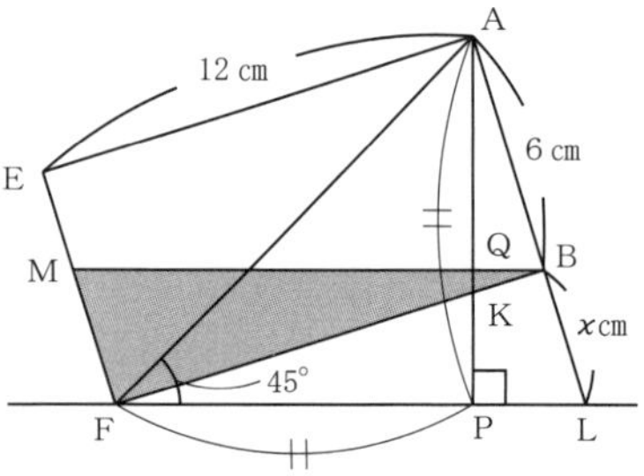

ＦＫ＝ＡＬ＝$6+x$(cm)だから，
ＢＫ＝ＦＢ－ＦＫ＝$12-(6+x)=6-x$(cm)
△ＦＰＫ∽△ＦＢＬだから△ＡＢＫ∽△ＦＢＬで，相似比は
ＡＢ：ＦＢ＝$6:12=1:2$　　したがって，ＢＫ＝$\frac{1}{2}$ＢＬ＝$\frac{1}{2}x$(cm)
ＢＫの長さについて，$6-x=\frac{1}{2}x$だから，$x=4$
ＭＢ//ＦＬより，ＰＡ：ＰＱ＝ＬＡ：ＬＢ　　$3\sqrt{10}$：ＰＱ＝$(6+4):4$　　ＰＱ＝$\frac{3\sqrt{10}\times4}{10}=\frac{6\sqrt{10}}{5}$(cm)

《2024　社会　解説》

1 **問１**　大西洋　　ポルトガルとアメリカ合衆国の間に大西洋，アメリカ合衆国と日本の間に太平洋があり，インドの南側にインド洋がある。この３つを三大洋という。

問２　ア　　「じゃがいも」「アルパカ」からアンデス山脈のインディオの生活を連想する。カカオの生産は，アフリカ大陸のギニア湾沿岸のコートジボワールやガーナなどで盛んである。

問３　表から，ベトナムの月額賃金が韓国や日本よりはるかに安いこと，総人口に占める 15～49 歳の人口の割合が高いことを読み取る。

問４　イ，ウ　　ア．誤り。1990 年において，１人あたりのＧＤＰが２万ドルを超えているのは，アメリカ合衆国，スイス，日本の３か国である。イ．正しい。2020 年のアメリカ合衆国の１人あたりのＧＤＰは約 6.3 万ドル，日本の１人あたりのＧＤＰは約４万ドルだから，アメリカ合衆国の方が高い。ウ．正しい。2020 年のスイスの１人あたりのＧＤＰは約 8.7 万ドル，ポルトガルの１人あたりのＧＤＰは約 2.2 万ドルだから，３倍以上である。エ．誤り。日本の 1990 年の１人あたりのＧＤＰは約 2.5 万ドル，2020 年の１人あたりのＧＤＰは約４万ドルだから，２分の１以上である。オ．誤り。それぞれの国の 1990 年と 2020 年の１人あたりのＧＤＰの差は，アメリカ合衆国が 6.3－2.2＝4.1(万ドル)，ポルトガルが 2.2－0.8＝1.4(万ドル)，スイスが 8.7－3.3＝5.4(万ドル)，日本が４－2.5＝

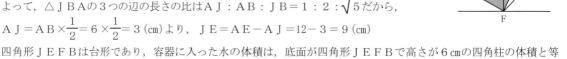

1.5(万ドル)だから，スイスが最も差が大きい。

2　**問1**　エ　Ⅰは比較的温暖で1年を通して降水量が少ない瀬戸内の気候，Ⅱは夏に降水量が多い太平洋側の気候，Ⅲは冬に降水量が多い日本海側の気候を示している。

問2　紀伊　紀伊山地には，吉野すぎや尾鷲ひのきなどが植林されている。

問3　イ　高知県では，温暖な気候とビニールハウスを利用して，なすの成長を早め，他県の出荷量が減る冬から春にかけてなすを市場に出荷している。大消費地に近い条件を生かし，都市向けの野菜などを栽培する農業は近郊農業である。

問4　グラフ2からフェリーと旅客船の輸送人数が急激に減っていることを読み取る。本州四国連絡橋の開通によって，多くの人が兵庫県や大阪府に買い物に行くようになり，徳島県の年間商品販売額が落ち込む原因の1つになっているといえる。

問5　ア　ロープウェイがかかっているのは眉山山頂からA地点の手前までである。山に囲まれ，区画整理された土地が広がっているのはC地点である。

3　**問1**　ウ　新しく開墾した土地は，租を納めることと引きかえにいつまでも私有地としてよいとした法令は，奈良時代の墾田永年私財法である。よって，bと資料1を選ぶ。

問2　エ　Ⅱの時代は平安時代である。平安時代の中頃に浄土信仰がおこった。アは江戸時代，イは鎌倉時代，ウは飛鳥時代。

問3　領地を地頭と荘園領主で分け合う下地中分の内容が書かれていればよい。

問4　イ　Ⅳの時代は室町時代である。X．正しい。Y．誤り。ラクスマンが来航したのは江戸時代である。Z．正しい。足利義満が南北朝を統一した1392年に，李成桂が朝鮮を建国した。

問5　伊能忠敬　伊能忠敬は全国を測量してまわり，『大日本沿海輿地全図』を完成させた。

4　**問1**(1)　エ　開国当時，日本から生糸が大量に輸出され，国内で品不足がおこって，物価が上昇した。

(2)　浮世絵では物価の上昇と凧揚げをかけている。

問2　ウ　ノルマントン号事件…紀伊半島沖で沈没したノルマントン号の乗客乗員のうち，日本人の乗客だけが水死したが，領事裁判権による領事裁判で，イギリス人船長は軽い刑罰しか与えられなかった。これに不満を持った国民から条約改正を求める声が高まっていった。日清戦争の直前，外務大臣の陸奥宗光は，ロシアの南下を警戒するイギリスとの間で日英通商航海条約に調印し，領事裁判権の撤廃に成功した。

問3　ア　1918年に本格的な政党内閣を組織した原敬は，選挙権の納税条件を10円以上から3円以上に引き下げたが，普通選挙の実現には時期尚早として反対していた。イは1880年代，ウは1950年代，エは1980年代。

問4　マルタ　マルタ会談は，ベルリンの壁が崩壊した翌月に行われた。

5　**問1**　イ　生存権は日本国憲法第25条に規定されている。ダイバーシティは多様性を意味する。

問2　ア，イ，オ　ウ．誤り。都道府県知事に立候補する被選挙権は，満30歳以上の国民に認められている。エ．誤り。憲法の改正は，衆議院と参議院の各議院の総議員の3分の2以上の賛成で，国会がこれを発議し，国民に提案し，国民投票において，有効投票の過半数の賛成が得られれば，天皇が国民の名において公布する。

問3　ウ　ア．誤り。一つの事件について，最大で3回まで裁判を受けることができ，第一審の判決が不服な場合は，第二審の裁判所に控訴できる。イ．誤り。被告人は判決を受けるまでは無罪とみなされる。エ．誤り。被害者参加制度によって，被害者や被害者の遺族などが被告人や証人に質問することもできる。

問4　人口が少ない地方公共団体は，住民税や固定資産税などの自主財源だけでは運営が難しいため，国から地方交付税交付金や国庫支出金が配分される。使い道を指定されない財源が地方交付税交付金であり，道路建設や学校建設など使い道を指定される財源が国庫支出金である。

問５　クーリング・オフ　　訪問販売や電話勧誘販売では，契約から８日間以内であれば，無条件に解約できる。

問６　ア　　高福祉・高負担が大きな政府，低福祉・低負担が小さな政府である。外国の商品にかかっている税金(関税)を減らして，外国の商品の販売価格を低くするのが自由貿易，税金を増やして外国の商品の販売価格を高くし，自国の商品を守るのが保護貿易である。Ａ党はウ，Ｂ党はエ，Ｄ党はイ。

問７　ウ　　主要国首脳会議(Ｇ７)はサミットともいう。被爆地は広島と長崎であり，過去にサミットが開催された地域は，東京，九州・沖縄，北海道洞爺湖，三重県伊勢志摩である。

６　問１　ウ→イ→ア→エ　　ウ(安土桃山時代)→イ(江戸時代初頭)→ア(明治時代)→エ(大正時代)

問２　エ　　労働組合…労働者の雇用条件の維持・改善などを雇用者と交渉するための組織。年金保険…社会保険の一種で，加入者や国・事業主が保険料を積み立てておき，一定の年齢になると給付を受けることができる制度。

問３　シリコンバレー／ア　　シリコンバレーには，Google，Apple などのＩＣＴ産業の企業本社や大学などが多数ある。サンフランシスコが西海岸に位置することから，アと判断できる。

問４　エ　　資料に「鹿児島県産の食肉の輸出の促進を図る」とあることから，輸出にかかわる資料と判断する。

《2024　理科　解説》

１　問１　イは放散虫などの二酸化ケイ素を主成分とする生物の死がいが押し固められてできた堆積岩，ウは長石や石英などの無色鉱物を多く含む深成岩，エは火山灰などの火山噴出物が押し固められてできた堆積岩である。

問２　茎では，維管束の内側が道管，外側が師管であり，それが葉につながっていて，葉の表側(Ｘ)に道管，裏側(Ｙ)に師管がある。よって，Ｘを通る物質は水であり，水は根から吸い上げられて葉に多くある気孔から水蒸気となって出ていくので，運ばれる向きはＢである。なお，図１の植物は，茎の維管束や葉脈のようすから双子葉類だと判断できる。

問４　コップは，水平方向には凸レンズと同じようにふちに向かって薄くなっていくので，左右方向だけが反対に見える。なお，凸レンズで同様の観察をすると，上下左右が反対のエのように見える。

問５　陸と海では陸の方があたたまりやすく冷めやすい。夏は大陸側が先にあたためられて上昇気流が生じ，気圧が低くなると，太平洋側は気圧が高くなり，太平洋側から大陸側に向かって南東の季節風がふく。冬は大陸側が先に冷えて下降気流が生じ，気圧が高くなると，太平洋側は気圧が低くなり，大陸側から太平洋側に向かって北西の季節風がふく。

問６　無性生殖では，新しくできた個体が元の個体と全く同じ遺伝子を受け継ぐため，形質が全く同じになる。

問７　石油などの物質がもつエネルギーを化学エネルギーといい，燃焼などの化学変化が起こることで取り出すことができる。

問８　金属などの電流が流れやすい物質を導体，電流がほとんど流れない物質を不導体(絶縁体)という。電流の流れやすさが導体と不導体の中間程度の物質を半導体という。

２　問２　図３のＣでは，Ｋの部分が地球から見て月の裏側にあるので，地球からＫの部分を見ることができない。

問３　月食は，太陽，地球，月(満月)の順に一直線上に並び，月が地球の影に入ることで欠けて見える現象である。図４で，地球の公転面を上から見たときにはＸ～Ｚのすべてで３つの天体が一直線上にあるように見えるが，地球の公転面と同じ高さから見たとき，Ｙでは満月が地球と太陽よりも下，Ｚでは満月が地球と太陽よりも上にある(３つの天体が一直線上にない)ので，ＹやＺでは満月が地球の影に入らない(月食は起こらない)。

問４　見かけの直径が14％長く見えるということは，最も大きいときの直径は最も小さいときの直径の1.14倍である。よって，半径も1.14倍だから，面積(明るさ)は1.14×1.14＝1.2996→1.3倍である。

問5　日食は，太陽，月(新月)，地球の順に一直線上に並び，太陽が月によって隠されることで欠けて見える現象である。月が地球から近いと，月の見かけの大きさが大きくなるので，太陽を完全に隠す皆既月食が起こる。これに対し，月が地球から遠いと，月の見かけの大きさが小さくなるので，太陽が輪のように見える金環日食が起こる。

3　**問2**　バッタやザリガニのように，からだやあしに多くの節があり，からだが外骨格でおおわれている無脊椎動物を節足動物という。さらに，バッタは昆虫類，ザリガニは甲殻類に分類される。

問3　アは魚類にあてはまり，ウはどちらにもあてはまらない。

問4　コウモリの翼とクジラのひれのように，基本的なつくりが同じで，同じものから変化したと考えられる器官を相同器官という。

問5　哺乳類とそれ以外を分類する基準はBだから，Bを，カモノハシを含む哺乳類だけにあてはまるSに変更すればよい。

4　**問2**　炭酸水素ナトリウムを加熱すると，炭酸ナトリウムと二酸化炭素と水に分解する〔$2NaHCO_3 \rightarrow Na_2CO_3 + CO_2 + H_2O$〕。よって，(X)が炭酸水素ナトリウムの質量，(Y)が炭酸ナトリウムの質量だから，質量保存の法則より，生じた二酸化炭素と水の質量の合計は2.00－1.26＝0.74(g)であり，その割合は$\frac{0.74}{2.00}$×100＝37(%)である。

問3　先生とCさんの実験後の質量が同じであることに着目する。正しく実験が行われていれば，実験後の質量が同じになるのは実験前の質量が同じときだから，Cさんの結果が正しく得られなかったと考えられる。反応で生じる物質の質量の割合は一定で，先生より実験前の質量が小さいCさんの実験後の質量は先生より小さくなるはずだから，炭酸水素ナトリウムが完全に反応しなかったことや，炭酸ナトリウム以外の物質が含まれていたことなどによって，正しく実験が行われたときよりも実験後の質量が大きくなったと考えられる。ウのように，[5]で，水を完全に蒸発しきれないと，実験後の質量は炭酸ナトリウムと残った水の質量の合計になる。

問4　炭酸ナトリウム水溶液(炭酸ナトリウムと水)に二酸化炭素を混ぜるから，問2解説の炭酸水素ナトリウムの分解と逆の反応が起こると考えればよい。

問5　M．炭酸水素ナトリウムと炭酸ナトリウムでは，炭酸ナトリウムの方が水に溶けたときにより強いアルカリ性を示す。アルカリ性が強いほどpHの値は大きくなるので，炭酸ナトリウムを含むセスキ炭酸ソーダの方がpHが大きい。　N．炭酸水素ナトリウムと炭酸ナトリウムでは，炭酸水素ナトリウムの方が水に溶けにくい。溶けずに固体のまま残る割合が大きいと，研磨剤としての効果が大きくなる。

5　**問1**　重力の矢印を対角線とする平行四辺形に着目し，それぞれの分力の矢印の長さを求める。

問2　斜面の傾きが変化しなければ，斜面に平行な方向の分力の大きさも斜面に垂直な方向の分力の大きさも変化しない。なお，斜面の傾きが大きくなると，斜面に平行な方向の分力は大きくなり，斜面に垂直な方向の分力は小さくなる。

問3　実験1は，鉄球の速さと鉄球をはなす高さにどのような関係があるのかを調べる実験である。ここでは，測定値の点が3つしかないため，どのようなグラフになるか(どのような関係があるか)判断できない。よって，鉄球をいろいろな高さからはなして測定値の点を増やせば，どのようなグラフになるか判断しやすくなる。

問4(2)　コース1のDE間では，Aでの位置エネルギーがすべて運動エネルギーに移り変わっているが，コース2のBC′間では，Aでの位置エネルギーの$\frac{15-10}{15}=\frac{1}{3}$しか運動エネルギーに移り変わっていないので，コース1のDE間の方が運動エネルギーが大きく，速さが大きい。

《2024　英語　解説》

1　No.1　質問「トムは今から何をするつもりですか？」…B(トム)の２回目の発言「僕は部屋で宿題をするつもりだよ」より，Dが適切。

No.2　質問「リサは遠足に何を持っていくべきだと言っていますか？」…B(リサ)の１回目の発言「でも天気予報では明日雨が降るらしいよ。だから，レインコートを忘れずに持っていかないとね」より，Bが適切。

No.3　質問「彼らはどこに行くつもりですか？」…Aの２回目の発言「そうだね，お寺の向かいのレストランに行くのはどう？私は和食が食べたいな」とBの２回目の発言「わかった。行こう」より，Aが適切。

No.4　質問「標識は何を示していますか？」…「ジョンは美術館にいます。お腹がすいて喉が渇いていますが，入り口の標識のことを覚えています。彼はここでは飲食禁止だとわかっています」より，A「飲食禁止」が適切。

No.5　質問「ジュリアは店員に何と言いますか？」…「ジュリアはお店で父のプレゼントを探しています。次の日曜日は父の誕生日です。素敵な青いTシャツを見つけましたが，小さすぎるようです」より，C「大きいのはありますか？」が適切。

No.6　【放送文の要約】参照。(1)　質問１「なぜジョーンズ先生は今，喜んでいるのですか？」…C「生徒たちがジョーンズ先生に英語で話そうとするからです」が適切。　(2)　質問２「京都の神社で観光客はチカさんに何をしてほしいと頼みましたか？」…D「写真を撮ること」が適切。　(3)　質問３「ジョーンズ先生のスピーチについて，どれが正しいですか？」…B「英語は将来，生徒たちの役に立つでしょう」が適切。A「ジョーンズ先生は京都の歴史について話しています」，C「人と言語について話をすることが大切です」，D「ジョーンズ先生は中国にいる友達について考えなければなりません」は不適切。

【放送文の要約】

今日は私たちの最後の英語の授業です。みなさんの英語はとても上達し，私はみなさんと一緒に英語の授業をとても楽しみました。私は今でも２年前の最初の英語の授業を覚えています。私が英語で質問したとき，ほぼ全員が何も答えませんでした。(1)C今では，私に英語で話そうとします。そのことは私を喜ばせてくれます。

それでは，英語がどのようにコミュニケーションに役立つかをお話ししましょう。これは私の日本人の友達，チカさんのお話です。(2)D彼女が京都の神社を訪れたとき，観光客から中国語で写真を撮ってほしいと頼まれました。チカさんは中国語が話せなかったので，英語で話しました。その後，彼らはお互いに簡単な英語で話しました。チカさんは，学校で学んだ英語は，外国人と意思疎通をするのに役立つと思いました。

みなさん，覚えておいてください。いろいろな国の人と話すのはすばらしいことです。(3)B英語の勉強を続けてください。 それは将来あなたの役に立つでしょう。ありがとうございました。

No.7　【放送文の要約】参照。(1)　質問１「ケンタはいつ愛知から引っ越しましたか？」…ケンタの２回目の発言より，He left Aichi two years ago.「彼は２年前に愛知から引っ越しました」が適切。　(2)　質問２「ケンタとシンジは何をするつもりですか？」…ケンタの４回目の発言より，They will play baseball in the park.「彼らは公園で野球をするつもりです」が適切。　(3)　質問３「なぜエミリーは次の土曜日に東京に行くつもりですか？」…エミリーの５回目の発言より，Because she is going to look for some English books about nature in Japan.「彼女は日本の自然に関する英語の本を探すつもりだからです」が適切。

【放送文の要約】

エミリー：こんにちは，ケンタ。うれしそうね。

ケンタ　：やあ，エミリー。今度の土曜日に友達のシンジが愛知から僕に会いに来るんだ。

エミリー：そうなの。あなたは愛知に住んでいたの？

ケンタ　：うん。でも，(1)父の仕事のために，２年前に家族で愛知から引っ越したんだ。

エミリー：そうなんだ。彼と友達になってどれくらいになるの？

ケンタ　：５年だよ。僕は10歳の時，そこで野球チームに入ったんだ。シンジも同じチームだったよ。

エミリー：彼はまだ野球をしているの？

ケンタ　：うん，そうだよ。彼は自分の学校の野球部員だよ。(2)僕たちは公園で一緒に野球をしようと思ってるよ。エミリー，来週の土曜日は何か予定がある？

エミリー：ええ。東京の書店に行くつもりよ。(3)日本の自然に関する英語の本をずっと探していたんだけど，この街の書店では見つからなかったの。

ケンタ　：欲しい本が見つかるといいね。

エミリー：ありがとう。あ，あと数分で次の授業が始まるよ。またね，ケンタ。

２　問１Ａ　「テスト勉強」＝study for the test　　Ｂ　「５月17日(金)」＝Friday, May 17

Ｃ　「５月７日までに」＝by May 7

問２　「勉強したい教科」＝subjects you want to study　subject と you の間に関係代名詞(which/that)が省略された形。

問３　Could you ～?「～してくれませんか」より，１文目は「Study Time に参加する」の部分を英語にする。２文目以降は語群から１語のみを使うこと。(例文)「Study Time に参加していただけませんか？僕たちは英語を勉強するために先生の助けが必要です」

３　【本文の要約】参照。

問２　下線部の文頭 However「しかしながら」より，直前の「人々はバナナのような果物を栽培します」とのつながりから，「農地や水が十分ではない」とつなぐ。

問３　〈過去分詞(＝called)＋語句(＝Niue)〉で名詞(＝country)を修飾し，「ニウエと呼ばれる国」となる。

問４　質問「ニウエについて学んだ後，リョウは何をするのが好きですか？」…最終段落より，答えは「彼は地図を見ることが好きです(＝He likes to look at maps.)」となる。

問５　ア「ニウエは世界で×最も人口が少ない国です」　イ「リョウは地図上で×ニウエより小さい島を見つけることに興味を持っています」　ウ○「ニウエの人々は，自分たちには観光活動に利用できる自然があることに気づきました」　エ「ニウエでは1970年に空港が開港し，その当時の人口は×約1900人でした」

【本文の要約】

ほとんどの人が世界で最も人口が少ない国を知っていると思います。そうです，バチカン市国です。では，２番目に人口が少ない国はどうでしょう？答えはニウエです。ニウエの2020年の人口は約1900人でした。今日はニウエについてお話ししたいと思います。

ニウエはニュージーランドの北東約2400キロメートルに位置しています。それは世界最大のサンゴ礁の島のひとつです。ニュージーランドの一部でしたが，1974年に自治権を得ました。1963年の人口は約5000人でしたが，1970年に空港が開港すると，人々はニウエを去りました。約20年前には人口が2000人を下回りました。

ニウエでは，人々はバナナのような果物を栽培します。しかし，他の国に販売するための果物を栽培するには農地と水がア十分ではありません(＝not enough)。実際，ニウエにはこれといった産業がありませんでした。cだから，ニウエの人々はお金をかせぐ方法を見つける必要があり，それを見つけたのです。問５ウニウエの人々は，国土に自然が多く，森でハイキングをするような観光活動に利用できることに気づきました。

私は最近まで，ニウエと呼ばれる国があることを知りませんでした。問4 ニウエのことを知ってからは，地図を見るのが好きです。地図を見ていると，自分の知らない国がまだたくさんあることがわかります。

4 1【本文の要約】参照。

問1 下線部の直前のマンディの質問を日本語で答える。

【本文の要約】

〈生徒たちは発表のテーマを決めようとしています〉

ケント ：来週の授業で発表があるよ。どんなテーマで話したい？

マンディ：それじゃあ，オリンピックはどう？次回のオリンピックはこの夏パリで開催されるよ。現地に試合を見に行きたいな。

ジロウ ：いいね。パリは次のオリンピックのピクトグラムを世界に発信したよ。

マンディ：ごめん。ピクトグラムって何？

ジロウ ：ピクトグラムは人に情報を伝える簡素な絵のことだよ。駅などの公共の場所で多く使用されているんだ。

ケント ：ああ，わかるよ。パリオリンピックのピクトグラムをインターネットで見たことがあるよ。かっこいいね。これらのピクトグラムを見ると，選手たちは自分たちのスポーツを誇りに思うと言う人もいるんだ。

ジロウ ：オリンピックのたびに新しいものが作られているよ。都市によってデザインが違うね。

マンディ：2020 年の東京オリンピックのピクトグラムはどんなものだった？

ジロウ ：ここにあるよ。パリのものとは違うよね？

ケント ：うん，簡素だね。

マンディ：問1 なぜ日本の人々は簡素なピクトグラムを作ったの？

ケント ：理由はわからないよ。君の質問に答えるために本やウェブサイトをいくつか探してみるね。

2【本文の要約】参照。

問2 have to ～「～しなければならない」の過去形は had to ～である。〈to＋動詞の原形〉の形容詞的用法「～するための」を使って，think of another way to communicate ....「意思疎通をするための別の方法を考える」とつながる。

問3 「ピクトグラムが 1964 年の東京オリンピックで使われたのは,」に続くのは，エ「日本の人々が外国からのたくさんの訪問客と意思疎通をする必要があったからです」が適切。ア「日本の人々が外国語を話すのは簡単だったからです」，イ「東京が他の国に日本の文化を知ってもらいたいと思ったからです」，ウ「スポーツに興味のあるデザイナーがたくさんいたからです」は不適切。

【本文の要約】

〈翌日，生徒たちは 1964 年の東京オリンピックのピクトグラムについて話しています〉

ケント ：1964 年の東京オリンピックについて話すね。東京はオリンピックのためにピクトグラムを使った最初の都市だよ。

マンディ：なぜ 1964 年の東京オリンピックでピクトグラムが使われたの？

ケント ：問3エ 1964 年の東京オリンピックでは，日本の人々は世界中の観光客と意思疎通をする必要があったけど，日本語で観光客をサポートすることは難しかったんだ。それで，東京は全ての人と意思疎通をするための別の方法について考えなければならなかった。それがピクトグラムだよ。

ジロウ ：他の国からの訪問客の多くは日本語が理解できなかったと思うよ。

ケント ：そうだよね。だから，東京は重要な情報をピクトグラムで伝えることにしたんだね。

マンディ：なるほど。じゃあ，1964 年の東京オリンピックのピクトグラムは誰が作ったか知ってる？

ケント　：うん，デザイナーのグループがピクトグラム作りを始めたんだ。美術評論家の勝見勝さんもそのひとりだよ。デザイナーたちは小さなグループで仕事をしたよ。あるグループはスポーツピクトグラムに取り組んだ。別のグループは公共の場所のピクトグラムに取り組んだ。それぞれのグループが，勝見さんのアイデアに基づいて精一杯取り組んだよ。彼は，ピクトグラムがオリンピックのような大きなイベントで重要な役割を果たすと考えたんだ。

3【本文の要約】参照。

問４　ア「多くの外国からの訪問客が 1964 年以前の羽田空港の掲示を×理解していました」　イ○「公共の場所のピクトグラムは 1964 年以前に各国で独自に作られていました」　ウ「勝見さんが作ったピクトグラムは×日本語に基づいてデザインされました」　エ×「多くの国が簡素なピクトグラムよりも自国のピクトグラムを好んでいます」…本文にない内容。

【本文の要約】

〈生徒たちは話し続けます〉

ジロウ　：公共の場所のピクトグラムはどんなものだったの？

ケント　：例を挙げるね。これを見たことはある？

マンディ：うん，それはレストランだね。

ケント　：その通り。これは 1964 年に羽田空港で使われたよ。羽田空港は当時，他の国からの観光客にとっての日本の入り口だったんだ。それまでは壁に掲示があったけど，ほとんどが日本語で書かれていたから，多くの外国人観光客にとって掲示に何が書かれているのかを理解するのが難しかったんだ。だから，ピクトグラムは情報を外国人観光客にとってわかりやすいものにするのに役立ったよ。

ジロウ　：今では，日本の空港でそんなピクトグラムをよく見かけるよ。

ケント　：1964 年以前も公共の場所にピクトグラムはあったよ。でも，問4イそれぞれの国に異なるピクトグラムがあったんだ。勝見さんをはじめとするデザイナーたちは，1964 年の東京オリンピックに向けて準備を始めたとき，世界中の誰もが理解できるような簡素なピクトグラムを作ろうとしたんだ。何年も前に日本人デザイナーによって作られたシンプルなピクトグラムが，今でも世界中で使われているよ。

4【本文の要約】参照。

問５　直後のマンディの発言より，非常口を表すアが適切。

問６　直前のケントの質問「虫眼鏡のアイコンを見たことがある？」に対し，直後にジロウが「『検索』だよね」と言ったことから，エ「もちろん」が適切。

問７　ケント「作ってくれたスライドがとてもよかったよ。ピクトグラムクイズも面白かった」→マンディ「ありがとう。クラスメイトが楽しんでくれる（＝our classmates will enjoy it）ことを願うよ」→ケント「きっとみんな興味を持ってくれると思うよ」→マンディ「そうだといいな。発表のために他に何かできることはある？」

【本文の要約】

〈ケントは別のピクトグラムを見せています〉

ケント　：今では，公共の場所で多くの種類のピクトグラムが使われているよ。このピクトグラムを見たことがある？

マンディ：うん，問5ア学校で見たことがあるよ。火災や地震のときに建物から出るために使われるドアを示しているね。

ケント　：そのとおり。日本のデザイナーによって作られ，1987 年に国際基準になったよ。もうひとつ例を挙げるね。このピクトグラムはウェブサイトでもよく使われるんだ。虫眼鏡のアイコンを見たことがある？

ジロウ　：Aエもちろん。（＝Of course.）「検索」だよね。

ケント　：そうだよ。ピクトグラムは，限られた場所で重要な情報を伝えるためによく使われるんだ。

マンディ：もうひとつ例を挙げるよ。見て。これはオーストラリアにいる友人が私にくれた小さな贈り物だよ。これは道路で見かけるよ。

ジロウ　：ああ，それは「カンガルーに気をつけて」って意味だね。簡単だよ。クラスメイトと共有したいな。ピクトグラムの歴史や，他の国のピクトグラムについて話さない？

マンディ：それはいい考えだ。発表では，私たちの周りにたくさんのピクトグラムがあることをみんなに伝えたいな。スライドを作って台本を書いてみよう。

5　【本文の要約】参照。

問1　1行目にある between を入れる。　・between A and B「AとBの間の」

問2　ア×…スタジアムではなくテレビで観戦した。　ウ×…スポーツの国際試合だけでなく，卒業式やその他のスポーツの試合でも見られる。　エ×…年に1回ではなく，数回試合をする。

問3　3文以上で答える。無理に難しい表現は使わなくてもいいので，文法・単語のミスがない文を書こう。書き終わった後に見直しをすれば，ミスは少なくなる。（例文）「私はスポーツをすることの方が好きです。スポーツをすることは一種のコミュニケーションです。スポーツをすることを通して他の選手と意思疎通をすることができます」

【本文の要約】

昨夜，何をしましたか？私はニュージーランドとオーストラリアのラグビーの試合をテレビで見ました。私はニュージーランド出身だから，ニュージーランドチームの大ファンです。ニュージーランドとオーストラリアはラグビーにおいて長年のライバルです。昨夜見た試合は「ブレディスローカップ」です。1930年頃に始まった国際試合で，多くのラグビーファンの間で特別な意味があります。両チームは年に数回試合をします。ブレディスローカップは通常ニュージーランドがオーストラリアのスタジアムで開催されますが，他の国で開催されることもあります。問2イ日本では2回開催されました。

「ハカ」という言葉を聞いたことがありますか？ニュージーランドの伝統的な踊りです。それは尊敬と感謝の表現として行われると言う人もいます。それは卒業式やスポーツの試合，その他多くのイベントでみられます。試合前にニュージーランドチームが行ったダンス「ハカ」をみるのもワクワクします。ダンスをみると，もうすぐ試合が始まることがわかります。

昨夜の試合はワクワクしました。引き分けに終わりましたが，とても良い試合でした。実際，私は地元のラグビーチームの一員で，週末はラグビーをします。スポーツはみるのもするのも楽しいです。あなたはスポーツをみることとすることではどちらが好きですか？

《2024　学校選択問題　英語　解説》

1　No. 1　質問「トムは今から何をするつもりですか？」…B（トム）の2回目の発言「僕は部屋で宿題をするつもりだよ」より，Dが適切。

No. 2　質問「リサは遠足に何を持っていくべきだと言っていますか？」…B（リサ）の1回目の発言「でも天気予報では明日雨が降るらしいよ。だから，レインコートを忘れずに持っていかないとね」より，Bが適切。

No. 3　質問「彼らはどこに行くつもりですか？」…Aの2回目の発言「そうだね，お寺の向かいのレストランに行くのはどう？私は和食が食べたいな」とBの2回目の発言「わかった。行こう」より，Aが適切。

No. 4　質問「標識は何を示していますか？」…「ジョンは美術館にいます。お腹がすいて喉が渇いていますが，入り口の標識のことを覚えています。彼はここでは飲食禁止だとわかっています」より，A「飲食禁止」が適切。

No.5　質問「ジュリアは店員に何と言いますか？」…「ジュリアはお店で父のプレゼントを探しています。次の日曜日は父の誕生日です。素敵な青いTシャツを見つけましたが，小さすぎるようです」より，C「大きいのはありますか？」が適切。

No.6　【放送文の要約】参照。(1)　質問１「なぜジョーンズ先生は今，喜んでいるのですか？」…C「生徒たちがジョーンズ先生に英語で話そうとするようになったからです」が適切。　(2)　質問２「京都の神社で観光客はチカさんに何をしてほしいと頼みましたか？」…D「彼女はチカさんに写真を撮るように頼みました」が適切。(3)　質問３「ジョーンズ先生のスピーチについて，どれが正しいですか？」…B「英語は将来，生徒たちの役に立つでしょう」が適切。A「ジョーンズ先生は京都について話すために例を挙げています」，C「人と言語について話をすることが大切です」，D「ジョーンズ先生は生徒たちに彼の日本人の友達について考えてほしいです」は不適切。

【放送文の要約】

今日は私たちの最後の英語の授業です。みなさんの英語はとても上達し，私はみなさんと一緒に英語の授業をとても楽しみました。私は今でも２年前の最初の英語の授業を覚えています。私が英語で質問したとき，ほぼ全員が何も答えませんでした。(1)C今では，私に英語で話そうとします。そのことは私を喜ばせてくれます。

それでは，英語がどのようにコミュニケーションに役立つかをお話ししましょう。これは私の日本人の友達，チカさんのお話です。(2)D彼女が京都の神社を訪れたとき，観光客から中国語で写真を撮ってほしいと頼まれました。チカさんは中国語が話せなかったので，英語で話しました。その後，彼らはお互いに簡単な英語で話しました。チカさんは，学校で学んだ英語は，外国人と意思疎通をするのに役立つと思いました。

みなさん，覚えておいてください。いろいろな国の人と話すのはすばらしいことです。(3)B英語の勉強を続けてください。 それは将来あなたの役に立つでしょう。ありがとうございました。

No.7　【放送文の要約】参照。

(1)　質問１「ケンタはいつ愛知から引っ越しましたか？」…ケンタの２回目の発言より，He left Aichi two years ago.「彼は２年前に愛知から引っ越しました」が適切。　(2)　質問２「エミリーはケンタにシンジとの友情について何を尋ねましたか？」…エミリーの３回目の発言より，She asked him how long they have been friends.「彼女は彼に彼らがどれくらいの間友達かを尋ねました」が適切。　(3)　質問３「なぜエミリーは次の土曜日に東京に行くつもりですか？」…エミリーの５回目の発言より，Because the books she wants to buy are not sold in her city.「彼女の街では彼女が買いたい本が売っていないからです」が適切。

【放送文の要約】

エミリー：こんにちは，ケンタ。うれしそうね。

ケンタ　：やあ，エミリー。今度の土曜日に友達のシンジが愛知から僕に会いに来るんだ。

エミリー：そうなの。あなたは愛知に住んでいたの？

ケンタ　：うん。でも，(1)父の仕事のために，２年前に家族で愛知から引っ越したんだ。

エミリー：そうなんだ。(2)彼と友達になってどれくらいになるの？

ケンタ　：５年だよ。僕は10歳の時，そこで野球チームに入ったんだ。シンジも同じチームだったよ。

エミリー：彼はまだ野球をしているの？

ケンタ　：うん，そうだよ。彼は自分の学校の野球部員だよ。僕たちは公園で一緒に野球をしようと思ってるよ。エミリー，来週の土曜日は何か予定がある？

エミリー：ええ。東京の書店に行くつもりよ。日本の自然に関する英語の本をずっと探していたんだけど，(3)この街の書店では見つからなかったの。

ケンタ　：欲しい本が見つかるといいね。

エミリー：ありがとう。あ，あと数分で次の授業が始まるよ。またね，ケンタ。

2　[1]【本文の要約】参照。

問１　ア「ピクトグラムはパリオリンピックで×初めて作られました」　イ○「生徒たちは自分が選んだテーマについて発表を行います」　ウ「東京は2020年に，×パリオリンピックのようなピクトグラムを作りました」

エ×「生徒たちはオリンピックのピクトグラムコンテストに参加します」…本文にない内容。

【本文の要約】

〈生徒たちは発表のテーマを決めようとしています〉

ケント　：問１イ来週の授業で発表があるよ。どんなテーマで話したい？

マンディ：それじゃあ，オリンピックはどう？次回のオリンピックはこの夏パリで開催されるよ。現地に試合を見に行きたいな。

ジロウ　：いいね。パリは次のオリンピックのピクトグラムを世界に発信したよ。

マンディ：ごめん。ピクトグラムって何？

ジロウ　：ピクトグラムは人に情報を伝える簡素な絵のことだよ。駅などの公共の場所で多く使用されているんだ。

ケント　：ああ，わかるよ。パリオリンピックのピクトグラムをインターネットで見たことがあるよ。かっこいいね。これらのピクトグラムを見ると，選手たちは自分たちのスポーツを誇りに思うと言う人もいるんだ。

ジロウ　：問６(1)ウオリンピックのたびに新しいものが作られているよ。都市によってデザインが違うね。

マンディ：2020年の東京オリンピックのピクトグラムはどんなものだったの？

ジロウ　：ここにあるよ。パリのものとは違うよね？

ケント　：うん，簡素だね。

マンディ：なぜ日本の人々は簡素なピクトグラムを作ったの？

ケント　：理由はわからないよ。君の質問に答えるために本やウェブサイトをいくつか探してみるね。

[2]【本文の要約】参照。

問２　「～しなければならなかった」＝had to ～　「～について考える」＝think of ～

【本文の要約】

〈翌日，生徒たちは1964年の東京オリンピックのピクトグラムについて話しています〉

ケント　：1964年の東京オリンピックについて話すね。東京はオリンピックのためにピクトグラムを使った最初の都市だよ。

マンディ：なぜ1964年の東京オリンピックでピクトグラムが使われたの？

ケント　：1964年の東京オリンピックでは，日本の人々は世界中の観光客と意思疎通をする必要があったけど，日本語で観光客をサポートすることは難しかったんだ。それで，東京は全ての人と意思疎通をするための別の方法について考えなければならなかった。それがピクトグラムだよ。

ジロウ　：他の国からの訪問客の多くは日本語が理解できなかったと思うよ。

ケント　：そうだよね。だから，東京は重要な情報をピクトグラムで伝えることにしたんだね。

マンディ：なるほど。じゃあ，1964年の東京オリンピックのピクトグラムは誰が作ったか知ってる？

ケント　：うん，デザイナーのグループがピクトグラム作りを始めたんだ。美術評論家の勝見勝さんもそのひとりだよ。デザイナーたちは小さなグループで仕事をしたよ。あるグループはスポーツピクトグラムに取り組んだ。別のグループは公共の場所のピクトグラムに取り組んだ。それぞれのグループが，勝見さんのアイデアに基づいて精一杯取り組んだよ。彼は，ピクトグラムがオリンピックのような大きなイベントで重要な役割を果たすと考えたんだ。

[3]【本文の要約】参照。

問3　make＋もの＋状態「(人)を(状態)にする」と easy to ～「～しやすい」より，making the information easier for＋人＋to understand「情報を(人)にとってわかりやすいものにする」とつながる。

【本文の要約】

〈生徒たちは話し続けます〉

ジロウ　：公共の場所のピクトグラムはどんなものだったの？

ケント　：例を挙げるね。これを見たことはある？

マンディ：うん，それはレストランだね。

ケント　：その通り。これは 1964 年に羽田空港で使われたよ。羽田空港は当時，他の国からの観光客にとっての日本の入り口だったんだ。それまでは壁に掲示があったけど，ほとんどが日本語で書かれていたから，多くの外国人観光客にとって掲示に何が書かれているのかを理解するのが難しかったんだ。だから，ピクトグラムは情報を外国人観光客にとってわかりやすいものにするのに役立ったよ。

ジロウ　：今では，日本の空港でそんなピクトグラムをよく見かけるよ。

ケント　：1964 年以前も公共の場所にピクトグラムはあったよ。でも，それぞれの国に異なるピクトグラムがあったんだ。問6(2)イ<u>勝見さんをはじめとするデザイナーたちは，1964 年の東京オリンピックに向けて準備を始めたとき，世界中の誰もが理解できるような簡素なピクトグラムを作ろうとしたんだ。何年も前に日本人デザイナーによって作られたシンプルなピクトグラムが，今でも世界中で使われているよ。</u>

[4]【本文の要約】参照。

問4　直後のマンディの発言より，非常口を表すアが適切。

問5　「なぜウェブ上でテキストを読むことが難しいことがよくあるのですか？」…ケントの３回目の発言参照。

問6(1)　「生徒たちの議論では」…[1]のジロウの３回目の発言より，ウ「ジロウはオリンピックごとに異なるデザインのピクトグラムが作られていると言いました」が適切。ア「マンディは『レストラン』を意味するピクトグラムを見せました」，イ「ケントは，外国語は人々が必要な情報を見つけるのに役立ったと言いました」，エ「彼らは日本のデザイナーがピクトグラムの国際基準になろうとしていたことを知りました」は不適切。

(2)　「議論によると，ケントは～と説明しました」…[3]のケントの３回目の発言より，イ「1964 年の東京オリンピック以降，日本人デザイナーが作ったピクトグラムが世界中に広まりました」が適切。ア「パリオリンピックのピクトグラムは，2020 年の東京オリンピックのピクトグラムをベースに作られました」，ウ「ピクトグラムは，英語を使わない日本人のために 1964 年に作られました」，エ「ピクトグラムは，ウェブサイトの単語数を増やすために作られました」は不適切。

問7　ケント「作ってくれたスライドがとてもよかったよ。ピクトグラムクイズも面白かった」→マンディ「ありがとう。クラスメイトが楽しんでくれることを願うよ。発表のために他に[何か私にできること（＝anything I can）]はある？」→ケント「僕は台本を書いているよ。僕の英語をチェックしてくれない？」→マンディ「いいよ。役に立ててうれしいよ」

【本文の要約】

〈ケントは別のピクトグラムを見せています〉

ケント　：今では，公共の場所で多くの種類のピクトグラムが使われているよ。このピクトグラムを見たことがある？

マンディ：うん，問4ア学校で見たことがあるよ。火災や地震のときに建物から出るために使われるドアを示しているね。

ケント　：そのとおり。日本のデザイナーによって作られ，1987 年に国際基準になったよ。もうひとつ例を挙げるね。虫眼鏡のアイコンを見たことがある？

ジロウ　：もちろん。「検索」だよね。

ケント　：そうだよ。問5ウェブサイトの限られた場所に非常に多くの情報があるので，テキストを読むのが大変なことがよくあるね。そういう理由で，ピクトグラムはウェブ上でテキストの代わりに使われるんだ。

マンディ：もうひとつ例を挙げるよ。見て。これはオーストラリアにいる友人が私にくれた小さな贈り物だよ。これは道路で見かけるよ。

ジロウ　：ああ，それは「カンガルーに気をつけて」って意味だね。簡単だよ。クラスメイトと共有したいな。ピクトグラムの歴史や，他の国のピクトグラムについて話さない？

マンディ：それはいい考えだね。発表では，私たちの周りにたくさんのピクトグラムがあることをみんなに伝えたいな。スライドを作って台本を書いてみよう。

3　【本文の要約】参照。

問３　代名詞などの指示語の指す内容は直前にあることが多い。ここでは，直前の文のgive a certain odor「特定の匂いを与える」ことを指している。

問４　「砂川さんによると，人工冬眠を使うと星の彼方までの宇宙旅行が可能になるのはなぜですか？」…第６段落２～４行目に，人工冬眠によって水や食料を節約し，星の向こうまでの宇宙旅行が可能になることがわかる。つまり，「水や食料を節約することができるから（＝Because we can save water and food.）」である。

問５　hibernation as「～としての冬眠」の後ろに続く語は a technology「技術」である。thatを関係代名詞として使い，後ろからcan help sick or injured people「病気やけがをした人を助けることができる」が修飾する形にする。

問６　【本文の内容のまとめ】参照。

【本文の要約】

先週，驚くべきニュースを読みました。そのニュースによると，人間は近い将来，冬眠することができるようになるということです。一部の研究者は，人工冬眠を人間に適用する方法を研究していると言っていました。また，冬眠に関する研究をさらに進めることによって，宇宙や医療分野でも利用できる可能性があるとも言っていました。しかし，冬眠する動物は多くはなく，まだ私たちが知らないことがたくさんあります。冬眠とは何でしょう？それは人間にどのように適用できるのでしょう？私はこれらの質問に答えるためにいくつかの本や記事を読みました。

まず，冬眠する動物は，何種類かの変温動物とクマのような何種類かの哺乳類です。カエルやカメのような変温動物は冬の間冬眠します。なぜなら，外気温と体温がほぼ同じになり，彼らは活動できなくなるからです。一方，哺乳類は，体内で熱を発生させることによって，ほぼ同じ体温に保つことができます。哺乳類の冬眠は不思議な現象です。体温が下がり，体は熱を生み出す代謝を止めます。すると，体はエネルギーを節約します。一部の哺乳類は冬眠しますが，他の哺乳類は冬眠しません。すべての哺乳類が冬眠する能力を持っていたが，おそらく自分たちが住む環境によってこの能力を失ったと信じる研究者もいます。冬眠せずに冬を越すようになった哺乳類がいるかもしれません。

2020 年，世界は日本の研究チームの研究に驚きました。ネズミは冬眠しませんが，研究チームがネズミを冬眠に非常によく似た状態にしたのです。研究チームは，Ｑ神経Ａと呼ばれる（＝called）ネズミの脳の一部を刺激しました。Ｑ神経が刺激された後，ネズミの酸素消費が低下し，体温が下がりました。この冬眠のような状態は１日以上続きました。その後，ネズミは深刻なダメージもなく自発的に元の状態に戻りました。これは人間に人工冬眠を適用する方法かもしれません。

別の研究チームが別の冬眠スイッチを発見しました。それは「匂い」です。ネズミが特定の匂いを嗅ぐと，①カ体温が下がり代謝が低下しました。この状態は冬眠に似ています。その研究チームは，冬眠スイッチが低酸素のような過酷な状況で生き残る能力を引き出していることも発見しました。この冬眠スイッチを発見したチームメンバーのひとりは「例えば，深刻な状態の人に冬眠を引き出す問３特定の匂いを与えることができます。そうすることで，深刻な状態の人が生き残るのを助けるために人工冬眠を利用できます。その結果，多くのB命(＝lives)を救うことができるかもしれません」と言っています。

人工冬眠が可能になった場合，それはどのような状況で使われるでしょうか？Ｑ神経の研究チームのメンバーのひとりである砂川玄志郎さんは，「まずは短時間の冬眠から始めて，冬眠時間を増やしていきたいです。まずは体の一部だけ冬眠することから始めて，数時間か数日，冬眠を続けます。これは医療で使うことができます。「任意の冬眠」についても考えています。この冬眠では，②エ人がいつ冬眠を始めるかをコントロールします。誰もが突然病気になったときに人工冬眠に入ることができます。私たちそれぞれがいつ冬眠するかをコントロールすることができます。これは多くの人に役立つでしょう」と言っています。この研究を始める前，砂川さんは医者でした。彼は日本の有名な小児病院のひとつで，病気の子どもたちを診ていました。彼は多くの子どもたちを救いましたが，③アつらいときもありました。救えなかった子どもたちを忘れることはできませんでした。その経験によって，彼は冬眠の研究を始めました。

もし私たちがもっと長い時間冬眠することができれば，この技術は他の分野でも使われます。砂川さんは「将来，冬眠は宇宙旅行で使われます。もしあなたが宇宙旅行中に冬眠するなら，水と食料を節約することで，星の彼方まで旅行することが可能になるでしょう」と言いました。冬眠は，私たちにより多くの宇宙旅行の機会を与える技術かもしれません。

私は冬眠は一部の動物にしか見られない不思議な現象だと思っていましたが，最近の科学技術の研究は，人間に冬眠を適用する可能性を示しています。冬眠について調べた後，私は医療の分野での冬眠に興味を持つようになりました。もし人間が人工冬眠を利用できれば，将来，多くの人の命が救われることでしょう。病気やけがをした人を助けることができる技術として，冬眠に関する今後の研究を楽しみにしています。

【本文の内容のまとめ】

ナナは冬眠のニュースを読みました。彼女は冬眠とは何かを学び，冬眠が人間に適用される可能性があることを知っ(1)て驚きました(＝was surprised to)。彼女は冬眠に関する本や記事を読みました。すべての哺乳類が冬眠する能力を持っていたが，ほとんどの哺乳類は冬眠する能力を失ったと信じている人もいます。過酷な環境ではないので，おそらく冬眠は彼らにとって(2)必要ではない(＝not necessary)かもしれません。彼女は，研究チームが人工冬眠のための２つのスイッチを発見したことを知りました。ひとつは「Ｑ神経」で，もうひとつは「匂い」です。しかし，いまだに冬眠をいつ，どのように始めるかをコントロールするのは研究者(3)にとって難しい(＝hard for)です。彼女は冬眠が人間に適用され，この技術が宇宙旅行や医療分野で使われることを望んでいます。

4　「お金で物を買う人もいます。しかし，最近はクレジットカードや電子マネーなど，キャッシュレス決済を利用する人が多いです。キャッシュレス決済にはＩＣカードやプリペイドカードも含まれます。人々はもっと頻繁にそのような方法を使うべきだと思いますか？」…(例文)「はい，そう思います。この支払い方法を使えば，素早く支払いをすることができますし，多くのお金を持ち歩く必要がありません。これは店にとっても時間の節約になります。また，私たちがどれだけお金を使ったか簡単に調べることができます。このことで，私たちはお金を使うときにより慎重になるでしょう」

2023 解答例 令和5年度　埼玉県公立高等学校

《2023　国語　解答例》

1　問1．イ　　問2．アンサンブルの土台を支えているから、細田さんが音楽の流れを滞らせずに安心して吹けている　問3．ア　　問4．コンクールのことが呼び覚まされ、自分には個性や自分の音楽がないことを思い出した　問5．ア，エ

2　問1．(1)とろ　(2)きょだく　(3)おもむ　(4)財布　(5)届　　問2．機会も　　問3．イ
問4．(1)ウ　(2)散策　(3)商店街の一体感を強める方策は何かありますか。

3　問1．ウ　　問2．エ　　問3．白いという性質が存在しないとしたら、共有するものがなくなり、説明不可能になる　　問4．イ　　問5．Ⅰ．輪郭により空間的に区別される　Ⅱ．他の性質と概念的に区別される

4　問1．エ　　問2．はづかいがかようでは　　問3．絵描きの描いた白さぎの飛び方　　問4．それがしが

5　(例文)

資料から、インターネットを利用する時間のルールを決めている家庭が多いことと、高校生になるとルールを決めていない家庭が増えるということを読み取った。

高校生になったら、ルールがなくても自分自身で気を付けなければいけないと思った。私はスマホでゲームをしていると、つい時間を忘れてしまう。インターネットを適切に利用するためには、使い過ぎないように自律的な判断をすることが必要だと考える。

《2023　数学　解答例》

1　(1) $4x$　(2) -8　(3) $2y$　(4) 3　(5) $\sqrt{2}$　(6) $(x-5)(x-6)$　(7) $x=-1$　$y=1$　(8) $\frac{5\pm\sqrt{37}}{6}$
(9)ア，ウ　(10) $\frac{1}{2}x+2$　(11) -3　(12) $\frac{13}{2}$　(13) $\frac{5}{8}$　(14) 33π　(15)エ　(16)ヒストグラムから読みとることができる第3四分位数は，40分以上50分未満の階級に含まれているが，イの第3四分位数は50分以上60分未満で，異なっている

2　(1)右図　(2)Xの十の位の数をa，一の位の数をbとすると，X＝10a＋b，Y＝10b＋aと表されるので，
X＋Y＝(10a＋b)＋(10b＋a)＝11a＋11b＝11(a＋b)
a，bは整数なので，a＋bも整数。
したがって，X＋Yは11の倍数になる。

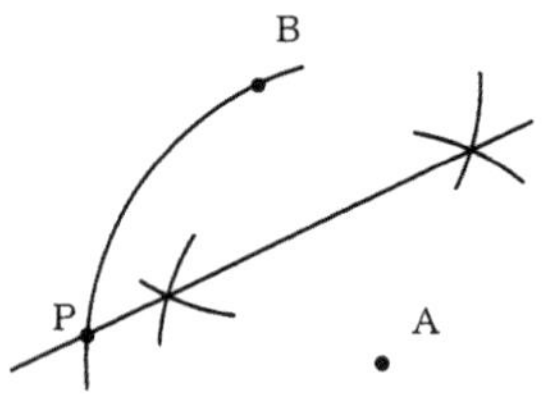

〔別解〕

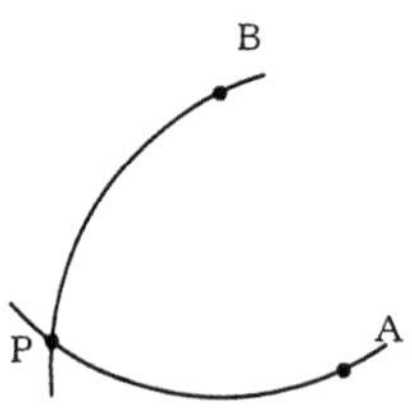

3　(1)ア．6　イ．25　　(2) 4

4　(1) 5
(2)△ABPと△CBPにおいて，
BPは共通…①　仮定から，AB＝CB…②，∠ABP＝∠CBP…③
①，②，③から，2組の辺とその間の角がそれぞれ等しいので，△ABP≡△CBP
したがって，PA＝PCなので，△APCは二等辺三角形になる。
(3) $80+16\sqrt{2}$

《2023　学校選択問題　数学　解答例》

1　(1)$-\frac{8}{9}x^3y^2$　(2)$24\sqrt{7}$　(3)$\frac{1}{5}$，1　(4)ア，ウ　(5)$\frac{5}{8}$　(6)33π

(7)頂点の数…6　辺の数…9　ねじれの位置になる辺の数…2　(8)672　(9)－1，－3

(10)ヒストグラムから読みとることができる第3四分位数は，40 分以上 50 分未満の階級に含まれていて，箱ひげ図の第3四分位数とは異なっている。

2　(1)右図

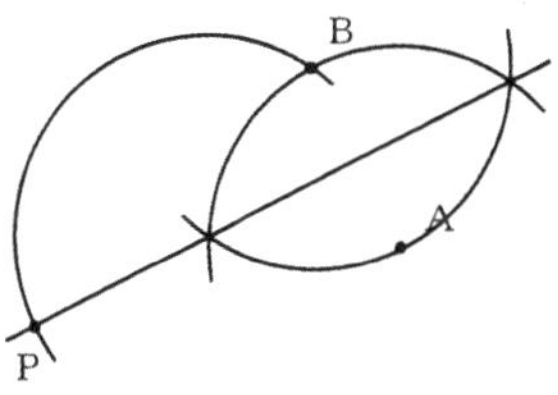

(2)四角形ＤＨＢＦにおいて，仮定から，ＨＤ//ＢＦ，ＨＤ＝ＢＦ

１組の対辺が平行でその長さが等しいので，四角形ＤＨＢＦは平行四辺形になる。

△ＢＥＩと△ＤＧＪにおいて，

仮定から，ＡＢ＝ＣＤ，ＡＥ＝ＣＧなので，ＢＥ＝ＤＧ…①

錯角なので，∠ＢＥＩ＝∠ＤＧＪ…②

ＢＨ//ＦＤから，同位角，対頂角なので，∠ＥＩＢ＝∠ＥＪＦ＝∠ＧＪＤ…③

②，③から，∠ＥＢＩ＝∠ＧＤＪ…④

①，②，④から，１組の辺とその両端の角がそれぞれ等しいので，△ＢＥＩ≡△ＤＧＪ

3　(1)ア．6　イ．25　(2)小数第 30 位の数…7　和…135

4　(1)ｂ＜ｃ＜ａ　(2)①記号…ア　説明…ｃの値を大きくすると，ＰＳとＱＲはそれぞれ長くなり，辺と辺の距離も大きくなる。台形の上底，下底，高さのそれぞれが大きくなるので，面積も大きくなる。

②ａ＝$\frac{3}{5}$　ｂ＝$\frac{3}{5}$　ｃ＝$\frac{6}{5}$　体積…$\frac{189}{25}\pi$

5　(1)5　※(2)32　(3)$4-2\sqrt{2}$

※の説明は解説を参照してください。

《2023　社会　解答例》

1　問1．アフリカ　問2．ア　問3．X．ロンドンの冬の気温は，青森とニューヨークより高い　Y．北大西洋　問4．イ，エ，オ

2　問1．木曽　問2．オ　問3．イ　問4．P．自動車組み立て工場の近くに自動車部品工場がある

〔別解〕地域全体で自動車の生産が行われている　Q．高速道路　問5．イ

3　問1．エ　問2．菅原道真　問3．ア　問4．ウ　問5．制度…参勤交代　理由…往復の費用や江戸での費用に多くの出費をしいられたから。

4　問1．カ　問2．エ　問3．国際協調の高まりの中，軍備が制限され，日本の財政支出に占める軍事費の割合は低くなっている。　問4．ウ→ア→イ→エ　問5．バブル

5　問1．ウ　問2．内閣は 10 日以内に衆議院の解散を行うか，総辞職するかを選択しなければならない。

〔別解〕内閣は 10 日以内に衆議院を解散しない限り，総辞職をしなければならない。　問3．ア，エ

問4．イ　問5．労働基準法　問6．ウ　問7．難民

6　問1．イ→エ→ア→ウ　問2．オ　問3．ヒートアイランド　問4．記号…ウ　A．交流の場をつくったり，イベントを催したりすることが，0～14 歳の人口を増やしている

《2023　理科　解答例》

1　問1．ウ　問2．ア，ウ　問3．エ　問4．イ　問5．黒点　問6．節足動物　問7．0.0016
問8．放射能

2　問1．ウ　問2．冬　問3．ア　問4．記号…イ　しくみ…陸上の気温が海上の気温より高くなり，陸上で上昇気流が生じ，海から陸に向かって風がふく。　問5．記号…ア　T．偏西風に押されながら／追い風を受けながら／偏西風にのって　などから1つ

3　問1．ウ　問2．エンドウは開花後も，おしべとめしべが一緒に花弁に包まれているから。　問3．対立形質
問4．(1)記号…(X)　遺伝子の組み合わせ…ＡＡ，Ａａ
(2)Ⅰ．ＡＡ　Ⅱ．Ａａ　Ⅲ．ア

4　問1．還元　問2．塩化コバルト紙をつけ，青色から赤色に変化する（下線部は桃色でもよい）　問3．右図　問4．(1)エ　(2)炭素…0.18　銅…1.92

5　問1．反射　問2．右図　問3．イ　問4．焦点から出た光は，凸レンズを通ったあと，凸レンズの軸に平行に進むから。（下線部は光軸でもよい）　問5．エ

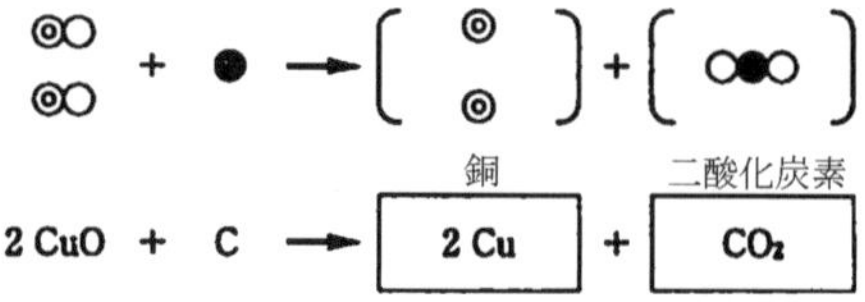

4問3の図

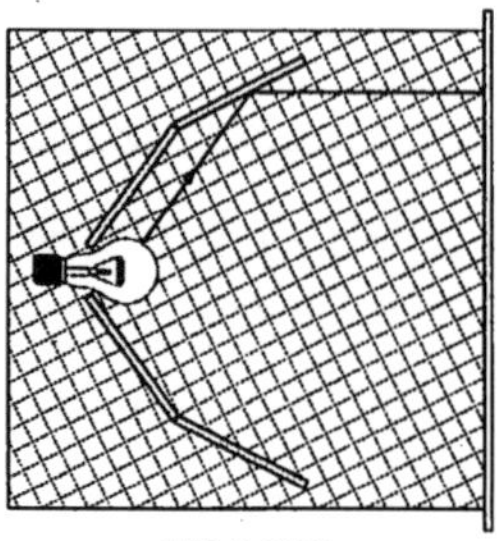
5問2の図

《2023　英語　解答例》

1　No. 1．B　No. 2．A　No. 3．C　No. 4．A　No. 5．D　No. 6．(1)B　(2)D　(3)C
No. 7．(1)summer　(2)next to　(3)saw

2　問1．A．May　B．famous　C．sure　問2．Why don't you　問3．I can't go to the concert.　I have to go to the dentist.

3　問1．A　問2．the whole country is covered　問3．ア　問4．wear green clothes　問5．ウ

4　問1．遠足中に写真を撮ること，遠足中にしたことについてメモを取ること。　問2．イ　問3．ア
問4．it takes about ten minutes to get there　問5．エ　問6．エ　問7．him to give

5　問1．difficult　問2．ウ　問3．①reading books to enjoy stories.　②I imagine the characters' feelings when I read books.　This helps me understand the story.

《2023　学校選択問題　英語　解答例》

1　No. 1．B　No. 2．A　No. 3．C　No. 4．A　No. 5．D　No. 6．(1)B　(2)D　(3)C
No. 7．(1)asked him who　(2)got off　(3)friendship between

2　問1．want you to choose which place to visit　問2．ア　問3．イ　問4．everything we want
問5．Because she has never been to a university campus.　問6．(1)イ　(2)エ　問7．Who suggested the

3　問1．Because they were light and cool.　問2．日本は湿度が高く，ぬれると乾くのに時間がかかるから。
問3．A．show　B．broken　問4．①ウ　②カ　③エ　問5．I imagine what umbrellas will be like in
問6．(1)using them　(2)different ideas　(3)give us

4　I want to live near mountains.　I can feel the changing seasons, and there is clean air and water in a quiet environment.　In summer, I can enjoy swimming in the river, and in winter, I can enjoy skiing.　I want to relax in nature and eat fresh fruits.

2023 解説 令和５年度 埼玉県公立高等学校

《2023 国語 解説》

1 問１ 「私」は「音楽大学(音大)受験前に出場したコンクールで結果が出ず、打ちのめされる。思い悩むうちにまともに演奏できなくなった」という状態だったが、やっと「最近はフルートを吹いても唇が震えたりはしない。そろそろ私も、自分の目標に向かって進む番だ」と思えるようになってきた。その矢先に「玲《れい》は高一でな、音大を目指してるんだ」と紹介され、「――音大。」と思っている。その玲の「上手《うま》い～ずしんと腹に響くような芯のある音～力強いのに柔らかさもある、分厚い音色～彼女の中に、生きた音楽が鳴っている～どんな音を出したいのか～ぶれない意思が伝わってくる」音を聞いて、心が乱されたのだと考えられる。よって、イが適する。このあと、玲のソロの後で「私」は拍を間違え、「唇が、震えた。私は、ショックを受けた。もう、震えがくることは、ないと思っていたのに――」と思っている。やはり玲の存在が「私」の心を乱しているのである。

問２ 「私」が「気づいた」のは、「今日の細田《ほそだ》さんは、安定していた～音楽の流れを滞らせずにすいすいと前に進んでいく」理由、すなわち、――②の前行の「玲ちゃんがいるからだ」ということである。その意味が、――②の後で「玲ちゃんは～正確にテンポをキープして、アンサンブルの土台をしっかりと支えている。対話相手が安定しているから、細田さんも安心して吹けているのだ」と具体的に説明されている。

問３ 高一の玲と話しながら「そのころの私は～」とふり返り、「玲ちゃんは部活も真剣にやっている～その上であれだけの演奏～音大も目指している。私よりも、明らかに大きな器量を持っている」と感じた。その玲から「どこを受験するんですか？」と聞かれ、「私」は「それ以外の選択肢は、彼女の中には存在していないようだった。彼女が引いている〈当然〉のラインが、高い」と思った。「私」にそう思わせた、つまり、「どこを受験するんですか？」の「どこ」は、「どこの音大」という意味なのである。玲にとっては音大以外の選択肢はなく、陽菜《はるな》(「私」)も当然どこかの音大を目指しているはずだと思って聞いているのだ。「私」は一応「やっぱり、藝大《げいだい》かな」と答えているが、「内心を隠しながら」とあるとおり、本心から言っているわけではない。よって、アが適する。

問４ 震えの理由となる「私」の思いは、――④の３行後以降で語られる。「コンクールのことが、否応《いやおう》なく頭の中でリフレインする。玲ちゃんの、才気溢《あふ》れるクラリネットが、あの日のことを呼び覚ます～あのコンクールのあと――私は、必死に〈個性〉を探した～私には、嫌いなものがない～それは、好きなものがないことと同じではないか。自分の音楽が、ないことと」とあることから読みとり、まとめる。

問５ ア．「小柄な体格～芯のある音を出す」は「対句」とは言えない。 エ．玲が「私」に「対抗心を向け」ているような描写はない。また、「私」は玲のことを「私よりも、明らかに大きな器量を持っている」と感じ、動揺している本心を見せないように会話に応じており、「見下した態度で接して」はいない。

2 問２ 主語は、「何が」を表す文節。文節なので、「機会も」。

問３ アの季語は「夏草」、ウの季語は「五月雨」、エの季語は「蝉《せみ》」で、いずれも季節は夏。イの季語は「天河《あまのがは》」で、季節は秋。

問４(1) Ａさんの「それはすごいですね～何か特別な工夫があるのでしょうか」「ありがとうございます～とても見やすい地図ですね。これはどこで手に入れることができるのでしょうか」という発言から、ウのような工夫をしていると言える。 (2) Ｂ店長の「商店街の中にある案内所で散策用に配っていますよ」という発言より。

(3) インタビューの様子にない情報は、「商店街のお祭りを企画中」。Ｂ店長が「商店街全体での一体感が少し足りないこと」が課題だと言ったのに対して、一体感を強める方法があるかをたずねると得られる情報である。

3　問１　――①の前後で「私はいま～消しゴムを持っている～『白い』、『直方体である』、『新しい』といった特徴～これらの性質を担《にな》っている消しゴムのようなものを『個物』ないし『個別者』と言う」「いま私が持っている白い消しゴムは一つしかない。ホワイトハウスも一つしかない～特定の消しゴムのようなものは個別者（あるいは『個物』）と呼ばれる」と述べていることから、ウが適する。

問２　――②の直後で「私たちは白い消しゴム～見たことがある。しかし、『白さ』そのもの、『白い』という性質そのものを見たことがある人など一人もいない。私たちが見ているのは白い消しゴムであって、白さそのものではないのだ」と述べていることから、エのような理由が読みとれる。

問３　――③は、直前の段落の「『白い』という性質が存在しないとしたらどうなるだろうか。私の消しゴムとホワイトハウスが共通して持つものなど何もない、ということになる～それではなぜ～どちらも『白い』と呼ばれることになるのだろうか。『～同じ白という色を持っている』という～事実が、説明不可能になってしまわないだろうか」という問題を指している。

問４　――④の前後で「輪郭によって周囲のものや空間と区別されることで、消しゴムというものの在り方が定まる。そしてこれによって、消しゴムは現に、そこに存在することができている」「何かが存在しているときには必ず、そのものは他のものと区別されている」「それ以外の、他のものと区別されることで、そのものは存在している」と述べていることから、イのような理由が読みとれる。

問５　本文後ろから４段落目で「空間的な区別は、輪郭で区切ることによって、個物を存在させている～概念的な区別は、輪郭を持たない普遍者をも存在させている」と述べていることに着目する。「概念的な区別」については、続けて「『白い』という性質～白以外の色から区別されている。このことによって～性質は存在することができている」と、それが性質に関わるものであることが説明されている。

4　問１　――①がある文の直前の一文「ある者、座敷をたてて絵を描かする」より、「ある者」。同じ人物を意味するのは、エの「亭主」。

問３　絵描きが、自分の描いた「此《この》飛びやう」（この飛び方）について言っている。何の飛び方であるかを補って答える。

問４　本当の白鷺《しらさぎ》が飛んでいる様子を目の当たりにしてもなお、絵描きは「いやいやあの羽づかひではあつてこそ、それがしが描いたやうには、得飛ぶまい。（私が描いたようには、飛ぶことはできまい。）」と言った。

【古文の内容】

今となっては昔のことだが、どんなことでもやたらに自慢したがるのは未熟なためである。何事でも名人という者は、少しも自慢はしないのである。自分より技量がすぐれている者たちが、広い世界にはいくらでもいるのである。種々の芸道だけに限らず、武士道においても武芸・弁舌など、まったく自慢してはいけないのに、今の時代では、身分が高い人も低い人もそれぞれに自慢をして、大声で偉そうなことを言いたて、自分の意のままにふるまう者が多い。それでいて、自分の欠点を隠そうとして、すぐれた者を非難し嘲笑することがある。ある者が、座敷を作ってふすまに絵を描かせた。白鷺だけを描くことを望んだ。絵描きは、「承知した。」と言って焼筆《やきふで》で下絵を描いた。亭主が言うことには、「どれも良さそうだが、この白鷺の飛び上がっているのは、羽の動かし方がこのようでは、飛ぶことができないだろう。」と言う。絵描きが言うには、「いやいやこの飛び方がもっともすぐれた点だ。」と言っていると、本当の白鷺が４～５羽連なって飛んでいる。亭主がそれを見て、「あれをごらんなさい。あのように描きたいものだ。」と言うと、絵描きはそれを見て、「いやいやあの羽の動かし方であっては、私が描いたようには、飛ぶことはできまい。」と言った。

1　(2)　与式$=-28+20=\mathbf{-8}$

(3)　与式$=\dfrac{30xy^2}{5x\times 3y}=\mathbf{2y}$

(4)　与式の両辺に10をかけて，$13x+6=5x+30$　　$8x=24$　　$\mathbf{x=3}$

(5)　与式$=\dfrac{8\sqrt{2}}{2}-3\sqrt{2}=4\sqrt{2}-3\sqrt{2}=\mathbf{\sqrt{2}}$

(6)　かけると30，足すと-11になる2数を探すと，-5と-6が見つかるから，与式$=\mathbf{(x-5)(x-6)}$

(7)　$3x+5y=2$…①，$-2x+9y=11$…②とする。

①×2＋②×3でxを消去すると，$10y+27y=4+33$　　$37y=37$　　$\mathbf{y=1}$

①に$y=1$を代入すると，$3x+5=2$　　$3x=-3$　　$\mathbf{x=-1}$

(8)　2次方程式の解の公式より，$x=\dfrac{-(-5)\pm\sqrt{(-5)^2-4\times 3\times(-1)}}{2\times 3}=\mathbf{\dfrac{5\pm\sqrt{37}}{6}}$

(9)　ア．河川の水すべてを調査することはほぼ不可能なので，標本調査で行われる。

イ．健康診断は全員の健康状態を調べるために行われるので，全数調査で行われる。

ウ．全世帯の視聴番組を調べるのは手間がかかりすぎるので，標本調査で行われる。

エ．日本の全世帯の人数を調べるのは手間がかかるが必要な情報のため，5年に1回程度全数調査が行われる。

よって，**ア**と**ウ**を選ぶとよい。

(10)　**【解き方】直線ABの式を$y=ax+b$として，AとBの座標をそれぞれ代入することで連立方程式をたてる。**

A，Bは$y=\dfrac{6}{x}$のグラフ上の点だから，$y=\dfrac{6}{x}$に$x=-6$，2をそれぞれ代入すると，$y=\dfrac{6}{-6}=-1$と$y=\dfrac{6}{2}=3$になるので，A$(-6,\ -1)$，B$(2,\ 3)$である。

$y=ax+b$にAの座標を代入すると，$-1=-6a+b$，Bの座標を代入すると，$3=2a+b$となる。

これらを連立方程式として解くと，$a=\dfrac{1}{2}$，$b=2$となるから，直線ABの式は，$\mathbf{y=\dfrac{1}{2}x+2}$

(11)　**【解き方】$y=2x^2$のグラフは上に開いた放物線だから，xの絶対値が大きいほどyの値は大きくなる。したがって，$x=a$か$x=1$のときに$y=18$となる。**

$y=2x^2$に$x=1$を代入すると，$y=2\times 1^2=2$となる。したがって，$y=18$となるのは$x=a$のときであり，yの最小値が0だからaは負の数とわかる。$18=2a^2$より，$a^2=9$　　$a=\pm 3$　　$a<0$より，$\mathbf{a=-3}$

(12)　**【解き方】右のように作図し，中点連結定理を利用する。**

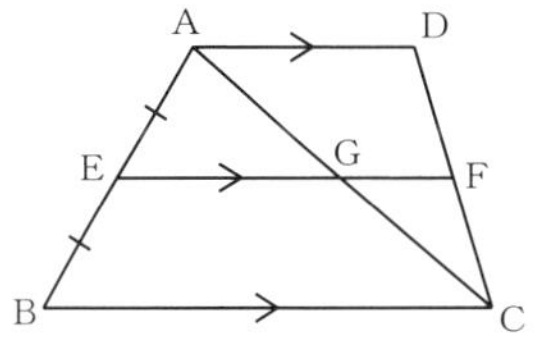

△ABCにおいて，EがABの中点でEF//BCだから，中点連結定理より，

GはACの中点で，$EG=\dfrac{1}{2}BC=\dfrac{1}{2}\times 8=4$(cm)

△ACDにおいても，中点連結定理より，$GF=\dfrac{1}{2}AD=\dfrac{5}{2}$(cm)

よって，$EF=4+\dfrac{5}{2}=\mathbf{\dfrac{13}{2}}$(cm)

(13)　**【解き方】すべての場合を樹形図にまとめる。**

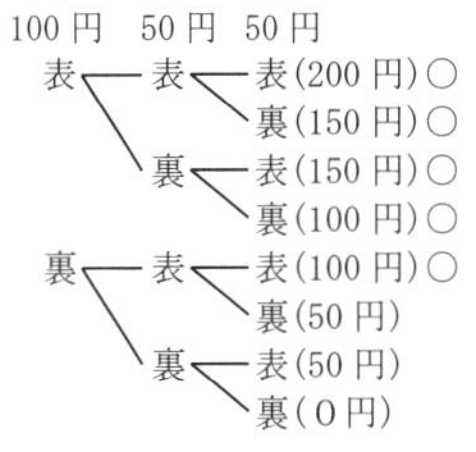

すべての表裏の出方と，表が出た硬貨の金額の合計は，右図のようになる。

100円以上になるのは○印の5通りだから，求める確率は，$\mathbf{\dfrac{5}{8}}$である。

(14)　**【解き方】球の中心をO，切り口の円の中心をPとする。**

右図はO，Pを通る平面で球を切断したときの切断面である。

この図から，PQの長さを求める。

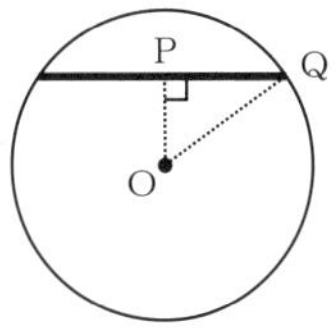

$OP=4$cm，$OQ=7$cmだから，三平方の定理より，

$PQ=\sqrt{OQ^2-OP^2}=\sqrt{7^2-4^2}=\sqrt{33}$(cm)

よって，切り口の円の半径は$\sqrt{33}$cmだから，面積は，$(\sqrt{33})^2\pi=\mathbf{33\pi}$(cm²)

(15)　**【解き方】$y=ax^2$のグラフはa＞0のとき上に開いた放物線に，a＜0のとき下に開いた放物線になる。$y=bx+c$のグラフは，b＞0のとき右上がりの直線に，b＜0のとき右下がりの直線になり，c＞0のときy軸と正の領域で交わり，c＜0のときy軸と負の領域で交わる。**

	a	b	c
ア	＋	＋	−
イ	＋	−	＋
ウ	−	＋	＋
エ	−	−	−

グラフの形から，右表のようにa，b，cの正負がわかる。よって，**エ**を選べばよい。

(16)　箱ひげ図からは，右図のようなことがわかる。

半分にしたデータ（記録）のうち，小さい方のデータの中央値が第１四分位数で，大きい方のデータの中央値が第３四分位数となる（データ数が奇数の場合，中央値を除いて半分にする）。

18個のデータを半分に分けると18÷２＝９（個）ずつになる。下位９個の真ん中の値は小さい方から５番目で，上位９個の真ん中の値は大きい方から５番目である。よって，18個のデータの第１四分位数は，小さい方から５番目の値，第３四分位数は大きい方から５番目の値である。

2　(1)　星は４時間で15°×４＝60°回転したので，Ｐ，Ａ，Ｂを結ぶと正三角形ができる。したがって，ＡＢの垂直二等分線と，Ａを中心とする半径ＡＢの円の弧との交点がＰである。または，Ａ，Ｂそれぞれを中心とする半径ＡＢの円の弧を引いて，それらの交点をＰとしてもよい。

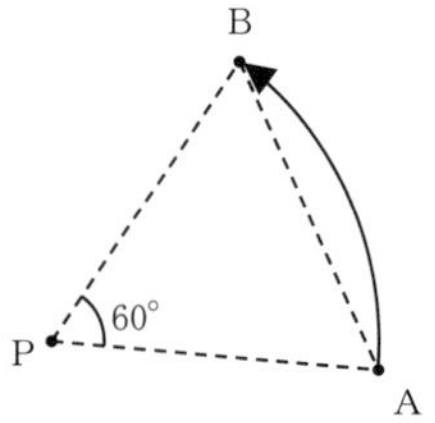

(2)　11の倍数になることを説明するので，11(　　)の形になるように文字式を変形すればよい。

3　(1)　n＝**6**のとき，$\frac{1}{n}$は無限小数になっている。

「nが２桁の奇数のときは，$\frac{1}{n}$は無限小数になる」の反例は，nが２桁の奇数で$\frac{1}{n}$が有限小数になるようなnの値である。５はどのような数でも必ず割り切れるから，素因数分解したときに５しか含まれていない数は，どのような数でも割り切れる。よって，n＝５×５＝**25**のときが反例となる。

(2)　$\frac{1}{7}$を小数で表すと，0.142857142857……となり，142857という６つの数が繰り返される。

小数第50位の数は，50÷６＝８余り２より，142857を８回繰り返したあとの２つ目の数だから，**4**である。

4　(1)　**【解き方】立体の表面に長さが最短になるように引かれた線は，展開図上で線分となる。したがって，右図のような展開図の一部において，Ｉ，Ｐ，Ｇは同一直線上にある**

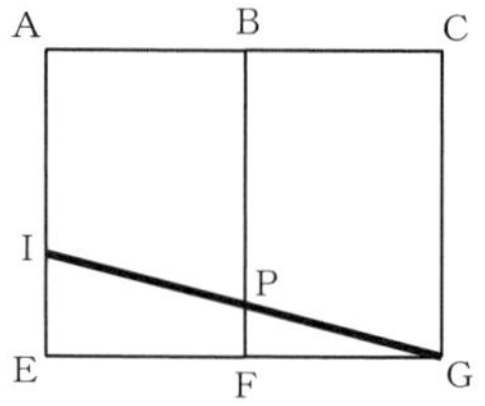

右図の△ＩＥＧにおいて，ＦはＥＧの中点でＩＥ//ＰＦだから，中点連結定理より，

ＰＦ＝$\frac{1}{2}$ＩＥ＝$\frac{1}{2}$×（６－４）＝１（cm）

よって，ＢＰ＝６－１＝５（cm）だから，これは５÷１＝**5**（秒後）である。

(2)　二等辺三角形であることを証明するので，２辺が等しいことを証明すればよい。２辺が等しいことを証明するには，どの三角形とどの三角形の合同を示せばよいかを考える。

(3)　**【解き方】４秒後にＢＰ＝１×４＝４（cm）となるので，ＡＩ＝ＢＰだから，切り口は右図の太線のようになる。体積が大きい方の立体はＥを含む立体である。Ｅを含む方の立体を，底面が台形ＰＦＧＣで高さがＥＦの四角柱とみる。柱体の側面積は，（底面の周の長さ）×（高さ）で求められることを利用する。**

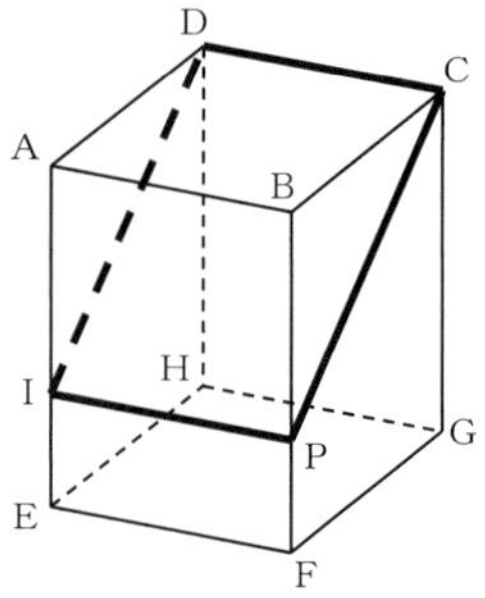

△ＢＰＣはＢＰ＝ＢＣの直角二等辺三角形だから，ＰＣ＝$\sqrt{2}$ＢＣ＝４$\sqrt{2}$（cm）

Ｅを含む立体の側面積は，（２＋４＋６＋４$\sqrt{2}$）×４＝48＋16$\sqrt{2}$（cm²）

台形ＰＦＧＣの面積は，$\frac{1}{2}\times(2+6)\times4=16$(㎠)

よって，求める表面積は，$16\times2+(48+16\sqrt{2})=\mathbf{80+16\sqrt{2}}$(㎠)

《2023　学校選択問題　数学　解説》

1 (1)　与式$=10xy^2\times\frac{4x^2y^2}{9}\times\left(-\frac{1}{5y^2}\right)=\mathbf{-\frac{8}{9}x^3y^2}$

(2)　与式$=xy(x^2-y^2)=xy(x+y)(x-y)$　　ここで$x=3+\sqrt{7}$，$y=3-\sqrt{7}$を代入すると，

$(3+\sqrt{7})(3-\sqrt{7})\{(3+\sqrt{7})+(3-\sqrt{7})\}\{(3+\sqrt{7})-(3-\sqrt{7})\}=\{3^2-(\sqrt{7})^2\}\times6\times2\sqrt{7}=$

$(9-7)\times12\sqrt{7}=\mathbf{24\sqrt{7}}$

(3)　$5x-2=\mathrm{A}$とすると，$\mathrm{A}^2-2\mathrm{A}-3=0$　　$(\mathrm{A}+1)(\mathrm{A}-3)=0$　　Ａを元に戻すと，

$(5x-2+1)(5x-2-3)=0$　　$(5x-1)(5x-5)=0$　　$(5x-1)\times5(x-1)=0$　　$\mathbf{x=\frac{1}{5}，1}$

(4)　ア．河川の水すべてを調査することはほぼ不可能なので，標本調査で行われる。

イ．健康診断は全員の健康状態を調べるために行われるので，全数調査で行われる。

ウ．全世帯の視聴番組を調べるのは手間がかかりすぎるので，標本調査で行われる。

エ．日本の全世帯の人数を調べるのは手間がかかるが必要な情報のため，５年に１回程度全数調査が行われる。

よって，**ア**と**ウ**を選ぶとよい。

(5)　**【解き方】すべての場合を樹形図にまとめる。**

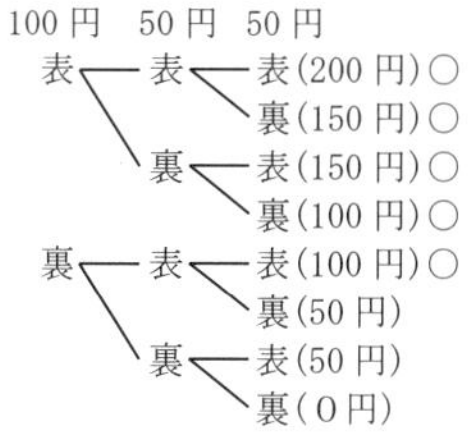

すべての表裏の出方と，表が出た硬貨の金額の合計は，右図のようになる。

100円以上になるのは○印の５通りだから，求める確率は，$\mathbf{\frac{5}{8}}$である。

(6)　**【解き方】球の中心をＯ，切り口の円の中心をＰとする。**

右図はＯ，Ｐを通る平面で球を切断したときの切断面である。

この図から，ＰＱの長さを求める。

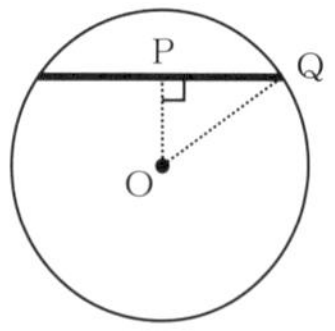

ＯＰ＝４cm，ＯＱ＝７cmだから，三平方の定理より，

$\mathrm{PQ}=\sqrt{\mathrm{OQ}^2-\mathrm{OP}^2}=\sqrt{7^2-4^2}=\sqrt{33}$(cm)

よって，切り口の円の半径は$\sqrt{33}$cmだから，面積は，$(\sqrt{33})^2\pi=\mathbf{33\pi}$(㎠)

(7)　**【解き方】展開図を組み立てると，右図のような，正三角すいを底面と平行な平面で**

切断したときの下側の立体ができる。

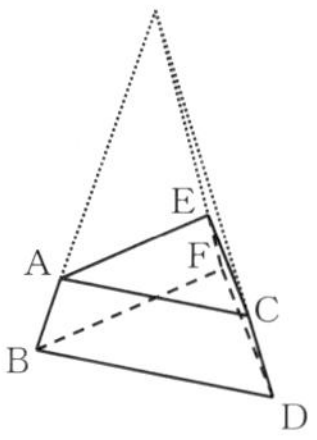

頂点の数は$3\times2=$**6**(個)，辺の数は$3\times3=$**9**(本)である。

ＡＢとねじれの位置にある辺は，辺ＣＥ，ＤＦの**2**本である。

辺ＣＤ，ＥＦは延長すると辺ＡＢと交わるので，ねじれの位置にはない。

(8)　**【解き方】Ｘの百の位の数をａ，一の位の数をｂとすると，$\mathrm{X}=100a+7\times10+b$，$\mathrm{Y}=100b+7\times10+a$と表せる。$\mathrm{X}-\mathrm{Y}=396$から等式を作る。**

$(100a+7\times10+b)-(100b+7\times10+a)=396$より，$99a-99b=396$　　$a-b=4$…①

各位の数の和は15だから，$a+7+b=15$より，$a+b=8$…②

①，②の連立方程式を解くと，$a=6$，$b=2$となるから，$\mathrm{X}=$**672**である。

(9)　**【解き方】yの最小値が０だから，xの範囲には０が含まれる。したがって，ａとａ＋４は符号が異なるか，どちらかが０である。$y=18$となるのが，$x=a$のときか$x=a+4$のときかで場合を分けて考える。**

$x=a$のとき$y=18$になるとすると，$18=2a^2$より，$a=\pm3$

$a=3$のとき$a+4=7$となり，符号が同じになるので条件に合わない。

ａ＝－３のときａ＋４＝１となり，符号が異なるので条件に合う。

$x=a+4$のとき$y=18$になるとすると，$18=2(a+4)^2$より，ａ＋４＝±３　　ａ＝－７，－１

ａ＝－７のときａ＋４＝－３となり，符号が同じになるので条件に合わない。

ａ＝－１のときａ＋４＝３となり，符号が異なるので条件に合う。

よって，**ａ＝－１，－３**

⑽　最小値，最大値，四分位数を比べて箱ひげ図とヒストグラムで一致しない値を探す。

18個のデータを半分に分けると18÷２＝９(個)ずつになる。下位９個の真ん中の値は小さい方から５番目で，上位９個の真ん中の値は大きい方から５番目である。よって，18個のデータの中央値(第２四分位数)は小さい方から９番目と10番目の値の平均で，第１四分位数は，小さい方から５番目の値，第３四分位数は大きい方から５番目の値である。

２　⑴　星は２時間で15°×２＝30°回転したので，△ＰＡＢは∠ＡＰＢ＝30°で，ＰＡ＝ＰＢの二等辺三角形になる。

Ｐ，Ａ，Ｂを通る円の中心をＯとする(ＡＢの中点とＰを結んだ線分上にある)。中心角は，同じ弧に対する円周角の２倍の大きさだから，∠ＡＯＢ＝30°×２＝60°となる。したがって，△ＯＡＢは正三角形となる。

よって，ＡＢの垂直二等分線を引き，まず右図のＯにあたる点をとる。

次に，Ｏを中心とする半径ＯＢの円の弧をかいて，ＡＢの垂直二等分線との２つの交点のうち，ＯについてＡＢと反対側にある方の点をＰとすればよい。

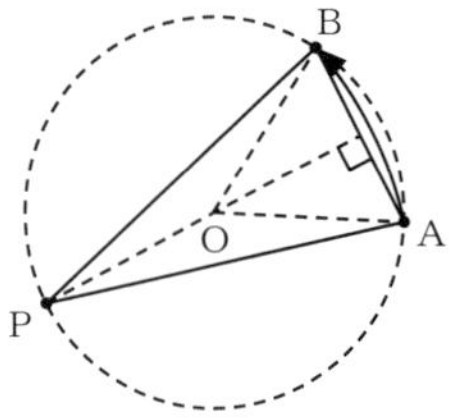

⑵　まず，問題文の仮定を図にかきこんで，証明のために必要な条件を探そう。

条件が足りない場合は，問題の内容に応じて，図形の性質，平行線の同位角・錯角，円周角の定理などからわかることもかきこんでみよう。

３　⑴　**ｎ＝６**のとき，$\frac{1}{n}$は無限小数になっている。

「ｎが２桁の奇数のときは，$\frac{1}{n}$は無限小数になる」の反例は，ｎが２桁の奇数で$\frac{1}{n}$が有限小数になるようなｎの値である。５はどのような数でも必ず割り切れるから，素因数分解したときに５しか含まれていない数は，どのような数でも割り切れる。よって，ｎ＝５×５＝**25**のときが反例となる。

⑵　$\frac{1}{7}$を小数で表すと，0.142857142857……となり，142857という６つの数が繰り返される。

小数第30位の数は，30÷６＝５より，５回目の繰り返しの最後の数だから，**７**である。

小数点以下の各位の数の和は，６つごとに１＋４＋２＋８＋５＋７＝27となるので，小数第１位から小数第30位までの和は，27×５＝**135**

４　⑴　**【解き方】$y=ax^2$のグラフはａ＞０のとき上に開いた放物線に，ａ＜０のとき下に開いた放物線になる。$y=bx+c$のグラフは，ｂ＞０のとき右上がりの直線に，ｂ＜０のとき右下がりの直線になり，ｃ＞０のときy軸と正の領域で交わり，ｃ＜０のときy軸と負の領域で交わる。**

放物線が上に開いているのでａ＞０，直線が右下がりなのでｂ＜０，直線が原点Ｏと交わっているので，ｃ＝０

よって，**ｂ＜ｃ＜ａ**

⑵①　**【解き方】ｂの値を変えずにｃの値を大きくすると，右図のように，直線$y=bx+c$は上に，直線$y=-bx-c$は下に平行移動する。**

台形の辺ＰＳと辺ＱＲは長くなり，直線ＰＳと直線ＱＲの距離が長くなることから，台形の高さも大きくなる。よって，台形ＰＱＲＳの面積は**大きくなる**。

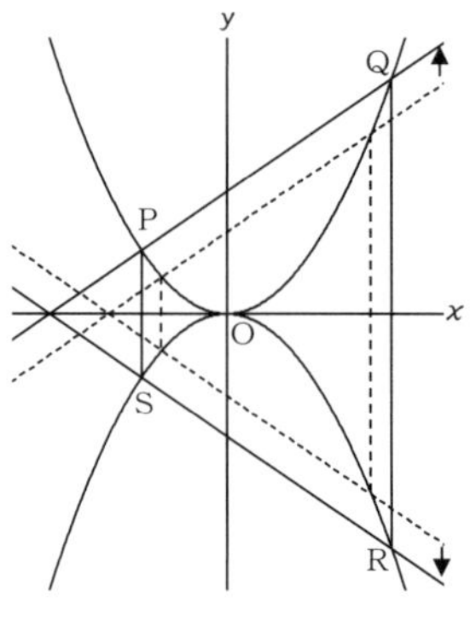

②　**【解き方】直線ＱＳの傾きをａの式で表してａの方程式を立てて，ａの値を求める。回転体の体積については，相似な立体の体積比は相似比の３乗に等しくなることを利用する。**

Qのy座標は$y=a\times2^2=4a$なので，Q$(2,\ 4a)$と表せる。

Sのy座標は$y=-a\times(-1)^2=-a$なので，S$(-1,\ -a)$と表せる。

直線QSの傾きは，$\dfrac{(y\text{の増加量})}{(x\text{の増加量})}=\dfrac{4a-(-a)}{2-(-1)}=\dfrac{5}{3}a$　　$\dfrac{5}{3}a=1$より，$a=\mathbf{\dfrac{3}{5}}$

したがって，Pのy座標は$y=\dfrac{3}{5}\times(-1)^2=\dfrac{3}{5}$，Qの$y$座標は$4a=4\times\dfrac{3}{5}=\dfrac{12}{5}$だから，P$\left(-1,\ \dfrac{3}{5}\right)$，Q$\left(2,\ \dfrac{12}{5}\right)$

$y=bx+c$にPの座標を代入すると，$\dfrac{3}{5}=-b+c$，Qの座標を代入すると，$\dfrac{12}{5}=2b+c$となる。

これらを連立方程式として解くと，$b=\mathbf{\dfrac{3}{5}}$，$c=\mathbf{\dfrac{6}{5}}$となる。

台形PQRSを回転させてできる立体は右図のようになり，底面の半径がVQで高さがVTの円すい(Xとする)から，底面の半径がUPで高さがUTの円すい(Yとする)を取り除いてできる立体(Zとする)になる。

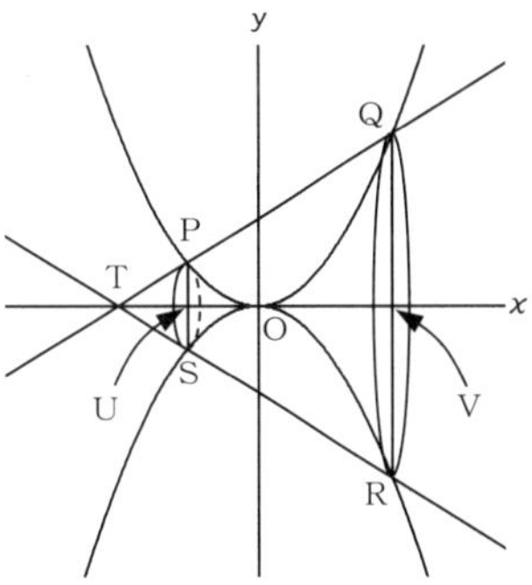

XとYは相似で相似比がVQ：UP＝(Qのy座標)：(Pのy座標)$=\dfrac{12}{5}:\dfrac{3}{5}=4:1$だから，体積比は$4^3:1^3=64:1$となる。

したがって，XとZの体積比は，$64:(64-1)=64:63$

直線PQの式$y=\dfrac{3}{5}x+\dfrac{6}{5}$に$y=0$を代入すると$x=-2$となるから，

T$(-2,\ 0)$で，V$(2,\ 0)$なので，$VT=2-(-2)=4$(cm)

Xの体積は，$\dfrac{1}{3}\times\left(\dfrac{12}{5}\right)^2\pi\times4=\dfrac{192}{25}\pi$(cm³)だから，Zの体積は，$\dfrac{192}{25}\pi\times\dfrac{63}{64}=\mathbf{\dfrac{189}{25}\pi}$(cm³)

5　(1)　**【解き方】立体の表面に長さが最短になるように引かれた線は，展開図上で線分となる。したがって，右図のような展開図の一部において，I，P，Gは同一直線上にある**

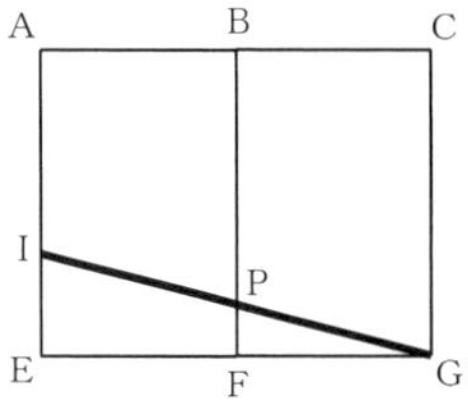

右図の△IEGにおいて，FはEGの中点でIE//PFだから，中点連結定理より，

$PF=\dfrac{1}{2}IE=\dfrac{1}{2}\times(6-4)=1$(cm)

よって，$BP=6-1=5$(cm)だから，これは$5\div1=\mathbf{5}$(秒後)である。

(2)　**【解き方】直方体を平面で切断すると，向かい合う面に相似な直角三角形ができることを利用して，切り口の線をかく。**

PとQは$1\times2=2$(cm)動いている。面ABCDと平行でP，Qを通る平面と，AE，CGとの交点をそれぞれR，Sとする。また，直線CGと切断面との交点をJとする。PI//JQとなるから，△PRI∽△QSJとなり，PR＝QSだから，△PRI≡△QSJである。したがって，SJ＝RI＝$4-2=2$(cm)だから，JはCと重なるので，切り口は右図の太線のようになる。

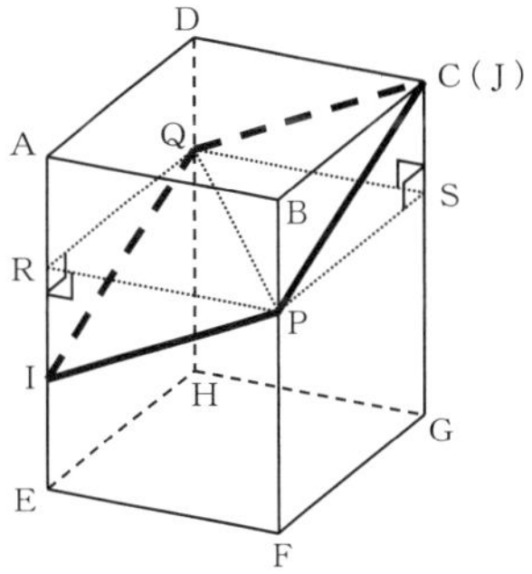

三角すいI－PQRと三角すいC－PQSは，底面が合同な三角形で高さがともに2cmだから，体積が等しい。

したがって，求める体積は直方体ABCD－RPSQの体積に等しく，$4\times4\times2=\mathbf{32}$(cm³)

(3)　**【解き方】A，E，G，Cと球の中心を通る平面上で考えると，右図のようになる。Oは球の中心，K，LはそれぞれAC，EGの中点，Mは球と△IPQの接点，NはP，Qと重なって見える点である。KNの長さを求めたいので，LNの長さを求める。**

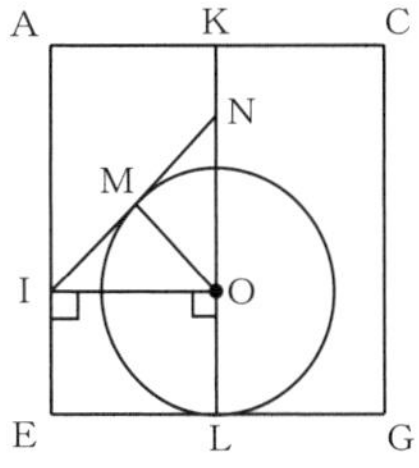

ACは正方形ABCDの対角線だから，$AC=\sqrt{2}AB=4\sqrt{2}$(cm)

円の接線は接点を通る半径に垂直だから，$\angle \mathrm{OMI}=90^\circ$ であり，$\mathrm{OM}=2$ ㎝，

$\mathrm{IO}=\mathrm{AK}=\frac{1}{2}\mathrm{AC}=\frac{1}{2}\times 4\sqrt{2}=2\sqrt{2}$ (㎝)である。

直角三角形OMIにおいて $\mathrm{OM}:\mathrm{IO}=2:2\sqrt{2}=1:\sqrt{2}$ だから，この三角形は直角二等辺三角形である。

したがって，△INOも直角二等辺三角形だから，$\mathrm{NO}=\mathrm{IO}=2\sqrt{2}$ ㎝

よって，$\mathrm{LN}=(2+2\sqrt{2})$ ㎝だから，$\mathrm{KN}=6-(2+2\sqrt{2})=4-2\sqrt{2}$ (㎝)なので，

$x=(4-2\sqrt{2})\div 1=\mathbf{4-2\sqrt{2}}$

《2023　社会　解説》

1　問2　カードⅠは「石油で得た資金」より，石油の生産がさかんで，オイルマネーによって発展してきた中東の国と判断できるためA，カードⅡは「海洋からしめった風～乾季がみられ」より，東南アジアの国と判断できるためBである。Aはアラブ首長国連邦で，カードⅠはアラブ首長国連邦の首長国の１つであるドバイ，Bはカンボジアで，カードⅡはトンレサップ湖の水上集落である。

問3　西岸海洋性気候であるロンドンは，北緯 50 度以北の高緯度のわりに，近くを流れる暖流の北大西洋海流とその上を吹く偏西風の影響を受け，冬でも温暖で過ごしやすい気候である。

問4　ア．１月ではメキシコ産の入荷量が最も多くなっている。ウ．グラフから，全体の５分の１(＝20％)程度となっているので，10％以下ではない。

2　問1　日本アルプスとよばれる三つの山脈のうち，飛騨山脈が北アルプス，木曽山脈が中央アルプス，赤石山脈が南アルプスとよばれる。

問2　上越市は冬に降水量が多い日本海側の気候なので，１月の降水量が最も多いⅡ，上田市は１年を通して降水量が少なく，冬に冷え込む内陸の気候なので，１月の平均気温が氷点下となっているⅢ，残った浜松市がⅠで，冬の降水量が少ない太平洋側の気候である。

問3　a・bから先に考えよう。bは新潟県で最も多くなっているので，米とわかる。よって，aは果実である。次にX・Y・Zを考える。最も人口が多いXは愛知県，最も人口が少なく，果実の産出額が多いZが山梨県なので，残ったYは石川県である。

問5．**イ**　島の形をよく見て，地図と照らし合わせて考えよう。

3　問1　Ⅰは聖徳太子が定めた十七条の憲法の一部である。よって，飛鳥時代の文化・文化財を選べばよい。aは「国分寺と国分尼寺」「東大寺」などから，奈良時代であり，資料１の鳥毛立女図屏風は正倉院に納められている。

問2　894 年，菅原道真は藤原氏の策略により，長らく派遣されていなかった遣唐使に選ばれ，国外に追いやられようとしていた。そこで道真は，唐の衰退と航海の危険を理由に遣唐使の派遣の延期を宇多天皇に進言し，これが聞き入れられて遣唐使は廃止された。

問3　元寇(1274 年文永の役・1281 年弘安の役)は防衛戦だったので，幕府は新たな領地を得たわけではなく，御家人に十分な恩賞を与えることができなかった。御家人の中には分割相続で領地が少なくなり，生活が苦しくなって，領地を手放す者もいた。1297 年に出された永仁の徳政令では御家人がただで領地を取り戻せるとしたが，長期的に見れば混乱を招いただけで終わった。イは承久の乱後の 1232 年，ウは 1221 年，エは平安時代後期，平清盛が権力を持つきっかけとなったできごとである。

問4　Ⅳは豊臣秀吉が出した刀狩令なので，Ⅳの時代は安土桃山時代である。Xの頃の日本は鎌倉時代，Zの頃の日本は江戸時代なので誤り。

問5　参勤交代は，徳川家光が武家諸法度に追加した制度である。将軍と大名の主従関係の確認という意味合いを

持ったが，参勤交代にかかる費用や江戸で命じられる御手伝普請(城の修築など)のために，藩の財政は苦しくなった。資料４の円グラフにおいて，参勤交代に関わる費用は「往復の費用」「江戸での費用」であり，合計で 48%を占めている。

4　**問１**　征韓論が退けられ政府を去った西郷隆盛は，鹿児島に帰郷して私塾を開いていたが，特権をうばわれたことに不満を持っていた士族らにかつぎ上げられ，1877 年に西南戦争を起こした。

問２　アは 1925 年，イは 1938 年，ウは 1883 年のできごと。年号がわからなくても，それぞれのできごとの背景を理解しておけば解答できる。

問３　1920 年代は国際協調(軍縮)の時代であり，ワシントン会議はその代表的な取り組みだった。1921～1922 年にかけて開かれたワシントン会議では，海軍の軍備縮小・日英同盟の破棄・太平洋地域の現状維持などが確認された。この時期には，日本でも財政支出に占める軍事費の割合が低くなっていたことは覚えておきたい。

問４　ウ(1956 年)→ア(1964 年)→イ(1972 年)→エ(1992 年)

5　**問１**　グローバル化＝国や地域を超えて人やモノ，資金，情報の結びつきが深まること。　インフォームド・コンセント＝医療分野で治療を受ける患者が，医師の十分な説明を受け，それに基づいてどのような治療方法を選択するか決定すること。

問２　衆議院が解散されると，衆議院議員総選挙が行われ，選挙後に行われる特別(国)会で新しい内閣総理大臣が指名される。

問３　イ．裁判員裁判は<u>６人の裁判員と３人の裁判官</u>で行われる。ウ．裁判員は満 18 歳以上の国民からくじで選ばれる(2023 年１月より 20 歳以上から 18 歳以上に引き下げられた)。オ．裁判員は有罪か無罪か，有罪であればどのような量刑までの審議を行う。

問４　Ｐ．１ドルに交換できる円の金額が下がる(＝円の価値が上がる)ことを円高ドル安という。　Ｑ．100×80＝8000(円)

問７　国を追われた人々のことを難民といい，国連難民高等弁務官事務所は，難民を国際的に保護し支援することを目的とする国際機関である。

6　**問１**　イ(江戸時代中期)→エ(明治時代初期　1873 年)→ア(明治時代中期　1890 年)→ウ(昭和時代　1947 年)

問２　私たちが日常的に使う石油や石炭などは，化石燃料と呼ばれ，限りのあるエネルギー資源である。それに対し，一度利用しても再び使うことができ，半永久的に使えるエネルギーを再生可能エネルギーという。地熱・太陽光・風力などの再生可能エネルギーは，地球温暖化の原因となる二酸化炭素などの温室効果ガスをほとんど発生させない。

問３　ヒートアイランド現象が起こる主な原因は，「地面のほ装」・「森林の減少」・「高層ビルが立ち並ぶことで風通しが悪くなる」・「冷房による熱い排気が大量に放出される」ことなどである。

問４　資料２では子育て世代や子どもへの取り組みが示されており，子どもの人口の推移を表しているウを選び，関連づけて解答すればよい。ア．子どもに関連したグラフではあるが，千里ニュータウンについてのものではないので，あてはまらない。イ．高齢者に関するグラフなのであてはまらない。エ．開発当初(＝1960 年代)の土地利用は，2010 年や 2017 年の子育て世代や子どもへの取り組みとは関係がない。

《2023　理科　解説》

1　**問１**　津波は，海底を震源とする地震で発生することがある大きな波が伝わる現象，土石流は，豪雨などによって土砂が一気に下流へと押し流される現象，高潮は，台風や発達した低気圧によって海面が大きく上昇する現象である。

問２　核と細胞膜は動物の細胞と植物の細胞に共通して見られ，葉緑体と細胞壁は植物の細胞だけに見られる。

問３　表１より，硫酸銅水溶液中に亜鉛やマグネシウムを入れると，赤色の物質(銅)が金属表面に付着することがわかる。これは，亜鉛やマグネシウムの原子が電子を失って亜鉛イオン〔Zn^{2+}〕やマグネシウムイオン〔Mg^{2+}〕になり，かわりに銅イオン〔Cu^{2+}〕が電子を受け取って銅原子になって金属表面に付着したからである。これらのことから，銅よりも，亜鉛やマグネシウムの方がイオンになりやすいことがわかる。同様に考えて，硫酸亜鉛水溶液にマグネシウムを入れると，亜鉛原子が金属表面に付着したので，マグネシウムは亜鉛よりもイオンになりやすいことがわかる。以上より，イオンになりやすい順に，マグネシウム＞亜鉛＞銅となる。

問４　滑車の重さを考えないとき，動滑車を１個使うと，糸を引く力は物体の重さの半分になるが，糸を引く距離は物体を持ち上げる距離の２倍になる。

問５　太陽の黒点部分はまわりよりも温度が低いため暗く見える。

問６　バッタなどの昆虫類，カニなどの甲殻類など，多くの動物が節足動物に分類される。

問７　〔密度(g/cm³)$=\dfrac{質量(g)}{体積(cm^3)}$〕，2.5 L→2500 cm³より，$\dfrac{4.0}{2500}=0.0016$(g/cm³)となる。

2　問１　等圧線の間隔がせまいほど，気圧の変化が大きいので，風が強く吹きやすい。

問２　図２はシベリア高気圧が発達していて太平洋上に低気圧がある西高東低の気圧配置が見られる。このような気圧配置は典型的な冬型の気圧配置である。

問３　結果の表より，時間が経過するにつれて，砂の方が水よりも表面温度が高くなっているので，砂の方が水よりもあたたまりやすいことがわかる。

問４　図４より，水や砂に近い部分では，あたたまりにくい水からあたたまりやすい砂に向かって空気が移動することがわかる。よって，よく晴れた日の昼の地表付近では，風は海から陸へ向かってふくと考えられる。なお，昼間にふくこのような風を海風といい，夜間に陸から海へ向かってふく風を陸風という。

問５　Ⅰ．表２の高度と，表３の緯度の数値データから，飛行機の飛ぶ高さは偏西風のふく領域内だとわかる。Ⅱ．経度の数値データから，福岡空港は東京国際空港よりも西にあることがわかる。　Ⅲ．偏西風は西から東へ向かってふくので，西から東へ飛ぶ帰りの飛行機と同じ向きになる。　T．追い風の中で自転車に乗ると，風に押されているように感じることがある。

3　問１　花弁が根元でくっついている植物を合弁花類，花弁が互いに離れている植物を離弁花類という。エンドウ，アブラナ，サクラは離弁花類，アサガオ，ツツジは合弁花類である。

問２　図２でおしべとめしべは花弁におおわれていて，外からの花粉がめしべにつかないつくりになっている。

問３　エンドウの種子の形(丸としわ)やさやの形(くびれとふくれ)なども対立形質である。

問４(1)　ノート２で，黄色の子葉をもつエンドウの種子を育ててできた子に２種類の種子ができたから，黄色の子葉をもつ親は２種類の遺伝子をもち(Ａａ)，Ａが黄色，ａが緑色を決める遺伝子である。したがって，潜性形質である緑色の子葉をもつエンドウ((Y)と(Z))の遺伝子の組み合わせはａａである。なお，Ａａの遺伝子をもつエンドウが自家受粉すると，できる種子はＡＡ(黄)：Ａａ(黄)：ａａ(緑)＝１：２：１となる。

(2)　Ｐに遺伝子の組み合わせがａａのエンドウをかけ合わせたとき，ＰがＡＡならば，表ⅰのように生じたエンドウの遺伝子はすべてＡａ(すべて黄色の子葉)になり，ＰがＡａならば，表ⅱのように生じたエンドウの遺伝子はＡａ：ａａ＝１：１になる。よって，ⅠはＡＡ，ⅡはＡａ，Ｍは１：１となる。

表ⅰ	A	A
a	Ａａ(黄)	Ａａ(黄)
a	Ａａ(黄)	Ａａ(黄)

表ⅱ	A	a
a	Ａａ(黄)	ａａ(緑)
a	Ａａ(黄)	ａａ(緑)

4　問１　酸化物から酸素がとり除かれる化学変化を還元という。還元が起こるとき同時に酸化も起こり，この反応では炭素が酸化して二酸化炭素が発生する。

問2　塩化コバルト紙は水に反応して，青色から赤色に変化する。

問3　化学反応を原子・分子のモデルを使って表すとき，反応の前後で原子の種類と数が等しくなるようにする。矢印の左側(反応前)の銅原子〔◎〕は２個だから，矢印の右側(反応後)の銅原子の数も２個にする。２個の銅原子〔◎〕はくっつけないように注意する。また，矢印の左側の酸素原子〔○〕は２個，炭素原子〔●〕は１個だから，矢印の右側の二酸化炭素分子は酸素原子２個と炭素原子１個をくっつけた形にする。このモデルをもとに化学反応式を書くと〔$2CuO+C \rightarrow 2Cu+CO_2$〕となる。

問4(1)　質量保存の法則より，反応の前後で反応に関わる物質の質量の総和は変わらないので，発生した二酸化炭素の質量は，(A＋炭素粉末－B)で求めることができる。炭素粉末が 0.06ｇのとき，2.50＋0.06－2.34＝0.22(ｇ)，炭素粉末が 0.12ｇのとき，2.50＋0.12－2.18＝0.44(ｇ)，炭素粉末が 0.18ｇのとき，2.50＋0.18－2.02＝0.66(ｇ)，炭素粉末が 0.24ｇのとき，2.50＋0.24－2.08＝0.66(ｇ)，炭素粉末が 0.30ｇのとき，2.50＋0.30－2.14＝0.66(ｇ)となる。よって，エが正答となる。　**(2)**　(1)で選んだエのグラフより，炭素粉末が 0.18ｇのとき，Ａ中の酸化銅と過不足なく反応したとわかる。したがって，炭素粉末が 0.18ｇのとき，Ｂには還元された銅と不純物だけが含まれる(炭素粉末が 0.18ｇ以外では酸化銅または炭素粉末が残る)。このとき，発生した二酸化炭素に含まれる酸素の質量 0.66－0.18＝0.48(ｇ)がＡ中の酸化銅に含まれていた酸素の質量と等しい。よって，Ｂに含まれる銅の質量は $0.48\times\frac{4}{1}=$ 1.92(ｇ)となる。

5　**問2**　図ｉのように，光が鏡などで反射するとき，入射角と反射角は等しくなる。図３のように，ます目に合わせて入射角と反射角が等しくなるような光を作図するときは，入射光の進み方に着目する。入射光が右(右上)に２進むと上(左上)に１進むので，反射光は右(右上)に２進むと，下(右下)に１進む。

図ｉ

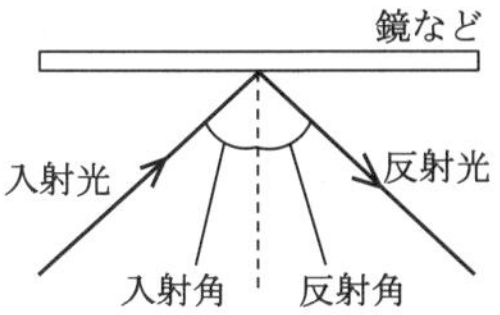

問3　光源から凸レンズまでの距離と凸レンズからスクリーンまでの距離がそれぞれ焦点距離の２倍の距離のとき，実像の大きさは光源の大きさと同じになる。よって，イが正答となる。

問4　焦点を通った光は，凸レンズで屈折して光軸と平行に進むので，光源を焦点に置くと，凸レンズで屈折した光が光軸に平行に進んで，どの位置にスクリーンを置いても同じ大きさの円がうつる。

問5　光が進む向きを反対にしても同じ道筋を進むので，図６の反対向きの光で考えてもよい。図ⅱのように，三角柱のガラスの光が入る面と光が出る面の角度が，大きいほど，光の角度の変化が大きくなるので，エが正答となる。三角柱のかわりに四角柱のガラスに光を当てると直進することからも，入る面と出る面の角度差から入る光と出る光の角度差を考えることができる。

図ⅱ

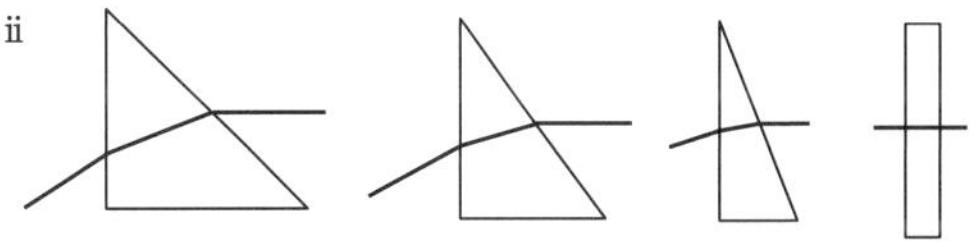

《2023　英語　解説》

1　**No.1**　質問「彼らはどの写真について話していますか？」…Ａ「ナンシー，この写真を見て。僕だよ。スタジアムでサッカーの試合を見ているときに僕の友達が撮ったんだ」→Ｂ「まあ，ユウジ，とても楽しそうね」→Ａ「うん。大好きなサッカー選手を見てとても楽しかったよ」→Ｂ「いいね」より，スタジアムでサッカー観戦をしているＢが適切。

No.2　質問「エリカのお弁当はどれですか？」…Ａ「エリカ，お弁当がおいしそうだね。ソーセージがおいしそうだ」→Ｂ「ありがとう，トニー。 あなたのもおいしそう。それにはイチゴが入っているけど，私のにはないわ」→Ａ「実は昨日，スーパーで買ったんだ。とても甘いよ」→Ｂ「いいね。私はイチゴが好きだから，あとで買うよ」より，ソーセージが入っていてイチゴが入っていないＡが適切。

No.3　質問「彼らは何曜日のことを話していますか？」…Ａ「今日はお昼前に英語の授業を受けて，英語の歌を歌ったね。楽しかったね」→Ｂ「うん。でも，僕は数学の授業の方が面白かったよ」→Ａ「あ，そうなの？私にとっては，数学の直後の理科の授業も面白かったよ」→B「君は理科が好きなのは知っているけど，音楽が一番好きだよね？君は午後の音楽の授業を楽しんでいたよ」より，午後に音楽があるCが適切。

No. 4　質問「ケンタはジェーンに何と言いますか？」…「ケンタは朝，学校でジェーンに話しかけています。彼女は昨夜，遅くまでテストの勉強をしたと彼に言います。そのせいですごく眠いことも言います」より，A「昨夜，何時に寝たの？」が適切。

No. 5　質問「トムはキャシーに何と言いますか？」…「キャシーはトムの家に向かっていますが，彼の家を見つけられません。キャシーはトムに電話し，周りに見えるものを彼に伝えます。それからキャシーはトムに家への行き方を教えるよう頼みます」より，D「そこで待っていて。僕が君のところに行くよ」が適切。

No. 6　【放送文の要約】参照。(1)　質問１「ブラウン先生の家族は１か月に何回コバトンパークに行きますか？」…B「月に２回」が適切。　(2)　質問２「ブラウン先生は公園で最初に何をしましたか？」…D「彼女はバドミントンをしました」が適切。　(3)　質問３「ブラウン先生の話で正しいのはどれですか？」…A×「彼女は生徒たちに公園について話してほしい」…放送文にない内容。　B×「彼女は天気について考えるのが好きです」…放送文にない内容。　C○「彼女は桜の下で昼食をとりました」　D×「彼女は毎日家にいることが大切です」…放送文にない内容。

【放送文の要約】

みなさん，こんにちは。英語の授業を始める前に，先週末のことについて話しましょう。週末は楽しかったですか？私は週末を楽しんだので，そのことについてお話しします。先週の日曜日，天気が良かったので家族でコバトンパークに行きました。(1)B私たちは月に２回そこに行きます。それは私の町で最も大きな公園のひとつです。楽しめるものはたくさんあります。

(2)Dまず，私は子どもたちとバドミントンをしました。公園にはスポーツをする広いスペースがあります。(3)Cその後，桜の下で昼食をとりました。とてもきれいで，子どもたちが作ってくれたサンドイッチもとてもおいしかったです！昼食後，私たちは公園をサイクリングして楽しみました。週末に公園で過ごすことで私はリラックスできます。

はい。それでは，ペアを組んで先週末のことを英語で話してください。数分間あげます。何か質問があれば，私に聞いてください。準備はいいですか？

No. 7　【放送文の要約】参照。

(1)　質問１「トモキはいつアメリカで写真を撮りましたか？」…トモキの１回目の発言より，He took them last summer.「彼は去年の夏にそれらを撮りました」が適切。　(2)　質問２「トモキの友人のデイビッドは，バスでどこに乗っていましたか？」…トモキの２回目の発言より，He was standing next to Tomoki.「彼はトモキの隣に立っていました」が適切。　(3)　質問３「なぜトモキは空港で驚いたのですか？」…トモキの５回目の発言より，Because he saw David there again.「なぜなら，彼はそこで再びデイビッドに会えたからです」が適切。

【放送文の要約】

トモキ：アリス，この写真を見て。(1)去年の夏にアメリカに旅行したときに撮ったよ。

アリス：すごいね。本当にたくさん撮ったんだね。ちょっと待って，トモキ，この男性は誰？

トモキ：彼はアメリカの友人のデイビッドだよ。(2)サンフランシスコでバスに乗っているとき，彼は僕の隣に立っていて笑顔で「こんにちは」と言ってくれたんだ。それから僕がバスを降りるまで，僕らはお互いに英語で話し始めたんだ。

アリス：彼と話すのは楽しかった？

トモキ：うん。趣味や故郷の話をしたよ。

アリス：それはいいね。

トモキ：実は面白い話があるんだ。

アリス：まあ，何？

トモキ：次の日，日本に帰るためにサンフランシスコの空港に行ったら，そこで彼を見かけたんだ！(3)彼にまた会えて本当に驚いたよ。彼は「またアメリカを訪れる機会があれば，僕に会いに来てよ」と言ってくれたよ。それから彼は僕にメールアドレスを教えてくれたんだ。

アリス：わあ！

トモキ：それ以来，彼と連絡を取り続けているよ。僕は彼に週に一度メールを送るんだ。

アリス：あなたはアメリカで素晴らしい経験をしたわね。「こんにちは」があなたと彼の友情を築いたのね！

2　問１Ａ　「５月」＝May　　Ｂ　「有名な」＝famous　　Ｃ　「きっと」＝I'm sure

問２　「～してはどうでしょうか？」＝Why don't you ～？

問３　ジェニーのメール「こんにちは，ミカ！メールありがとう。［Ｅ］私は次の吹奏楽部のコンサートに行きたいわ。ジェニーより」…条件に合った英文を答える。２文目以降は語群 dentist「歯医者」，family「家族」，homework「宿題」から１語のみを使って理由を答えること。「私はコンサートに行けない」＝I can't go to the concert.　「私は歯医者に行かなければならない」＝I have to go to the dentist.

3　【本文の要約】参照。

問２　〈means that＋主語＋動詞〉「～ということを意味する」より，the whole country「国全体」が主語の受動態の文を作る。「～でおおわれている」＝be covered

問３　wish を使った仮定法〈I wish＋主語＋could＋動詞の原形〉「～できたらなあ」の文。アが適切。

問４　質問「アイルランドの人々は聖パトリックの日に何をしますか？」→答え「彼らはいつも［緑色の服を着ます（＝wear green clothes）］」

問５　ア「アイルランドの人々は聖パトリックの日のパレードは×アイルランドだけで開催されると言います」イ×「アイルランドの人々は，『エメラルドの島』は聖パトリックの日に由来すると信じています」…本文にない内容。　ウ○「アユミは聖パトリックの日のパレードに参加し，アイルランドの伝統音楽を楽しみました」エ「アユミは，聖パトリックの日は×まだ世界中で人気になっていないと考えています」

【本文の要約】

私は小学生のころ，アイルランドに住んでいました。私は素晴らしい時間を過ごし，多くのことを経験しました。今日はアイルランドでの私の面白い経験のひとつについてお話しします。

アイルランドには宗教と関連がある祝日がたくさんあります。そのひとつは聖パトリックの日です。ご存知ですか？毎年３月 17 日に祝われます。これらはその日の写真です。問４写真では，人々は緑色の服を着て通りで踊っています。すると，通りは緑色に染まります。［Ａ最初は，それは私にはとても奇妙に見えました。］なぜ人々は聖パトリックの日に緑色の服を着るのでしょうか？

その理由のひとつはアイルランドの別の名前「エメラルドの島」と関連があります。この名前は，国全体が緑色でおおわれているということを意味しています。それは雨がたくさん降り，夏は暖かく湿っているためです。緑色はアイルランドの象徴で，聖パトリックの日に使われます。

問５ウ当日私は緑色の服を着て，家族でパレードに参加しました。アイルランドの伝統的な音楽，服，食べ物を楽しんだので，素晴らしい時間でした。アイルランドの音楽の音色は興味深かったです。私はアイルランドの伝統的な楽器を弾くことができたらいいのにと思います。

今日，聖パトリックの日が人気となっています。それは他の都市や国で祝われています。例えば，ニューヨークではアイルランド人がたくさん住んでいるので，最大のパレードのひとつが開催されます。人々は聖パトリックの日のパレードに喜んで参加します。

4　1【本文の要約】参照。

問1　直前の文でイトウ先生が生徒たちにするよう指示したことを指す。

【本文の要約】

〈教室で，イトウ先生は生徒たちに遠足について話しています〉

イトウ先生：来月，ケヤキ市に遠足に行きます。訪れる場所はたくさんあります。遠足の日は，午前9時にケヤキ西公園に集合です。各グループはそこから出発し，午後3時までに公園に戻ります。6時間のグループでの時間があります。

ケン　　　：どこに行くか決めてもいいですか？

イトウ先生：はい，でもみなさんは先生がみなさんの活動を見られるよう，チェックポイントとして，リストの4つの場所のうちのひとつに行かなければなりません。今日は，グループの話し合いで，チェックポイントとしてどの場所を訪れるか選んでほしいです。

ケン　　　：うーん，1つを選ぶのは難しいです。もっと情報が必要です。

イトウ先生：情報を得るために本やインターネットを使ってもいいです。

エマ　　　：タクシーに乗ってもいいですか？

イトウ先生：いいえ。徒歩，バス，電車で移動できます。

ユイ　　　：遠足にはいくら持っていってもいいですか？

イトウ先生：運賃，入場券，昼食代として3000円まで持ってくることができます。

ユイ　　　：わかりました。

イトウ先生：遠足中は，写真を撮るのを忘れず，したことについてメモを取ってください。これらは，遠足後のプレゼンテーションに役立ちます。では，グループで話し合いを始めてください。

2【本文の要約】参照。

問2　「サクラソウタワーでは，生徒たちは」に続くのは，イ「天気がよければ，美しい山々を見ます」が適切。ア「プラネタリウムレストランで特別なランチを食べる」，ウ「展望デッキに登れば，賞がもらえる」，エ「劇場で90分間の天体ショーを見る」は不適切。

問3　ケンの3回目の発言より，Adult「大人」の値段から10%引きになるので，$1500\times(1-0.1)=1350$(円)となる。

【本文の要約】

〈ケンは他の人に自分の考えを伝えます〉

エマ：ケン，あなたはどの場所に興味があるの？

ケン：ケヤキ西公園から歩いて行けるから，サクラソウタワーに興味があるよ。エリア内で一番高いビルだから，展望デッキから美しい景色を楽しめるんだ。問2イ晴れたら，美しい山々が見えるよ。タワーでは，プラネタリウムショーを楽しむこともできるよ。ショーは約30分間で，90分に1回上演されるんだ。タワーにはレストランやお店もたくさんあるよ。

エマ：それはわくわくするわね！

ケン：僕は心からそれをお勧めするよ。

ユイ：展望デッキとプラネタリウムのチケットは，合わせていくらなの？

ケン：これが入場券の価格表だよ。僕たちは学生だから，問3大人の価格から10パーセント引きになるんだ。

ユイ：じゃあ，私たちにとって，両方のアトラクションを楽しめる一番安いチケットは2430円だよ。うーん…。私たちが望むことをすべてすることは難しいね。

エマ：私はあなたの意見に賛成よ，ユイ。学割はあるけど，まだ高いよ。タワーでやるべきことを1つだけ選ぶといいわね。

ケン：わかった。

3【本文の要約】参照。

問4　「～するのに(時間)がかかる」は〈it takes＋時間＋to ～〉で表す。

問5　ア×「ユイはケヤキ動物園に行き，そこで1日過ごしました」…本文にない内容。　イ「生徒たちはキャンパスを歩き回るために×チケットを買わなければなりません」　ウ×「エマはケヤキ動物園の大型動物に興味を持っています」…本文にない内容。　エ○「生徒はガイド付きキャンパスツアーに参加する場合，チケットが必要です」

【本文の要約】

〈ユイは自分の考えを共有します〉

エマ：ユイはどう思う？

ユイ：私はケヤキ動物園かケヤキ大学の科学館に行きたいな。だって，動物や植物が好きだから。私は特に科学館に興味があるよ。それはキャンパス内にあって，ケヤキ西公園からバスで約 10 分でそこに着くの。科学館は農業と伝統的な和食の歴史を展示しているよ。そして，伝統的な料理を提供するレストランがあるの。

ケン：いいね。僕はそこで日本の伝統料理を食べてみたいな。

エマ：キャンパス内の伝統的な建物にも興味があるよ。私たちは，ガイド付きのキャンパスツアーでそこに入ることができるよ。

ユイ：いいね！問5エツアーのチケットを買う必要があるの？

エマ：問5エもしツアーに参加したければ，買う必要があるよ。キャンパス内を歩くだけなら無料よ。

ケン：じゃあ，ケヤキ動物園はどうなの？僕は幼少の頃にそこに行ったよ。とても広いから，一日そこで過ごせるよ。

ユイ：入場券はオンライン上で買うと 600 円だよ。でも，動物園は公園から遠いわ。

4【本文の要約】参照。

問6　前後の内容から，エマはケンと同じ意見を持っていることがわかる。エ「私もそう思うよ」が適切。

問7　エマ「発表の準備はできた？私はコンピュータで動画を作り始めたよ」→ユイ「発表のスピーチを書き始めたよ。よりよい発表にするためにもっと写真が必要だね」→エマ「そうだ，ケンは遠足中にたくさん撮っていたよ」→ユイ「ありがとう。写真を私たちに渡してくれるよう，彼に頼んでみるね」　・ask＋人＋to＋動詞の原形「(人)に～するように頼む」　・give＋もの＋to＋人「(人)に(もの)をあげる」

【本文の要約】

〈ケンはエマに考えを共有するよう頼んでいます〉

ケン：エマ，君はどこに行きたい？

エマ：私は日本の伝統工芸が好きなので，しらこばと工芸センターに行きたいわ。雛人形などの伝統工芸品がたくさんあるよ。工芸教室に参加して伝統的な和紙で扇子を作ることができるよ。教室は午前 10 時と午後2時に始まるの。2時間くらいかかるよ。

ユイ：ワークショップの費用はいくらなの？

エマ：材料を含めて約 1000 円かかるの。安くはないけど，この体験はきっと良い思い出になるよ。

ケン：扇子は家族への贈り物になるかもしれないよ。

エマ：Bエ私もそう思うよ。私のお母さんはそれをもらったら喜ぶと思う。

ユイ：いいね。ケヤキ西公園から近いの？

エマ：いいえ，バスに乗らないといけないよ。

ケン：さて，僕らは自分たちの考えを共有できたね。遠足でどこに行くか決めよう。

5　【本文の要約】参照。

問１　第１段落９行目から difficult「困難な」を抜き出す。

問２　ア×…カーターはけがをしてからは選手としては復帰していない。　イ×…カーターはけがをした後は，選手としてオリンピックに出場していない。　エ×…カーターはけがをした後，選手としての競技生活を引退した。

問３　３文以上で答える。無理に難しい表現は使わなくてもいいので，文法・単語のミスがない文を書こう。書き終わった後に見直しをすれば，ミスは少なくなる。（例文）「私は物語を楽しむために本を読むのが好きです。私は本を読むとき，登場人物の感情を想像します。これは私が物語を理解するのに役立ちます」

【本文の要約】

こんにちは，みなさん。私の趣味について話します。私は映画を見るのが好きです。映画を見るとき，私はリラックスして物語を楽しむことができます。先週，私は男の人生をもとにしている映画を見ました。プロバスケットボール選手のマイケル・カーターにまつわる話でした。彼のチームは選手権で３回優勝しました。問２ウ彼は国の代表チームでオリンピックにも参加し，金メダルを獲得しました。彼の人生は順調に進んでいるように思えましたが，ある日すべてが変わりました。 彼は試合中に足を骨折しました。医者は彼に「あなたの足はバスケットボールに対応できないから，バスケットボールをやめるべきだ」と言いました。彼はバスケットボールを続けることができなくなったのでとても落ち込みました。 しかし，彼はバスケットボールと関連する仕事に就くことを決して諦めませんでした。数年後，彼はコーチになり，チームを強くしました。私は一般の人がこの状況に打ち勝つのは難しいと思いましたが，カーターは打ち勝つことができました。

私は映画を通してこの物語を知りましたが，この映画の原作となったオリジナル本があります。私は昨日その本を読み終えました。それも楽しかったです。さて，みなさんに質問があります。物語を楽しみたいなら，本を読むのと映画を見るのとではどちらが好きですか？

《2023　学校選択問題　英語　解説》

1　No.1　質問「彼らはどの写真について話していますか？」…A「ナンシー，この写真を見て。僕だよ。スタジアムでサッカーの試合を見ているときに僕の友達が撮ったんだ」→B「まあ，ユウジ，とても楽しそうね」→A「うん。大好きなサッカー選手を見てとても楽しかったよ」→B「いいね」より，スタジアムでサッカー観戦をしているBが適切。

No.2　質問「エリカのお弁当はどれですか？」…A「エリカ，お弁当がおいしそうだね。ソーセージがおいしそうだ」→B「ありがとう，トニー。 あなたのもおいしそう。それにはイチゴが入っているけど，私のにはないわ」→A「実は昨日，スーパーで買ったんだ。とても甘いよ」→B「いいね。私はイチゴが好きだから，あとで買うよ」より，ソーセージが入っていてイチゴが入っていないAが適切。

No.3　質問「彼らは何曜日のことを話していますか？」…A「今日はお昼前に英語の授業を受けて，英語の歌を歌ったね。楽しかったね」→B「うん。でも，僕は数学の授業の方が面白かったよ」→A「あ，そうなの？私にとっては，数学の直後の理科の授業も面白かったよ」→B「君は理科が好きなのは知っているけど，音楽が一番好きだよね？君は午後の音楽の授業を楽しんでいたよ」より，午後に音楽があるCが適切。

No.4　質問「ケンタはジェーンに何と言いますか？」…「ケンタは朝，学校でジェーンに話しかけています。彼女は昨夜，遅くまでテストの勉強をしたと彼に言います。そのせいですごく眠いことも言います」より，A「昨夜，何時に寝たの？」が適切。

No.5　質問「トムはキャシーに何と言いますか？」…「キャシーはトムの家に向かっていますが，彼の家を見つけられません。キャシーはトムに電話し，周りに見えるものを彼に伝えます。それからキャシーはトムに家への行き方を教えるよう頼みます」より，D「そこで待っていて。僕が君のところに行くよ」が適切。

No. 6　【放送文の要約】参照。(1)　質問１「ブラウン先生の家族は１か月に何回コバトンパークに行きますか？」…Ｂ「月に２回」が適切。　(2)　質問２「ブラウン先生は公園で最初に何をしましたか？」…Ｄ「彼女はバドミントンをしました」が適切。　(3)　質問３「ブラウン先生の話で正しいのはどれですか？」…Ａ×「彼女は生徒たちに公園での体験について話してほしいです」…放送文にない内容。　Ｂ×「彼女は毎日天気について考えることが大切です」…放送文にない内容。　Ｃ○「彼女は先週の日曜日にどのように公園で家族と過ごしたかを生徒に伝えています」　Ｄ×「家族との一番いい過ごし方は家にいることです」…放送文にない内容。

【放送文の要約】

みなさん，こんにちは。英語の授業を始める前に，先週末のことについて話しましょう。週末は楽しかったですか？私は週末を楽しんだので，そのことについてお話しします。先週の日曜日，天気が良かったので家族でコバトンパークに行きました。(1)B私たちは月に２回そこに行きます。それは私の町で最も大きな公園のひとつです。楽しめるものはたくさんあります。

(2)Dまず，私は子どもたちとバドミントンをしました。公園にはスポーツをする広いスペースがあります。その後，桜の下で昼食をとりました。とてもきれいで，子どもたちが作ってくれたサンドイッチもとてもおいしかったです！昼食後，私たちは公園をサイクリングして楽しみました。週末に公園で過ごすことで私はリラックスできます。

はい。それでは，ペアを組んで先週末のことを英語で話してください。数分間あげます。何か質問があれば，私に聞いてください。準備はいいですか？

No. 7　【放送文の要約】参照。

(1)　質問１「トモキが写真を見せたとき，アリスはトモキに何を尋ねましたか？」…アリスの１回目の発言より，She asked him who the man in the picture was.「彼女は写真の男性が誰なのかを彼に尋ねました」が適切。　(2)　質問２「トモキと友人のデイビッドはどのくらいの間バスで話しましたか？」…トモキの２回目の発言より，They kept talking until Tomoki got off the bus.「トモキがバスを降りるまで彼らは話し続けました」が適切。　(3)　質問３「なぜアリスはトモキのアメリカでの体験が素晴らしいと思ったのですか？」…アリスの最後の発言より，Because she felt the word “Konnichiwa” created a friendship between Tomoki and David.「なぜなら，彼女は『こんにちは』がトモキとデイビッドの友情を築いたと感じたからです」が適切。

【放送文の要約】

トモキ：アリス，この写真を見て。去年の夏にアメリカに旅行したときに撮ったよ。

アリス：すごいね。本当にたくさん撮ったんだね。ちょっと待って，トモキ，(1)この男性は誰？

トモキ：彼はアメリカの友人のデイビッドだよ。サンフランシスコでバスに乗っているとき，彼は僕の隣に立っていて笑顔で「こんにちは」と言ってくれたんだ。(2)それから僕がバスを降りるまで，僕らはお互いに英語で話し始めたんだ。

アリス：彼と話すのは楽しかった？

トモキ：うん。趣味や故郷の話をしたよ。

アリス：それはいいね。

トモキ：実は面白い話があるんだ。

アリス：まあ，何？

トモキ：次の日，日本に帰るためにサンフランシスコの空港に行ったら，そこで彼を見かけたんだ！彼にまた会えて本当に驚いたよ。彼は「またアメリカを訪れる機会があれば，僕に会いに来てよ」と言ってくれたよ。それから彼は僕にメールアドレスを教えてくれたんだ。

アリス：わあ！

トモキ：それ以来，彼と連絡を取り続けているよ。僕は彼に週に一度メールを送るんだ。

アリス：あなたはアメリカで素晴らしい経験をしたわね。(3)「こんにちは」があなたと彼の友情を築いたのね！

2　1【本文の要約】参照。

問１　「(人)に～してもらいたい」＝want＋人＋to～　「どの場所を訪れるべきか」＝which place to visit

問２　ア○「生徒たちは遠足の日に，２度同じ公園に行かなければならない」　イ×「生徒たちは，宿題としてリストの場所について勉強しなければならない」…本文にない内容。　ウ×「生徒たちは話し合いで，ケヤキ西公園で何を買うべきか決めなければならない」…本文にない内容。　エ×「生徒たちは，教室でイトウ先生が彼らに渡した１日バス乗車券を使うだろう」…本文にない内容。

【本文の要約】

〈教室で，イトウ先生は生徒たちに遠足について話しています〉

イトウ先生：来月，ケヤキ市に遠足に行きます。訪れる場所はたくさんあります。問２ア遠足の日は，午前９時にケヤキ西公園に集合です。各グループはそこから出発し，午後３時までに公園に戻ります。６時間のグループでの時間があります。

ケン　　　：どこに行くか決めてもいいですか？

イトウ先生：はい，でもみなさんは先生がみなさんの活動を見られるよう，チェックポイントとして，リストの４つの場所のうちのひとつに行かなければなりません。今日は，グループの話し合いで，チェックポイントとしてどの場所を訪れるか選んでほしいです。

ケン　　　：うーん，１つを選ぶのは難しいです。もっと情報が必要です。

イトウ先生：情報を得るために本やインターネットを使ってもいいです。

エマ　　　：タクシーに乗ってもいいですか？

イトウ先生：いいえ。徒歩，バス，電車で移動できます。

ユイ　　　：遠足にはいくら持っていってもいいですか？

イトウ先生：運賃，入場券，昼食代として3000円まで持ってくることができます。

ユイ　　　：わかりました。

イトウ先生：遠足中は，写真を撮るのを忘れず，したことについてメモを取ってください。これらは，遠足後のプレゼンテーションに役立ちます。では，グループで話し合いを始めてください。

2【本文の要約】参照。

問３　入場料のリストの一番下「もしあなたが学生なら，10％の割引が適用されます」より，2700円の10％引きの2700×(1－0.1)＝2430(円)となる。

問４　everythingとwe wantの間に関係代名詞のthatが省略されている。we wantがうしろからeverythingを修飾し「私たちが望むすべてのこと」となる。

【本文の要約】

〈ケンは他の人に自分の考えを伝えます〉

エマ：ケン，あなたはどの場所に興味があるの？

ケン：ケヤキ西公園から歩いて行けるから，サクラソウタワーに興味があるよ。エリア内で一番高いビルだから，展望デッキから美しい景色を楽しめるんだ。晴れたら，美しい山々が見えるよ。タワーでは，プラネタリウムショーを楽しむこともできるよ。ショーは約30分間で，90分に１回上演されるんだ。タワーにはレストランやお店もたくさんあるよ。

エマ：それはわくわくするわね！

ケン：僕は心からそれをお勧めするよ。

ユイ：展望デッキとプラネタリウムのチケットは，合わせていくらなの？

ケン：これが入場券の価格表だよ。

ユイ：じゃあ，私たちにとって，両方のアトラクションを楽しめる一番安いチケットは Aイ 2430 円だよ。うーん…。私たちが望むことをすべてすることは難しいね。

エマ：私はあなたの意見に賛成よ，ユイ。問6(2)エ学割はきくけど，まだ高いよ。タワーでやるべきことを1つだけ選ぶといいわね。

ケン：わかった。

3【本文の要約】参照。

問5　「ユイはなぜ大学の周りを歩きたいのですか？」…ユイの１回目の発言の最後の１文より，「大学のキャンパスに一度も行ったことがないからです」が適切。

【本文の要約】

〈ユイは自分の考えを共有します〉

エマ：ユイはどう思う？

ユイ：私はケヤキ動物園かケヤキ大学の科学館に行きたいな。だって，動物や植物が好きだから。私は特に科学館に興味があるよ。それはキャンパス内にあって，ケヤキ西公園からバスで約 10 分でそこに着くの。科学館は農業と伝統的な和食の歴史を展示しているよ。そして，伝統的な料理を提供するレストランがあるの。問5私はキャンパス内を歩いてみたいな。なぜなら大学のキャンパスに一度も行ったことがないからね。

ケン：いいね。僕はそこで日本の伝統料理を食べてみたいな。

エマ：キャンパス内の伝統的な建物にも興味があるよ。私たちは，ガイド付きのキャンパスツアーで入ることができるよ。

ユイ：いいね！ツアーのチケットを買う必要があるの？

エマ：もしツアーに参加したければ，買う必要があるよ。キャンパス内を歩くだけなら無料よ。

ケン：じゃあ，ケヤキ動物園はどうなの？僕は幼少の頃にそこに行ったよ。とても広いから，一日そこで過ごせるよ。

ユイ：入場券はオンライン上で買うと 600 円だよ。でも，動物園は公園から遠いわ。

4【本文の要約】参照。

問6(1)　「生徒たちの話し合いによると，」…4のエマの４回目の発言より，イ「生徒たちはしらこばと工芸センターに行くにはバスを使わなければならない」が適切。　(2)　「話し合いで，エマが心配していたのは」…2のエマの最後の発言より，エ「サクラソウタワーの両方のチケットの値段は，学割を使ってもまだ高い」が適切。

問7　イトウ先生「チェックポイントとしてどこに行くべきか決まりましたか？」→エマ「はい，決まりました。私たちはしらこばと工芸センターに行くことにします」→イトウ先生「いいですね。あなたのグループの他の生徒にその場所を(　　)」→エマ「私です。みんな私の考えに賛同してくれました」の流れ。4のエマの１回目の発言で，エマはしらこばと工芸センターに行くことを提案しており，エマが直後に「私です」と答えたことから，主語を尋ねる疑問文「誰が～を提案しましたか？」＝Who suggested the～?が適切。

【本文の要約】

〈ケンはエマに考えを共有するよう頼んでいます〉

ケン：エマ，君はどこに行きたい？

エマ：私は日本の伝統工芸が好きなので，しらこばと工芸センターに行きたいわ。雛人形などの伝統工芸品がたくさんあるよ。工芸教室に参加して伝統的な和紙で扇子を作ることができるよ。教室は午前 10 時と午後２時に始まるの。２時間くらいかかるよ。

ユイ：ワークショップの費用はいくらなの？

エマ：材料を含めて約 1000 円かかるの。安くはないけど，この体験はきっと良い思い出になるよ。

ケン：扇子は家族への贈り物になるかもしれないよ。

エマ：Bエ私もそう思うよ。私のお母さんはそれをもらったら喜ぶと思う。

ユイ：いいね。ケヤキ西公園から近いの？

エマ：いいえ，バスに乗らないといけないよ。

ケン：さて，僕らは自分たちの考えを共有できたね。遠足でどこに行くか決めよう。

３　【本文の要約】参照。

問１　「なぜ西洋の傘は明治時代以降に日本で人気になったのですか？」…第５段落の最後の１文の，because of their light weight and cool design「軽量でデザインが洗練されているため」の部分を使って答えを作る。

問２　第８段落７行目のIn my opinion「私の意見では」以下にマユミの意見が書かれている。

問３Ａ　直前のtoは不定詞である。原形のshowを入れる。「(王様のような所有者の権威を)示すために」とつながる。　Ｂ　江戸時代中期以降の日本の傘についての話。直前のbut were heavy and easilyの部分の主語はThey「日本の傘」であり，「(開閉できるが)重くて簡単に(　　)」の(　　)には「壊れた」が入る。「壊れる」＝be brokenより，were heavy and (were) easily broken のように受け身の形にする。

問５　〈what＋主語＋be動詞＋like〉「(主語)がどのようなものか」より，what umbrellas will be like「傘はどのようなものになるだろうか」とする。文末にthe futureがあるので，in the future「将来」とつながる。

問６　「マユミは傘がずっと形を変えていないことを不思議に思いました。彼女は傘の歴史と文化を研究しました。彼女は江戸時代中期以降に日本人が(1)それらを使い始めた(＝started using them)ことを知りました。明治時代以降，独自の傘を作ろうと尽力した日本のメーカーがありました。彼女は日本人は傘の使い方について他国の人と(2)異なる考え(＝different ideas)を持っていることも学びました。調査を終えたあと，彼女は実は傘が形を変えているということを発見しました。彼女は時々将来の傘のことを想像します。彼女は想像した傘が形が違うすげがさかもしれないことに気づきました。彼女は傘の歴史を学ぶことは新しい傘を作るヒントを(3)私たちに与えてくれる(＝give us)と思いました」

【本文の要約】

あなたは雨の日にどのように対処しますか？私は傘を使います。傘をさすときはいつでも，なぜ傘の形が変わらないのか不思議に思っています。手で持たなくてもいい傘があればいいのに。でも，そんな傘はありません。傘はずっと同じ形をしています。傘を使うときは，傘を開けて持ちます。いつから傘をさすようになったのでしょう？他の国の人々は雨の日にどう対処しているのでしょう？なぜ傘の形はずっと変わらないのでしょう？私は疑問に答えるために，傘の歴史と文化について調べました。

初期の傘は棒のついた天蓋のようで，閉じることができませんでした。どうやらそれらは王様のような所有者の権威をA示す(＝show)ために使われていたようです。

日本における傘の最古の形跡は古墳時代のものです。しかし，日本の傘がどこで生まれたのかを見つけるのは困難です。傘は他の国から伝わったという人もいれば，傘は遠い昔に日本で作られたと言う人もいます。

いくつかの記事や本を読んだあと，江戸時代中期以降に人々は傘を使うようになったことがわかりました。日本の傘は竹の軸と骨を油紙で覆ったものです。それらは非常に高価だったので，お金持ちしか買えませんでした。それは開閉できましたが，B重くて簡単に壊れてしまいました(＝were heavy and easily broken)。そこで，江戸時代までは，雨の日にはみのやすげがさを使っていました。作り方が普及すると，和傘は作りやすくなり，安くなりました。傘の文化は歌舞伎や浮世絵にも見られ，多くの人に広まりました。日本の傘メーカーは自分たちの傘は人気が出るだろうと思っていましたが，日本に西洋の傘が伝来したことで状況が変わりました。

ペリー提督が船で来日したとき，多くの日本人が初めて洋傘を見ました。彼と一緒に来日したスタッフの中に，それらを使っている人がいたのです。明治時代以降，西洋の傘は日本に持ち込まれ，日本で販売されました。問1軽量でデザインが洗練されていたため人気を博し，すぐに日本中に広まりました。

20 世紀に，日本のメーカーの中には和傘を作り続けたものもあれば，洋傘を作り始めたものもありました。しかし，中には独自の傘を作ろうと尽力したメーカーもありました。1950 年頃，一部のメーカーはドイツで開発されたものをもとに折りたたみ傘を作りました。約 10 年後，ある傘メーカーがビニール傘を発明しました。1964 年の東京五輪で初めて世界中の人々にお披露目されると，国内外で人気が出ました。透明で良好な視界が人気を呼んだのかもしれません。このようにして，①ウいくつかのタイプの傘は日本のメーカーによって作られました。

ところで，他の国の人々は雨の日にどのように対処しているのでしょう？いくつかの国では，雨季と乾季がはっきりしています。雨季には，急に雨が降って短時間で止むことがあります。そのため，多くの人がこう言います。「私たちは傘を使いたくない。だって，②カすぐに止むから」

日本はどうでしょう？もちろん，日本は雨がたくさん降りますし，雨季もあります。しかし，インターネットで面白い記事を見つけました。日本では 1 人当たり平均 3.3 本の傘を持っており，他の国では平均 2.4 本の傘を持っているということです。これは，日本人は雨が降るときに傘をよく使う傾向にあることを意味します。しかし，ニュージーランドでは③エ日本と同じくらい雨が降りますが，雨が降っても傘をあまり使いません。しかし，この違いの理由は何でしょう？両国の湿度を比較した結果，日本は湿度が高いことがわかりました。問2私の考えでは，湿度が高いと，ぬれると乾くのに時間がかかるので，日本人は他の国の人より傘をよく使います。住んでいる国の天気によって傘の考え方が違うようです。

傘に関する記事や本を読む前は，傘の形が変わったとは思いませんでした。しかしながら，傘の歴史について調べてみると，実際に形が変わったことがわかりました。初期の傘は棒のついた天蓋でした。でも今は傘は開閉でき，折りたたみ傘もあります。傘の形は今後も変わっていくでしょう。時々私は将来，傘がどのようなものになるだろうかと想像してみます。例えば，私たちの頭上を飛び，バリアを張る傘があるかもしれません。私は将来の傘のことを考えていたとき，興味深いことに気づきました。私がイメージしていた傘は，形が違うすげがさかもしれません。傘の歴史について学ぶことで，新しい傘を作るヒントを得られるかもしれません。

4　「自分がどんな場所に住みたいか考えることは大切です。山よりも海の方がいいと思って海の近くに住むことが好む人もいます。もちろん，海の近くよりも山の近くの方が好きな人もいます。住む場所を決めるときに考えなければならないことはたくさんあります。海の近くに住むのと山の近くに住むのとでは，どちらがいいですか？」…(例文)「私は山の近くに住みたいです。季節の移り変わりを感じることができ，静かな環境できれいな空気と水があります。夏には川で泳ぎ，冬にはスキーを楽しむことができます。自然の中でリラックスして，新鮮な果物を食べたいです」

2022 解答例 令和4年度　埼玉県公立高等学校

《2022　国語　解答例》

1　問1．ウ　　問2．自分が想うことによって、この世界に居場所を作る　　問3．イ　　問4．自分に才能がないと思い可能性を狭めていたが、今からでも誰かの人生の中で心に残るような絵が描けるのではないか
問5．ア，オ

2　問1．(1)じゅんたく　(2)ひろう　(3)こ　(4)往復　(5)割　　問2．助動詞　　問3．イ　　問4．(1)勝ち負け
(2)ウ　(3)エ

3　問1．ア　　問2．エ　　問3．Ⅰ．最初から存在してこれからもあり続ける　Ⅱ．誰かが作った変わってしまうかもしれない　　問4．イ　　問5．誰かが作った人工物であり不変のものではないとしたら、時代にあわせて作り直した方がいいかもしれない

4　問1．野をまもる者に鷹を探す　　問2．エ　　問3．こずえにいたる　　問4．ウ

5　(例文)

「そっこう」という表現が気になる人は、年配の人に多い。一方、「まるっと」という表現が気になると答えた人の割合は、全ての年代で50%を超えている。

友達同士なら気にならない表現でも、世代の異なる人には違和感を与えてしまうことがあるのだと思う。私も正月に祖母に「あけおめ」と言ったら、きちんと新年のあいさつをするように注意された。相手に合わせて、言葉遣いに気をつけなければいけないと考えた。

《2022　数学　解答例》

1　(1) $-2x$　(2) -13　(3) $8xy^2$　(4) $\frac{1}{2}$　(5) $-\sqrt{6}$　(6) $(x+4)(x-5)$　(7) $x=1$　$y=-2$
(8) $\frac{3\pm\sqrt{33}}{4}$　(9) 110　(10) カ　(11) 135　(12) 4　(13) $\frac{6}{5}$　(14) ウ　(15) 169　※(16) L

2　(1)右図　(2) $a=\frac{2}{9}$　面積…36

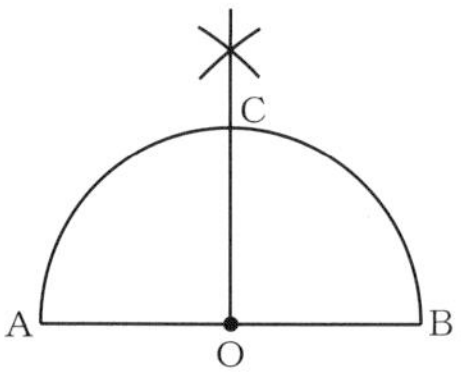

3　(1) $2x-3$　(2)ア．3　イ．33　※(3) $\frac{5}{11}$

4　(1)△APOと△BPOにおいて，
POは共通…①　円の半径なので，OA＝OB…②　A，Bは接点なので，∠PAO＝∠PBO＝90°…③
①，②，③から，直角三角形で，斜辺と他の1辺がそれぞれ等しいので，△APO≡△BPO
したがって，PA＝PB
(2) $4\sqrt{15}$

※の説明は解説を参照してください。

《2022　学校選択問題　数学　解答例》

1　(1) $\frac{5y}{4x^3}$　(2) 7　(3) $\frac{-9\pm\sqrt{33}}{4}$　(4) 4　(5) $\frac{6}{5}$　(6) ウ　(7) 169
(8) 16，30　(9) b＜c＜d＜a　※(10) L

2　(1)右図　(2) $\frac{\sqrt{3}}{9}$

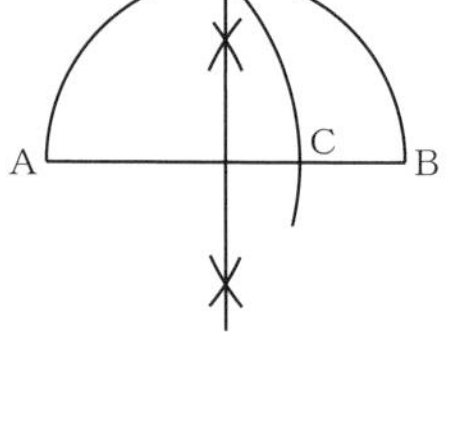

3　(1) $\frac{1}{6}$　(2)ア．$2x-3$　イ．33　※(3) $\frac{5}{11}$

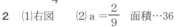

4　(1)△ＡＰＯと△ＢＰＯにおいて，

ＰＯは共通…①　円の半径なので，ＯＡ＝ＯＢ…②　Ａ，Ｂは接点なので，∠ＰＡＯ＝∠ＰＢＯ＝90°…③

①，②，③から，直角三角形で，斜辺と他の１辺がそれぞれ等しいので，△ＡＰＯ≡△ＢＰＯ

したがって，ＰＡ＝ＰＢ

(2) $4\sqrt{15}$

5　(1) $\frac{\pi}{6}r^3$　※(2) $\frac{\sqrt{2}}{6}r^3$　(3) $\frac{1+3\sqrt{3}}{48}r^3$

※の説明は解説を参照してください。

《2022　社会　解答例》

1　問１．北アメリカ　問２．ウ　問３．ウ，オ　問４．Ｑ．フランス　特色…穀物の輸出量が輸入量より多く，穀物の自給率が100%を超えている。

2　問１．イ　問２．(1)奥羽　(2)エ　問３．Ｑ．大消費地に近い〔別解〕大都市に近い　Ｒ．新鮮さが求められる〔別解〕保存がきかない　問４．ア，ウ，オ

3　問１．ウ　問２．聖武天皇　問３．エ　問４．明が日本に対して与え，正式な貿易船であることを証明する役割を果たしていた。　問５．ア

4　問１．名称…廃藩置県　行われたこと…中央から各県に県令が派遣された。　問２．ウ→イ→ア→エ
問３．イ　問４．サンフランシスコ　問５．記号…ウ　Ｙ．ＰＫＯ〔別解〕国連平和維持活動

5　問１．公共の福祉　問２．ア　問３．エ　問４．(1)ア　(2)イ　問５．所得が高いほど，所得に対する税金の割合を高くする　問６．国際司法裁判所

6　問１．エ　問２．イ→ウ→エ→ア　問３．Ｐ．地方交付税交付金　Ｑ．国庫支出金　問４．ウ
問５．記号…イ　Ａ．節水によって，市民１人１日あたりの生活用の水使用量が減っている

《2022　理科　解答例》

1　問１．ウ　問２．ア　問３．エ　問４．ア　問５．右図　問６．やく
問７．$2H_2+O_2 \rightarrow 2H_2O$　問８．全反射

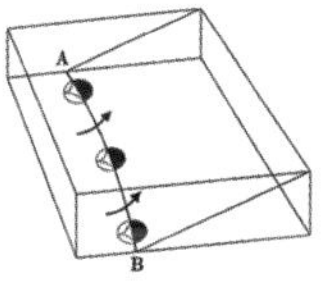

1．問５の図

2　問１．Ｄ　問２．南中高度　問３．Ⅰ．54　Ⅱ．天の北極〔別解〕北極星
問４．Ｌ．東　Ｍ．遅くなっていく　問５．３

3　問１．イ　問２．表面積　問３．Ｅ　問４．ウ　問５．ア　問６．血液中の養分や酸素は，血しょうに溶けた状態で毛細血管からしみ出て，組織液を通して全身の細胞に届けられる。

4　問１．ウ　問２．(1)二酸化炭素…イ　酸素…エ　(2)乾いたペットボトルを使って集めたアンモニアと条件がそろわなくなる／その水に気体が溶ける／ペットボトルに入る水の量が増える　などから１つ　問３．気体として存在している粒子の数が減少することで，大気圧よりペットボトル内の気体の圧力が小さくなる　問４．イ

5　問１．右グラフ　問２．ア，オ　問３．右図　問４．エ
問５．Ｌ．小さく　Ｍ．Ｙを高くする／Ｚを塔に近づける／Ｙ，Ｚを固定したまま橋げたを下げる　などから１つ

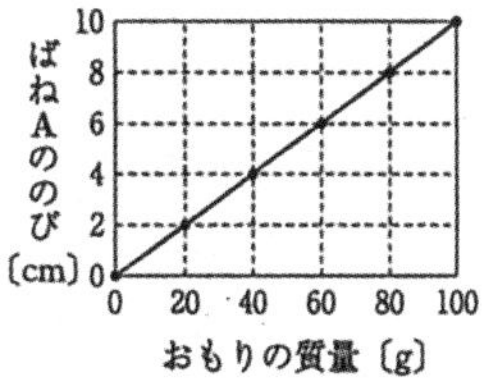

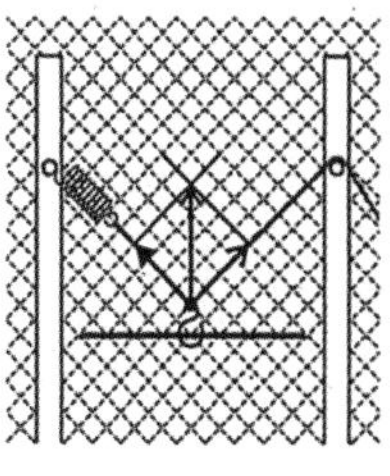
5．問３の図

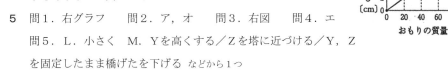

《2022　英語　解答例》

1　No. 1．B　No. 2．C　No. 3．A　No. 4．B　No. 5．D　No. 6．(1)A　(2)D　(3)C
No. 7．(1)three　(2)use English　(3)good at

2　A．enjoy　B．kinds　C．June　D．bring a bag

3　問1．A　問2．ウ　問3．have been practicing the　問4．play the guitar　問5．イ

4　問1．イ　問2．Ayako たちがよいプレゼントを選ぶのを，彼らは助けるだろうと思うから。　問3．him something he is interested　問4．エ　問5．ア　問6．エ　問7．give him calligraphy works.　I want him to remember his time with us.　問8．When should we give

5　問1．favorite　問2．ア　問3．①is to travel around the world.　②I want to meet a lot of people.　I will learn about many other cultures during my travels.

《2022　学校選択問題　英語　解答例》

1　No. 1．B　No. 2．C　No. 3．A　No. 4．B　No. 5．D　No. 6．(1)A　(2)D　(3)C
No. 7．(1)learn Japanese　(2)five days a　(3)good at

2　問1．make something else for　問2．everyone will help us choose a good present for him　問3．talk to people in English.　By doing this, your English will get better.　問4．エ　問5．Because she wants to borrow a camera.　問6．(1)イ　(2)ア　問7．the pictures you took

3　問1．Because pencils are hard to break.　問2．①カ　②オ　③ウ　問3．shrine has been protecting the pencil that he　問4．A．shown〔別解〕showed　B．were　問5．一本の鉛筆で約 50 キロメートルの線がかけること。　問6．(1)using them　(2)made pencils　(3)surprised to

4　First, I will collect information on the Internet.　There is a lot of information on the Internet, and some of it may be wrong.　Next, I will read books from the school library to make sure that the information is not wrong.　Then, I can learn more about difficult topics.

埼玉県公立高等学校

←解答例は前ページにありますので，そちらをご覧ください。

《2022　国語　解説》

1　問１　７行前に「環境に適応できない者は滅びる」とあり、その後、自分や「蹴落とされた側」といった「適応でき」なかった者たちに思いをはせている。また、「ウォレスが不憫《ふびん》だ～ダーウィンばっかりもてはやされて」という言葉や、ずっと後の「壮大な夢を抱いていたのに打ち砕かれたって。俺を認めてくれない世間や～社会が悪いって、被害者ぶって」より、ウォレスと自分は似た境遇にあると感じ、自分の将来や社会について悲観的になっていることが読み取れる。よって、ウが適する。

問２　小町さんの言葉を聞いて、浩弥は、「俺がウォレスの生きる場所を(作った)？」「誰かが誰かを想う。それが居場所を作るということ……？」と考えている。ウォレスのことを想うことで、ウォレスの居場所を作ることができるなら、「名も残さぬ人々のことを想」うことで、彼らの居場所を作れるかもしれないということになる。浩弥は、こうしたことを考えていたと推測できる。

問３　６行前に「すげえ、ほんとにすげえ。夢かなえちゃったよ、征太郎」とあることから、浩弥は征太郎の作家デビューが決まったことに驚き、感動している。その上で、「(浩弥の)ひとことが原動力で、最強に信じられるお守りだったんだ」という言葉を聞いて、「俺の小さなひとことを、そこまで大事にしてくれてたなんて」と、うれしく思っている。よって、イが適する。

問４　浩弥は、飛行機をかたどったぬいぐるみをポケットから取り出し、かつては「環境に適応しない考え」であった進化論や、「空想の世界の話」だった飛行機について考え始めた。そして、「俺に絵の才能なんてあるわけない」と思うことが、「どれだけの可能性を狭めてきたんだろう」と考えた。その後、自分の勘違いに気づき、「何よりも、誰かの人生の中で心に残るような絵が一枚でも描けたら」と思うようになった。

問５　ア．この文章は、最初から最後まで浩弥の視点で描かれている。　オ．この部分については、文を切ることが、テンポの良い展開にはつながっていない。

2　問２　「ず」「よう」「まし」「た」が助動詞である。

問３　順に「軽率」「慎重」が入る。よって、イが適する。

問４⑵　Ｆさんは、Ｅさんの発言の「意味を誤解されてしまうかもしれない」の部分を具体的に言い換えた上で、「意図を補足する副題をつけ加えてはどうでしょうか」と提案している。よって、ウが適する。

⑶　エ．「威風」は、威厳や威勢があることで、「堂々」は、りっぱで威厳を感じさせる様子。

3　問１　直後の刑罰の例をもとに考える。「何の特別な事情もないとき」には、「他人のものを取り上げてもよい」というのは正しくない。しかし、日本では刑罰として財産刑が採用されている。刑罰を科すという「特別な事情」が絡《から》んでくると、「他人のものを取り上げてもよい」というのは「許容される余地があ」る、つまり正しくないとは言い切れない場合がある。よって、アが適する。

問２　次の行に「事情が複雑になればなるほど正解を出すことは難しくなります」とある。続いて、「計算に入れねばならない事象が増え」たからといって、「そのために答えがなくなるわけではありません」と述べている。つまり、事情が複雑になることと正解の有無は別の問題だということ。よって、エが適する。

問３Ⅰ　傍線部③を含む段落の最初に「数学や物理の法則は～最初からあるもので～これからもあり続けるものです」とある。　Ⅱ　傍線部③を含む段落の３～５行目に「倫理のルールは誰かが作った決まりごとであり、社会や文化が変われば、いつかは変わってしまうかもしれないものに過ぎません」とある。

問４　「存在論なんてどうでもいい」とは、前の行にあるように、「『実在する』と『ある』の区別なんて」どうでもいいということ。直後の「法学」における例をみると、「実在する」と考える立場と「(構成されたものとして)ある」と考える立場の間の対立はあるが、「裁判の場面では何はともあれ～法律に則って裁定は下され」ると説明されている。裁判で判決が出れば、法律がどういったものであるかに関わらず、従わなければならない。この部分を倫理の問題にあてはめると、「倫理の正解」が「実在する」か「ある」かに関わらず、従わなければならないものである以上、倫理の存在論について考えても仕方がないという考え方が読み取れる。よって、イが適する。

問５　１～３行後に、「仮に倫理の正解が誰かが作った人工物だとすれば、いったい誰が作ったのか～という問題が生じるからです」と、倫理の存在論が重要な問題であるといえる理由が説明されている。この部分をふまえて、最後の段落で、「誰かが作ったものについては～現代という時代にあっていないなら、作り直した方がいいかもしれません」と述べている。これらを中心にまとめる。

４　問２　天智天皇が野守に対して話しかけている部分である。よって、エが適する。

問３　古文の「わゐうゑを」は、「わいうえお」に直す。

問４　野守は、水たまりをうかがい見て、御鷹が木の枝に止まっていることを知ったと言っている。よって、ウが適する。

【古文の内容】

むかし、天智天皇と申す帝が、野に出て鷹をつかった狩りをなさったところ、御鷹が、風に流されていなくなってしまった。むかしは、野をまもる者(＝野守)がいたので、(野守を)お呼びになって、「御鷹がいなくなった、確実に探せ。」とおっしゃられたので、(野守は)かしこまって、「御鷹は、あの岡の松の上の枝に、南を向いて、止まっております。」と申し上げたので、(帝は)驚きなさった。(帝が)「そもそもおまえは、地面に向かって、頭を地面につけて、他のものを見ていない。どのようにして、こずえにいる鷹の居場所を知ったのか。」とお訊きになると、野守の老人は「民は、君主に顔を見せることありません。雑草のはえているあたりにたまった水を、鏡として、(自分の姿を見て)白髪になったことをも知り、顔のしわをも数えるものなので、その鏡(＝水たまり)をうかがい見て、御鷹が木の枝に止まっていることを知ったのです。」と申しあげたので、その後は、野の中にたまっている水を、野守の鏡と言うのだ、と言い伝えてきた。

《2022　数学　解説》

１　(2)　与式$=-15+2=-13$

(3)　与式$=\dfrac{12x^2y\times 2y}{3x}=8xy^2$

(4)　与式より，$7x-x=1+2$　　$6x=3$　　$x=\dfrac{1}{2}$

(5)　与式$=\dfrac{12\sqrt{6}}{6}-3\sqrt{6}=2\sqrt{6}-3\sqrt{6}=-\sqrt{6}$

(6)　積が-20，和が-1となる２数を探すと，４と-5が見つかるから，与式$=(x+4)(x-5)$

(7)　$4x-3y=10$…①，$3x+2y=-1$…②とする。

①×２＋②×３でyを消去すると，$8x+9x=20-3$　　$17x=17$　　$x=1$

②に$x=1$を代入すると，$3+2y=-1$　　$2y=-4$　　$y=-2$

(8)　２次方程式の解の公式より，$x=\dfrac{-(-3)\pm\sqrt{(-3)^2-4\times2\times(-3)}}{2\times2}=\dfrac{3\pm\sqrt{33}}{4}$

(9)　Ｂを含まない方の$\overset{\frown}{AC}$に対する中心角は，$360°-140°=220°$

同じ弧に対する円周角の大きさは，中心角の大きさの半分だから，$\angle x = 220° \times \frac{1}{2} = 110°$

⑽　直線は右下がりで傾きが負なので，$a < 0$，切片が正なので，$b > 0$

双曲線上ではxが正の数のときyは負の数となるので，$c < 0$　　よって，正しい組み合わせは，カである。

⑾　**【解き方】円すいの展開図のおうぎ形の弧の長さは，底面の円周の長さに等しい。**

おうぎ形ＯＡＢの弧の長さは，半径が３cmの円の円周の長さに等しく，$2\pi \times 3 = 6\pi$ (cm)

ＯＡ＝８cmを半径とする円の円周は$2\pi \times 8 = 16\pi$ (cm)だから，中心角は，$360° \times \frac{6\pi}{16\pi} = 135°$

⑿　$\sqrt{\frac{540}{n}} = \sqrt{\frac{2^2 \times 3^2 \times 3 \times 5}{n}}$が整数となるのは，$n = 3 \times 5$，$n = 2^2 \times 3 \times 5$，$n = 3^2 \times 3 \times 5$，

$n = 2^2 \times 3^2 \times 3 \times 5$の４通りある。

⒀　ＡＢ//ＣＤより，△ＡＢＥ∽△ＤＣＥだから，ＡＥ：ＤＥ＝ＡＢ：ＤＣ＝２：３

ＡＢ//ＥＦより，△ＡＢＤ∽△ＥＦＤだから，ＡＢ：ＥＦ＝ＡＤ：ＥＤ＝(２＋３)：３＝５：３

よって，$EF = \frac{3}{5}AB = \frac{3}{5} \times 2 = \frac{6}{5}$ (cm)

⒁　(四分位範囲)＝(第３四分位数)－(第１四分位数)である。データを大きさ順で半分にわけたとき，小さい方のデータの中央値が第１四分位数で，大きい方のデータの中央値が第３四分位数となるので，この２つの値はデータの中にある離れた値の影響を受けにくい。これより，アとイは正しい。

第２四分位数と中央値は同じ値になるので，エは正しい。

箱ひげ図は平均値を表さないので，ウは正しくない(『箱の中央』という表現がどこを指しているかはっきりしないが，箱の真ん中あたりに引かれる線は中央値を表していて，箱のちょうど中央にくるとは限らない)。

⒂　**【解き方】標本調査の問題である。(印をつけた魚の数)：(全体の数)は，養殖池全体においても【２】でとれた 23 匹においても等しくなると推定される。**

養殖池にいる魚の総数をx匹とすると，$22 : x = 3 : 23$ より，$x = \frac{22 \times 23}{3} = 168.6\cdots$だから，養殖池にいる魚の総数はおよそ 169 匹と推定できる。

⒃　**【解き方】相似な立体について，面積比は相似比の２乗，体積比は相似比の３乗に等しいことを利用する。**

ＳとＭを比べる。価格は，ＭがＳの$\frac{320}{160} = 2$(倍)である。ＳとＭの体積比は$3^3 : 4^3 = 27 : 64$ だから，体積はＭがＳの$\frac{64}{27} = 2.3\cdots$(倍)である。価格が２倍なのに対して体積は２倍より大きくなるので，Ｍの方が割安である。

ＭとＬを比べる。価格は，ＬがＭの$\frac{960}{320} = 3$(倍)である。ＭとＬは底面積の比が$4^2 : 5^2 = 16 : 25$，高さの比が１：２だから，体積比は，$16 : (25 \times 2) = 8 : 25$ となるので，体積はＬがＭの$\frac{25}{8} = 3.125$(倍)である。価格が３倍なのに対して体積は３倍より大きくなるので，Ｌの方が割安である。よって，最も割安なのはＬである。

２　⑴　$AO : AC = 1 : \sqrt{2}$だから，ＡＣが斜辺となるような直角二等辺三角形ＯＡＣを作図すればよい。

よって，Ｏを通る直線ＡＢの垂線と，$\overset{\frown}{AB}$との交点がＣである。

⑵　**【解き方】Ｃの座標→ａの値→Ａのx座標→ＡＢの長さ→平行四辺形ＡＢＣＤの面積，の順で求める。**

四角形ＡＢＣＤは平行四辺形なので，(ＢとＣのx座標の差)＝(ＡとＤのx座標の差)＝$0 - (-3) = 3$

よって，Ｃのx座標は$x = 3 + 3 = 6$　　Ｃのy座標はＤのy座標に等しく，$y = 8$

放物線$y = ax^2$はＣ(６，８)を通るから，$8 = a \times 6^2$　　$36a = 8$　　$a = \frac{2}{9}$

Ａは放物線$y = \frac{2}{9}x^2$上の点で，x座標が－３だから，y座標は$y = \frac{2}{9} \times (-3)^2 = 2$

平行四辺形ＡＢＣＤは，底辺がＡＢ＝(ＡとＢのx座標の差)＝$3 - (-3) = 6$ (cm)，高さが(ＡとＤのy座標の差)＝$8 - 2 = 6$ (cm)だから，面積は，$6 \times 6 = 36$ (cm²)

３　⑴　直線ＡＢは傾きが$\frac{(\text{Bの}y\text{座標}) - (\text{Aの}y\text{座標})}{(\text{Bの}x\text{座標}) - (\text{Aの}x\text{座標})} = \frac{5 - 1}{4 - 2} = 2$だから，式は$y = 2x + b$と表せる。

Ａ(２，１)を通るので，$1 = 2 \times 2 + b$より，$b = -3$　　よって，直線ＡＢの式は，$y = 2x - 3$

(2)　**【解き方】(三角形になるPの個数)＝(すべてのPの個数)－(三角形にならないPの個数)で求められる。**

さいころを２回投げ，出た目に対してPが決まるので，Pは全部で$6\times6=36$(個)ある。

そのうち，三角形にならないPは，Pが直線AB上にあるときだから，(２，１)(３，３)(４，５)の$_{ア}\underline{3}$個ある。

よって，三角形になる場合は全部で，$36-3={}_{イ}\underline{33}$(通り)になる。

(3)　**【解き方】まずは△ABP＝４㎠となるPの位置を探す。そこから，図を利用して条件に合うPをすべて見つける。**

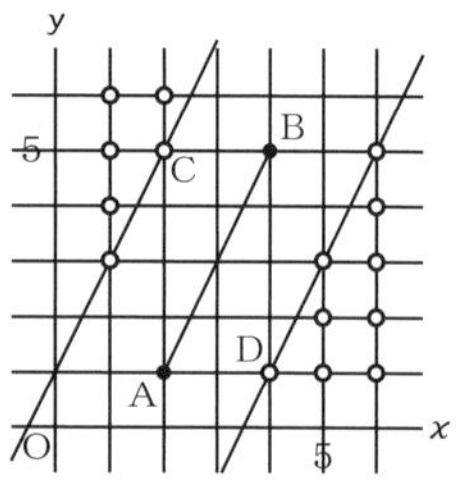

PがC(２，５)，D(４，１)上にあるとき，△ABP＝４㎠となる。

C，Dを通りABに平行な線を引くと，この線上にPがあるときは面積が４㎠となるので，面積が４㎠以上になるのは，右図の○の15通りあるとわかる。

三角形になる場合は33通りあるから，求める確率は，$\dfrac{15}{33}=\dfrac{5}{11}$

4　(1)　まず，問題文の仮定を図にかきこんで，証明のために必要な条件を探そう。条件が足りない場合は，問題の内容に応じて，図形の性質，平行線の同位角・錯角，円周角の定理などからわかることもかきこんでみよう。

(2)　**【解き方】右のように作図する。△PQC∽△PAOだから，PO，PQ，PAの長さから，PCの長さを求める。**

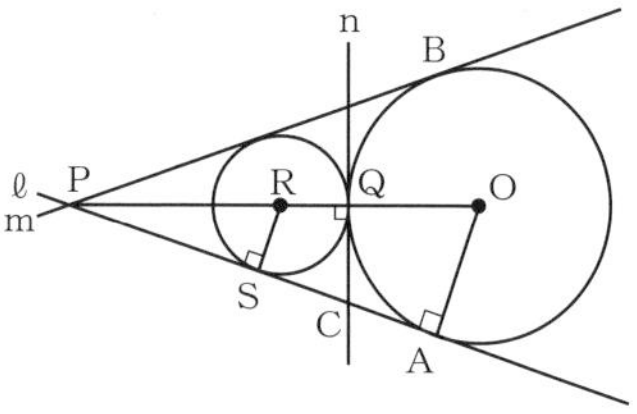

△PAO∽△PSRより，PO：PR＝AO：SR＝５：３

PO：OR＝５：(５－３)＝５：２より，$PO=\dfrac{5}{2}OR=\dfrac{5}{2}\times(3+5)=20$(cm)

$PQ=PO-OQ=20-5=15$(cm)

△PAOについて，三平方の定理より，$PA=\sqrt{PO^2-OA^2}=\sqrt{20^2-5^2}=5\sqrt{15}$(cm)

したがって，△PQC∽△PAOより，$PC:PO=PQ:PA=15:5\sqrt{15}=3:\sqrt{15}$だから，

$PC=\dfrac{3}{\sqrt{15}}PO=\dfrac{3}{\sqrt{15}}\times20=\dfrac{60\sqrt{15}}{15}=4\sqrt{15}$(cm)

《2022　学校選択問題　数学　解説》

1　(1)　与式$=6xy^2\div(-\dfrac{3}{5}xy)\div(-8x^3)=6xy^2\times(-\dfrac{5}{3xy})\times(-\dfrac{1}{8x^3})=\dfrac{5y}{4x^3}$

(2)　$\sqrt{9}<\sqrt{11}<\sqrt{16}$より，$3<\sqrt{11}<4$だから，$\sqrt{11}$の整数部分は３，小数部分は$\sqrt{11}-3$である。

与式$=a^2-b(b+6)$に$a=3$，$b=\sqrt{11}-3$を代入すると，$3^2-(\sqrt{11}-3)(\sqrt{11}-3+6)=$

$9-(\sqrt{11}-3)(\sqrt{11}+3)=9-\{(\sqrt{11})^2-3^2\}=9-(11-9)=9-2=7$

(3)　２次方程式の解の公式を利用して，$x+3$について解くと，

$x+3=\dfrac{-(-3)\pm\sqrt{(-3)^2-4\times2\times(-3)}}{2\times2}=\dfrac{3\pm\sqrt{33}}{4}$　　$x=\dfrac{3\pm\sqrt{33}}{4}-3=\dfrac{3\pm\sqrt{33}}{4}-\dfrac{12}{4}=\dfrac{-9\pm\sqrt{33}}{4}$

(4)　$\sqrt{\dfrac{540}{n}}=\sqrt{\dfrac{2^2\times3^2\times3\times5}{n}}$が整数となるのは，$n=3\times5$，$n=2^2\times3\times5$，$n=3^2\times3\times5$，$n=2^2\times3^2\times3\times5$の４通りある。

(5)　AB//CDより，△ABE∽△DCEだから，AE：DE＝AB：DC＝２：３

AB//EFより，△ABD∽△EFDだから，AB：EF＝AD：ED＝(２＋３)：３＝５：３

よって，$EF=\dfrac{3}{5}AB=\dfrac{3}{5}\times2=\dfrac{6}{5}$(cm)

(6)　(四分位範囲)＝(第３四分位数)－(第１四分位数)である。データを大きさ順で半分にわけたとき，小さい方のデータの中央値が第１四分位数で，大きい方のデータの中央値が第３四分位数となるので，この２つの値はデータの中にある離れた値の影響を受けにくい。これより，アとイは正しい。

第２四分位数と中央値は同じ値になるので，エは正しい。

箱ひげ図は平均値を表さないので，ウは正しくない(『箱の中央』という表現がどこを指しているかはっきりしないが，箱の真ん中あたりに引かれる線は中央値を表していて，箱のちょうど中央にくるとは限らない)。

⑺　**【解き方】標本調査の問題である。(印をつけた魚の数)：(全体の数)は，養殖池全体においても【２】でとれた 23 匹においても等しくなると推定される。**

養殖池にいる魚の総数をx匹とすると，22：x＝３：23 より，$x=\dfrac{22\times23}{3}=168.6\cdots$だから，養殖池にいる魚の総数はおよそ 169 匹と推定できる。

⑻　**【解き方】歩いた時間をx分，走った時間をy分として，連立方程式をたてる。**

合わせて午後１時 24 分－午後１時＝24 分進んだので，$x+y=24$…①

歩いた道のりは 50xm，走った道のりは 90ym で，全部で 1500m 進んだので，

$50x+90y=1500$ より，$5x+9y=150$…②

②－①×５でxを消去すると，$9y-5y=150-120$　　$4y=30$　　$y=7.5$

①に$y=7.5$を代入すると，$x+7.5=24$　　$x=16.5$

よって，16.5 分＝16 分 30 秒歩いたので，走り始めた時刻は，午後１時 16 分 30 秒である。

⑼　**【解き方】Ｐのy座標を３通りで表すことで，大小関係を考える。**

Ｐは放物線$y=ax^2$，双曲線$y=\dfrac{b}{x}$，直線$y=cx+d$上の点でx座標が－１だから，y座標はそれぞれ，

$y=a\times(-1)^2=a$，$y=\dfrac{b}{-1}=-b$，$y=-c+d$と表せる。

これより，$a=-b$だから，ａとｂの絶対値は等しい。放物線$y=ax^2$は上に開いた放物線だから，$a>0$

双曲線$y=\dfrac{b}{x}$上ではxが正の数のときyが負の数になるので，$b<0$

直線$y=cx+d$は右下がりの直線で切片は正の数なので，$c<0$，$d>0$

ｄは直線$y=cx+d$の切片だが，明らかにｄはＰのy座標より小さいので，$d<a$

$-b=-c+d$より$c=b+d$で，ｄは正の数だから，$b<c$　　以上より，$b<c<d<a$となる。

⑽　**【解き方】相似な立体について，面積比は相似比の２乗，体積比は相似比の３乗に等しいことを利用する。**

ＳとＭを比べる。価格は，ＭがＳの$\dfrac{320}{160}=2$(倍)である。ＳとＭの体積比は$3^3:4^3=27:64$だから，体積はＭがＳの$\dfrac{64}{27}=2.3\cdots$(倍)である。価格が２倍なのに対して体積は２倍より大きくなるので，Ｍの方が割安である。

ＭとＬを比べる。価格は，ＬがＭの$\dfrac{960}{320}=3$(倍)である。ＭとＬは底面積の比が$4^2:5^2=16:25$，高さの比が１：２だから，体積比は，16：(25×２)＝８：25 となるので，体積はＬがＭの$\dfrac{25}{8}=3.125$(倍)である。価格が３倍なのに対して体積は３倍より大きくなるので，Ｌの方が割安である。よって，最も割安なのはＬである。

２　⑴　ＡＣ：ＡＢ＝１：$\sqrt{2}$だから，ＡＢが斜辺となるような直角二等辺三角形を作図し，斜辺以外の辺の長さをＡＢ上にうつせばよい。右図のように，ＡＢの垂直二等分線とＡＢとの交点をＯとし，半円Ｏをかき，半円とＡＢの垂直二等分線との交点をＰとすると，△ＰＡＢはＡＰ：ＡＢ＝１：$\sqrt{2}$の直角二等辺三角形となる。ＡＰの長さをＡＢ上にＡＣとしてとれば，ＡＣ：ＡＢ＝ＡＰ：ＡＢ＝１：$\sqrt{2}$となる。

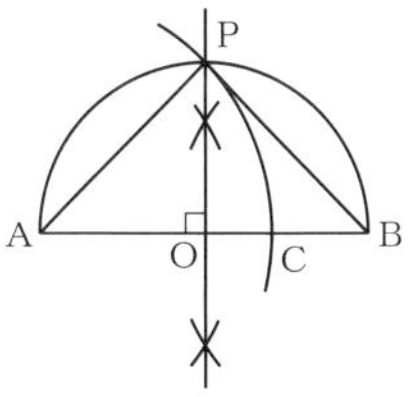

⑵　**【解き方】右のように作図する。ＡＢ//ＤＣ，ＡＥ＝ＣＥだから，△ＡＢＥ≡△ＣＤＥ**
よって，ＡＢ//ＤＣ，ＡＢ＝ＤＣだから，四角形ＡＢＣＤは平行四辺形である。
このことから，ＤとＦのy座標をａの式で表し，その差に注目することで，ａの値を求める。

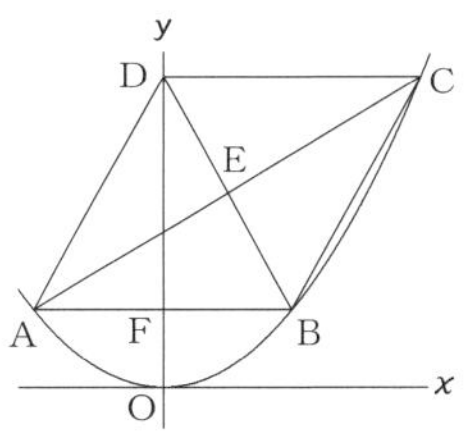

ＤＣ＝ＡＢ＝(ＡとＢのx座標の差)＝３－(－３)＝６だから，Ｃのx座標は，

(Ｄのx座標)＋ＣＤ＝０＋６＝６

ＢとＣはともに放物線$y=ax^2$上の点であり，x座標はそれぞれ$x=3$，$x=6$だから，Ｂのy座標は$y=a\times3^2=$

$9a$，Cのy座標は$y=a\times6^2=36a$と表せる。

平行四辺形ABCDはAC⊥BDだから，ひし形だとわかる。よって，AD＝AB＝6

$AF=\frac{1}{2}AB=3$だから，AD：AF＝6：3＝2：1より，△ADFは$1:2:\sqrt{3}$の直角三角形である。

よって，$DF=\sqrt{3}AF=3\sqrt{3}$　　(Dのy座標)＝(Cのy座標)＝$36a$，(Fのy座標)＝(Bのy座標)＝$9a$

したがって，DFの長さについて，$36a-9a=3\sqrt{3}$　　$27a=3\sqrt{3}$　　$a=\frac{\sqrt{3}}{9}$

3　(1)　**【解き方】∠APB＝90°となるのは，PがABを直径とする円周上にあるときである。**

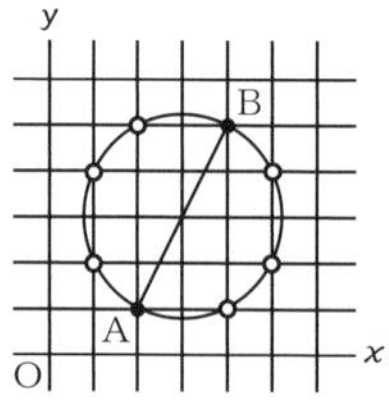

1つのさいころを2回投げるときの目の出方は，6×6＝36(通り)あるので，Pの取り方も36通りある。この円の半径は，縦2㎝，横1㎝の長方形の対角線の長さと等しいから，∠APB＝90°となるのは，右図の○印の6通りある。よって，求める確率は，$\frac{6}{36}=\frac{1}{6}$

(2)　**【解き方】(三角形になるPの個数)＝(すべてのPの個数)－(三角形にならないPの個数)で求められる。**

Pは全部で36個ある。そのうち，Pが直線AB上にあるときは三角形にならない。図より，直線ABは傾きが$\frac{4}{2}=2$だから，式は$y=2x+b$と表せる。直線$y=2x+b$はA(2，1)を通るので，$1=2\times2+b$より，$b=-3$

よって，Pが直線$_{ア}$$\underline{y=2x-3}$上にあるときは三角形にならないから，三角形にならないPは，(2，1)(3，3)(4，5)の3個ある。したがって，三角形になる場合は全部で，36－3＝$_{イ}$$\underline{33}$(通り)になる。

(3)　**【解き方】まずは△ABP＝4㎠となるPの位置を探す。そこから，図を利用して条件に合うPをすべて見つける。**

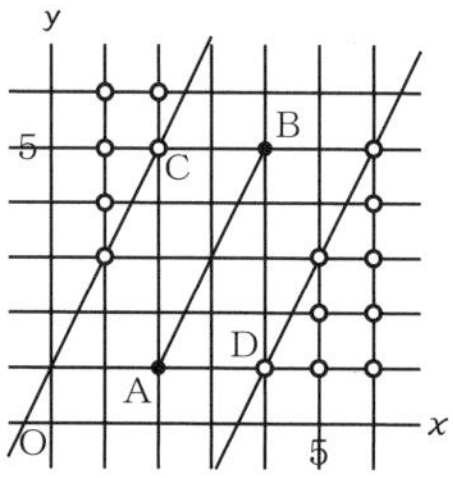

PがC(2，5)，D(4，1)上にあるとき，△ABP＝4㎠となる。

C，Dを通りABに平行な線を引くと，この線上にPがあるときは面積が4㎠となるので，面積が4㎠以上になるのは，右図の○の15通りあるとわかる。

三角形になる場合は33通りあるから，求める確率は，$\frac{15}{33}=\frac{5}{11}$

4　(1)　まず，問題文の仮定を図にかきこんで，証明のために必要な条件を探そう。条件が足りない場合は，問題の内容に応じて，図形の性質，平行線の同位角・錯角，円周角の定理などからわかることもかきこんでみよう。

(2)　**【解き方】右のように作図する。△PQC∽△PAOだから，PO，PQ，PAの長さから，PCの長さを求める。**

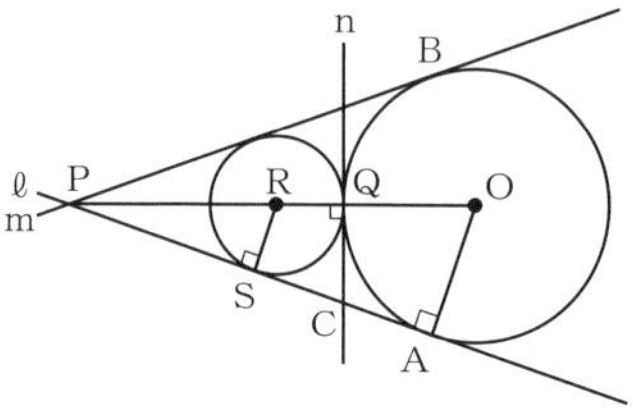

△PAO∽△PSRより，PO：PR＝AO：SR＝5：3

PO：OR＝5：(5－3)＝5：2より，$PO=\frac{5}{2}OR=\frac{5}{2}\times(3+5)=20$(㎝)

PQ＝PO－OQ＝20－5＝15(㎝)

△PAOについて，三平方の定理より，$PA=\sqrt{PO^2-OA^2}=\sqrt{20^2-5^2}=5\sqrt{15}$(㎝)

したがって，△PQC∽△PAOより，$PC:PO=PQ:PA=15:5\sqrt{15}=3:\sqrt{15}$だから，

$PC=\frac{3}{\sqrt{15}}PO=\frac{3}{\sqrt{15}}\times20=\frac{60\sqrt{15}}{15}=4\sqrt{15}$(㎝)

5　(1)　半径r㎝の球の体積は，$\frac{4}{3}\pi r^3$㎤だから，図1の半球の体積は，$\frac{4}{3}\pi r^3\times\frac{1}{2}=\frac{2}{3}\pi r^3$(㎤)

図2の体積は，図1の体積の$\frac{90°}{360°}=\frac{1}{4}$だから，$\frac{2}{3}\pi r^3\times\frac{1}{4}=\frac{\pi}{6}r^3$(㎤)

(2)　**【解き方】底面が四角形OBDC，高さがAO＝r㎝の四角錐として考える。**

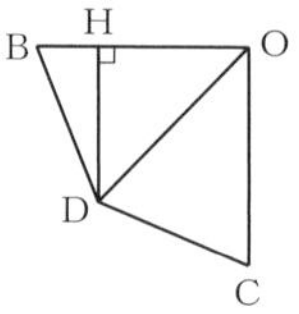

△OBD≡△OCDだから，(四角形OBDCの面積)＝2△OBDである。

$\angle BOD=\frac{1}{2}\angle BOC=45°$より，四角形OBDCについて，右のように作図すると，

△HODは直角二等辺三角形だから，$HD=\frac{1}{\sqrt{2}}OD=\frac{\sqrt{2}}{2}r$(㎝)

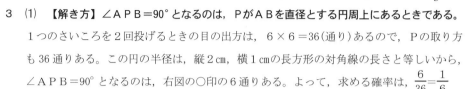

$\triangle \mathrm{OBD}=\frac{1}{2}\times \mathrm{OB}\times \mathrm{HD}=\frac{1}{2}\times r\times\frac{\sqrt{2}}{2}r=\frac{\sqrt{2}}{4}r^2$(cm²)，(四角形ＯＢＤＣの面積)$=2\times\frac{\sqrt{2}}{4}r^2=\frac{\sqrt{2}}{2}r^2$(cm²)

求める体積は，$\frac{1}{3}\times\frac{\sqrt{2}}{2}r^2\times r=\frac{\sqrt{2}}{6}r^3$(cm³)

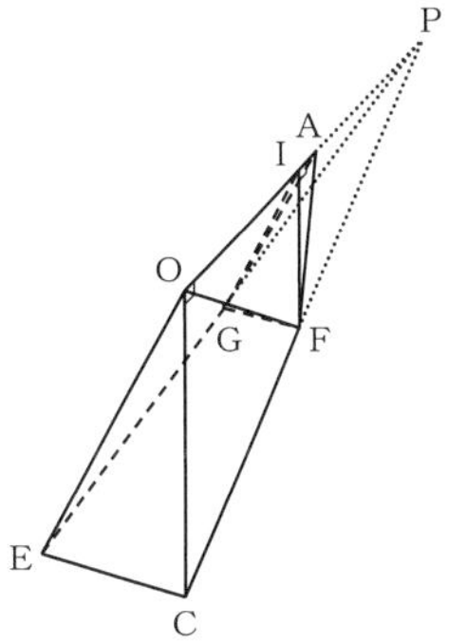

(3)　【解き方】∠ＡＩＦ＝∠ＡＯＣ＝90°となるようにＡＯ上にＩをおく。

このとき，面ＩＧＦと面ＯＥＣは平行だから，△ＩＧＦ∽△ＯＥＣで，

右図のように直線ＯＡ，ＥＧ，ＣＦは１つの点Ｐで交わる。

(立体ＩＧＦ－ＯＥＣの体積)＋(三角錐Ａ－ＩＧＦの体積)で求める。

(立体ＩＧＦ－ＯＥＣの体積)＝(三角錐Ｐ－ＯＥＣの体積)－(三角錐Ｐ－ＩＧＦの体積)

$\overset{\frown}{\mathrm{AF}}:\overset{\frown}{\mathrm{FC}}=1:2$だから，$\angle \mathrm{AOF}=\frac{1}{1+2}\angle \mathrm{AOC}=\frac{1}{3}\times 90^\circ=30^\circ$

よって，△ＯＩＦは３辺の長さの比が$1:2:\sqrt{3}$の直角三角形だから，

$\mathrm{IF}=\frac{1}{2}\mathrm{OF}=\frac{1}{2}r$(cm)，$\mathrm{OI}=\sqrt{3}\,\mathrm{IF}=\frac{\sqrt{3}}{2}r$(cm)

三角錐Ｐ－ＯＥＣとＰ－ＩＧＦは相似であり，相似比は$\mathrm{OC}:\mathrm{IF}=r:\frac{1}{2}r=2:1$だから，体積比は$2^3:1^3=8:1$である。よって，立体ＩＧＦ－ＯＥＣの体積は，三角錐Ｐ－ＯＥＣの体積の$\frac{8-1}{8}=\frac{7}{8}$(倍)である。

$\triangle \mathrm{OEC}\equiv\triangle \mathrm{OAF}$より，$\triangle \mathrm{OEC}=\triangle \mathrm{OAF}=\frac{1}{2}\times \mathrm{OA}\times \mathrm{IF}=\frac{1}{2}\times r\times\frac{1}{2}r=\frac{1}{4}r^2$(cm²)

$\mathrm{PO}=2\mathrm{OI}=\sqrt{3}r$(cm)なので，立体ＩＧＦ－ＯＥＣの体積は，$(\frac{1}{3}\times\frac{1}{4}r^2\times\sqrt{3}r)\times\frac{7}{8}=\frac{7\sqrt{3}}{96}r^3$(cm³)

$\triangle \mathrm{OEC}\backsim\triangle \mathrm{IGF}$で，相似比は$2:1$だから，面積比は$2^2:1^2=4:1$

よって，$\triangle \mathrm{IGF}=\frac{1}{4}\triangle \mathrm{OEC}=\frac{1}{4}\times\frac{1}{4}r^2=\frac{1}{16}r^2$(cm²)　　$\mathrm{AI}=\mathrm{OA}-\mathrm{OI}=r-\frac{\sqrt{3}}{2}r=\frac{2-\sqrt{3}}{2}r$(cm)

三角錐Ａ－ＩＧＦの体積は，$\frac{1}{3}\times\frac{1}{16}r^2\times\frac{2-\sqrt{3}}{2}r=\frac{2-\sqrt{3}}{96}r^3$(cm³)

求める体積は，$\frac{7\sqrt{3}}{96}r^3+\frac{2-\sqrt{3}}{96}r^3=\frac{2+6\sqrt{3}}{96}r^3=\frac{1+3\sqrt{3}}{48}r^3$(cm³)

《2022　社会　解説》

1　**問１**　六大陸については右図参照。

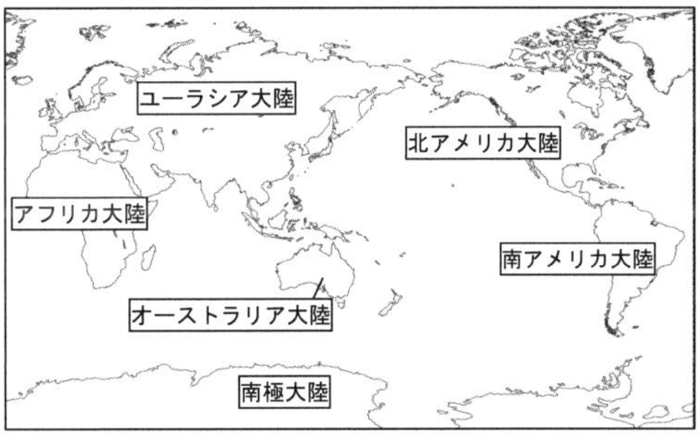

問２　ウ．カードⅠは乾燥帯気候のＢ，カードⅡは寒帯気候のＣと判断する。Ａは熱帯気候，Ｄは温帯気候。

問３　ウとオが正しい。　ア．1980 年のタイの輸出品上位のすずと機械類は農産物ではない。また，輸出総額に占める米と野菜・果実の割合の合計は 30%を超えていない。　イ．1980 年の韓国の輸出品上位の機械類と鉄鋼と船舶は重工業製品である。また，輸出総額に占める衣類と繊維品の割合の合計は 30%を超えていない。　エ．2018 年の自動車の輸出額は，タイが 2525×0.121＝305.525(億ドル)，韓国が 6048×0.1＝604.8(億ドル)だから，タイの方が韓国よりも少ない。

問４　Ｐはイギリス，Ｑはフランス，Ｒはナイジェリア。小麦の栽培が盛んなフランスは「ＥＵの穀倉」と呼ばれている。

2　**問１**　イ．釧路市は夏の気温が低いⅠと判断する。夏の南東季節風が寒流の千島海流(親潮)上を渡るときに冷やされて太平洋側で濃霧を発生させるため，夏でも日照時間が少なく冷涼になる。日本海側の秋田市は北西季節風の影響で冬の降水量が多いⅢ，太平洋側の仙台市は南東季節風の影響で夏の降水量が多いⅡと判断する。

問２(1)　フォッサマグナ周辺を境に東日本の山脈は南北，西日本の山脈は東西にのびている。　**(2)**　エが正しい。

Ｘは人口が最多なので，仙台市(東北地方の中枢都市)がある宮城県と判断する。ａはりんごの生産が盛んな青森県が最高額なので，果実と判断する。Ｙは岩手県，Ｚは秋田県。

問３ Q　人口の集中する三大都市(東京・大阪・名古屋)に近いことから考える。　R　牛乳の方が，加工した乳製品より消費期限は短い。そのため，大消費地周辺では飲用，北海道では加工用とされる割合が高くなる。

問４　アとウとオが正しい。(実際の距離)＝(地図上の長さ)×(縮尺の分母)より，５×25000＝125000(cm)＝1250(m)。　イ．「南東」ではなく「南西」である。　エ．「広葉樹林(Q)」ではなく「針葉樹林(Λ)」である。

3　**問１**　飛鳥時代のウが正しい。十七条の憲法の制定や，小野妹子などの遣隋使派遣は聖徳太子が行った政策である。アは弥生時代，イは平安時代末～鎌倉時代，エは奈良時代。

問２　聖武天皇は，奈良時代に仏教の力で世の中を安定させようとして全国に国分寺・国分尼寺を，奈良の都に東大寺と大仏をつくらせた。

問３　ＸとＹのみ誤りなので，エを選ぶ。　Ｘ．承久の乱は，後鳥羽上皇を中心とした西国武士と，二代執権北条義時を中心とした関東の御家人の争いである。北条時政は初代執権である。　Ｙ．管領と鎌倉府は，室町幕府のときに置かれた。

問４　室町時代，海賊行為を行った倭寇の取り締まりを条件に，足利義満は明と貿易することを許された。このとき，倭寇と正式な貿易船を区別するために勘合という合い札が用いられたので，日明貿易は勘合貿易とも呼ばれる。

問５　アが正しい。江戸時代は17世紀末～18世紀初頭の上方を中心に元禄文化，19世紀初頭の江戸を中心に化政文化が栄えた。エは室町時代。

4　**問１**　藩を廃止して府県に統一した廃藩置県によって，明治政府から派遣された県令や府知事がそれぞれを治めることとなった。

問２　ウ．甲午農民戦争(1894年)→イ．日清戦争後の下関条約の締結(1895年)→ア．日露戦争後のポーツマス条約の締結(1905年)→エ．南満州鉄道株式会社の設立(1906年)

問３　Ｃは大正時代なので，イが正しい。第一次世界大戦中に日本は主戦場のヨーロッパに向けて軍需品を輸出し，1918年まで好景気(大戦景気)となった。アとウは昭和時代，エは明治時代。

問４　吉田茂は，サンフランシスコ平和条約と同時に日米安全保障条約も締約した。

問５ X　ウが正しい。1990年にイラクがクウェートに侵攻し，翌年，アメリカを中心とする多国籍軍がイラクを空爆して湾岸戦争が始まった。アは1965年，イは1973年，エは2003年。　Y　ＰＫＯ(平和維持活動)では，戦いを続ける兵力を引きはなし，停戦を監視して，戦争の再発を防いでいる。

5　**問１**　公共の福祉によって，自由権(特に経済活動の自由)などは制限されることがある。

問２　アが正しい。国会議員は，考え方の対立によって特定の議員が不利な立場にならないように不逮捕特権や，発言・表決の免責特権などを与えられている。　イ．「特別会(特別国会)」ではなく「臨時会(臨時国会)」である。ウ．条約の承認について，両院協議会でも意見が一致しないとき，または，衆議院の可決した議案を受け取ったのち30日以内に参議院が議決しないときは，衆議院の議決が国会の議決となる(衆議院の優越)。　エ．弾劾裁判所の裁判官は各議院から７名ずつ選ばれ，両議院に同等の権限が与えられている。

問３　エ．１選挙区から１名を選出する小選挙区制は少数意見が反映されにくく，議会は少数の大政党で構成されやすいのでＤと判断する。政党別の得票数の割合で当選者が決まる比例代表制は死票が少なくなって少数意見が反映されやすくなるが，小政党が乱立しやすいのでＢと判断する。

問４(1)　資料１より，需要量は買いたい量，供給量は売りたい量なので，アが正しい。

⑵ 需要(買いたい量)が増えると，需要曲線が右にシフトし，需要量と供給量が一致する均衡価格が上昇するので，イを選ぶ。

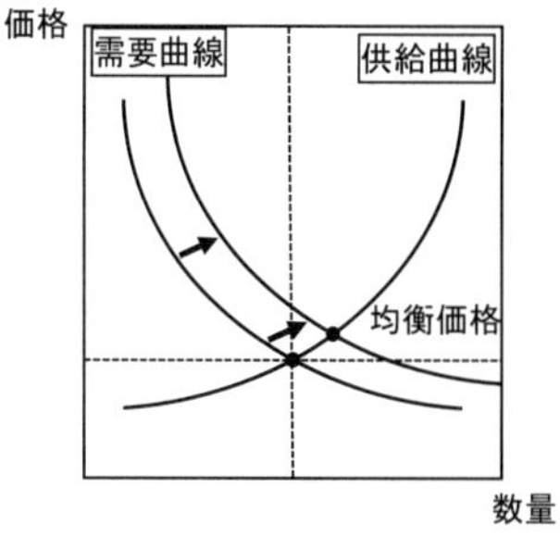

問5 所得を公平に分配するため，租税制度などを通じて所得を移すことを「所得の再分配」という。累進課税制度なども再分配の機能を持つ。

6 **問1** 資料1より，万日山のふもとにＪＲ線が横断し，その手前に白川が流れることから，エと判断する。

問2 イ．墾田永年私財法(奈良時代)→ウ．御成敗式目(鎌倉時代)→エ．太閤検地(安土桃山時代)→ア．地租改正(明治時代)

問3 地方財政の格差を是正するために，使い道が指定されている国庫支出金と，使い道が指定されてない地方交付税交付金が国から交付されている。

問4 ウ．地図2について，水力発電所は河川の近くや貯水ダムを作ることのできる山間部に多いからＸと判断する。火力発電所は海の近くに建設される。グラフ2について，日本は石炭火力発電の割合が高いので，Ｙを水力発電と判断する。

問5 a 《探究内容》の1に「市民の生活用の水使用量に必要な地下水を確保する必要があります」とあるから，イを選ぶ。 A 資料2より，水のむだ使いを減らし，節水を心がけていることが分かる。グラフ3(イ)より，平成30年の市民1人1日あたりの生活用の水使用量は，平成16年よりも30Ｌほど減っていることが分かる。

《2022 理科 解説》

1 **問1** 花こう岩は，マグマが地下深くでゆっくり冷え固まってできた深成岩である。なお，ア，イ，エは堆積岩である。

問2 精子と卵が結びついて受精卵になることを受精という。

問3 エ×…ダニエル電池では，亜鉛板で亜鉛が電子を失って亜鉛イオンとなる。このとき電子は導線を通り亜鉛板から銅板へ移動し，銅板の表面で銅イオンが電子を受け取って銅原子となる。このため，亜鉛板は軽くなり，銅板は重くなる。

問4 電流が磁界から受ける力の向きは，図Ⅰのように左手を使って求めることができる。

図Ⅰ〈フレミングの左手の法則〉

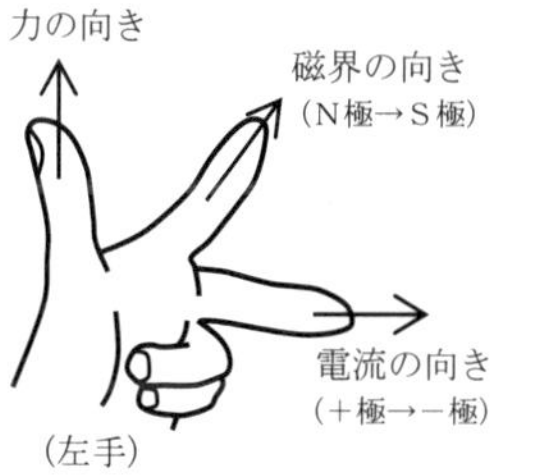

問5 温暖前線では，寒気が暖気の上をゆるやかにのぼっていく。

問6 Ｘはおしべの先端にあるやくである。やくでは花粉が作られる。

問7 水素と酸素が結びついて水ができる反応である。

2 **問1** 図1のＡは地軸の北極側が太陽の方向に傾いているので夏である。よって，Ａが夏，Ｂが秋，Ｃが冬，Ｄが春である。

問3 Ⅱの天の北極(北極星)の高度はその地点の緯度と等しいので，36°である。よって，Ⅰの文字盤の角度は 90－36＝54(°)となる。

問4 月は地球と同じ向きに公転しているので，月の出は1日に約 50 分遅くなる。よって，月を毎日同じ時刻に観察すると，月は前日より東に移動して見え，南中時刻は遅くなっていく。

問5 1年→12 か月で，地球の公転周期と月が満ち欠けする周期の差は 365.24－29.53×12＝10.88(日)だから，29.53÷10.88＝2.7…→3年に1度「13 番目の月」を入れればよい。

3　問１　ア×…デンプンはだ液とすい液と小腸の壁の消化酵素によって分解される。　ウ×…脂肪は，胆汁とすい液によって分解される。　エ×…胆汁は脂肪を分解しやすくする。

問２　小腸の柔毛と同じように，肺の肺胞や植物の根の根毛も表面積を大きくするつくりである。

問３　ブドウ糖は小腸で吸収されて肝臓にたくわえられるので，小腸と肝臓を結ぶ血管Ｅを流れる血液が，ブドウ糖を最も多くふくんでいる。

問４　赤血球に含まれるヘモグロビンは，酸素の多い肺では酸素と結びつき，酸素が少ない全身では酸素をはなすので，全身に酸素を送り届けることができる。また，pHの値は７で中性になり，７と比べて値が小さいほど酸性が強く，値が大きいほどアルカリ性が強くなる。二酸化炭素が水に溶けると酸性を示すので，二酸化炭素が多く溶けている血液ではpHが小さくなる。

問５　ブドウ糖は炭素原子(C)と水素原子(H)からできているので，酸素(O_2)と結びつくと二酸化炭素(CO_2)と水(H_2O)になる。

4　問１　アンモニアは水に溶けるとアルカリ性を示す。酸性の水溶液は青色リトマス紙を赤色に変え，アルカリ性の水溶液は赤色リトマス紙を青色に変えるので，水でぬらした赤色リトマス紙をペットボトルの口に近づける。

問２(1)　アでは水素，ウでは硫化水素が発生する。　(2)　実験１では，アンモニアについても調べていることから考える。

問３　アンモニアが水に溶けることで，ペットボトル内に気体として存在している粒子の数が減少する。

問４　結果２より，二酸化炭素は水温が高いほど水に溶けにくくなることがわかる。よって，海水温が上昇していくと，大気中の二酸化炭素が海水に溶けこむ量は減少していき，大気中の二酸化炭素の量は減少しにくくなる。

5　問１　原点(０，０)を通る比例のグラフになる。

問２　イ×…おもりの質量とばねののびが比例の関係になっている。　ウ×…ＡとＢのばねの長さは等しいが，のびは等しくない。　エ×…ＡとＢのばね全体の長さの差は一定ではない。

問３　２つの力の合力は，２つの力を２辺とする平行四辺形(ここでは正方形)の対角線になる。

問４　糸とスタンドがつくる角度が60°のときと30°のときで比べる。60°のときと30°のときでフックを引き上げる合力は等しいので，図６の直角三角形の辺の長さの比より，Ａを引く力の大きさの比は $60°:30° = 2:\frac{2}{\sqrt{3}} = \sqrt{3}:1$ である。60°でのＡののびは $18.0-8.0=10.0$(cm)だから，30°のときのＡののびは $10.0\times\frac{1}{\sqrt{3}}=5.78\cdots\to 5.8$cmであり，Ａ全体の長さは $8.0+5.8=13.8$(cm)となる。

問５　問４解説より，Ｘの角度を小さくする(Ｙを高くする)ほど，ケーブルを引く力が小さくなることがわかる。

《2022　英語　解説》

1　No.1　質問「男性は何を食べるつもりですか？」…Ａ「ハンバーガー１つとホットドッグ２つとコーヒーを１杯ください」→Ｂ「すみません，ホットドッグはないんです」→Ａ「本当に？わかりました。それではハンバーガーをもう１つお願いします」→Ｂ「かしこまりました。600円になります」より，Ｂ「ハンバーガー２つとコーヒー１杯」が適切。

No.2　質問「彼らはどこで話していますか？」…Ａ「この絵の鳥を見て。本当に素敵ね。見に来れてうれしいわ。あなたは気に入ったものがあった，マイク？」→Ｂ「そうだね，素敵な絵がたくさんあるね。僕が気に入ったのは電車と山の絵だよ。すばらしいよ」→Ａ「あら，私はまだ見ていないわ。それはどこにあるの？」→Ｂ「向こうで見たよ」より，Ｃ「美術館」が適切。

No.3　質問「マイケルの父親はどこにいますか？」…Ａ「お母さん，お父さんがどこにいるか知っている？いないんだ。２階にはいないよ」→B「お父さんは手紙を送るために郵便局に行ったわ」→A「ああ，本当に？庭に椅子を持っていきたいけど，重すぎるよ。お父さんの助けが必要なんだ」→B「ああ，見て。マイケル，ちょうどお父さんが戻ってきたわ。見える？車を止めたところよ」より，A「車の中」が適切。

No. 4　質問「ケンはロバートに何を言いますか？」…「ロバートはケンに明日一緒にサッカーをしようと頼んでいます。ケンは明日の朝，家で母親を手伝わなければなりません。でもケンは午後は空いているので，その時に遊びたいです」より，B「明日の午後はどう？」が適切。

No. 5　質問「父親はミカに何と言いますか？」…「ミカは父親と散歩をしています。彼女は途中で鍵を見つけましたが，それが誰の鍵なのかわかりません。父親は彼女に何をするべきかを言います」より，D「警察に届けよう」が適切。

No. 6　【放送文の要約】参照。(1)　質問１「埼玉レストランで一番人気のケーキは何ですか？」…A「チョコレートケーキ」が適切。　(2)　質問２「バスは何時にレストランを出発しますか？」…D「午後１時半」が適切。

(3)　質問３「埼玉レストランについて正しいのはどれですか？」…A×「レストランでは，中華料理は和食よりも人気があります」…放送文にない内容。　B×「バスの車内の人々は，注文をするためにバスを降りる必要がありません」…放送文にない内容。　C○「そのレストランは世界中の多くの種類の食べ物を食べることができるすばらしいところです」　D×「レストランには有名な店がいくつかあります」…本文にない内容。

【放送文の要約】

11 時 55 分なので，もうすぐランチタイムです。まもなく埼玉レストランに到着します。レストランについてお話しします。

レストランの和食はとても人気がありますが，(3)C他国の食べ物が食べたければ埼玉レストランは最適な場所です。あなたは世界中の多くの種類の食べ物を食べることができます。

ケーキも本当に美味しいです。(1)Aほとんどの人はレストランでチョコレートケーキを注文します。フルーツケーキやアイスクリームも食べることができます。きっとすべてを気に入ると思います。

レストランに到着しました。(2)D今 12 時です。バスはここに 1 時間 30 分停車します。昼食を食べ終えたら自由時間になります。行きたい方は買い物に行くこともできます。レストランの近くにはチーズケーキを売っている有名なお店があります。とても人気があります。ここに午後 1 時 25 分までに戻ってきてください。ありがとうございました，楽しんできてください，みなさん。

No. 7　【放送文の要約】参照。

(1)　質問１「ジョンはどれくらいの間日本語を勉強していますか？」…ジョンの３回目の発言より，「彼は3 (= three)年間それを勉強しています」が適切。　(2)　質問２「なぜカヨはラジオで英語の番組を聴いていますか？」…カヨの３回目の発言より，「将来の自分の仕事で英語を使い(=use English)たいからです」が適切。

(3)　質問３「なぜジョンはカヨに数学の宿題を手伝ってくれるよう頼んだのですか？」…ジョンの６回目の発言より，「彼女は数学が得意(=is good at)だからです」が適切。

【放送文の要約】

ジョン：おはよう。カヨ。ごめん，少し遅れたよ。

カヨ　：大丈夫よ。何をしてたの？

ジョン：僕は日本の新聞を読んでいたんだ。日本語を学ぶよい方法なので，毎朝日本の新聞を読んでいるよ。今朝，難しい漢字を見つけたから，ホストファーザーに読み方を聞いてみたんだ。

カヨ　：なるほど。(1)どれくらいの間日本語を勉強しているの？

ジョン：(1)3年間勉強しているよ。漢字の読み書きは未だに難しいんだ。普段は朝，何をするの，カヨ？

カヨ　：私は朝は普段，ラジオで英語の番組を聴いているわ。(2)将来は仕事で英語を使いたいので，月曜日から金曜日まで毎日聴いているわ。

ジョン：いいね。

カヨ　：朝の空き時間を使って何かを学ぶのは素晴らしいことだと思うわ。

ジョン：僕もそう思うな。ところで，放課後は空いているの？

カヨ　：ええ。どうかしたの？

ジョン：数学の宿題があるんだけど，いくつかの問題の答えを出せないんだ。(3)君は数学が得意だから，手伝ってほしいんだ。

カヨ　：いいわよ。実はまだ終わっていないの。一緒にやりましょう。

ジョン：ありがとう。

2　A　「楽しむ」＝enjoy を入れる。　B　「種類」＝kinds を入れる。「たくさんの種類」だから複数形にする。
C　「6月」＝June を入れる。　D　「バッグを持ってくる」＝bring a bag を入れる。

3　【本文の要約】参照。

問1　文頭に But「しかし」があるので，前後の内容が反対になるようなところに補う。Aが適切。

問2　前後の内容から判断する。ア「いつも壊す」，イ「よく忘れる」，エ「作るべき」は入らない。

問3　現在完了進行形〈have/has＋been＋～ing〉「ずっと～している」の形にする。

問4　質問「ダイスケが母親と話しているときに驚いたのはなぜですか？」→答え「彼は彼女がギターを弾く(＝play the guitar)ことができると聞いたからです」

問5　ア「ダイスケは×音楽が好きではなかったので楽器を演奏できませんでした」　イ○「ダイスケは練習するために母が部屋から持ってきたギターを使いました」　ウ×「ダイスケが学校のギターを家に持ち帰ったため，アキはギターを上手く弾けませんでした」…本文にない内容。　エ「×キシ先生が弾き方を教えてくれたので，アキは上手にギターを弾きました」

【本文の要約】

私は中学生で，音楽が大好きです。しかし，私は最近まで楽器を上手に演奏することができませんでした。ある日，学校の音楽の授業でギターに挑戦する機会がありました。友達のアキと私はペアをつくり，1本のギターで練習しました。小学生の頃にギターを習っていたアキは，上手に弾きました。Aしかし，それを上手に弾くのは私にとって難しかったです。すると，音楽の先生であるキシ先生が，ギターを弾くためのアドバイスをくれました。

帰宅後，母に言いました。「ギターの練習をしたけど，まだ上手く弾けないよ」「あらそうなの。私のギターを弾いてみない？私は若い頃に弾いていたギターをウまだ持っているの」と母は言いました。母がギターを弾けることを知らなかったので，それを聞いて驚きました。問5イ母は微笑んで部屋からギターを持ってきて，私に渡しました。「これを弾いていいの？」と私は尋ねました。「もちろんよ！」と母は言いました。母の手助けとキシ先生のアドバイスのおかげで，私は上手になり始めました。

次の音楽の授業では，一生懸命ギターを弾きましたが，いくつかミスをしました。前回から大きく上達したので，キシ先生と他の生徒たちはびっくりしました。今，新しい目標があります。学園祭でアキと一緒にギターを弾くつもりです。私たちは毎日放課後にギターを練習しています。

4　1【本文の要約】参照。

問１　キミーの提案にアヤコが同意する場面だから，ア「信じられない」，ウ「心配しないで」，エ「それをあなたにあげるわ」は入らない。

問２　アヤコの最後の発言の最後の１文の内容をまとめる。

【本文の要約】

〈ある日の放課後，ナオト，キミー，アヤコが話しています〉

ナオト：僕らのＡＬＴ，スミス先生がオーストラリアに帰る予定なんだ。先生はよくこの書道クラブに来るね。部員はみんな先生のことが大好きだよ。

キミー：先生は私たちにとても親切よ。私たちによい助言をしてくれるわ。

アヤコ：先生は私たちを大いに助けてくれるわ。それに，私たちが作る書道の作品が大好きよ。ねえ，私に考えがあるの。彼にプレゼントを贈らない？

ナオト：それはいい考えだね！先生に何をあげるべきかな？

キミー：色紙にメッセージを書こうよ。先生は私たちのメッセージを読んで喜んでくれると思うわ。

アヤコ：イいいね。（＝That sounds good.）プレゼントの定番で簡単に作れるわね。先生のために何か他のものも作るべきかしら？

ナオト：色紙ともう１つ渡したいけど，今すぐにはいいアイデアが思いつかないな。

キミー：先生は何が欲しいのかしら。

アヤコ：他の部員たちに私たちのアイデアを伝えましょう。問2私たちがよいプレゼントを選ぶのを彼らは助けるだろうと思うわ。

2【本文の要約】参照。

問３　something の直後に関係代名詞が省略された文。　・give＋人＋もの「(人)に(もの)を与える」

・be interested in ～「～に興味がある」

問４　ナオトは自己紹介シートを見てスミス先生へのプレゼントに花を贈ることを考えたので，Ｂにあてはまるのはエ「花の世話」である。ア「ペン収集」，イ「料理」，ウ「旅行」はあてはまらない。

問５　「ナオトは言いました」に続く正しい内容を選ぶ。ア○「花はプレゼントとしてよかったが，キミーはその考えに同意しませんでした」　イ「大きすぎたり重すぎたりするものは，プレゼントとして×悪くはありませんでした」　ウ「スミス先生の自己紹介シートが必要だったので，×アヤコに家で探してもらうよう頼みました」　エ×「自己紹介シートは読みやすかったので，アヤコは英語を勉強するのに役立つと思いました」…本文にない内容。

【本文の要約】

〈翌日，部員たちと話したあと，話し合いを始めます〉

ナオト：じゃあ，この部のみんながスミス先生にプレゼントを贈りたいんだよね？

アヤコ：ええ，昨日の部活ミーティングでプレゼントの計画について話したわ。でも，色紙と一緒に何をプレゼントするか決められなかったわ。

キミー：それじゃあ，すばらしい計画を考える必要があるわね。

ナオト：部活ミーティングで話したあと，部員のひとりが僕にスミス先生の自己紹介シートをくれたんだ。先生は初めての英語の授業ですべての生徒にそれを渡した。僕はそれが役立つと思うな。シートでアイデアを探そう。先生が興味のあるものをあげた方がいいからね。

アヤコ：ああ，１年生の時にこのシートを渡されたのを覚えているわ。いい考えね。

ナオト：問5アこのシートに基づけば，花を贈るのはどう？彼はきっと花を気に入るよ。

キミー：問5アそれはいい考えとは思わないわ。花や植物を国外に持ち出すための規制があると思うわ。

ナオト：ああ，日本からオーストラリアへ花を持って行けないということ？

キミー：確かじゃないけど，私たちがあげた花を日本からオーストラリアに持って行けないと困るでしょ。

アヤコ：大きすぎたり重すぎたりすると，オーストラリアまで運ぶのが大変だから，そんなものを選んじゃいけないわ。

ナオト：その通りだね。かわりに彼に何を贈るべきかな？

3【本文の要約】参照。

問6　ア×「ナオトはよい写真を撮るのは難しいと思っています」…本文にない内容。　イ×「アヤコはスミス先生と集めた写真をたくさん持っています」…本文にない内容。　ウ×「スミス先生は日本のポップソングを聴いたことがありません」…本文にない内容。　エ○「スミス先生のために歌を歌うなら，キミーがピアノを弾きます」

【本文の要約】

〈彼らは話し合いを続けます〉

アヤコ：彼のために歌を歌うのはどう？日本のいいポップソングを知ってる，キミー？

キミー：ええ，知っているわ。彼のために歌える日本のポップソングをいくつか考えてみるわ。

ナオト：ありがとう。彼は自己紹介シートにそう書いているので，きっと日本のポップソングを聴くのが好きだと思うよ。

キミー：それじゃあ，問6エ私はピアノを弾くことができるから，曲の伴奏を担当するわ。音楽のフクダ先生に頼めば，学校の音楽室が使えると思うわ。もし彼に歌を歌うなら，先生に聞いてみるわ。

ナオト：いいね。あと，写真を集めて，彼のためにフォトアルバムを作るのはどう？

キミー：それもいい考えね。写真をたくさん見つけないといけないわね。ああ，もう１つ考えがあるわ。

4【本文の要約】参照。

問8　ナオト「いよいよ準備ができたね。彼にプレゼントをあげよう」→キミー「先生がそれらを気に入ることを願うわ。いつ彼にそれらを渡すべきかしら？（＝When should we give them to him?）」→ナオト「今週の金曜日の午後はどう？先生は学校にいると思うな」→キミー「わかったわ。待ちきれないわ！」

【本文の要約】

〈彼らは結論を出そうとしています〉

キミー：私たちはプレゼントとして書道の作品を作ることもできるわ。どう思う？

ナオト：いい考えだ。作品には何の文字を書くべきかな？

キミー：それじゃあ，プレゼントに３つのアイデアを思いついたわね。先生のために歌を歌う，フォトアルバム，そして書道の作品よ。先生に色紙とこれらの３つのプレゼントすべてを贈るのはどう？

ナオト：全部準備するには十分な時間がないよ。色紙ともう１つのプレゼントにしよう。３つのうち１つを選ぼう。

アヤコ：わかったわ。私たちは問7(例文)書道の作品を贈るべきよ。先生に私たちとの時間を思い出してほしいもの。

キミー：あなたと同じ意見よ。スミス先生が私たちのプレゼントを気に入ってくれるといいわね。

ナオト：僕もそう願うよ。他の部員たちに僕らの計画について話そう。きっと彼らも気に入ると思うよ。

5　【本文の要約】参照。

問1　「ダニーと弟が昔の映画を見たあと，それは彼らのお気に入りの（＝favorite）映画になりました」…第２段落２行目から抜き出す。

問２　イ×…ダニーの母の職業については書かれていない。　ウ×…ダニーに映画を見せたのは母である。

エ×…ダニーは弟よりも先に映画を見ていた。

問３　将来の夢について３文で答える。無理に難しい表現は使わなくてもいいので，文法・単語のミスに注意し，一貫した内容の文を書こう。書き終わった後に見直しをすれば，ミスは少なくなる。(例文)「①私の夢は世界中を旅することです。②たくさんの人々に会いたいです。旅の間にたくさんの異文化について学びたいです」

【本文の要約】

こんにちは，お元気ですか？

先月，母と一緒にテレビで昔の映画を見たよ。母はその昔の映画がお気に入りだったと言ったんだ。母は若い頃に何度もそれを見たんだって。それはＳＦで，映画の中で，科学者はタイムマシンのような様々なものを作るんだ。タイムマシンを使えば，未来に行って何が起こるかを見ることができる。僕はその映画が本当に大好きになったんだ。その夜，弟が早く寝たので，母は弟のために映画を録画して，翌日，弟にも映画を見せた。映画を見終わったあと，「僕も未来に行きたいよ！」と弟は言った。弟と僕は母と同じくらいその映画が好きで問２アそれ以来何度も見ているよ。未来に旅行できたら，自分の人生がどうなっているのか見ることができるのに。僕の将来について言うなら，医者になりたいな。夢が叶うといいな。君はどう？将来の夢は何？

《2022　学校選択問題　英語　解説》

1　No.１　質問「男性は何を食べるつもりですか？」…Ａ「ハンバーガー１つとホットドッグ２つとコーヒーを１杯ください」→Ｂ「すみません，ホットドッグはないんです」→Ａ「本当に？わかりました。それではハンバーガーをもう１つお願いします」→Ｂ「かしこまりました。600 円になります」より，Ｂ「ハンバーガー２つとコーヒー１杯」が適切。

No.２　質問「彼らはどこで話していますか？」…Ａ「この絵の鳥を見て。本当に素敵ね。見に来れてうれしいわ。あなたは気に入ったものがあった，マイク？」→Ｂ「そうだね，素敵な絵がたくさんあるね。僕が気に入ったのは電車と山の絵だよ。すばらしいよ」→Ａ「あら，私はまだ見ていないわ。それはどこにあるの？」→Ｂ「向こうで見たよ」より，Ｃ「美術館」が適切。

No.３　質問「マイケルの父親はどこにいますか？」…Ａ「お母さん，お父さんがどこにいるか知っている？いないんだ。２階にはいないよ」→Ｂ「お父さんは手紙を送るために郵便局に行ったわ」→Ａ「ああ，本当に？庭に椅子を持っていきたいけど，重すぎるよ。お父さんの助けが必要なんだ」→Ｂ「ああ，見て。マイケル，ちょうどお父さんが戻ってきたわ。見える？車を止めたところよ」より，Ａ「車の中」が適切。

No.４　質問「ケンはロバートに何を言いますか？」…「ロバートはケンに明日一緒にサッカーをしようと頼んでいます。ケンは明日の朝，家で母親を手伝わなければなりません。でもケンは午後は空いているので，その時に遊びたいです」より，Ｂ「明日の午後はどう？」が適切。

No.５　質問「父親はミカに何と言いますか？」…「ミカは父親と散歩をしています。彼女は途中で鍵を見つけましたが，それが誰の鍵なのかわかりません。父親は彼女に何をするべきかを言います」より，Ｄ「警察に届けよう」が適切。

No.６　【放送文の要約】参照。⑴　質問１「埼玉レストランで一番人気のケーキは何ですか？」…Ａ「チョコレートケーキ」が適切。　⑵　質問２「バスは何時にレストランを出発しますか？」…Ｄ「午後１時半」が適切。⑶　質問３「埼玉レストランについて正しいのはどれですか？」…Ａ×「レストランでは，中華料理は和食よりも人気があります」…放送文にない内容。　Ｂ×「バスの車内の人々は，注文をするためにバスを降りる必要がありません」…放送文にない内容。　C○「そのレストランは世界中の多くの種類の食べ物を食べることができるすばらしいところです」　D×「レストランには有名な店がいくつかあります」…本文にない内容。

【放送文の要約】

11 時 55 分なので，もうすぐランチタイムです。まもなく埼玉レストランに到着します。レストランについてお話しします。

レストランの和食はとても人気がありますが，(3)C他国の食べ物が食べたければ埼玉レストランは最適な場所です。あなたは世界中の多くの種類の食べ物を食べることができます。

ケーキも本当に美味しいです。(1)Aほとんどの人はレストランでチョコレートケーキを注文します。フルーツケーキやアイスクリームも食べることができます。きっとすべてを気に入ると思います。

レストランに到着しました。(2)D今 12 時です。バスはここに 1 時間 30 分停車します。昼食を食べ終えたら自由時間になります。行きたい方は買い物に行くこともできます。レストランの近くにはチーズケーキを売っている有名なお店があります。とても人気があります。ここに午後 1 時 25 分までに戻ってきてください。ありがとうございました，楽しんできてください，みなさん。

No. 7　【放送文の要約】参照。

(1)　質問１「なぜジョンは毎朝日本語の新聞を読んでいますか？」…ジョンの２回目の発言より，「日本語を学ぶ(＝learn Japanese)ため」が適切。　(2)　質問２「カヨは週に何日，ラジオで英語の番組を聴きますか？」…カヨの３回目の発言より，「彼女は週に５日(＝five days a week)聴きます」が適切。　(3)　質問３「なぜジョンはカヨに数学の宿題を手伝ってくれるよう頼んだのですか？」…ジョンの６回目の発言より，「彼女は数学が得意(＝is good at)だからです」が適切。

【放送文の要約】

ジョン：おはよう。カヨ。ごめん，少し遅れたよ。

カヨ　：大丈夫よ。何をしてたの？

ジョン：僕は日本の新聞を読んでいたんだ。(1)日本語を学ぶよい方法なので，毎朝日本語の新聞を読んでいるよ。今朝，難しい漢字を見つけたから，ホストファーザーに読み方を聞いてみたんだ。

カヨ　：なるほど。どれくらいの間日本語を勉強しているの？

ジョン：３年間勉強しているよ。漢字の読み書きは未だに難しいんだ。普段は朝，何をするの，カヨ？

カヨ　：私は朝は普段，ラジオで英語の番組を聴いているわ。(2)将来は仕事で英語を使いたいので，月曜日から金曜日まで毎日聴いているわ。

ジョン：いいね。

カヨ　：朝の空き時間を使って何かを学ぶのは素晴らしいことだと思うわ。

ジョン：僕もそう思うな。ところで，放課後は空いているの？

カヨ　：ええ。どうかしたの？

ジョン：数学の宿題があるんだけど，いくつかの問題の答えを出せないんだ。(3)君は数学が得意だから，手伝ってほしいんだ。

カヨ　：いいわよ。実はまだ終わっていないの。一緒にやりましょう。

ジョン：ありがとう。

2　1【本文の要約】参照。

問１　「他の何か」＝something else

問２　・help＋人＋動詞の原形「(人)が～するのを助ける」

【本文の要約】

〈ある日の放課後，ナオト，キミー，アヤコが話しています〉

ナオト：僕らのＡＬＴ，スミス先生がオーストラリアに帰る予定なんだ。先生はよくこの書道クラブに来るね。部員はみんな先生のことが大好きだよ。

キミー：先生は私たちにとても親切よ。私たちによい助言をしてくれるわ。

アヤコ：先生は私たちを大いに助けてくれるわ。それに私たちが作る書道の作品が大好きよ。ねえ，私に考えがあるの。彼にプレゼントを贈らない？

ナオト：それはいい考えだね！それに，先生に何をあげるべきかな？

キミー：色紙にメッセージを書こうよ。先生は私たちのメッセージを読んで喜んでくれると思うわ。

アヤコ：いいね。プレゼントの定番で簡単に作れるわね。先生に他の何かを作るべきかしら？

ナオト：色紙ともう１つ渡したいけど，今すぐにはいいアイデアが思いつかないな。

キミー：先生は何が欲しいのかしら。

アヤコ：他の部員たちに私たちのアイデアを伝えましょう。私たちがよいプレゼントを選ぶのを彼らは助けるだろうと思うわ。

2【本文の要約】参照。

問３　スミス先生から生徒への英語学習に関するアドバイスとその理由を２文以上で答える。(例文)「みなさんは英語で人に話しかけるべきだと私は思います。そうすることによって，みなさんの英語力はより向上するでしょう」

【本文の要約】

〈翌日，部員たちと話したあと，話し合いを始めます〉

ナオト：じゃあ，この部のみんながスミス先生にプレゼントを贈りたいんだよね？

アヤコ：ええ，昨日の部活ミーティングでプレゼントの計画について話したわ。でも，色紙と一緒に何をプレゼントするか決められなかったわ。

キミー：それじゃあ，すばらしい計画を考える必要があるわね。

ナオト：部活ミーティングで話したあと，部員のひとりが僕にスミス先生の自己紹介シートをくれたんだ。先生は初めての英語の授業ですべての生徒にそれを渡した。僕はそれが役立つと思うな。シートでアイデアを探そう。先生が興味のあるものをあげた方がいいからね。

アヤコ：いい考えね。ああ，これを見て。彼のアドバイスは私を大いに助けてくれたわ。

キミー：そうね。今ではあなたの英語はとても上達したもの！

ナオト：このシートに基づけば，花を贈るのはどう？先生はきっと花を気に入るよ。

キミー：問6(2)それはいい考えとは思わないわ。花や植物を国外に持ち出すための規制があると思うわ。

ナオト：ああ，日本からオーストラリアへ花を持って行けないということ？

キミー：確かじゃないけど，私たちがあげた花を日本からオーストラリアに持って行けないと困るでしょ。

アヤコ：大きすぎたり重すぎたりすると，オーストラリアまで運ぶのが大変だから，そんなものを選んじゃいけないわ。

ナオト：その通りだね。かわりに先生に何を贈るべきかな？

3【本文の要約】参照。

問４　ア×「キミーは，スミス先生が気に入るようなよい写真を撮るのは難しいと思っています」…本文にない内容。　イ×「ナオトは，アルバムの写真が足りないので，岸先生に写真を撮ってくれるよう頼むつもりです」…本文にない内容。　ウ×「アヤコは歌の練習をしたいので，練習のためにキミーにピアノを弾いてくれるように言いました」…本文にない内容。　エ○「キミーは音楽の先生に，必要に応じて音楽教室を使わせてくれるよう頼むつもりです」

【本文の要約】

〈彼らは話し合いを続けます〉

アヤコ：先生のために歌を歌うのはどう？日本のいいポップソングを知ってる，キミー？

キミー：ええ，知っているわ。先生のために歌える日本のポップソングをいくつか考えてみるわ。

ナオト：ありがとう。先生は自己紹介シートにそう書いているので，きっと日本のポップソングを聴くのが好きだと思うよ。

キミー：それじゃあ，私はピアノを弾くことができるから，曲の伴奏を担当するわ。問４エ音楽のフクダ先生に頼めば，学校の音楽室が使えると思うわ。もしスミス先生に歌を歌うなら，フクダ先生に聞いてみるわ。

ナオト：いいね。あと，写真を集めて，先生のためにフォトアルバムを作るのはどう？

キミー：それもいい考えね。写真をたくさん見つけないといけないわね。問５もしフォトアルバムを作るなら，新しい写真を撮るために担任のキシ先生からカメラを借りることができるわ。ああ，もう１つ考えがあるわ。

4【本文の要約】参照。

問５　「なぜキミーはスミス先生へのプレゼントを選んだあと，担任のキシ先生に会いに行くのですか？」…３のキミーの最後の発言の３文目より，フォトアルバムの写真を撮るためのカメラを借りたいからである。

問６⑴　「ナオトは，プレゼントは色紙と他の３つのアイデアの中のひとつであるべきだと考えています。なぜなら，ィスミス先生への３つのプレゼントすべてを準備するには時間がかかりすぎるからです」…4のナオトの２回目の発言内容より，イが適切。　⑵　話し合いの中で，ァナオトはプレゼントとして花のアイデアを思いつきましたが，キミーは彼のアイデアに同意しませんでした」…2のキミーの２回目の発言内容より，アが適切。
イ×「キミーは，スミス先生が自己紹介シートに書かれた情報に基づいて良い書道作品を作ることができると思いました」…本文にない内容。　ウ×「ナオトはスミス先生の自己紹介シートを持ってきたので，スミス先生は日本を思い出すことができました」…本文にない内容。　エ「アヤコは，×部員全員の書道作品がいいプレゼントになるだろうと言いました」

問７　キミー「スミス先生のフォトアルバムを作るために写真を撮り始めたわ。ここに数枚あるわ。どう？」→ナオト「ああ，これらはいい写真だけど，もっと必要だね」→キミー「ねえ，２年前の学園祭であなたが撮った写真(＝the pictures you took)を持っていない？その時スミス先生が私たちと一緒にいたことは確かよ。キシ先生はあなたにカメラを使わせてくれなかったの？」→ナオト「おー。思い出した！学園祭のあと，キシ先生から数枚もらったんだ。家で探してみるよ」

【本文の要約】

〈彼らは結論を出そうとしています〉

キミー：私たちはプレゼントとして書道の作品を作ることもできるわ。どう思う？

ナオト：いい考えだ。作品には何の文字を書くべきかな？

キミー：それじゃあ，プレゼントに３つのアイデアを思いついたわね。先生のために歌を歌う，フォトアルバム，そして書道の作品よ。先生に色紙とこれらの３つのプレゼントすべてを贈るのはどう？

ナオト：問６(1)全部準備するには十分な時間がないよ。色紙ともう１つのプレゼントにしよう。３つのうち１つを選ぼう。

アヤコ：わかったわ。私は先生が見て日本での時間を思い出せるので，フォトアルバムが一番いいと思うわ。

キミー：あなたと同じ意見よ。わかったわ。じゃあ，あとでキシ先生のところに行ってくるね。スミス先生が私たちのプレゼントを気に入ってくれるといいわね。

ナオト：僕もそう願うよ。他の部員たちに僕らの計画について話そう。きっと彼らも気に入ると思うよ。

３　【本文の要約】参照。

問３　現在完了進行形〈have/has＋been＋～ing〉「ずっと～している」の文にする。

問４Ａ　主語が「日本で作られた鉛筆」で直前に be 動詞の were があるので，〈be 動詞＋過去分詞〉で「～される」という意味の受け身の文だと判断する。　**Ｂ**　仮定法過去〈If＋主語＋動詞の過去形，主語＋would/could＋動詞の原形〉「もし～だったら，…」は現実では起こり得ないことを言うときに使う。〈動詞の過去形〉が be 動詞のときは主語が単数の場合でも were を使う。

問５　直前の１文の内容を日本語で答える。

問６　「ツネオは小学校で鉛筆を使いましたが，中学で１それらを使うのをやめました（＝stop using them）。ある日，新聞記事を見て鉛筆に興味を持ちました。それらについて調べ，彼は鉛筆について多くのことを学びました。例えば，彼は最初の鉛筆がいつどこで作られたかを学び，人々がどのように２鉛筆を改良し（＝made pencils better），鉛筆が日本にどのように導入されたかを学びました。彼はまた，鉛筆について他の多くのことを学びました。例えば，１本の鉛筆でどれだけ長く書くことができるかなどです。ツネオは鉛筆の興味深い歴史について学ん３で驚きました（＝was surprised to）。彼は他の筆記用具の歴史についてももっと知りたいと思っています」

【本文の要約】

小学生の頃は，木の鉛筆を使わなければなりませんでした。友達の中にはシャープペンシルを使いたがっている子もいたのですが，小学校では使えませんでした。なぜ鉛筆は小学生が使う最初の筆記用具なのでしょうか？学校で使っていた鉛筆は母からもらったもので，鉛筆が短くなくなったらまた買い直してもらいました。中学に入ると，友達のほとんどがシャープペンシルを使い始めました。私は小学校ではいつも木の鉛筆を使っていましたが，その後はシャープペンシルしか使いませんでした。ある日，新聞を読んでいたときに鉛筆に関する記事を見つけました。日本では 1960 年代に毎年約 14 億本の鉛筆が作られていたそうですが，2019 年には１億 8000 万本しか作られていませんでした。これは，1960 年代に毎年作られていた鉛筆の本数の約 13％です。その理由のひとつは，子どもの数の減少です。鉛筆に興味を持ったので，インターネットで調べてみることにしました。

1564 年，イギリスのボローデールで，地下から黒い物質が発見されました。この物質は黒鉛でした。人々はそれが書くのに役立つことに気が付きました。しかし，黒鉛を持っていると手が汚れます。①カそれで２つの木片の間に黒鉛をはめました。これらが鉛筆の始まりでした。その後，鉛筆はヨーロッパ中に広がり，すぐに人気を博しました。約 200 年後，ボローデールには黒鉛が残っていなかったため，人々はそれ以上黒鉛を見つけることができませんでした。イギリスの人々は，ボローデールよりも良質な黒鉛を見つけることができませんでした。②オそれで彼らは鉛筆を作る別の方法を見つけなければなりませんでした。鉛筆を作るために多くの方法を試した後，彼らは黒鉛と硫黄を混ぜました。しかし，硫黄と混合されたこの黒鉛は，ボローデールの黒鉛ほど良質ではありませんでした。しかしドイツでは，人々は黒鉛と硫黄を混ぜるよい方法を知っていました。フランスの人々はイギリス製の鉛筆を購入しましたが，18 世紀には，フランスとイギリスの間の戦争のために，フランスの人々はイギリスから鉛筆を買うことができませんでした。フランスでは自国で鉛筆を作る必要があったため，ナポレオン・ボナパルトは科学者にもっとよい鉛筆を作るように依頼したそうです。科学者は黒鉛と粘土を混ぜ，粘土と混合した黒鉛を約 1100° C に加熱して芯を作成しました。その後，科学者はついに最高の芯を作ることができました。それは今日使用されている芯とほとんど同じでした。③ウその後，19 世紀に，アメリカの鉛筆会社が鉛筆を作るための新たな方法を発見しました。その会社は，２枚の板の間に６本の芯を入れ，６本の鉛筆に切りました。これは，今日一度に多くの鉛筆を作るために使用される過程とほぼ同じです。

日本の鉛筆はどうでしょう？日本人として初めて鉛筆を使ったのは徳川家康だと言われています。静岡県では，1617 年から彼が使用した鉛筆を神社でずっと保管しています。明治時代，日本人はアメリカやヨーロッパから多くの新しいことを学ぼうとしました。若い人たちは以前よりも多くの学ぶ機会がありました。1873 年，約 20 人の日本人エンジニアが新しい技術を学ぶためにヨーロッパに派遣されました。彼らが日本に帰国したあと，彼らの中に，１人の男に鉛筆の作り方を教えた者がいました。この男，小池卯八郎が日本で最初の鉛筆を作ったと言われています。これらの日本製の鉛筆は，1877 年に東京の上野で開催された博覧会でA展示されました(＝were shown)。その後，日本で鉛筆の人気が高まり，多くの人々が使用し始めました。当時，約 40 社の鉛筆会社が設立され，現在でも鉛筆を作っている会社もあります。

鉛筆にはいくつかの長所があります。たった１本の鉛筆でどれだけ長く書くことができるか知っていますか？インターネットで記事を読みました。問5約 50km の線を引くことができるとのことです！これはすごいと思いました！他の多くの筆記用具よりも鉛筆で長く書くことができます。鉛筆はさまざまな環境で使用することもできます。例えば，冬の山の頂上などの非常に寒い場所でボールペンを使用する場合，おそらく書くのは非常に困難になります。日本では，鉛筆は壊れにくいので，小学生が書き方を学ぶために使う最初の筆記用具です。Bもし鉛筆がなければ(＝If there were no pencils)，日本の子どもたちが書く練習をするのははるかに難しいでしょう。

今，私は鉛筆についてより多くのことを知りました。鉛筆には非常に興味深い歴史があります。学んでとても驚きました。私たちの周りの他の筆記用具はどうですか？それらには独自の驚くべき歴史があるかもしれません。それらについてもっと知りたいです。

4　「スピーチやプレゼンテーションを行うことは，理解を深めるのに効果的です。スピーチやプレゼンテーションをするとき，あなたはもっと学びたいことを発見するかもしれません。より学ぶためには，調査する必要があります。例えば，学校ではさまざまな方法でこれを行うことができます。学校の図書館やタブレット型のパソコンも役に立ちます。あなたは調査のために図書館やコンピューターなどをどのように利用しますか？」…(例文)「まず，私はインターネットで情報を集めます。インターネットにはたくさんの情報があり，間違っているものもあります。次に，私はその情報が間違っていないか確かめるために，学校の図書館で本を読みます。そうすることで，私は難しい内容についてもっと学ぶことができます」

■ ご使用にあたってのお願い・ご注意

（1）問題文等の非掲載

著作権上の都合により，問題文や図表などの一部を掲載できない場合があります。

誠に申し訳ございませんが，ご了承くださいますようお願いいたします。

（2）過去問における時事性

過去問題集は，学習指導要領の改訂や社会状況の変化，新たな発見などにより，現在とは異なる表記や解説になっている場合があります。過去問の特性上，出題当時のままで出版していますので，あらかじめご了承ください。

（3）配点

学校等から配点が公表されている場合は，記載しています。公表されていない場合は，記載していません。

独自の予想配点は，出題者の意図と異なる場合があり，お客様が学習するうえで誤った判断をしてしまう恐れがあるため記載していません。

（4）無断複製等の禁止

購入された個人のお客様が，ご家庭でご自身またはご家族の学習のためにコピーをすることは可能ですが，それ以外の目的でコピー，スキャン，転載（ブログ，ＳＮＳなどでの公開を含みます）などをすることは法律により禁止されています。学校や学習塾などで，児童生徒のためにコピーをして使用することも法律により禁止されています。

ご不明な点や，違法な疑いのある行為を確認された場合は，弊社までご連絡ください。

（5）けがに注意

この問題集は針を外して使用します。針を外すときは，けがをしないように注意してください。また，表紙カバーや問題用紙の端で手指を傷つけないように十分注意してください。

（6）正誤

制作には万全を期しておりますが，万が一誤りなどがございましたら，弊社までご連絡ください。

なお，誤りが判明した場合は，弊社ウェブサイトの「ご購入者様のページ」に掲載しておりますので，そちらもご確認ください。

■ お問い合わせ

解答例，解説，印刷，製本など，問題集発行におけるすべての責任は弊社にあります。

ご不明な点がございましたら，弊社ウェブサイトの「お問い合わせ」フォームよりご連絡ください。迅速に対応いたしますが，営業日の都合で回答に数日を要する場合があります。

ご入力いただいたメールアドレス宛に自動返信メールをお送りしています。自動返信メールが届かない場合は，「よくある質問」の「メールの問い合わせに対し返信がありません。」の項目をご確認ください。

また弊社営業日（平日）は，午前９時から午後５時まで，電話でのお問い合わせも受け付けています。

2025春

株式会社教英出版
〒422-8054　静岡県静岡市駿河区南安倍３丁目 12-28
TEL　054-288-2131　　FAX　054-288-2133
URL　https://kyoei-syuppan.net/
MAIL siteform@kyoei-syuppan.net

学校別問題集

北海道

①札幌北斗高等学校
②北星学園大学附属高等学校
③東海大学付属札幌高等学校
④立命館慶祥高等学校
⑤北海高等学校
⑥北見藤高等学校
⑦札幌光星高等学校
⑧函館ラ・サール高等学校
⑨札幌大谷高等学校
⑩北海道科学大学高等学校
⑪遺愛女子高等学校
⑫札幌龍谷学園高等学校
⑬札幌日本大学高等学校
⑭札幌第一高等学校
⑮旭川実業高等学校
⑯北海学園札幌高等学校

青森県

①八戸工業大学第二高等学校

宮城県

①聖和学園高等学校(A日程)
②聖和学園高等学校(B日程)
③東北学院高等学校(A日程)
④東北学院高等学校(B日程)
⑤仙台大学附属明成高等学校
⑥仙台城南高等学校
⑦東北学院榴ケ岡高等学校
⑧古川学園高等学校
⑨仙台育英学園高等学校(A日程)
⑩仙台育英学園高等学校(B日程)
⑪聖ウルスラ学院英智高等学校
⑫宮城学院高等学校
⑬東北生活文化大学高等学校
⑭東北高等学校
⑮常盤木学園高等学校
⑯仙台白百合学園高等学校
⑰尚絅学院高等学校(A日程)
⑱尚絅学院高等学校(B日程)

山形県

①日本大学山形高等学校
②惺山高等学校
③東北文教大学山形城北高等学校
④東海大学山形高等学校
⑤山形学院高等学校

福島県

①日本大学東北高等学校

新潟県

①中越高等学校
②新潟第一高等学校
③東京学館新潟高等学校
④日本文理高等学校
⑤新潟青陵高等学校
⑥帝京長岡高等学校
⑦北越高等学校
⑧新潟明訓高等学校

富山県

①高岡第一高等学校
②富山第一高等学校

石川県

①金沢高等学校
②金沢学院大学附属高等学校
③遊学館高等学校
④星稜高等学校
⑤鵬学園高等学校

山梨県

①駿台甲府高等学校
②山梨学院高等学校(特進)
③山梨学院高等学校(進学)
④山梨英和高等学校

岐阜県

①鶯谷高等学校
②富田高等学校
③岐阜東高等学校
④岐阜聖徳学園高等学校
⑤大垣日本大学高等学校
⑥美濃加茂高等学校
⑦済美高等学校

静岡県

①御殿場西高等学校
②知徳高等学校
③日本大学三島高等学校
④沼津中央高等学校
⑤飛龍高等学校
⑥桐陽高等学校
⑦加藤学園高等学校
⑧加藤学園暁秀高等学校
⑨誠恵高等学校
⑩星陵高等学校
⑪静岡県富士見高等学校
⑫清水国際高等学校
⑬静岡サレジオ高等学校
⑭東海大学付属静岡翔洋高等学校
⑮静岡大成高等学校
⑯静岡英和女学院高等学校
⑰城南静岡高等学校
⑱静岡女子高等学校
⑲常葉大学附属常葉高等学校
　常葉大学附属橘高等学校
　常葉大学附属菊川高等学校
⑳静岡北高等学校
㉑静岡学園高等学校
㉒焼津高等学校
㉓藤枝明誠高等学校
㉔静清高等学校
㉕磐田東高等学校
㉖浜松学院高等学校
㉗浜松修学舎高等学校
㉘浜松開誠館高等学校
㉙浜松学芸高等学校
㉚浜松聖星高等学校
㉛浜松日体高等学校
㉜聖隷クリストファー高等学校
㉝浜松啓陽高等学校
㉞オイスカ浜松国際高等学校

愛知県

①[国立]愛知教育大学附属高等学校
②愛知高等学校
③名古屋経済大学市邨高等学校
④名古屋経済大学高蔵高等学校
⑤名古屋大谷高等学校
⑥享栄高等学校
⑦椙山女学園高等学校
⑧大同大学大同高等学校
⑨日本福祉大学付属高等学校
⑩中京大学附属中京高等学校
⑪至学館高等学校
⑫東海高等学校
⑬名古屋たちばな高等学校
⑭東邦高等学校
⑮名古屋高等学校
⑯名古屋工業高等学校
⑰名古屋葵大学高等学校
(名古屋女子大学高等学校)
⑱中部大学第一高等学校
⑲桜花学園高等学校
⑳愛知工業大学名電高等学校
㉑愛知みずほ大学瑞穂高等学校
㉒名城大学附属高等学校
㉓修文学院高等学校
㉔愛知啓成高等学校
㉕聖カピタニオ女子高等学校
㉖滝高等学校
㉗中部大学春日丘高等学校
㉘清林館高等学校
㉙愛知黎明高等学校
㉚岡崎城西高等学校
㉛人間環境大学附属岡崎高等学校
㉜桜丘高等学校

㉝光ヶ丘女子高等学校
㉞藤ノ花女子高等学校
㉟栄徳高等学校
㊱同朋高等学校
㊲星城高等学校
㊳安城学園高等学校
㊴愛知産業大学三河高等学校
㊵大成高等学校
㊶豊田大谷高等学校
㊷東海学園高等学校
㊸名古屋国際高等学校
㊹啓明学館高等学校
㊺聖霊高等学校
㊻誠信高等学校
㊼誉高等学校
㊽杜若高等学校
㊾菊華高等学校
㊿豊川高等学校

三重県

①暁高等学校(3年制)
②暁高等学校(6年制)
③海星高等学校
④四日市メリノール学院高等学校
⑤鈴鹿高等学校
⑥高田高等学校
⑦三重高等学校
⑧皇學館高等学校
⑨伊勢学園高等学校
⑩津田学園高等学校

滋賀県

①近江高等学校

大阪府

①上宮高等学校
②大阪高等学校
③興國高等学校
④清風高等学校
⑤早稲田大阪高等学校
（早稲田摂陵高等学校）
⑥大商学園高等学校
⑦浪速高等学校
⑧大阪夕陽丘学園高等学校
⑨大阪成蹊女子高等学校
⑩四天王寺高等学校
⑪梅花高等学校
⑫追手門学院高等学校
⑬大阪学院大学高等学校
⑭大阪学芸高等学校
⑮常翔学園高等学校
⑯大阪桐蔭高等学校
⑰関西大倉高等学校
⑱近畿大学附属高等学校
⑲金光大阪高等学校
⑳星翔高等学校
㉑阪南大学高等学校
㉒箕面自由学園高等学校
㉓桃山学院高等学校
㉔関西大学北陽高等学校

兵庫県

①雲雀丘学園高等学校
②園田学園高等学校
③関西学院高等部
④灘高等学校
⑤神戸龍谷高等学校
⑥神戸第一高等学校
⑦神港学園高等学校
⑧神戸学院大学附属高等学校
⑨神戸弘陵学園高等学校
⑩彩星工科高等学校
⑪神戸野田高等学校
⑫滝川高等学校
⑬須磨学園高等学校
⑭神戸星城高等学校
⑮啓明学院高等学校
⑯神戸国際大学附属高等学校
⑰滝川第二高等学校
⑱三田松聖高等学校
⑲姫路女学院高等学校
⑳東洋大学附属姫路高等学校
㉑日ノ本学園高等学校
㉒市川高等学校
㉓近畿大学附属豊岡高等学校
㉔夙川高等学校
㉕仁川学院高等学校
㉖育英高等学校

奈良県

①西大和学園高等学校

岡山県

①[県立]岡山朝日高等学校
②清心女子高等学校
③就実高等学校
(特別進学コース〈ハイグレード・アドバンス〉)
④就実高等学校
(特別進学チャレンジコース・総合進学コース)
⑤岡山白陵高等学校
⑥山陽学園高等学校
⑦関西高等学校
⑧おかやま山陽高等学校
⑨岡山商科大学附属高等学校
⑩倉敷高等学校
⑪岡山学芸館高等学校(1期1日目)
⑫岡山学芸館高等学校(1期2日目)
⑬倉敷翠松高等学校
⑭岡山理科大学附属高等学校
⑮創志学園高等学校
⑯明誠学院高等学校
⑰岡山龍谷高等学校

広島県

①[国立]広島大学附属高等学校
②[国立]広島大学附属福山高等学校
③修道高等学校
④崇徳高等学校
⑤広島修道大学ひろしま協創高等学校
⑥比治山女子高等学校
⑦呉港高等学校
⑧清水ヶ丘高等学校
⑨盈進高等学校
⑩尾道高等学校
⑪如水館高等学校
⑫広島新庄高等学校
⑬広島文教大学附属高等学校
⑭銀河学院高等学校
⑮安田女子高等学校
⑯山陽高等学校
⑰広島工業大学高等学校
⑱広陵高等学校
⑲近畿大学附属広島高等学校福山校
⑳武田高等学校
㉑広島県瀬戸内高等学校(特別進学)
㉒広島県瀬戸内高等学校(一般)
㉓広島国際学院高等学校
㉔近畿大学附属広島高等学校東広島校
㉕広島桜が丘高等学校

山口県

①高水高等学校
②野田学園高等学校
③宇部フロンティア大学付属香川高等学校
（普通科〈特進・進学コース〉）
④宇部フロンティア大学付属香川高等学校
（生活デザイン・食物調理・保育科）
⑤宇部鴻城高等学校

徳島県

①徳島文理高等学校

香川県

①香川誠陵高等学校
②大手前高松高等学校

愛媛県

①愛光高等学校
②済美高等学校
③FC今治高等学校
④新田高等学校
⑤聖カタリナ学園高等学校

福岡県

①福岡大学附属若葉高等学校
②精華女子高等学校（専願試験）
③精華女子高等学校（前期試験）
④西南学院高等学校
⑤筑紫女学園高等学校
⑥中村学園女子高等学校（専願入試）
⑦中村学園女子高等学校（前期入試）
⑧博多女子高等学校
⑨博多高等学校
⑩東福岡高等学校
⑪福岡大学附属大濠高等学校
⑫自由ケ丘高等学校
⑬常磐高等学校
⑭東筑紫学園高等学校
⑮敬愛高等学校
⑯久留米大学附設高等学校
⑰久留米信愛高等学校
⑱福岡海星女子学院高等学校
⑲誠修高等学校
⑳筑陽学園高等学校（専願入試）
㉑筑陽学園高等学校（前期入試）
㉒真颯館高等学校
㉓筑紫台高等学校
㉔純真高等学校
㉕福岡舞鶴高等学校
㉖折尾愛真高等学校
㉗九州国際大学付属高等学校
㉘祐誠高等学校
㉙西日本短期大学附属高等学校
㉚東海大学付属福岡高等学校
㉛慶成高等学校
㉜高稜高等学校
㉝中村学園三陽高等学校
㉞柳川高等学校
㉟沖学園高等学校
㊱福岡常葉高等学校
㊲九州産業大学付属九州高等学校
㊳近畿大学附属福岡高等学校
㊴大牟田高等学校
㊵久留米学園高等学校
㊶福岡工業大学附属城東高等学校
（専願入試）
㊷福岡工業大学附属城東高等学校
（前期入試）
㊸八女学院高等学校
㊹星琳高等学校
㊺九州産業大学付属九州産業高等学校
㊻福岡雙葉高等学校

佐賀県

①龍谷高等学校
②佐賀学園高等学校
③佐賀女子短期大学付属佐賀女子高等学校
④弘学館高等学校
⑤東明館高等学校
⑥佐賀清和高等学校
⑦早稲田佐賀高等学校

長崎県

①海星高等学校（奨学生試験）
②海星高等学校（一般入試）
③活水高等学校
④純心女子高等学校
⑤長崎南山高等学校
⑥長崎日本大学高等学校（特別入試）
⑦長崎日本大学高等学校（一次入試）
⑧青雲高等学校
⑨向陽高等学校
⑩創成館高等学校
⑪鎮西学院高等学校

熊本県

①真和高等学校
②九州学院高等学校
（奨学生・専願生）
③九州学院高等学校
（一般生）
④ルーテル学院高等学校
（専願入試・奨学入試）
⑤ルーテル学院高等学校
（一般入試）
⑥熊本信愛女学院高等学校
⑦熊本学園大学付属高等学校
（奨学生試験・専願生試験）
⑧熊本学園大学付属高等学校
（一般生試験）
⑨熊本中央高等学校
⑩尚絅高等学校
⑪文徳高等学校
⑫熊本マリスト学園高等学校
⑬慶誠高等学校

大分県

①大分高等学校

宮崎県

①鵬翔高等学校
②宮崎日本大学高等学校
③宮崎学園高等学校
④日向学院高等学校
⑤宮崎第一高等学校
（文理科）
⑥宮崎第一高等学校
（普通科・国際マルチメディア科・電気科）

鹿児島県

①鹿児島高等学校
②鹿児島実業高等学校
③樟南高等学校
④れいめい高等学校
⑤ラ・サール高等学校

新刊
もっと過去問シリーズ

愛知県

愛知高等学校
7年分（数学・英語）
中京大学附属中京高等学校
7年分（数学・英語）
東海高等学校
7年分（数学・英語）
名古屋高等学校
7年分（数学・英語）
愛知工業大学名電高等学校
7年分（数学・英語）
名城大学附属高等学校
7年分（数学・英語）
滝高等学校
7年分（数学・英語）

※もっと過去問シリーズは入学試験の実施教科に関わらず、数学と英語のみの収録となります。

教英出版
〒422-8054
静岡県静岡市駿河区南安倍3丁目12−28
TEL 054-288-2131
FAX 054-288-2133
詳しくは教英出版で検索
教英出版　検索
URL https://kyoei-syuppan.net/

埼玉県公立高等学校

令和六年度 学力検査問題

国語

（九時二十五分～十時十五分）
〈五十分間〉

受検番号	第　　　　番

注意

1 解答用紙について

(1) 解答用紙は一枚で、問題用紙にはさんであります。

(2) 係の先生の指示に従って、所定の欄二か所に受検番号を書きなさい。

(3) 答えはすべて解答用紙のきめられたところに、はっきりと書きなさい。

(4) 解答用紙は切りはなしてはいけません。

(5) 解答用紙の※印は集計のためのもので、解答には関係ありません。

2 問題用紙について

(1) 表紙の所定の欄に受検番号を書きなさい。

(2) 問題は全部で五問あり、表紙を除いて十四ページです。

○ 印刷のはっきりしないところは、手をあげて係の先生に聞きなさい。

1　次の文章を読んで、あとの問いに答えなさい。(26点)

中学一年生の安藤《あんどう》真宙《まひろ》は、サッカー部が部員不足でなくなってしまい、サッカーを続けることができなくなる。他に入りたいと思う部活がひとつもない真宙は、ある日の帰り道、同級生の中井《なかい》天音《あまね》から、理科部へ誘われる。天音の話を聞きながら歩いていると、校庭で機械を運ぶ高校生たちの姿が目に入る。その様子を見ていた真宙は、高校生の中に小学校のサッカーチームの先輩、柳《やなぎ》数生《かずみ》を見つけ、久しぶりに言葉を交わす。

「あの、すみません！」
天音が、隣で声を上げた。
「皆さん、何をしてるんですか？」
いきなり大きな声を上げた年下の女子に、柳くんが「へ？」と呟《つぶや》く。すると、答えを待たずに彼女が聞いた。
「ひょっとして、ウチュウセンの観測ですか？」
今度は真宙が「へ？」と思う番だった。ウチュウセン――。頭の中に飛行船のように細長い機体の「宇宙船」がイメージされる。
①中井、何言ってんの？　と当惑して、思わず空を見上げる。だけど、何も確認できない。驚いたのはその後だ。こっちを見ていた柳くんが「おー！」と嬉《うれ》しそうに声を張り上げたのだ。
「そうそう。宇宙線クラブ。知ってるの？」
「知ってます。じゃ、あれが検出器ですか？」
「うん。そう、仙台の大学から借りたやつ。」
「すごい！　初めて見ます。結構大きいんですね。」
盛り上がる二人を眺めながら――だけど、真宙はちんぷんかんぷんだ。水を差すようで気が引けたけど、「あのー。」と話しかける。
「ウチュウセンクラブって、なんですか。」
「あ、ひょっとして『船』の字の方、連想した？　宇宙船。だったら、オレと同じだー。」
柳くんが軽やかな口調で言う。真宙が「はあ。」と呟くと、柳くんが、仲間の方を振り返る。
「『船』じゃなくて、ラインの『線』の字の方で、宇宙線。宇宙に飛び回ってる、粒子のことをそう呼ぶの。光くらいの速さで、地球にもたくさん降り注いでるんだけど、まあ、そういうのがあるんだよね。知ってた？」
「え、知らない。」
柳くんは「だよなー。」と軽く応じる。
「肉眼じゃ見えないけど、存在してるんだって。で、専用の検出器を使うと、それが検出できて、そこからいろんなデータを取ることができる。仙台にある大学が、その解析に特に熱心に取り組んでて、そこの教授が作ってるのが、宇宙線クラブっていう共同活動。」
柳くんが、まるでそこに宇宙線が見えるみたいに空を見上げる。
「宇宙線観測って、本当に一度にたくさんデータが取れるから、学校ごとに、みんな、それぞれ違うこと調べて研究してる。」
「柳くんたちはその宇宙線を観測して、なんの研究してるの？」
今度は真宙が聞いた。
何気なく聞いただけのつもりが、柳くんの顔つきが明確に変わった。
「え？　うーん。」

腕組みをして長く黙り込んだ後で、「えっとね。」と前置きをして説明してくれる。
「こんな説明だと、顧問や先輩たちから厳密には違うって怒られそうだけど、建物を間に挟むことで、宇宙線が受ける影響について調べてる。高い建物と低い建物だとデータがどう違うかとか、木造とコンクリートだとどうか、とか。」
「へえ……。」
「もっとわかりやすく言うと――どう言ったらいいかな、えーと。」
「なんかすみません。オレ、理解できもしないのに、気軽に聞いちゃって。」
「いや、わかるように説明できないオレが未熟なんだ。ごめん。」
真宙は驚いた。未熟、と自分のことを言う柳くんが、言葉と裏腹にとても大人に思えたのだ。
天音が尋ねる。
「皆さんは、高校の部で活動してるんですか？　理科部とか。」
「物理部だよ。」
柳くんが答える。真宙は、えっと目を見開いた。柳くんが何かを気負う様子もなく、淡々とした声で続ける。
「主に物理と、あとは宇宙に関することをやるのが、うちの部。」
「柳くん。」
「ん？」
「陸上部は？」
思わず聞いていた。柳くんがびっくりしたように真宙を見つめ返す。②真宙の中で、体温がすっと下がっていく感覚がする。
「あー。」
柳くんが呟いた。また、平淡な声だった。
「チームのコーチとかに聞いた？　オレがサッカーやめてから、中学で陸上やってたこと。」
「足が速くて、スカウトされたって……。」
「まあ、よく言えば。だけど、中学で入ったサッカーのクラブチームが本当に強くてさ。オレじゃレギュラーになれる見込みがまったくなかったし、だから、陸上に行ったっていう方が正しいけど。」
自分がショックを受けていることに、真宙は気づいた。目の前の、柳くんの顔を見ながら、だけど、視界の一部がチカチカ点滅しているようだ。
小学校時代しか知らないけど、柳くんは、すごくサッカーがうまかった。練習や試合でプレーを見て、あんなふうになりたいと憧れた。
だけど、そんな柳くんが中学じゃ通用しなかったのか。真宙の動揺に気づかない様子で、柳くんが続ける。
「陸上もさ、うちの高校は運動部って、レベル高いんだ。試合に出られる見込みないからって、高校でやめたヤツも結構いる。ただ、もちろん続けるヤツもいるし、そこは人それぞれ。」
「柳くんはどうなの。」
「え？」
「どうして物理部なの？」
陸上でも、柳くんにはなんらかの挫折があったのだろうか。真宙が知る世界の中では一番のスター。柳くんがスポーツの世界から離れてしまうなんて、想像もできなかった。
なんでオレが、ショック受けてるんだろう。柳くんに、オレは、どんなことを期待していたのか。
柳くんが高校で文化系の部に所属していることが、どうしてこんなにショックなのかわからない。
柳くん、あきらめちゃったのか――。
だけど、柳くんが「あ、オレ？」と自分の顔を指さす。あっけらかんと続けた。

「オレは、楽しいから。」

言葉に詰まった。あまりに柳くんが自然な言い方をしたからだ。

「中学までスポーツしかしてこなかったし、これまで興味なかったからこそ、こういうのもいいかなって思って。うちの部、歴代、人工衛星作ってるんだけどさ。」

「ええっ！　人工衛星って個人が作れるものなんですか？」

天音が興奮したようにフェンスに手をかけ、がしゃりと網目がたわむ音がした。柳くんが笑う。

「そう思うでしょ？　アメリカとか海外の学生が作った人工衛星が、かなりの数、軌道に乗ってたりするし、日本の宇宙線クラブのメンバーがいる学校でも、作ってるところはあるはず。」

「羨ましいです。」

天音の言葉に、柳くんがさらに嬉しそうに微笑《ほほえ》む。

「オレたちも先輩から受け継いだのを十年計画くらいで完成目指してる感じ。」

「物理って、〇点か百点の世界だって、聞きます。」

天音が尋ねる。

「私はまだ中学生だから物理、習ってないですけど、物理って、得意な人は全問正解できるくらい理解できて、だけど逆に、そういうセンスがない人は、一問もわからなくてまったく太刀打ちできない世界なんだって聞いたことがあります。だから、皆さん、すごい。」

「え、そんなこともないよ。オレ、選択科目で物理、取ってないし。」

え……という声が、これは真宙と天音、両方の口から洩《も》れた。③ちょっと気まずそうに頬をかきながら、柳くんは「勉強と部活は、またちょっと違う感じだし。」と続ける。

「うちの高校、物理始まるの二年からだから、一年の部を決める段階でもう物理のセンスがあるかどうかなんて、わかってるヤツいないと思うよ。ただ、研究とか観測が楽しいからやってるだけで。」

「楽しい……。」

真宙が呟く。さっき聞いたばかりの宇宙線の話も、十年計画で自分の代では完成するかどうかがわからない人工衛星の話も、まだしっかりとその楽しさがイメージできない。途方に暮れたような真宙の呟きを拾って、柳くんが「うん。」と頷《うなず》いた。

「物理の研究とか観測って、どういうところが楽しいですか。」

天音が聞いた。柳くんが、今度もまた「うーん。」と長く考え込んだ。やがて、答える。

「答えがないことじゃないかな。」

「答えが、ない？」

「うん。答えがないっていうか、正確に言うと、もうすでにある答えに向けて確かめるための実験とか観察をするんじゃなくて、今、自分たちが観測してることが答えそのものになっていくっていうか。まだない答えを探してるって気持ちが強くて、そこが楽しいのかもしれない。」

柳くんが言って、腕時計を見る。仲間の方を振り返り、「そろそろ行くね。」と言った。

「もし興味あるなら、今度、宇宙線クラブのオンライン会議、覗《のぞ》いてみる？」

「え！　いいんですか？」

「うん。画面上で見学するくらいなら、たぶん大丈夫。真宙通じて、連絡するね。」

「ありがとうございます！」

「じゃ、また。」

真宙通じて連絡する——というのは、昔のサッカーチーム時代の名簿を見て連絡してくるという意味だろうか。母さんからあれこれ詮索されたら面倒だな……とちょっと思った。だけど、真宙も天音とともに、トラックを駆けていく柳くんの後ろ姿をただ見送る。

たぶん、④柳くんの答えが衝撃だったからだ。

（辻村《つじむら》深月《みづき》著『この夏の星を見る』ＫＡＤＯＫＡＷＡによる。一部省略がある。）

問1 ①中井、何言ってんの？ と当惑して、思わず空を見上げる。 とありますが、このときの真《ま》宙《ひろ》の様子を説明した文として最も適切なものを、次の**ア**～**エ**の中から一つ選び、その記号を書きなさい。（4点）

ア 天音《あまね》がいきなり「ウチュウセン」と言い出したことにとまどい、宇宙線は肉眼で見ることができないことを確認しようと空を見渡している。

イ 天音がいきなり「ウチュウセン」と言い出したことにどう対応していいかわからず、本当に宇宙船が飛んでいるのかと目を空に向けている。

ウ 天音がいきなり「ウチュウセン」と言い出したことに恥ずかしさを感じ、天音や柳《やなぎ》くんの顔を見ることができずに天を仰いでいる。

エ 天音がいきなり「ウチュウセン」と言い出したことにがっかりしてしまい、子どものようなことを口にする天音から目を背けている。

問2 ②真宙の中で、体温がすっと下がっていく感覚がする。 とありますが、このときの真宙の心情を説明した文として最も適切なものを、次の**ア**～**エ**の中から一つ選び、その記号を書きなさい。（4点）

ア 宇宙線や物理部の活動について天音や柳くんが興奮して話をしていたので、話題が変わったことで少しずつ落ち着きを取り戻して、嬉《うれ》しく感じている。

イ 宇宙線という自分にはわからない話がずっと続いていたので、真宙にもわかる柳くんの中学生の頃のことに話題を変えることができて、ほっとしている。

ウ それまで宇宙線や物理部について話していたのに、突然柳くんの中学生の頃のことという天音にはわからない話を始めてしまったことを反省している。

エ 思わず陸上部のことを聞いてしまったあとで、柳くんが陸上をやっていたことは聞いてはいけなかったのかもしれないと思い直し、不安になっている。

問3 ③ちょっと気まずそうに頬をかきながら とありますが、柳くんはなぜ気まずかったのですか。**物理部**、**センス**の二つの言葉を使って、十五字以上、二十五字以内で書きなさい。ただし、二つの言葉を使う順序は問いません。（6点）

真宙と天音に、□□□□□□□□□□□□□□□（15）□□□□□□□□□□（25）から。

問4 ④柳くんの答えが衝撃だったからだ。とありますが、このときの真宙の様子について次のようにまとめました。空欄にあてはまる内容を、**答え**、**スポーツ**の二つの言葉を使って、三十字以上、四十字以内で書きなさい。ただし、二つの言葉を使う順序は問いません。(7点)

真宙は、柳くんが ＿＿＿＿＿＿＿＿＿＿（30）＿＿＿＿＿（40） ことに、衝撃を受けている。

問5 本文の内容や表現について述べた文として**適切でないもの**を、次の**ア**～**オ**の中から**二つ**選び、その記号を書きなさい。(5点)

ア 「真宙は驚いた」のように作品中の登場人物ではない第三者の客観的な視点に立つ語り手によって物語が展開される一方、「なんでオレが、ショック受けてるんだろう」のように真宙の心情が地の文でも表現されている。

イ 「まるでそこに宇宙線が見えるみたいに空を見上げる」や「途方に暮れたような真宙の呟き」などの比喩を用いることで、登場人物の行動や心情がわかりやすく表現されている。

ウ 「真宙は、えっと目を見開いた」という表現によって、天音が初対面の柳くんに気軽に話しかけている様子に真宙が戸惑いや驚きを感じていることを印象づけている。

エ 「腕組みをして長く黙り込んだ後で」や「柳くんが、今度もまた『うーん。』と長く考え込んだ」という表現によって、柳くんが真宙や天音の質問に真剣に答えようとしていることを印象づけている。

オ 本文は、真宙、天音、柳くんの三者がやりとりをする「現在」の場面と、真宙が小学校時代の自分を回想する「過去」の場面とで構成されており、真宙の長年にわたる柳くんへの憧れの強さが表現されている。

2

次の各問いに答えなさい。(24点)

問1 次の――部の漢字には読みがなをつけ、かたかなは漢字に改めなさい。(各2点)

(1) 試供品を無料で頒布する。

(2) 彼を懐柔して味方にする。

(3) 炎天下の作業でかいた汗を拭う。

(4) 大臣がシュウニンのあいさつをする。

(5) アヤういところで難を逃れた。

問2　次の━━部「ない」と同じ意味（用法）であるものを、あとのア～エの文の━━部から一つ選び、その記号を書きなさい。（3点）

わたしは、あまり漫画を読まない。

ア　今日は何もしないで、のんびりしましょう。
イ　友人にお願いをしたら、頼りない返事だった。
ウ　マラソンに挑戦したいが、長距離を走ったことはない。
エ　この部屋は、エアコンが壊れていて涼しくない。

問3　次の━━部の熟語の構成（成り立ち）が**他の三つと異なるもの**を、ア～エの中から一つ選び、その記号を書きなさい。（3点）

　ぶらぶら歩いて二里行き三里行き、そろそろ全里程の半ばにア到達した頃、降ってわいたイ災難、メロスの足は、はたと、止まった。見よ、前方の川を。昨日の豪雨で山の水源地は氾濫し、ウ濁流とうとうと下流に集まり、猛勢一挙に橋をエ破壊し、どうどうと響きをあげる激流が、こっぱみじんに橋げたを跳ね飛ばしていた。

（太宰《だざい》治《おさむ》著『走れメロス』による。）

問4　中学生のAさんは、委員会活動で調べてわかったことについて、全校集会でスピーチを行うことになりました。このスピーチに使う次の 原稿 を読んで、あとの問いに答えなさい。

原稿

　昨日の給食の献立は、ご飯、牛乳、ふりかけ、焼きシシャモ、さといものそぼろ煮、ほうれんそうのおひたし、かぶのとろみ汁でした。皆さんおいしく食べましたか。先日配った給食委員会新聞ではシシャモについての特集を掲載しましたが、今日は給食の野菜について調べたことを発表します。

　ここで問題です。昨日の献立の中には、何種類の野菜の名前が入っていたでしょうか。答えは、さといも、ほうれんそう、かぶの三種類です。これらの野菜がよく給食で使われるのは、埼玉県でたくさん採れます。地産地消という言葉を聞いたことがありますよね。現在、さまざまな理由で地産地消の取り組みが行われています。

　地産地消とは、どのような意味でしょうか。

Ⅰ

　地産地消には、地域を活性化する効果が見込まれています。また、消費者にとっては生産者との結びつきが強くなることで、ニーズに合った農産物が増えたり、安心で新鮮な農産物が手に入りやすくなったりする効果もあります。
　さて、昨日の献立の野菜のうち、さといもとほうれんそうは、二〇二一年産の野菜において、埼玉県の収穫量が全国一位となったものです。かぶも全国で二位でした。埼玉県は、県内で採れる多くの農産物を、たくさんの人に知ってもらったり、活用してもらったりするための取り組みをしています。例えば、県内の施設での野菜収穫体験や、埼玉県産の農産物を活用した加工食品の宣伝などです。
　給食委員会としては、地産地消の取り組みの紹介から、地域の野菜の魅力を感じてもらい、地域の活性化につなげてほしいと思っています。給食に使われている野菜は、地域の生産者の思いがこもっていますから、毎日の給食をしっかり食べましょう。
　以上で発表を終わります。ありがとうございました。

(1) 次の**ア**～**エ**は、［原稿］中の空欄［Ⅰ］に記入されていた文です。文脈が通るように並べかえ、その順に記号で書きなさい。（3点）

ア　その地産地消の現状について、次の二点を調べてみました。

イ　次に、埼玉県産の農産物を普及させる取り組みについても調べました。

ウ　まず、地産地消の効果について調べました。

エ　それは「その地域で生産された食材をその地域で消費すること」という意味です。

(2) このスピーチをする際のAさんの話し方として**適切でないもの**を、次の**ア**～**エ**の中から一つ選び、その記号を書きなさい。（2点）

ア　自分の感じたことを強く伝えるために、言葉の抑揚や間の取り方を意識しながら話す。

イ　最初から最後まで手元の原稿から目を離さずに一定の速度で話す。

ウ　話の内容が伝わっているかどうか、聞き手の反応を確かめながら話す。

エ　伝えたい内容や相手に応じて、話す速度や声の大きさなどを工夫して話す。

(3) Aさんは――部の文が不自然であると考え、それを推敲しました。推敲後の文中の＝＝部と空欄［Ⅱ］の関係が適切になるように、空欄［Ⅱ］にあてはまる言葉を書きなさい。（3点）

（［原稿］中の文）
これらの野菜がよく給食で使われるのは、埼玉県でたくさん採れます。

（推敲後の文）
これらの野菜がよく給食で使われるのは、埼玉県でたくさん［Ⅱ］。

3　次の文章を読んで、あとの問いに答えなさい。（26点）

「循環型社会」「シェアリング経済」「持たない暮らし」。日本社会で目にするこれらの用語には、ICT（情報通信技術）などの利用を通じて不用品を交換したり、※遊休資産へのアクセスを可能にしたり、特定のモノへのオープンアクセスを実現することで、限られた資源を有効活用するとともに、資本主義経済の進展で失われた「つながり」やコミュニティを再興する意図が込められている。本章では、こうした議論が基盤とする「個人と個人のあいだのモノの融通・共有」とそれによる「持たない暮らし」とは異なる世界観で成り立っている、東アフリカに位置するタンザニア社会の「持たない暮らし」を提示したい。

欧米諸国や日本の人びとが捨てた不用品は、タンザニアを含む発展途上国に輸出され、モノの寿命限界までリユースやリサイクルされてきた。タンザニアでは現在でも、中古車や中古家電、古着など中古品が人びとの消費生活において重要なウェイトを占めている。タンザニアの消費者が購入した中古品は、彼らの隣人や友人、故郷の親族へ贈られたり、生活に困窮して転売されたり、金銭を借りる担保にされたりする。贈られた中古品がさらに別の誰かに贈られたり、担保として友人に預けたモノが買い戻されたりもする。誰かがひとたび所有したモノが贈与や転売を通じて別の誰かの所有物となる。それが何度も繰り返されることで、モノは「私のもの」「誰かのもの」「さらに別の誰かのもの」「ふたたび私のもの」などと変化を遂げながら、社会の中で循環してきたのだ。

①こうした循環が起きるのは、ある面では新品の商品を購入する能力が不足しているからであり、豊かな者から貧しい者へと富が分配されることを是とする社会規範があるからである。またある面では、手に入れた財を転売したり投資したりしながら、「自転車操業的」に※営むインフォーマル経済がひろく展開しているからである。

いずれの場合でも重要なのは、「私のもの」が「他の誰かのもの」に変化する際、そのモノは、それを一時所有した「私」から切り離された無色透明の「モノ」になるわけではないことである。

人類学者のアルジュン・アパデュライは、②モノの価値は、使用価値だけでなく、モノの社会的履歴に伴って変化する交換価値によっても決まることを論じた。私たちの身近な例で説明すると、わかりやすいだろう。たとえば、ある骨董品《こっとうひん》店で売られている万年筆は、すでに書くという行為には使えないとしよう。だが文豪に使用されていたという万年筆の社会的履歴によって、そのモノは非常に高価なものになっている。もし、その万年筆の履歴に恋人から文豪へ贈られたというロマンスが発見されれば、その価値はより高くなるだろうし、万年筆を購入した富豪が次々と不審な死を遂げたという履歴が明らかになれば、呪われた万年筆としてその価値は下がるだろう。

同じことは、文豪による所有に限らずに生じる。車などの日用品から美術品を含め、多くのモノや財は「個人化・人格化」と「商品化」を行き来している。それぞれの文化的な履歴には、そのモノにまつわるさまざまな関係性が埋め込まれている。そして、ひとたび誰かのものとされたモノが再び商品化されるとき、そのモノは、そのモノの履歴に関係する人びととの※アイデンティティを帯びることもあるのだ。

元の所有者や関係者のアイデンティティがモノに付帯するという考え方は、人類学ではとりわけモノが贈与される場面において強調されてきた。そのような議論の端緒は、マルセル・モースの『贈与論』における※マオリの贈り物の霊「ハウ」をめぐる謎だ。よく知られている通り、モースは、贈り物に返礼が起きるのは、贈り物にとり憑《つ》いた霊「ハウ」が、元の持ち主のもとに戻りたいと望むからであるとするマオリのインフォーマント（情報提供者）の説明にこだわった。モースは、マオリの法体系において、モノを介して形成される※紐帯《ちゅうたい》は「魂と魂との紐帯」であり、「何かを誰かに贈るということは、自分自身の何ものかを贈ることになる。」と論じた。なぜならモノには元の持ち主、贈り手の魂が宿り、元の持ち主は贈り物を介して受け手に影響力を発揮しているからである。

贈り物に持ち主の人格が宿っていること自体は、私たちにも経験的に理解できることである。たとえば、③日本では、恋人からもらった手編みのマフラーを誰か別の人に贈ったり売ったりすることは忌避されがちだ。それは、そのマフラーにマフラーを編んだ恋人の思い、すなわち魂が込められているように感じられるからだろう。恋人がデパートで選んだ商品でさえ、そこに「彼／彼女らしさ」、すなわち贈り手の人格が憑いていると感じ、不要になっても捨てるのを躊躇《ちゅうちょ》する人は多いだろう。別れた恋人の贈り物を捨てるという行為が、そのモノとの関係だけでなく、そのモノを媒介にして恋人への執着と決別するという儀式になるのも、モノが元の持ち主のアイデンティティ※やその持ち主と受け手が共有する何がしかを帯びていると考えるからだろう。

こうした贈り物に与え手の人格の一部が宿っているといったヒトとモノとの分離不可能な関係を論じてきた人類学は、「個人」が所有物に対して排他的な権利を有するという、個人の「身体＝労働」を基盤とする私的所有論の考え方に対して異議を提示してきた。

モノの社会的履歴、そしてモノに付帯して循環する持ち主たちの人格は、④所有（私的所有）と他者への贈与や分配を対立するものとみなす議論に再考を促す。すなわち、法的な権利とはべつに、贈り物をエージェント※にして受け手に働きかけ続ける元の所有者は、その贈り物の所有権を放棄したと言えるのだろうか。そのモノはいまだ持ち主に帰属しているのではないか。「譲渡不可能」な贈り物とはいかなるもので、それはいかにモノとヒトとの関係を取り結んでいるか。これらの問いは必然的に、さまざまな角度から「自己」とは何かをめぐる問いも喚起してきた。

たしかに、タンザニアのインフォーマル経済従事者のあいだでも共同（集団）所有か私的（個人）所有か、あるいは所有権が認められているか否《いな》かといった慣習的、法的なルールだけでなく、何をどこまで他者に分け与えたり、他者と共有したりするか、いかにして譲り渡すのを回避するかをめぐるミクロな攻防がモノの所有をめぐる大きな関心であることは間違いない。だが、明らかに自身に所有権がある場合でも、「譲ってくれ。」「共有させてくれ。」という要請を心情的あるいは社会道徳的に断ることができず、モノや財を手放すことは多々ある。そうした事態は、「私的所有の失敗」のように見える。

しかし、先述したように、元の所有者がモノを媒介として財を譲り受けた者たちに働きかけていることを前提とすると、⑤私的所有に失敗することを「損失」とみなし、贈与や分配を「利他的な行為」であるとみなす必然性はどこにもない。そのような所有と贈与を対置させる見方は、身体のなかに閉じ込められた自己、自己と身体との同一視を前提とした考え方に過ぎない。

（小川《おがわ》さやか著「手放すことで自己を打ち立てる――タンザニアのインフォーマル経済における所有・贈与・人格」による。一部省略がある。）

（注）
※遊休資産……活用されていない資産。
※インフォーマル経済……行政の指導の下で行われていない経済活動。
※アイデンティティ……ここでは、個性や独自性、自分らしさのこと。
※マオリ……ニュージーランドのポリネシア系先住民。
※紐帯《ちゅうたい》……二つのものを結びつけるもの。
※エージェント……代理人。

問1 ①こうした循環 とありますが、その説明として最も適切なものを、次の**ア**～**エ**の中から一つ選び、その記号を書きなさい。（4点）

ア タンザニアでは、モノの融通や共有が進んでおり、ＩＣＴを利用した不用品の交換などを通じて限られた資源を有効活用しているということ。

イ タンザニアでは、資本主義経済の進展で失われた「つながり」やコミュニティの再興を通じて、モノの融通や共有を推進しているということ。

ウ タンザニアでは、商品を購入する能力が不足している人びとが多いため、モノは誰かからの贈与によってはじめて入手可能になるということ。

エ タンザニアでは、モノは寿命限界までリユースやリサイクルされ、贈与や転売が繰り返されることで様々な人の所有物へと変化していくこと。

問2 ②モノの価値は、使用価値だけでなく、モノの社会的履歴に伴って変化する交換価値によっても決まる とありますが、「モノの社会的履歴」に伴って「交換価値」が変化するとはどういうことですか。次の空欄にあてはまる内容を、**商品化**、**付帯**の二つの言葉を使って、三十五字以上、四十五字以内で書きなさい。ただし、二つの言葉を使う順序は問いません。（7点）

モノは、［　　　35　　　45　］ということ。

問3 ③日本では、恋人からもらった手編みのマフラーを誰か別の人に贈ったり売ったりすることは忌避されがちだ。 とありますが、その理由として最も適切なものを、次の**ア**～**エ**の中から一つ選び、その記号を書きなさい。（4点）

ア もらった手編みのマフラーには編んだ人の人格が憑《つ》いていると感じ、マフラーを手放すことは編んだ人との関係性を断つことを意味すると考えるから。

イ もらった手編みのマフラーには編んだ人の「彼／彼女らしさ」があり、マフラーを捨てることで贈り手の人格そのものを否定することにつながるから。

ウ もらった手編みのマフラーには編んだ人の思いが込められており、マフラーを手放すことは贈り手への裏切りであり慣習的にも法的にも不当なものだから。

エ もらった手編みのマフラーには編んだ人の魂が宿っており、マフラーを介して形成された「魂と魂との紐帯」によりそもそも手放すことができなくなるから。

問4 ④所有（私的所有）と他者への贈与や分配を対立するものとみなす　とありますが、この考え方を説明した文として最も適切なものを、次の**ア**～**エ**の中から一つ選び、その記号を書きなさい。

（4点）

ア　私的所有されたモノは、持ち主である個人に所有権があり贈与や分配ができないのに対し、他者から贈与や分配されたモノは、さらに別の他者に贈与や分配ができるという考え方。

イ　私的所有されたモノには、持ち主である個人が排他的な権利を有しているのに対し、モノを他者に贈与したり分配したりしたときには、その権利が失われてしまうという考え方。

ウ　個人がモノを所有するには、身体による労働が必要であるのに対し、他者から贈与や分配されたモノは、労働せず得られたゆえに、真に私的所有したとは言えないという考え方。

エ　個人がモノを所有するには、身体のなかに閉じ込められた自己が必要になるのに対し、他者に贈与したり分配したりするときには、自己と身体の同一視が前提になるという考え方。

問5 ⑤私的所有に失敗することを「損失」とみなし、贈与や分配を「利他的な行為」であるとみなす必然性はどこにもない。　とありますが、筆者はなぜこのように考えるのですか。次の空欄にあてはまる内容を、**媒介**、**帰属**の二つの言葉を使って、四十字以上、五十字以内で書きなさい。ただし、二つの言葉を使う順序は問いません。（7点）

私的所有に失敗したり、モノを贈与したり分配したりしても、

［　　　　　　　　　　　　　　　　40　　　　　　　　50］

と考えることができるから。

4 次の文章を読んで、あとの問いに答えなさい。（……… の左側は口語訳です。）(12点)

> 一休和尚《いっきゅうおしょう》は「たき木」という所に時々住んでおられた。そのあたりの村々は近衛《このえ》殿の御領地であったが、家老の左近《さこん》が農民から年貢《ねんぐ》を強引に取るので、農民たちはこれを嘆いていた。農民たちが近衛殿への訴状を考えていたところへ、一休がやってきた。

百姓共（農民たち）一休を請《しやう》じ、「此《この》訴状御書《お》き下されよ。」とたのみければ、「やすき事也《なり》、いかなることぞや。」とのたまへば、「しかじかのことにて侍《はべ》る。」と申しければ、「長々しき状までもいるべからず。是《これ》をもちて近衛殿へ捧《ささ》げよ。」とて歌よみてやらせたまふ。

世の中は月にむら雲花に風近衛殿には左近なりけり

とよみて、これをつかはされければ、村々の百姓、「①かかる事にては、免おほく給《たま》はること思ひも（年貢のお許しを多くくださる）よらず。」と申しければ、一休「ひらさら（ひたすら）此《この》歌のみ捧げよ。」と仰《おほ》せられて帰り給へば、②おのおのせんぎしけれ共《ども》（集まって相談したが）、本より土のつきたる男共なれば、一筆よみかく事ならざれば、ぜひなく（しかたなく）、かの歌をささげければ、近衛殿御覧じて、「是はいかなる人のしける。」と仰出《おほせいだ》されける（おっしゃった）。百姓申しけるは、「たき木の一休の御作にて候《さうらふ》。」と申せば、「その※放者《おどけもの》ならでは、かかる事いはん人は今の世に覚えず（今の世にはいない）。」と③興《けう》じ給《たま》ひて、おほくの免を下されけるとなり。

（『一休《いっきゅう》ばなし』による。）

（注）※放者《おどけもの》……ふざけたことをする人。

問1 ①かかる事 とありますが、ここでは誰にどうすることを指していますか。次の空欄にあてはまる内容を十五字以内で書きなさい。（3点）

□□□□□□□□□□□□□□□ こと。

問2 ②おのおの とありますが、これは誰のことを指していますか。最も適切なものを、次の**ア**～**エ**の中から一つ選び、その記号を書きなさい。（3点）

ア 百姓共　**イ** 一休　**ウ** 近衛殿　**エ** 左近

問3 ③興《けう》じ給《たま》ひて とありますが、この部分を「現代仮名遣い」に直し、**すべてひらがな**で書きなさい。（3点）

問4 次は、この文章を読んだあとの先生とAさんの会話です。空欄 Ⅰ にあてはまる内容として最も適切なものを、あとの**ア**～**エ**の中から一つ選び、その記号を書きなさい。（3点）

先生「文章中に『世の中は月にむら雲花に風近衛殿には左近なりけり』とありますが、これはどのようなことを伝えようとしたものなのでしょうか。」

Aさん「上の句には、『月』と『むら雲』、『花』と『風』という組み合わせが表現されています。これをふまえて下の句『近衛殿には左近なりけり』を考えると、近衛殿が領地を治める上で、 Ⅰ ということを伝えようとしたものだと考えられます。」

先生「そのとおりです。一休はその意図が、近衛殿にはわかってもらえるという確信があったのでしょうね。」

ア 農民たちと左近は公平に扱われなければならない
イ 左近が反乱の動きをみせているので警戒するべきだ
ウ 左近が農民たちを苦しめることを責めないでほしい
エ 農民たちを苦しめる左近の存在が妨げになっている

5 次の資料は、「持続可能な開発目標（ＳＤＧｓ）の推進」について、主に県内在住者を対象に調査し、その調査の結果をまとめたものです。

国語の授業で、この資料から読み取ったことをもとに「持続可能な社会を築くためにわたしたちができること」について、一人一人が自分の考えを文章にまとめることにしました。あとの（注意）に従って、あなたの考えを書きなさい。（12点）

資料

① **あなたは、持続可能な開発目標（ＳＤＧｓ）に関心がありますか。**

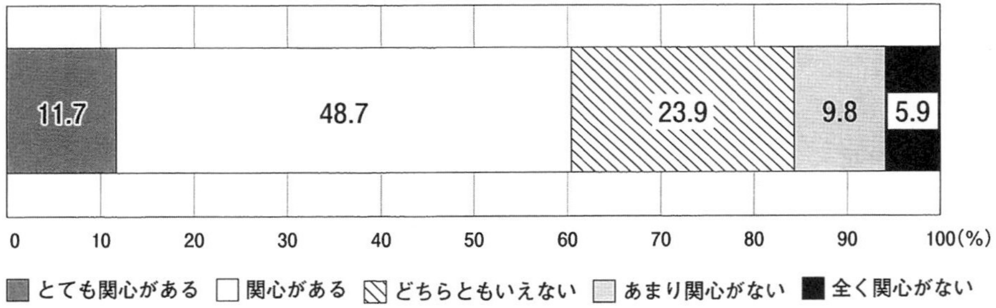

② （「とても関心がある」「関心がある」「どちらともいえない」「あまり関心がない」と答えた人に対し）

あなたは、持続可能な開発目標（ＳＤＧｓ）のどの分野に興味がありますか。

【複数回答・上位５項目】

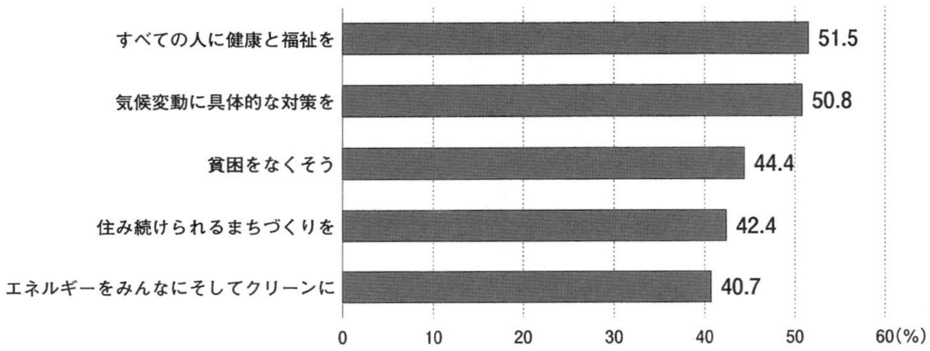

埼玉県　第208回簡易アンケート「埼玉県におけるＳＤＧｓの推進について」（令和４年度）から作成

（注意）

(1) **二段落構成**とし、第一段落では、あなたが資料から読み取った内容を、第二段落では、第一段落の内容に関連させて、自分の体験（見たこと聞いたことなども含む）をふまえてあなたの考えを書くこと。

(2) 文章は、十一行以上、十三行以内で書くこと。

(3) 原稿用紙の正しい使い方に従って、文字、仮名遣いも正確に書くこと。

(4) 題名・氏名は書かないで、一行目から本文を書くこと。

（以上で問題は終わりです。）

数　学　解答用紙 (1)

1

(1) 4点
(2) 4点
(3) 4点
(4) 4点
(5) 4点
(6) 4点
(7) 4点
(8) 4点
(9) 4点
(10) 4点
(11) 4点
(12) 4点
(13) 4点
(14) 4点
(15) 4点
(16) 5点

(1) ※	(2) ※	(3) ※
(4) ※	(5) ※	(6) ※
$x=$		
(7) ※	(8) ※	(9) ※
$x=$　　　，$y=$	$x=$	$y=$
(10) ※	(11) ※	(12) ※
度	倍	
(13) ※	(14) ※	(15) ※
	cm^3	$x=$

(16) ※

（説明）期間①と期間②の箱ひげ図を比べると，

から，期間①より期間②の方が，開花日は早くなっているといえると思うよ。

受検番号	第　　　　番

数 学〔学校選択問題〕　解 答 用 紙 (2)

3

(1)４点
(2)５点
(3)４点

(1) ※	
ア	イ

(2) ※
(説明)

(3) ※
$x=$

4

(1)５点
(2)６点×２

(1) ※	(2) ① ※	(2) ② ※
	通り	通り

5

６点×２

(1) ※	(2) ※
cm^3	cm

１，２の計

得　点		※

※100点満点

受検番号	第　　　番

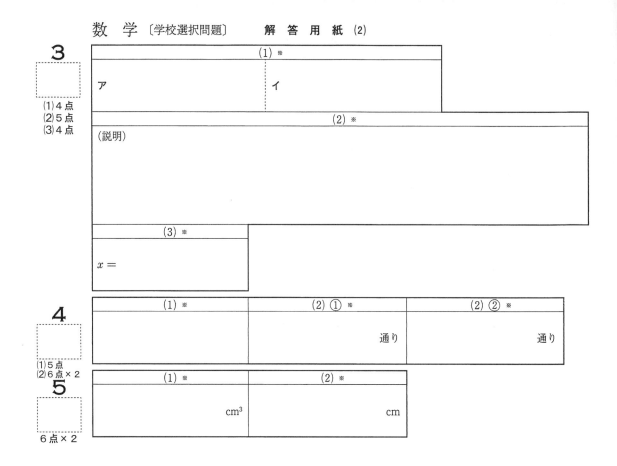

英　　語　　解 答 用 紙 (1)

1

No. 1～5. 2点×5
No. 6. 3点×3
No. 7. 3点×3

No. 1 ※		No. 2 ※		No. 3 ※	
No. 4 ※		No. 5 ※			

No. 6 ※	(1)		(2)		(3)	

No. 7 ※	(1)	He left Aichi (　　　　　　　　　　) ago.
	(2)	They will (　　　　　　　　　　) in the park.
	(3)	Because she is going to look for some English books about (　　　　　　　　　　) in Japan.

2

A. 3点
B. 3点
C. 3点
D. 4点
E. 4点

問 1 ※	A	
	B	
	C	
問 2 ※	D	Please bring your textbooks and notebooks for subjects you (　　　　　　　　　　).
問 3 ※	E	Could you

3

問1. 3点
問2. 3点
問3. 4点
問4. 4点
問5. 4点

問 1 ※	
問 2 ※	
問 3 ※	I did not know that there 〔　　　　　　　　　　〕 Niue until recently.
問 4 ※	He (　　　　　　　　　　) at maps.
問 5 ※	

1～3の計

受検番号	第　　　　番

英　語〔学校選択問題〕　解　答　用　紙 (2)

3

問１．３点×２
問２．３点×３
問３．３点
問４．４点
問５．３点
問６．３点×３

問 1 ※	A		B			
問 2 ※	①		②		③	
問 3 ※						
問 4 ※						
問 5 ※	I look forward to future research on hibernation as〔　　〕.					
問 6 ※	(1)		(2)			
	(3)					

4

10点

40 語

50 語

１，２の計

得　点		※

※100点満点

受検番号	第　　番

英　語〔学校選択問題〕　解 答 用 紙 (1)

1

No. 1～5. 2点×5
No. 6. 3点×3
No. 7. 3点×3

No. 1 ※		No. 2 ※		No. 3 ※	
No. 4 ※		No. 5 ※			

No. 6 ※	(1)		(2)		(3)	

No. 7 ※	(1)	He left Aichi (　　　　　　　　　　).
	(2)	She asked him (　　　　　　　　　　) have been friends.
	(3)	Because the (　　　　　　　　　　) to buy are not sold in her city.

2

問1. 3点
問2. 4点
問3. 4点
問4. 3点
問5. 4点
問6. 3点×2
問7. 4点

問 1 ※	
問 2 ※	So, Tokyo (　　　　　　　　　　) of another way to communicate with everyone.
問 3 ※	So, pictograms were〔　　　　　　　　　　〕understand.
問 4 ※	
問 5 ※	
問 6 ※	(1)　　　　　(2)
問 7 ※	Is there (　　　　　　　　　　) do for our presentation?

1, 2の計

受検番号	第　　　　番

英　　語　　解答用紙 (2)

4

問1．4点
問2．4点
問3．4点
問4．3点
問5．3点
問6．3点
問7．4点

問 1 ※	
問 2 ※	So, Tokyo〔　〕 to communicate with everyone.
問 3 ※	
問 4 ※	
問 5 ※	
問 6 ※	
問 7 ※	I hope that our (　) it.

5

問1．3点
問2．3点
問3．6点

問 1 ※	
問 2 ※	
問 3 ※	Hi, everyone. Today, I'm going to tell you how I enjoy sports. ① I like ② Thank you.

1～3の計

得　点		※

※100点満点

受検番号	第　　　番

数　学〔学校選択問題〕　　解　答　用　紙　(1)

1

(1) 4点
(2) 4点
(3) 4点
(4) 4点
(5) 4点
(6) 5点
(7) 5点
(8) 5点
(9) 5点
(10) 5点

(1) ※	(2) ※	(3) ※
		$x =$
(4) ※	(5) ※	(6) ※
	$x =$	倍
(7) ※	(8) ※	(9) ※
$y =$	cm^3	度

(10) ※

（説明）期間①と期間②の箱ひげ図を比べると，

から，期間①より期間②の方が，開花日は早くなっているといえると思うよ。

2

(1) 6点
(2) 7点

(1) ※	(2) ※
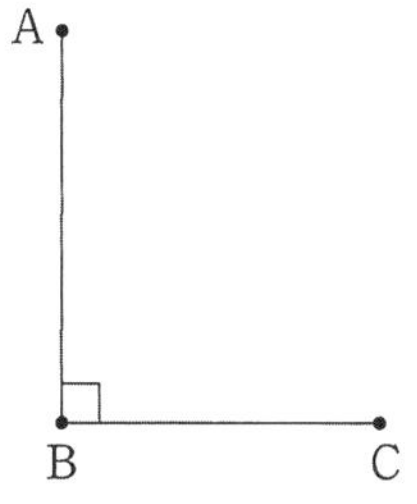	（証明）

1，2の計

受検番号	第　　　番

数　学　解答用紙 (2)

2

6点×2

(1) ※	(2) ※
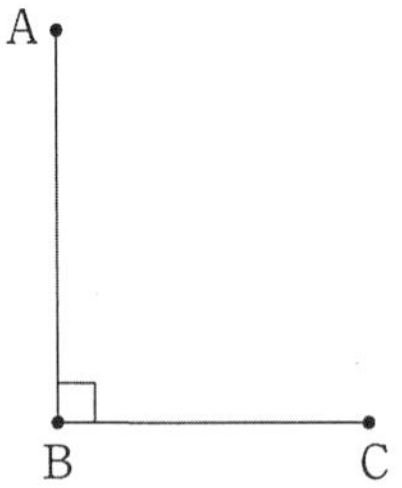	（証明）

3

(1) 4点
(2) 5点
(3) 4点

(1) ※	
ア	イ

(2) ※

（説明）

(3) ※

$x =$

4

(1) 6点
(2) 4点

(1) ※	(2) ※
cm^3	cm

1の得点

得　点		※

※100点満点

受検番号	第　　　　番

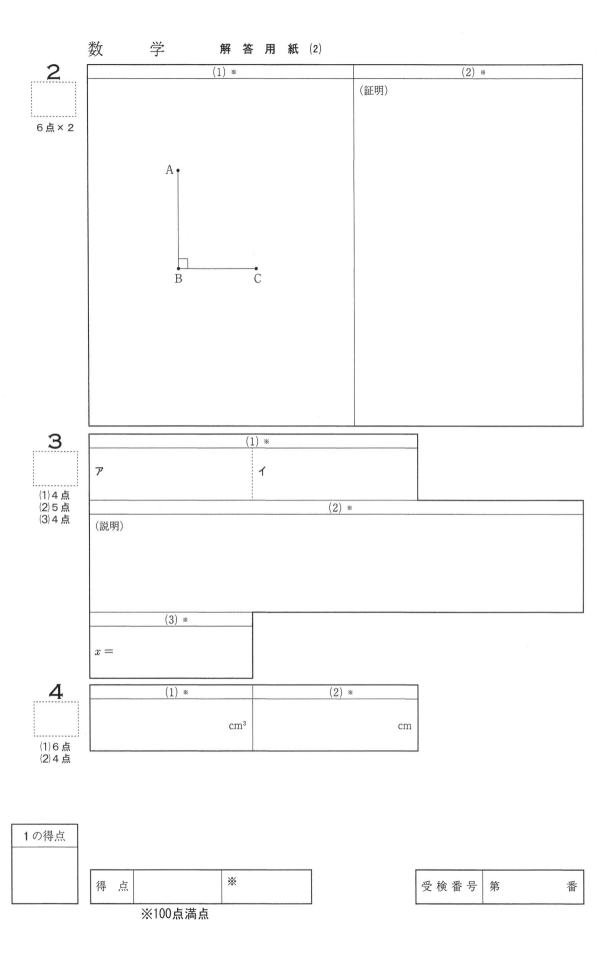

No. 3

A： It's time for lunch. Do you know any good restaurants around here?
B： Yes. The restaurant across the street from the temple is famous for traditional Japanese food. There are two popular Italian restaurants around the park. Also, there is a cafe near the zoo. It has good sandwiches.
A： Well, how about going to the restaurant across the street from the temple? I want to eat some Japanese food.
B： OK. Let's go.

Question： Where are they planning to go?

(会話と質問を繰り返します。)

Look at No. 4 and No. 5 on page 2.
Listen to each situation, and choose the best answer for each question.
Let's start.

No. 4

John is at an art museum.
He gets hungry and thirsty, but he remembers a sign by the entrance.
He realizes he should not eat or drink here.

Question： What does the sign show?

(英文と質問を繰り返します。)

No. 5

Julia is looking for a present for her father at a shop.
Next Sunday is his birthday.
She finds a nice blue T-shirt, but it looks too small.

Question： What will Julia say to the staff?

(英文と質問を繰り返します。)

Look at No. 6.
Listen to Mr. Jones. He's an ALT at a junior high school. Choose the best answer for questions 1, 2 and 3.
Let's start.

Today is our last day of English class. Your English has improved a lot, and I really enjoyed my English classes with all of you. I still remember our first English class two years ago. Most of you were quiet when I asked you something in English. Now, you try to talk to me in English. That makes me happy.

Well, let me tell you how English is useful for communication. This is a story about Chika, my Japanese friend. When she visited a shrine in Kyoto, a tourist asked her to take a picture in Chinese. Chika couldn't speak Chinese, so she talked with her in English. After that, they talked to each other in simple English. Chika thought the English she learned at school is useful for communicating with people from other countries.

Please remember this. It's wonderful to talk with people from different countries. Please keep learning English. It will help you in the future. Thank you.

Question 1 : Why is Mr. Jones happy now?

Question 2 : What did a tourist ask Chika to do at the shrine in Kyoto?

Question 3 : Which is true about Mr. Jones' speech?

(英文と質問を繰り返します。)

Look at No. 7.

Listen to the talk between Kenta and Emily, a student from the U.S., and read the questions. Then write the answer in English for questions 1, 2 and 3.

Let's start.

Emily:	Hi, Kenta. You look happy.
Kenta:	Hi, Emily. My friend, Shinji, is coming from Aichi to see me next Saturday.
Emily:	That's great. Did you live in Aichi?
Kenta:	Yes. But, because of my father's job, my family left Aichi two years ago.
Emily:	I see. How long have you been friends with him?
Kenta:	For five years. When I was ten years old, I joined one of the baseball teams there. Shinji was on the same team.
Emily:	Does he still play baseball?
Kenta:	Yes, he does. He is a member of the baseball club at his school. We will play baseball together in the park. Do you have any plans for next Saturday, Emily?
Emily:	Yes. I'm going to some bookstores in Tokyo. I have been looking for some English books about nature in Japan, but I couldn't find them at the bookstores in this city.
Kenta:	I hope you can find the books you want.
Emily:	Thanks. Oh, the next class starts in a few minutes. See you, Kenta.

(会話を繰り返します。)

以上で「放送を聞いて答える問題」を終わります。では，ほかの問題を始めてください。

※教英出版注
音声は，解答集の書籍ＩＤ番号を教英出版ウェブサイトで入力して聴くことができます。

令 和 6 年 度　放 送 台 本　（問題の部）

※「チャイム」

これから「放送を聞いて答える問題」を始めます。

問題用紙の第1ページ，第2ページを見てください。問題は，No. 1 ～ No. 7 の全部で7題あり，放送はすべて英語で行われます。放送される内容についての質問にそれぞれ答えなさい。No. 1 ～ No. 6 は，質問に対する答えとして最も適切なものを，**A**～**D** の中から一つずつ選び，その記号を書きなさい。No. 7 は，それぞれの質問に英語で答えなさい。放送中メモを取ってもかまいません。各問題について英語は2回ずつ放送されます。

では，始めます。

Look at No. 1 to No. 3 on page 1.
Listen to each talk, and choose the best answer for each question.
Let's start.

No. 1

A： Good morning, Tom. Where is Dad?
B： He is out now. I think he is running in the park. He left ten minutes ago.
A： Good for him. Well, I'm going to watch TV now. Do you want to watch, too?
B： No. I'm going to do my homework in my room, so I can't.

Question： What is Tom going to do now?

（会話と質問を繰り返します。）

No. 2

A： Lisa, I can't wait for our field trip tomorrow.
B： But the weather report says it will rain tomorrow. So we must remember to bring a raincoat.
A： I will not forget it.
B： Good, see you tomorrow.

Question： What does Lisa say they should bring for the field trip?

（会話と質問を繰り返します。）

受検番号	第　　　　番

令和６年度学力検査問題

英　語〔学校選択問題〕

（14時40分～15時30分〈50分間〉）

注　意

1　解答用紙について

(1)　解答用紙は１枚で，問題用紙にはさんであります。

(2)　係の先生の指示に従って，所定の欄２か所に受検番号を書きなさい。

(3)　答えはすべて解答用紙のきめられたところに，はっきりと書きなさい。

(4)　解答用紙は切りはなしてはいけません。

(5)　解答用紙の※印は集計のためのもので，解答には関係ありません。

2　問題用紙について

(1)　表紙の所定の欄に受検番号を書きなさい。

(2)　問題は全部で４問あり，表紙を除いて９ページです。

○　最初に「放送を聞いて答える問題」を行います。

○　印刷のはっきりしないところは，手をあげて係の先生に聞きなさい。

※教英出版注
音声は，解答集の書籍ＩＤ番号を教英出版ウェブサイトで入力して聴くことができます。

1　放送を聞いて答える問題(28 点)

問題は，No. 1 ～ No. 7 の全部で７題あり，放送はすべて英語で行われます。放送される内容についての質問にそれぞれ答えなさい。No. 1 ～ No. 6 は，質問に対する答えとして最も適切なものを，A～Dの中から一つずつ選び，その記号を書きなさい。No. 7 は，それぞれの質問に英語で答えなさい。放送中メモを取ってもかまいません。各問題について英語は２回ずつ放送されます。

【No. 1 ～ No. 3】(各２点)

No. 1

A　　B　　C　　D

No. 2

A　　B　　C　　D

No. 3

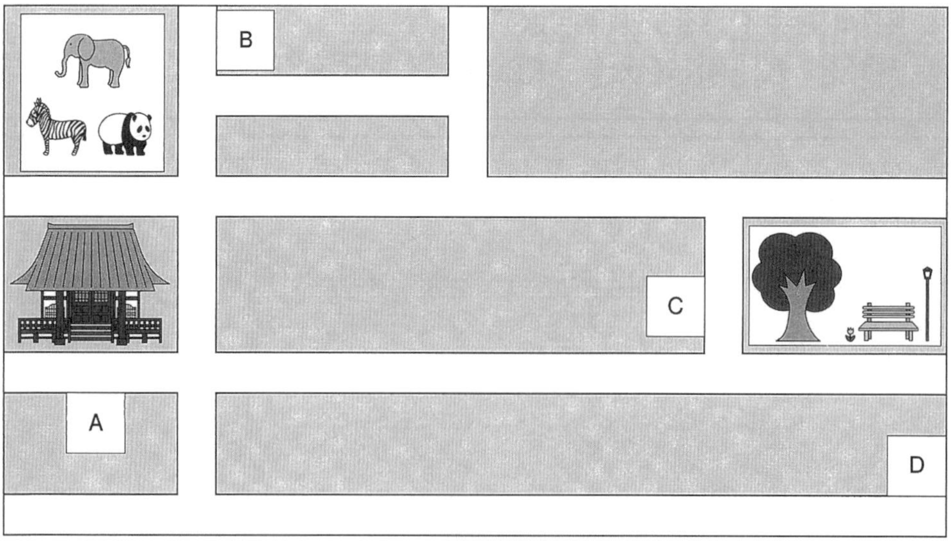

【No.4， No.5】（各2点）

No.4

A　Do not eat or drink.　　B　Please stand up.

C　Take off your shoes.　　D　Do not enter.

No.5

A　OK. It's red.　　B　Do you know what color it is?

C　Do you have a bigger one?　　D　What a big T-shirt!

【No.6】（各3点）

(1)　Question 1

A　Because the students try to be quiet in English class.

B　Because today is the last day of English class with the students.

C　Because the students have tried to talk to Mr. Jones in English.

D　Because he can still remember his first class.

(2)　Question 2

A　She asked Chika to carry the bag.

B　She asked Chika to use English.

C　She asked Chika to talk about Chinese history.

D　She asked Chika to take a picture.

(3)　Question 3

A　Mr. Jones uses an example to talk about Kyoto.

B　English will help the students in the future.

C　It's important to talk with people about language.

D　Mr. Jones wants the students to think about his Japanese friend.

【No.7】（各3点）

(1)　Question 1：　When did Kenta leave Aichi?

Answer：　He left Aichi（　　　　　　　　　）.

(2)　Question 2：　What did Emily ask Kenta about his friendship with Shinji?

Answer：　She asked him（　　　　　　　　　）have been friends.

(3)　Question 3：　Why is Emily going to Tokyo next Saturday?

Answer：　Because the（　　　　　　　　　）to buy are not sold in her city.

2 次の[1]～[4]は，中学生の Kento，Mandy と Jiro の会話です。これらを読んで，問 1 ～問 7 に答えなさい。＊印のついている語句には，本文のあとに〔注〕があります。（28 点）

[1] 〈*The students are trying to decide the topic for their presentation.*〉

Kento： We have a presentation in class next week. What topic do you want to talk about?

Mandy： Hmm, how about the Olympics? The next one will be held in *Paris this summer. I hope to be there to watch the games.

Jiro： That's nice. Paris showed the next Olympics' *pictograms to the world.

Mandy： Sorry. What are pictograms?

Jiro： Pictograms are *simple pictures that tell people information. They are used in many public places, such as stations.

Kento： Ah, I know. I have seen pictograms for the Paris Olympics on the Internet. They look cool. Some people say the athletes will feel proud of their sports when they see those pictograms.

Jiro： New ones are made for every Olympics. The designs are different from city to city.

Mandy： What were the pictograms in the 2020 Tokyo Olympics like?

Jiro： Here they are. They are different from those in Paris, aren't they?

Kento： Yes, they are simple.

Mandy： Why did Japanese people make simple pictograms?

Kento： I don't know why. I'm going to look for some books and websites to answer your question.

〔注〕 Paris　パリ　　　pictogram　ピクトグラム
simple　簡素な

問 1　本文[1]の内容と合うものを，次のア～エの中から一つ選び，その記号を書きなさい。（3 点）

ア　Pictograms were created for the first time in the Paris Olympics.

イ　The students are going to give a presentation on the topic they choose.

ウ　Tokyo created pictograms that look like those for the Paris Olympics in 2020.

エ　The students are going to take part in the pictogram contest for the Olympics.

2 〈*The next day, the students are talking about the pictograms for the 1964 Tokyo Olympics.*〉

Kento： Let me tell you about the 1964 Tokyo Olympics. Tokyo is the first city that used pictograms for the Olympics.

Mandy： Why were pictograms used in the 1964 Tokyo Olympics?

Kento： In the 1964 Tokyo Olympics, Japanese people needed to communicate with visitors from all over the world, but it was difficult to support visitors in their languages. So, Tokyo (   ) of another way to communicate with everyone. That was the pictogram.

Jiro： I think many visitors from other countries could not understand Japanese.

Kento： Right. For that reason, Tokyo decided to tell people important information through pictograms.

Mandy： I see. Then, do you know who created the pictograms for the 1964 Tokyo Olympics?

Kento： Yes, a group of designers started creating the pictograms. Katsumi Masaru, an *art critic, was one of them. The designers worked in small groups. One team was *working on sports pictograms. Another was working on pictograms for public places. Each group worked hard *based on Mr. Katsumi's idea. He thought the pictograms would *play an important role in big events such as the Olympics.

〔注〕 art critic　美術評論家　　work on ～　～に取り組む
based on ～　～に基づいて　　play an important role　重要な役割を果たす

問 2　下線部が「それで，東京は全ての人と意思疎通をするための別の方法について考えなければなりませんでした。」という意味になるように，(　　　　)に適切な 3 語の英語を書きなさい。
(4 点)

3 〈*The students continue talking.*〉

Jiro： What were the pictograms for public places like?

Kento： Here is an example. Have you ever seen this?

Mandy： Yes, it means a restaurant.

Kento： That's right. This was used in Haneda Airport in 1964. Haneda Airport was an entrance to Japan for visitors from other countries at that time. Before that, there were *notices on the wall, but because most of them were written in Japanese, it was hard for many foreign visitors to understand what the notices *said. So, pictograms were〔 to / for / making / useful / easier for / the information / foreign visitors 〕understand.

Jiro： We often see such pictograms at the airports in Japan now.

Kento： There were pictograms in public places before 1964. But each country had different pictograms. Mr. Katsumi and other designers tried to make simpler pictograms that everyone in the world could understand when they started getting ready for the 1964 Tokyo Olympics. Simple pictograms created by Japanese designers many years ago are still used around the world.

〔注〕 notice 掲示　　say～ ～と書いてある

問 3 〔　　〕内のすべての語句を，本文の流れに合うように，正しい順序に並べかえて書きなさい。（4 点）

4 〈*Kento shows another pictogram.*〉

Kento： Now, many kinds of pictograms are used in public places. Have you seen this pictogram?

Mandy： Yes, I have seen it in school. It shows a door that is used to leave the building when there is a fire or an earthquake.

Kento： That's right. It was created by Japanese designers and became an *international standard in 1987. There is another example. Have you seen a *magnifying glass icon on websites?

Jiro： Of course. It means "search."

Kento： Right. It is often difficult to read the *text because of too much information in a limited space on websites. That's why pictograms are used on websites instead of text.

Mandy： One more example. Look, here is a small gift my friend in Australia gave me. You see it on the roads.

Jiro： Oh, it means "Be careful of kangaroos." That's easy. I would like to share it with our classmates. Why don't we talk about the history of pictograms and those found in other countries for the presentation?

Mandy： That's a good idea. In our presentation, I would like to tell everyone that there are many pictograms around us. Let's make the *slides and write a *script.

〔注〕 international standard 国際基準　　magnifying glass icon 虫眼鏡のアイコン
text テキスト（文字だけのデータ）　　slide スライド
script 台本

問 4　下線部 this pictogram のさすものとして最も適切なものを，次のア～エの中から一つ選び，その記号を書きなさい。（3 点）

ア 　イ 　ウ 　エ 

問 5　本文[4]の内容に関する次の質問に，英語で答えなさい。（4 点）

Why is it often difficult to read the text on websites?

問 6　本文[1]～[4]の内容と合うように，次の(1)，(2)の英語に続く最も適切なものを，ア～エの中から一つずつ選び，その記号を書きなさい。（各 3 点）

(1) In the students' discussion,

ア　Mandy showed the pictogram which means "restaurant."

イ　Kento said that foreign languages helped people find the information they need.

ウ　Jiro said that pictograms with different designs are made for each Olympics.

エ　they learned that Japanese designers tried to become an international standard for pictograms.

(2) According to the discussion, Kento explained

ア　pictograms for the Paris Olympics were created based on those for the 2020 Tokyo Olympics.

イ　pictograms created by Japanese designers spread around the world after the 1964 Tokyo Olympics.

ウ　pictograms were created in 1964 for Japanese people who didn't use English.

エ　pictograms were created to increase the number of words on websites.

問 7　次は，後日の Kento と Mandy の会話です。自然な会話になるように，(　　　　)に適切な 3 語以上の英語を書きなさい。（4 点）

Kento：　The slides you made were very good. The pictogram quiz was also interesting.

Mandy：　Thank you. I hope that our classmates will enjoy it. Is there (　　　　　　　　) do for our presentation?

Kento：　Well, I'm writing a script. So, can you check my English?

Mandy：　Sure. I'm happy to help.

3 次は，高校1年生のNanaがartificial hibernation（人工冬眠）について調べ，書いた英文です。これを読んで，問1～問6に答えなさい。＊印のついている語句には，本文のあとに〔注〕があります。（34点）

I read some surprising news last week. According to that news, humans will be able to *hibernate in the near future. It said that some researchers have been studying how to *apply artificial hibernation to humans. It also said that by doing more research on hibernation, we may be able to use it in space or in the *medical field. However, not many animals hibernate, and there are still many things that we don't know. What is hibernation? How can it be applied to humans? I read some books and articles to answer these questions.

First of all, animals that hibernate are some *poikilotherms and some *mammals, such as bears. Poikilotherms, such as frogs or turtles, hibernate during winter because the outside temperature and their body temperatures are almost the same, so they cannot be active. Mammals, on the other hand, are able to keep almost the same body temperature by producing *heat inside their bodies. Hibernation of mammals is a *mysterious phenomenon. The body temperature drops, and the body stops the *metabolism that produces heat. Then, the body saves energy. Some mammals hibernate, but others do not. Some researchers believe that all mammals had the *ability to hibernate, but maybe they have lost this ability because of the environment they live in. Maybe some mammals learned to survive winter without hibernating.

In 2020, the world was surprised by a study from a Japanese research team. It said that the team put *mice into a condition very similar to hibernation, though mice do not hibernate. The team *stimulated a part of the mouse brain [A] the "*Q neuron." After the Q neurons were stimulated, the mice's *oxygen consumption *decreased and their body temperature dropped, and this hibernation condition continued for more than a day. After that, the mice *spontaneously returned to their original condition without any serious damage. This may be the way to apply artificial hibernation to humans.

Another research team has found a different hibernation *switch. That is "smell." When mice smell a *certain odor, [①] This condition is similar to hibernation. The team also found that the hibernation switch *elicits the ability to survive in a difficult situation, such as in a low-oxygen environment. One of the team members who discovered this hibernation switch says, "For example, we can give a certain odor that elicits hibernation to a person in a serious condition. By doing so, we can use artificial hibernation to help someone in a serious situation survive. As a result, we may be able to save more [B]."

If artificial hibernation becomes possible, what situations will it be used in? Sunagawa Genshiro, one of the members of the Q neuron research team, says, "We would like to start with hibernation for short periods of time and then increase the hibernation time. We will start with hibernation of only part of the body, and we would like to continue hibernation for a few hours or a few days. This can be used for medical care. We are also thinking about '*voluntary hibernation.' In this hibernation, [②] Everyone will be able to put themselves into artificial hibernation when they suddenly become sick. Each of us will be able to control when to hibernate. This would help many people." Before starting this research, Mr. Sunagawa was a doctor. He took care of sick children at one of the famous children's hospitals in Japan. He saved many children, but [③] He could not forget the children who were not saved. Because of that experience, he started his hibernation research.

If we can hibernate for longer periods of time, this technology will be used in other fields. Mr. Sunagawa said, "In the future, hibernation will be used for space travel. If you are in hibernation while you travel in space, by saving water and food, it will be possible to travel beyond the stars." Hibernation may be a technology that gives us more chances for space travel.

I thought that hibernation was a mysterious phenomenon found only in some animals, but recent research in science and technology shows that there is a chance of applying hibernation to humans. After researching hibernation, I became interested in hibernation in the medical field. If humans can use artificial hibernation, more people will be saved in the future. I look forward to future research on hibernation as 〔 can / help / sick / that / people / or injured / a technology 〕.

〔注〕 hibernate　冬眠する　　apply ～　～を適用する
medical field　医療分野
poikilotherm　変温動物(周囲の温度が変化すると体温も変化する動物)
mammal　哺乳類　　heat　熱
mysterious phenomenon　不思議な現象
metabolism　代謝(生物の体の中で起こる化学反応)
ability　能力　　mice　[複数の]ネズミ
stimulate ～　～を刺激する　　Q neuron　Q 神経
oxygen consumption　酸素消費　　decrease　低下する
spontaneously　自発的に　　switch　スイッチ
certain odor　特定の匂い　　elicit ～　～を引き出す
voluntary　任意の

問 1　空欄 A ， B にあてはまる最も適切なものを，次の中から一つずつ選び，必要に応じて，それぞれ正しい形にかえて書きなさい。(各 3 点)

produce	call	light	health
like	put	stand	life

問 2　空欄 ① ～ ③ にあてはまる最も適切な文を，次のア～カの中から一つずつ選び，その記号を書きなさい。なお，同じ記号を 2 度以上使うことはありません。(各 3 点)

ア　he also had a hard time.
イ　the outside temperature drops and they cannot be active.
ウ　some of them asked the government to let this technology be used.
エ　people control when to start hibernation.
オ　a few doctors tried to apply hibernation to humans.
カ　their body temperature drops and metabolism decreases.

問 3　下線部 doing so は，どのようなことをさしていますか。日本語で書きなさい。(3 点)

問 4　本文の内容に関する次の質問に，英語で答えなさい。(4 点)

According to Mr. Sunagawa, why will space travel beyond the stars become possible if we use artificial hibernation?

問 5　〔　　〕内のすべての語句を，本文の流れに合うように，正しい順序に並べかえて書きなさい。(3 点)

問 6　次の英文は，本文の内容をまとめたものです。次の(　1　)～(　3　)に適切な英語を，それぞれ **2 語**で書きなさい。(各 3 点)

Nana read the news about hibernation. She learned what hibernation is and was (　1　) know that hibernation might be applied to humans. She read books and articles about hibernation. Some people believe all mammals had the ability to hibernate, but most of them lost it. Maybe hibernation is (　2　) for them now because the environment is not hard. She learned that the research teams found two switches for artificial hibernation. One is the "Q neuron," and the other is "smell." However, it is still (　3　) the researchers to control when and how to start hibernation. She hopes that hibernation will be applied to humans and this technology will be used in space travel or the medical field.

4 次の英文を読んで，下線部の質問に対するあなたの考えを，その理由が伝わるように，〔記入上の注意〕に従って 40 語以上 50 語程度の英語で書きなさい。＊印のついている語句には，本文のあとに〔注〕があります。(10 点)

Some people buy things with money. However, these days, many people use *cashless payments, such as *credit cards or *electronic money. Cashless payments include IC cards and *prepaid cards. <u>Do you think people should use that way to pay more often?</u>

〔注〕 cashless payment　キャッシュレス決済　　credit card　クレジットカード
electronic money　電子マネー　　prepaid card　プリペイドカード

〔記入上の注意〕

① 【記入例】にならって，解答欄の下線 ＿＿ の上に 1 語ずつ書きなさい。
- 符号(, . ? ! など)は語数に含めません。
- 50 語を超える場合は，解答欄の破線 .... で示された行におさまるように書きなさい。

② 英文の数は問いません。

③ 【下書き欄】は，必要に応じて使ってかまいません。

【記入例】

Hi!	I'm	Nancy.	I'm	from
Canada.	Where	are	you	from?
is	April	2,	2008.	It
				50 語
is Ken's birthday, too.				

(以上で問題は終わりです。)

【下書き欄】

40語

50語

受検番号	第　　　　番

令 和 6 年 度 学 力 検 査 問 題

英　　　　語　（14時40分〜15時30分〈50分間〉）

注　　　意

1　解答用紙について

(1)　解答用紙は1枚で，問題用紙にはさんであります。

(2)　係の先生の指示に従って，所定の欄2か所に受検番号を書きなさい。

(3)　答えはすべて解答用紙のきめられたところに，はっきりと書きなさい。

(4)　解答用紙は切りはなしてはいけません。

(5)　解答用紙の※印は集計のためのもので，解答には関係ありません。

2　問題用紙について

(1)　表紙の所定の欄に受検番号を書きなさい。

(2)　問題は全部で5問あり，表紙を除いて9ページです。

○　最初に「放送を聞いて答える問題」を行います。

○　印刷のはっきりしないところは，手をあげて係の先生に聞きなさい。

※教英出版注
音声は，解答集の書籍ＩＤ番号を
教英出版ウェブサイトで入力して
聴くことができます。

1 放送を聞いて答える問題(28点)

問題は，No. 1～No. 7の全部で7題あり，放送はすべて英語で行われます。放送される内容についての質問にそれぞれ答えなさい。No. 1～No. 6は，質問に対する答えとして最も適切なものを，A～Dの中から一つずつ選び，その記号を書きなさい。No. 7は，それぞれの質問に英語で答えなさい。放送中メモを取ってもかまいません。各問題について英語は2回ずつ放送されます。

【No.1～No.3】(各2点)

Listen to each talk, and choose the best answer for each question.

No.1

A　　B　　C　　D

No.2

A　　B　　C　　D

No.3

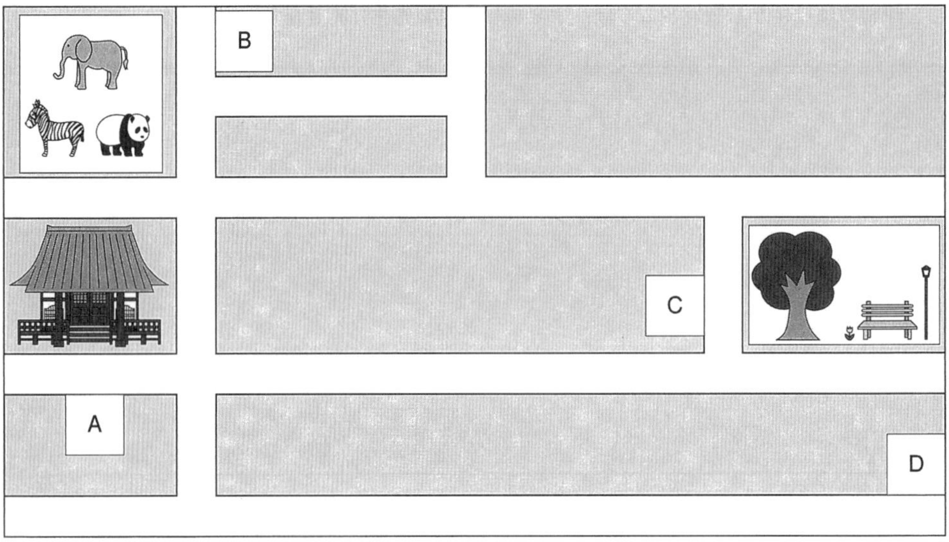

【No.4，No.5】（各2点）

Listen to each situation, and choose the best answer for each question.

No.4

A　Do not eat or drink.　　B　Please stand up.

C　Take off your shoes.　　D　Do not enter.

No.5

A　OK. It's red.　　B　Do you know what color it is?

C　Do you have a bigger one?　　D　What a big T-shirt!

【No.6】（各3点）

Listen to Mr. Jones. He's an ALT at a junior high school. Choose the best answer for questions 1, 2 and 3.

(1)　Question 1

A　Because the students try to be quiet in English class.

B　Because the students try to teach Mr. Jones Japanese.

C　Because the students try to talk to Mr. Jones in English.

D　Because the students try to use Japanese in English class.

(2)　Question 2

A　To introduce the shrine.

B　To talk with her in English.

C　To speak Japanese.

D　To take a picture.

(3)　Question 3

A　Mr. Jones is talking about the history of Kyoto.

B　English will help the students in the future.

C　It's important to talk with people about language.

D　Mr. Jones must think about his friend in China.

【No.7】（各3点）

Listen to the talk between Kenta and Emily, a student from the U.S., and read the questions. Then write the answer in English for questions 1, 2 and 3.

(1)　Question 1：When did Kenta leave Aichi?

Answer：He left Aichi (　　　　　　　　　　) ago.

(2)　Question 2：What will Kenta and Shinji do?

Answer：They will (　　　　　　　　　　) in the park.

(3)　Question 3：Why is Emily going to Tokyo next Saturday?

Answer：Because she is going to look for some English books about (　　　　　　) in Japan.

2 生徒会本部役員の Yosuke が〔日本語のメモ〕をもとに，スタディタイムについてのポスターを，英語で作成します。〔日本語のメモ〕と〔英語のポスター〕を読んで，問 1 ～問 3 に答えなさい。

(17 点)

〔日本語のメモ〕

けやき中 スタディタイム

数名の先生や生徒が，テスト勉強をお手伝いします。一緒に勉強しましょう！

日　時	場　所
5 月 14 日(火) 午後 3 時 40 分 ～ 午後 4 時 40 分	図書室
5 月 17 日(金) 午後 3 時 40 分 ～ 午後 4 時 40 分	英語教室

☆スタディタイムに興味のある人は担任の先生に 5 月 7 日までに申し出てください。

☆勉強したい教科の教科書とノートを持ってきてください。

〔英語のポスター〕

Keyaki J.H.S. Study Time

Some teachers and students are going to help you study for the [A]. Let's study together!

Time and Date	Place
3 : 40 p.m. – 4 : 40 p.m. Tuesday, May 14	Library
3 : 40 p.m. – 4 : 40 p.m. [B], May 17	English Room

☆ Please tell your homeroom teacher [C] May 7 if you are interested in Study Time.

☆ Please bring your textbooks and notebooks for subjects you [D].

問 1 〔日本語のメモ〕をもとに，空欄 [A] ～ [C] にあてはまる適切な 1 語を，それぞれ英語で書きなさい。なお，省略した形や数字は使わないものとします。(各 3 点)

問 2 〔日本語のメモ〕をもとに，空欄 [D] に適切な 3 語以上の英語を書きなさい。

(4 点)

問 3 次は，Yosuke が ALT の Ms. Doyle に渡す英語のメモです。あなたが Yosuke なら，どのようなメモを書きますか。空欄 [E] に 2 文以上の英文を書きなさい。1 文目は Could you に続けて，「Study Time に参加してくれませんか。」とお願いし，2 文目以降は【語群】の中の語を **1 語のみ**使ってその理由を書きなさい。(4 点)

Hello, Ms. Doyle,
This is a poster about Study Time in our school.
[E]
I'll talk to you later.
Yosuke

【語群】
・hard
・useful
・help

3 次は，ニウエ(Niue)についてRyoがクラスで発表した英文です。これを読んで，問1～問5に答えなさい。＊印のついている語句には，本文のあとに〔注〕があります。(18点)

I think most of you know the country with the smallest *population in the world. That's right, it is *Vatican City. Now, how about the country with the second smallest population? The answer is Niue. The population of Niue was about 1,900 in 2020. Today, I would like to tell you about Niue. [A]

Niue is about 2,400 *kilometers *northeast of New Zealand. It is one of the largest *coral reef islands in the world. It was a part of New Zealand but *gained autonomy in 1974. [B] Its population was about 5,000 in 1963, but after an airport was opened in 1970, people left Niue. The population dropped to less than 2,000 about 20 years ago.

In Niue, people *grow fruits, such as bananas. <u>However, there is (　　　) *farmland and water to grow fruits to sell to other countries.</u> Actually, there was not much *industry in Niue. [C] The people of Niue realized that their country has a lot of nature and it can be used for tourist activities such as hiking in the forest.

I did not know that there 〔 a / was / called / country 〕 Niue until *recently. I like to look at maps now, after learning about Niue. When I look at maps, I realize that there are still many countries that I do not know.

〔注〕 population　人口　　　Vatican City　バチカン市国
kilometer　キロメートル　　　northeast　北東
coral reef　サンゴ礁　　　gain autonomy　自治権を得る
grow ～　～を栽培する　　　farmland　農地
industry　産業　　　recently　最近

問1 本文中の [A] ～ [C] のいずれかに，So, Niue needed to look for a way to make money, and found it. という1文を補います。どこに補うのが最も適切ですか。 [A] ～ [C] の中から一つ選び，その記号を書きなさい。(3点)

問2 下線部について，(　　　)にあてはまる最も適切なものを，次のア～エの中から一つ選び，その記号を書きなさい。(3点)

ア　not enough　　イ　full of　　ウ　a few　　エ　a lot of

問3 〔　　　〕内のすべての語を，本文の流れに合うように，正しい順序に並べかえて書きなさい。(4点)

問4 本文の内容に関する次の質問の答えとなるように，(　　　)に適切な英語を書きなさい。(4点)

Question： What does Ryo like to do now, after learning about Niue?
Answer： He (　　　　　　　　　　　　　) at maps.

問5 本文の内容と合うものを，次のア～エの中から一つ選び，その記号を書きなさい。(4点)

ア　Niue is the country with the smallest population in the world.
イ　Ryo is interested in finding an island that is smaller than Niue on the map.
ウ　People of Niue realized that they have nature that can be used for tourist activities.
エ　Niue opened an airport in 1970 and its population was about 1,900 at that time.

4 次の 1 ～ 4 は，中学生の Kento，Mandy と Jiro の会話です。これらを読んで，問１～問７に答えなさい。＊印のついている語句には，本文のあとに〔注〕があります。(25 点)

1 〈*The students are trying to decide the topic for their presentation.*〉

Kento： We have a presentation in class next week. What topic do you want to talk about?

Mandy： Hmm, how about the Olympics? The next one will be held in *Paris this summer. I hope to be there to watch the games.

Jiro： That's nice. Paris showed the next Olympics' *pictograms to the world.

Mandy： Sorry. What are pictograms?

Jiro： Pictograms are *simple pictures that tell people information. They are used in many *public places, such as stations.

Kento： Ah, I know. I have seen pictograms for the Paris Olympics on the Internet. They look cool. Some people say the athletes will feel proud of their sports when they see those pictograms.

Jiro： New ones are made for every Olympics. The designs are different from city to city.

Mandy： What were the pictograms in the 2020 Tokyo Olympics like?

Jiro： Here they are. They are different from those in Paris, aren't they?

Kento： Yes, they are simple.

Mandy： Why did Japanese people make simple pictograms?

Kento： I don't know why. I'm going to look for some books and websites to answer your question.

〔注〕 Paris　パリ　　pictogram　ピクトグラム
simple　簡素な　　public place　公共の場所

問 1　下線部 your question のさす質問の具体的な内容を，日本語で書きなさい。（４点）

2 〈*The next day, the students are talking about the pictograms for the 1964 Tokyo Olympics.*〉

Kento： Let me tell you about the 1964 Tokyo Olympics. Tokyo is the first city that used pictograms for the Olympics.

Mandy： Why were pictograms used in the 1964 Tokyo Olympics?

Kento： In the 1964 Tokyo Olympics, Japanese people needed to communicate with visitors from all over the world, but it was difficult to support visitors in their languages. So, Tokyo〔 to / had / way / another / think of 〕to communicate with everyone. That was the pictogram.

Jiro： I think many visitors from other countries could not understand Japanese.

Kento： Right. For that reason, Tokyo decided to tell people important information through pictograms.

Mandy： I see. Then, do you know who created the pictograms for the 1964 Tokyo Olympics?

Kento： Yes, a group of designers started creating the pictograms. Katsumi Masaru, an *art critic, was one of them. The designers worked in small groups. One team was *working on sports pictograms. Another was working on pictograms for public places. Each group worked hard *based on Mr. Katsumi's idea. He thought the pictograms would *play an important role in big events such as the Olympics.

〔注〕 art critic　美術評論家　　work on～　～に取り組む
based on～　～に基づいて　　play an important role　重要な役割を果たす

問 2 〔　　〕内のすべての語句を，本文の流れに合うように，正しい順序に並べかえて書きなさい。（4点）

問 3 本文 2 の内容と合うように，次の英語に続く最も適切なものを，ア～エの中から一つ選び，その記号を書きなさい。（4点）

Pictograms were used in the 1964 Tokyo Olympics because

ア it was easy for Japanese people to speak foreign languages.
イ Tokyo wanted other countries to learn about Japanese culture.
ウ there were many designers who were interested in sports.
エ Japanese people needed to communicate with many visitors from other countries.

[3] 〈*The students continue talking.*〉

Jiro： What were the pictograms for public places like?

Kento： Here is an example. Have you ever seen this?

Mandy： Yes, it means a restaurant.

Kento： That's right. This was used in Haneda Airport in 1964. Haneda Airport was an entrance to Japan for visitors from other countries at that time. Before that, there were *notices on the wall, but because most of them were written in Japanese, it was hard for many foreign visitors to understand what the notices *said. So, pictograms were useful for making the information easier for foreign visitors to understand.

Jiro： We often see such pictograms at the airports in Japan now.

Kento： There were pictograms in public places before 1964. But each country had different pictograms. Mr. Katsumi and other designers tried to make simpler pictograms that everyone in the world could understand when they started getting ready for the 1964 Tokyo Olympics. Simple pictograms created by Japanese designers many years ago are still used around the world.

〔注〕 notice 掲示　　　say～ ～と書いてある

問 4 本文[3]の内容と合うものを，次のア～エの中から一つ選び，その記号を書きなさい。（3点）

ア Many visitors from other countries understood the notices at Haneda Airport before 1964.

イ Different pictograms for public places were made in each country before 1964.

ウ The pictograms Mr. Katsumi created were designed based on the Japanese language.

エ Many countries like their own pictograms better than the simple pictograms.

4 〈*Kento shows another pictogram.*〉

Kento： Now, many kinds of pictograms are used in public places. Have you seen this pictogram?

Mandy： Yes, I have seen it in school. It shows a door that is used to leave the *building when there is a fire or an earthquake.

Kento： That's right. It was created by Japanese designers and became an *international standard in 1987. There is another example. Pictograms are often used on websites. Have you seen a *magnifying glass icon?

Jiro： [A] It means "*search."

Kento： Right. Pictograms are often used to tell people important information in a limited *space.

Mandy： One more example. Look, here is a small gift my friend in Australia gave me. You see it on the *roads.

Jiro： Oh, it means "Be careful of kangaroos." That's easy. I would like to share it with our classmates. Why don't we talk about the history of pictograms and those found in other countries for the presentation?

Mandy： That's a good idea. In our presentation, I would like to tell everyone that there are many pictograms around us. Let's make the *slides and write a *script.

〔注〕 building　建物　　international standard　国際基準
magnifying glass icon　虫眼鏡のアイコン　　search　検索
space　場所　　road　道路
slide　スライド　　script　台本

問 5　下線部 this pictogram のさすものとして最も適切なものを，次のア～エの中から一つ選び，その記号を書きなさい。（3 点）

ア 
イ 
ウ 
エ 

問 6　空欄 [A] にあてはまる最も適切なものを，次のア～エの中から一つ選び，その記号を書きなさい。（3 点）

ア　Have you?　　イ　Who is it?　　ウ　No, thank you.　　エ　Of course.

問 7　次は，後日の Kento と Mandy の会話です。自然な会話になるように，（　　　）に適切な 3 語以上の英語を書きなさい。（4 点）

Kento： The slides you made were very good. The pictogram quiz was also interesting.
Mandy： Thank you. I hope that our (　　　　　　　　　　) it.
Kento： I'm sure everyone will be interested.
Mandy： That would be nice. Is there anything else I can do for our presentation?

5 次は，あなたが通う学校の英語の授業で，ALT の Ms. Moore が行ったスピーチです。これを読んで，問１～問３に答えなさい。＊印のついている語句には，本文のあとに〔注〕があります。（12 点）

What did you do last night? I watched the rugby match between New Zealand and Australia on TV. I am from New Zealand, so I am a big fan of the New Zealand team. New Zealand and Australia have been *long-time rugby *rivals. The match I watched last night is called the *Bledisloe Cup. It is an *international match that began around 1930 and holds a special meaning among many rugby fans. Both teams play several times a year. The Bledisloe Cup is usually held at stadiums in New Zealand or Australia, but it is sometimes held in other countries. It was held in Japan twice.

Have you ever heard the word "*Haka"? It is a traditional dance in New Zealand. Some people say that it is performed as an expression of respect and *gratitude. You will often see it at graduation ceremonies, sports matches, and many other events. Watching the dance, Haka, performed by the New Zealand team before the match also makes me excited. When I watch the dance, I realize the match will begin soon.

Last night's match was exciting. It ended in a *tie, but it was a very good match. Actually, I am a member of a local rugby team and I play rugby on weekends. Sports are fun to watch and to play. <u>Which do you like better, watching or playing sports?</u>

〔注〕 long-time　長年の　　rival　ライバル
Bledisloe Cup　ブレディスローカップ　　international match　国際試合
Haka　ハカ　　gratitude　感謝
tie　引き分け

問１　本文の内容に合うように，次の英文の（　　　）にあてはまる最も適切な１語を，本文中から抜き出して書きなさい。（３点）

Ms. Moore watched an international rugby match (　　　　　) New Zealand and Australia.

問２　本文の内容と合うものを，次のア～エの中から一つ選び，その記号を書きなさい。（３点）

ア　Ms. Moore は，昨夜スタジアムでラグビーの国際試合を観戦した。
イ　Bledisloe Cup は日本で行われたことがある。
ウ　Haka は，スポーツの国際試合のみでみられる伝統的な踊りである。
エ　New Zealand と Australia のラグビーの試合は毎年一回行われる。

問３　下線部について，あなたはスポーツをみることとすることのどちらが好きかについて英語の授業でスピーチをします。〔条件〕に従い，空欄 [A] に３文以上の英文を書いて，**スピーチ原稿**を完成させなさい。（６点）

スピーチ原稿

Hi, everyone. Today, I'm going to tell you how I enjoy sports.

[A]

Thank you.

〔条件〕　①　１文目は，あなたはスポーツをみることとすることのどちらが好きか，I like に続けて，解答欄の①に書きなさい。
②　２文目以降は，その理由が伝わるように，２文以上で解答欄の②に書きなさい。

（以上で問題は終わりです。）

2024(R6) 埼玉県公立高
教英出版

受検番号	第　　　　番

令和６年度学力検査問題

理　　　科

（13時30分～14時20分〈50分間〉）

注　　意

1　解答用紙について

(1)　解答用紙は１枚で，問題用紙にはさんであります。

(2)　係の先生の指示に従って，所定の欄２か所に受検番号を書きなさい。

(3)　答えはすべて解答用紙のきめられたところに，はっきりと書きなさい。

(4)　解答用紙は切りはなしてはいけません。

(5)　解答用紙の※印は集計のためのもので，解答には関係ありません。

2　問題用紙について

(1)　表紙の所定の欄に受検番号を書きなさい。

(2)　問題は全部で５問あり，表紙を除いて14ページです。

○　印刷のはっきりしないところは，手をあげて係の先生に聞きなさい。

1　次の各問に答えなさい。(24点)

問１　貝やサンゴなどの死がいが堆積してできた，炭酸カルシウムが主成分である岩石を，次の**ア**～**エ**の中から一つ選び，その記号を書きなさい。(３点)

ア　石灰岩　　**イ**　チャート　　**ウ**　花こう岩　　**エ**　凝灰岩

問２　**図１**は，ある植物の茎から葉にかけての断面を模式的に表したものです。葉の表側を通る管**X**の名称と，管**X**を通る物質が運ばれる向きの組み合わせとして正しいものを，次の**ア**～**エ**の中から一つ選び，その記号を書きなさい。(３点)

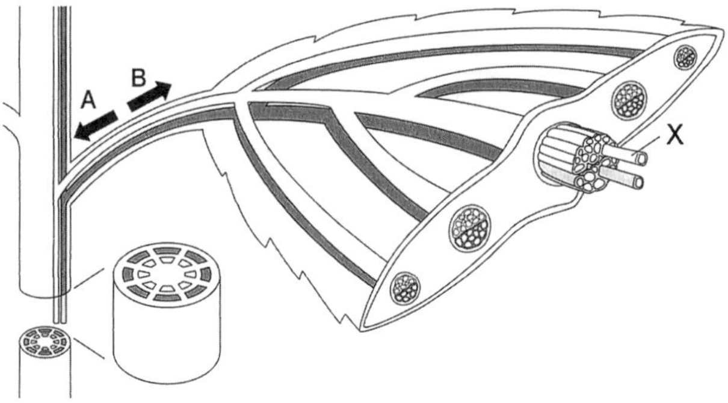

図１

ア　**X**…師管　向き…**A**　　**イ**　**X**…道管　向き…**A**

ウ　**X**…師管　向き…**B**　　**エ**　**X**…道管　向き…**B**

問３　こまごめピペットで溶液をはかりとるときの持ち方として正しいものを，次の**ア**～**エ**の中から一つ選び，その記号を書きなさい。(３点)

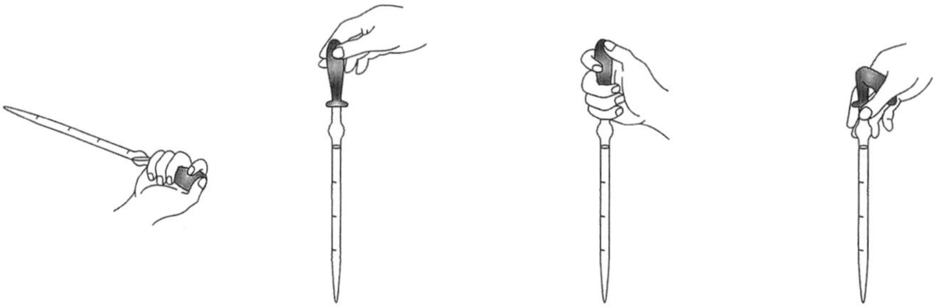

ア　　**イ**　　**ウ**　　**エ**

問４　**図２**のように，水で満たした円柱状の透明なコップを腕をのばして持ち，じゅうぶん離れた壁に貼ってある文字「**は**」を，コップを通して見るとどのように見えますか。最も適切なものを，次の**ア**～**エ**の中から一つ選び，その記号を書きなさい。(３点)

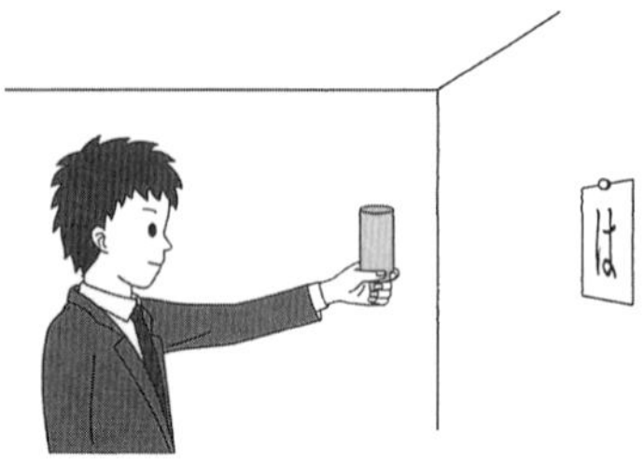

図２

ア　　**イ**　　**ウ**　　**エ**

問 5　日本列島付近では，夏には主に南東の風，冬には主に北西の風がふきます。このような，季節によって風向の異なる特徴的な風を何といいますか。その名称を書きなさい。（3 点）

問 6　**図 3** のミカヅキモなどの単細胞生物や，**図 4** のジャガイモが行う，受精によらない個体のふえ方の総称を何というか，書きなさい。（3 点）

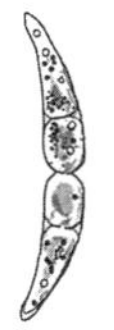

図 3

図 4

問 7　**図 5** は，火力発電において，石油のもつ Y エネルギーがボイラーで熱エネルギーに，その熱エネルギーがタービン・発電機で電気エネルギーに変換されていくようすを模式的に表したものです。**図 5** の Y にあてはまる語を書きなさい。（3 点）

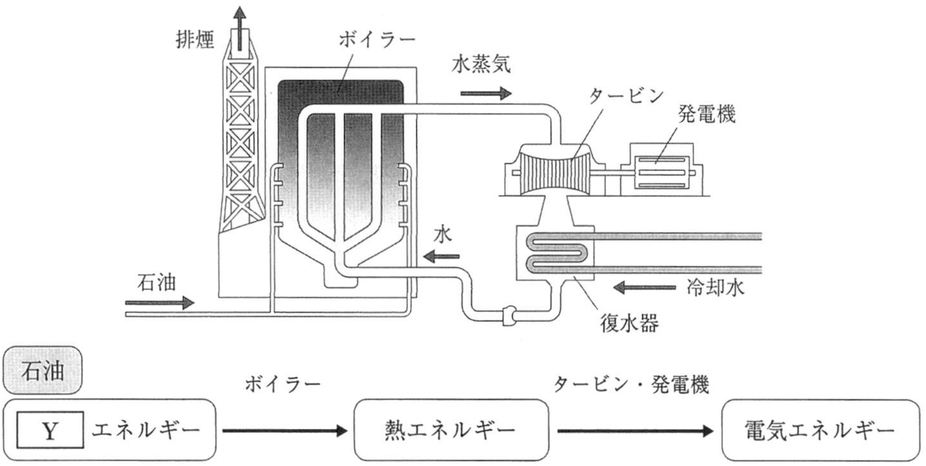

図 5

問 8　ケイ素（シリコン）やゲルマニウムのように，電流が流れやすい物質とほとんど流れない物質の中間の性質をもつ物質を何といいますか。その名称を書きなさい。（3 点）

2 Wさんは，月について，探究的に学習しました。問１～問５に答えなさい。(19点)

場面１

先　生：月のように惑星のまわりを公転する天体を［ M ］といいます。月が地球のまわりを公転することによって，月の見え方は**図１**の写真A～Ｉのように少しずつ変化します。

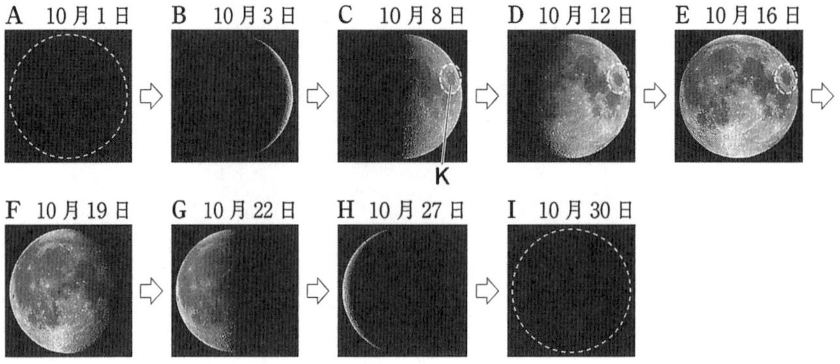

図１

Wさん：**図１**のC，D，Eに見られる月の表面の**K**の部分に着目すると，位置に変化がないことがわかりますね。太陽では黒点の位置の変化から自転している事実がわかったことを考えると，①<u>月は自転していないということでしょうか</u>。

先　生：いい着眼点ですね。それについては，**図２**の太陽－地球－月の位置関係と**図１**の月の見え方を合わせて考えてみるといいですよ。

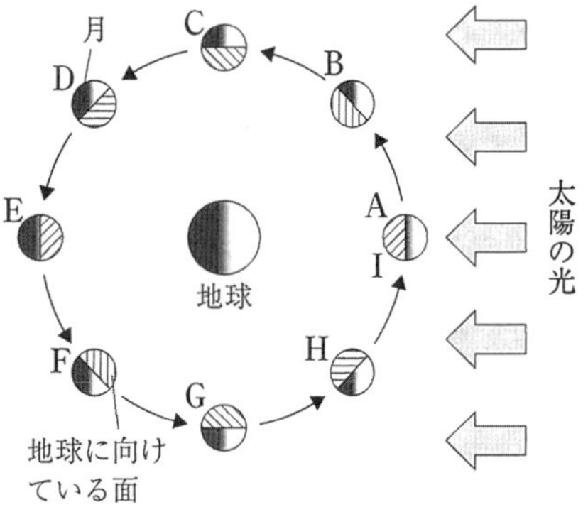

図２

問１　［ M ］にあてはまる語を書きなさい。(３点)

問２　Wさんは，下線部①について仮説を立て，次のようにまとめました。［ P ］にあてはまることばを，**Kの部分**という語を使って書きなさい。(４点)

> 仮説として，月が自転していないとする。**図３**のように，月が「Eで地球に向けている面」を太陽に向けて固定したまま地球のまわりを回ると考えると，**図３**のCでは［ P ］ことになり，**図１**の見え方と矛盾する。よって，この仮説は正しくない。改めて，**図２**の月が「地球に向けている面」をA～Ｉの順にみていくと，月は約30日かけて１回自転していることがわかる。

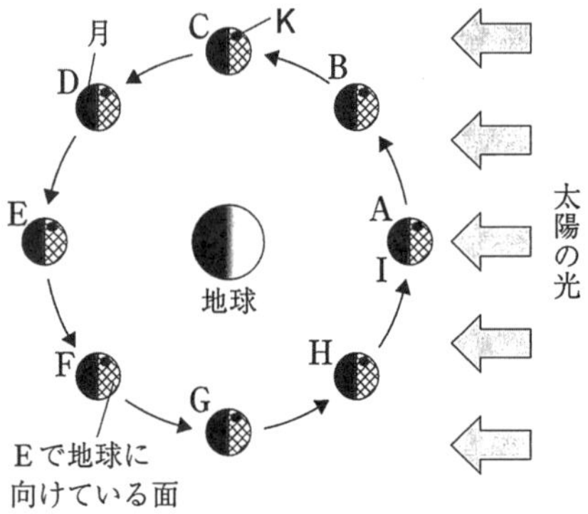

図３

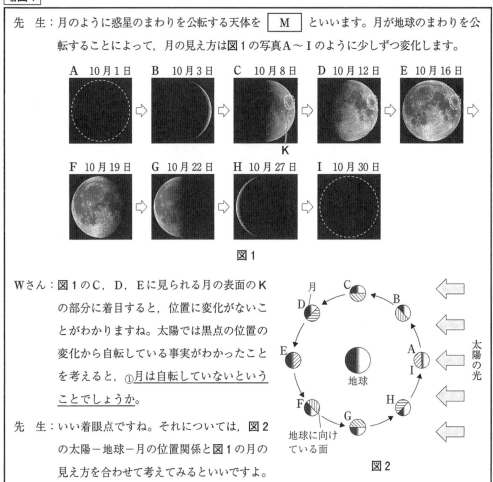

場面2

Wさん：図2について，前から不思議に思っていたことがあります。新月と満月を比べると，新月は月に当たった太陽の光が地球に届かないので見えないことはわかります。でも，満月のときは月に太陽の光が当たる前に地球に当たるので，月にはそもそも光が当たらなくなってしまうのではないでしょうか。

先　生：いいことに気づきましたね。図2のように平面的に考えるとわかりづらいのですが，月の公転面は，図4のように，地球の公転面に対して約5°傾いています。

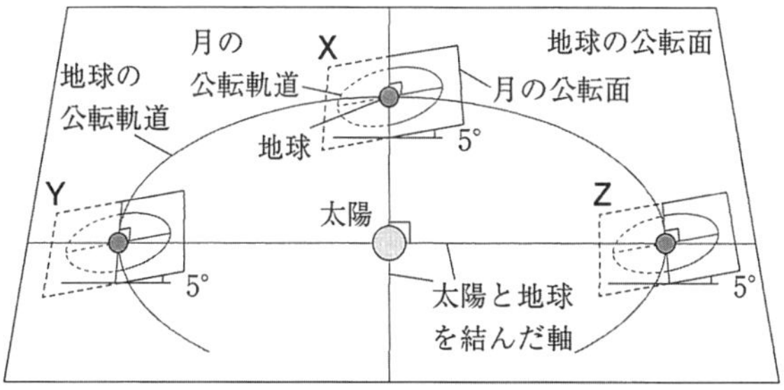

図4

Wさん：それで満月のときも太陽の光がちゃんと当たっているんですね。

先　生：ただし，月と地球の位置関係によっては，太陽の光が月に当たりにくくなることはあります。

Wさん：それが，月が地球の影に入る N という現象なんですね。

問3 N にあてはまる語を書きなさい。また，この現象が見られるのはいつですか。図4のX～Zの中から一つ選んでその記号を書き，解答欄の図に，この現象が見られるときの月の位置を●でかき入れなさい。（5点）

場面3

Wさん：もう一つ気になることがあります。②今日の満月は，普段の満月より大きくて明るく見えるなと思うときがあるんですが，見かけの大きさって変わるんですか。

先　生：よく観察していますね。確かに月が大きく見えることはあります。その理由は，**図5**のように，地球と月の距離が，最も近いときで 35.6 万 km，最も遠いときで 40.7 万 km と変化するためです。

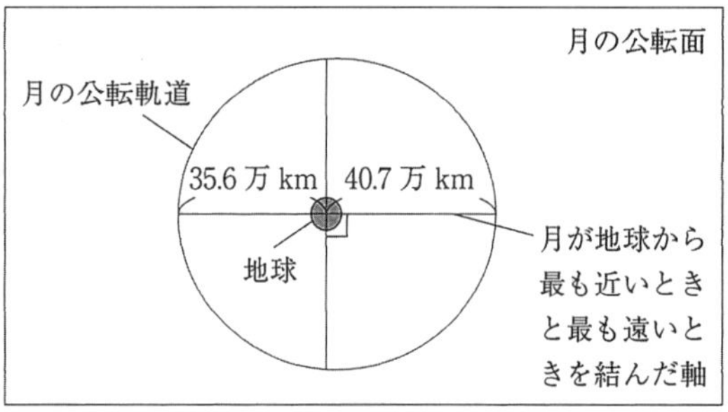

図5

Wさん：そうだったんですね。

先　生：なお，月の平均的な見かけの大きさは太陽の見かけの大きさとほぼ同じです。③もし日食が起こったときに，月の見かけの大きさが大きかったり小さかったりするとどうなるか，考えてみるとおもしろいですよ。

問 4　下線部②について，**図5**では，満月が最も大きく見えるときの見かけの直径は，最も小さく見えるときを基準にすると，14％長く見えます。月の明るさが月の見かけの面積に比例するとしたとき，満月が最も大きく見えるときの明るさは，最も小さく見えるときの明るさの何倍ですか。小数第２位を四捨五入して小数第１位まで求めなさい。ただし，満月の見え方は完全な円であるものとします。（４点）

問 5　Wさんは，下線部③について考え，次のようにまとめました。あてはまる語の組み合わせとして正しいものを，下の**ア**～**エ**の中から一つ選び，その記号を書きなさい。（３点）

> 月が地球から［Q］距離にあるときには，月は大きく見える。このとき，日食が起こると，［R］日食となる。一方，月が地球から［S］距離にあるときには，月は小さく見える。このとき，日食が起こると，［T］日食となる。

ア　Q…遠い　R…金環　S…近い　T…皆既

イ　Q…遠い　R…皆既　S…近い　T…金環

ウ　Q…近い　R…金環　S…遠い　T…皆既

エ　Q…近い　R…皆既　S…遠い　T…金環

3 Yさんたちは，動物の分類について，探究的に学習しました。問１～問５に答えなさい。(19点)

観察

課題

学校周辺にはどのような動物がいるのだろうか。

【方法】

［1］ 学校周辺で動物をさがし，見つけた動物を記録した。

［2］ 見つけた動物の一部を①ルーペで観察し，それらの特徴を生物カードにまとめた。

【結果】

学校周辺で見つけた動物

バッタ，カエル，ヘビ，ヤモリ，タヌキ，ザリガニ，イモリ，フナ，メダカ，コウモリ，スズメ，ハト

生物カード１

バッタ

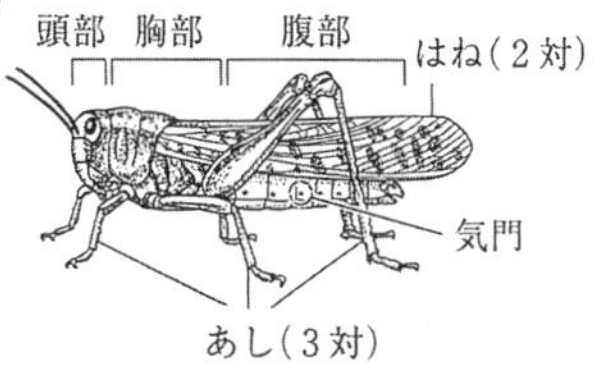

特徴

○ からだが，頭部，胸部，腹部の３つに分かれていた。

○ 胸部に３対のあしと，２対のはねがあった。

○ 胸部や腹部に気門があった。

ザリガニ

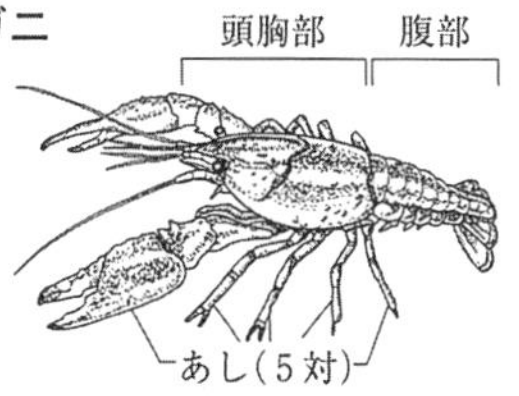

特徴

○ からだが，頭胸部，腹部の２つに分かれていた。

○ 頭胸部に５対のあしがあった。

○ ５対のあしのうち，１対のあしは大きく，はさみのようなつくりをしていた。

問１ 下線部①について，**図**のように，バッタを入れた透明な容器を手にとって，ルーペで観察します。このときのルーペの使い方として正しいものを，次の**ア**～**エ**の中から一つ選び，その記号を書きなさい。(３点)

図

ア ルーペを目に近づけて固定し，容器を前後に動かして，ピントを合わせる。

イ ルーペを容器に近づけて固定し，顔を前後に動かして，ピントを合わせる。

ウ ルーペを目から遠ざけて固定し，容器を前後に動かして，ピントを合わせる。

エ 容器を目から遠ざけて固定し，ルーペを前後に動かして，ピントを合わせる。

問２ **生物カード１**について，バッタとザリガニの共通点を次のようにまとめました。［ Ⅰ ］，［ Ⅱ ］にあてはまる語をそれぞれ書きなさい。(４点)

バッタとザリガニのからだは丈夫な殻のようなつくりである［ Ⅰ ］で覆われており，からだとあしに節がある。［ Ⅰ ］は，からだを支えるとともに，内部を［ Ⅱ ］はたらきをしている。

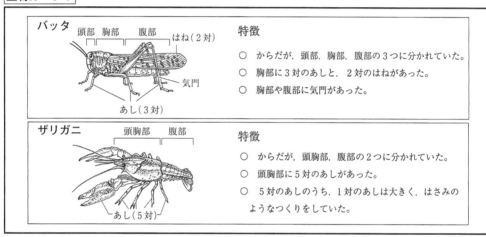

Yさんたちは，学校周辺で見つけた動物を，脊椎動物の５つのなかまと無脊椎動物に分類するため，基準を考えてノートにまとめました。

ノート

分類のしかた

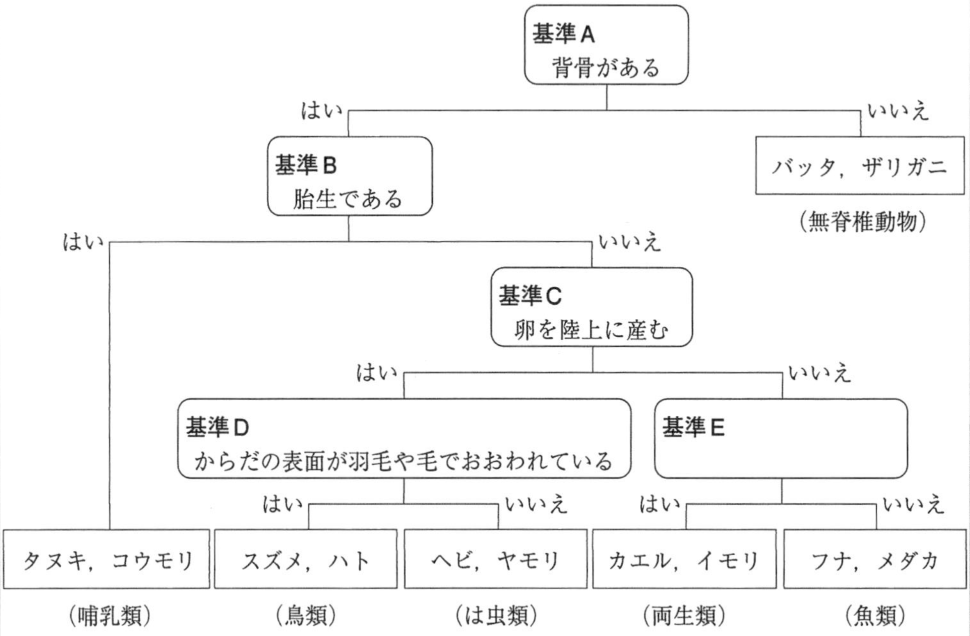

問３　カエル，イモリ，フナ，メダカを，ノートのように分類するための**基準E**にあてはまるものを，次のア～エの中から**すべて**選び，その記号を書きなさい。（４点）

ア　からだの表面がうろこでおおわれている　　**イ**　陸上で生活する時期がある

ウ　卵の殻がかたい　　**エ**　皮ふでも呼吸を行う

場面１

Yさん：学校周辺で見つけた動物をすべて分類できたね。同じ分類の動物どうしは，多くの共通点をもっていて，からだのつくりも似ているんだね。

Nさん：そうだね。でも，コウモリは哺乳類なのに鳥類と同じように翼をもつよ。

Yさん：確かに，考えてみると，クジラも哺乳類だけど魚類と同じようにひれをもつね。分類が異なっていても，からだのつくりが似ている例はたくさんありそうだね。

Nさん：生物は，長い年月を経て，からだのつくりが［　X　］ように進化した結果，さまざまな形質をもつようになったと考えられるよ。だから，分類が異なっていても，からだのつくりが似ることがあるんだね。

問４　［　X　］に，生物のからだのつくりがどのように進化したのかを書きなさい。

（４点）

国語解答用紙(2)

5

12点

受検番号
第　　　番

社　会　解答用紙 (2)

4

問1. (1) 3点
(2) 5点
問2.　3点
問3.　3点
問4.　3点

問1 ※	(1)	
	(2)	
問2 ※		
問3 ※		
問4 ※		

5

問1.　3点
問2.　3点
問3.　3点
問4.　5点
問5.　3点
問6.　3点
問7.　3点

問1 ※	
問2 ※	
問3 ※	
問4 ※	
問5 ※	制度
問6 ※	
問7 ※	

6

問1.　3点
問2.　3点
問3.　3点
問4.　5点

問1 ※	→ → →
問2 ※	
問3 ※	P (記号)
問4 ※	(記号) A

1～3の計

得　点		※

※100点満点

受検番号	第　番

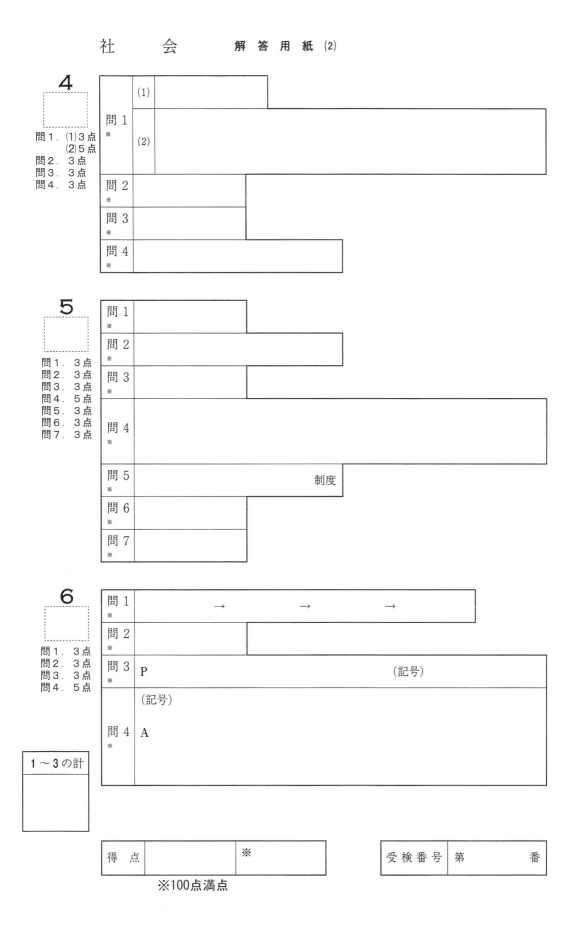

理　科　解答用紙 (2)

4

問1．4点
問2．4点
問3．4点
問4．4点
問5．3点

問1 ※		
問2 ※	%	
問3 ※	結果　さんの結果	理由
問4 ※		
問5 ※		

5

問1．4点
問2．3点
問3．4点
問4．(1)4点
　　(2)4点

問1 ※		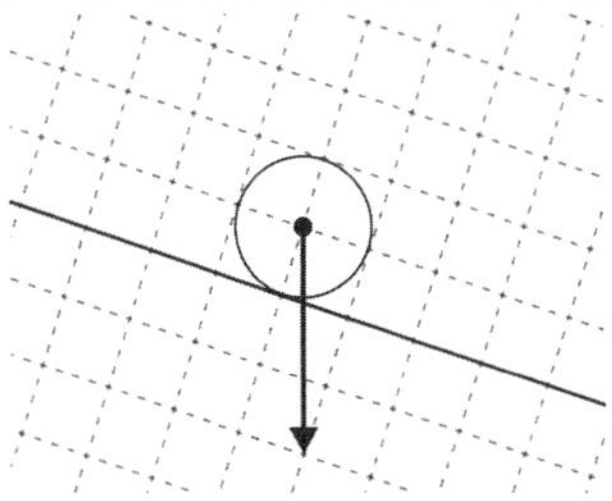
問2 ※		
問3 ※		
問4 ※	(1)	
	(2)	Ⅰ　間
		Ⅱ

1～3の計

得　点		※

※100点満点

受検番号	第　番

理　　科　　　解答用紙 (1)

1

3点×8

問 1 ※		問 5 ※	
問 2 ※		問 6 ※	
問 3 ※		問 7 ※	エネルギー
問 4 ※		問 8 ※	

2

問1．3点
問2．4点
問3．5点
問4．4点
問5．3点

問 1 ※		
問 2 ※		
問 3 ※	N	記号
	月の位置	

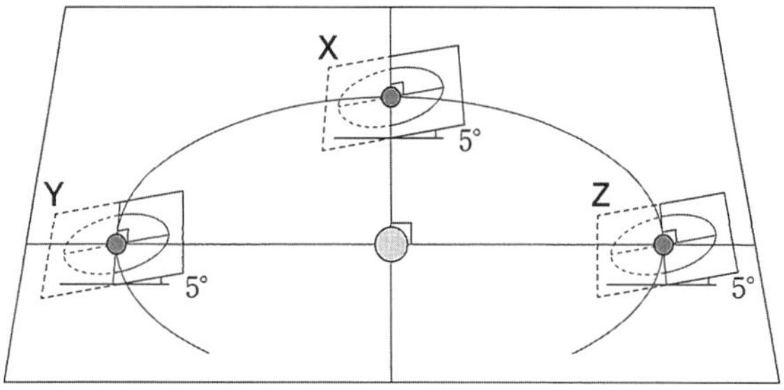

問 4 ※	倍	
問 5 ※		

3

問1．3点
問2．4点
問3．4点
問4．4点
問5．4点

問 1 ※		
問 2 ※	I	II
問 3 ※		
問 4 ※		
問 5 ※	III	IV

1～3の計

受検番号	第　　　　番

2024(R6) 埼玉県公立高
教英出版

社　会　　解 答 用 紙 (1)

1

問1．３点
問2．３点
問3．５点
問4．３点

問 1 ※	
問 2 ※	
問 3 ※	
問 4 ※	

2

問1．３点
問2．３点
問3．３点
問4．５点
問5．２点

問 1 ※	
問 2 ※	山地
問 3 ※	
問 4 ※	Q R
問 5 ※	

3

問1．３点
問2．２点
問3．５点
問4．３点
問5．３点

問 1 ※	
問 2 ※	
問 3 ※	
問 4 ※	
問 5 ※	

1～3の計

受検番号	第　　番

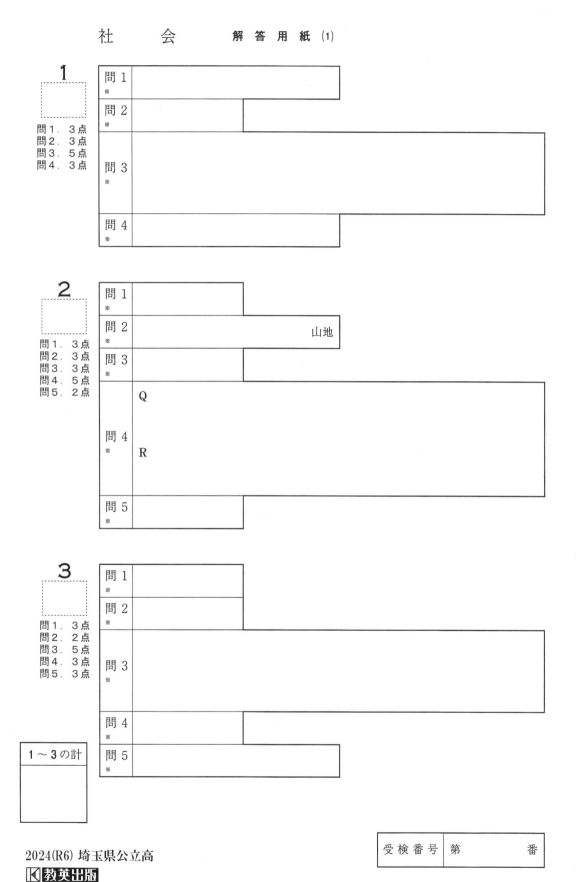

国語解答用紙(1)

※100点満点

得点
※

受検番号
第　　番

1

問1 ※
問2 ※
問3 ※ 15 25
問4 ※ 30 40
問5 ※ （　　）と（　　）

問1．4点
問2．4点
問3．6点
問4．7点
問5．5点

2

問1 ※ (1) (2) (3) う (4) (5) うい
問2 ※
問3 ※
問4 ※ (1) ↓ ↓ ↓ (2) (3)

問1．2点×5
問2．3点
問3．3点
問4．(1)3点
(2)2点
(3)3点

3

問1 ※
問2 ※ 35 45
問3 ※
問4 ※
問5 ※ 40 50

問1．4点
問2．7点
問3．4点
問4．4点
問5．7点

4

問1 ※
問2 ※
問3 ※
問4 ※

3点×4

5

（作文は**解答用紙**(2)に書くこと）

【解答用

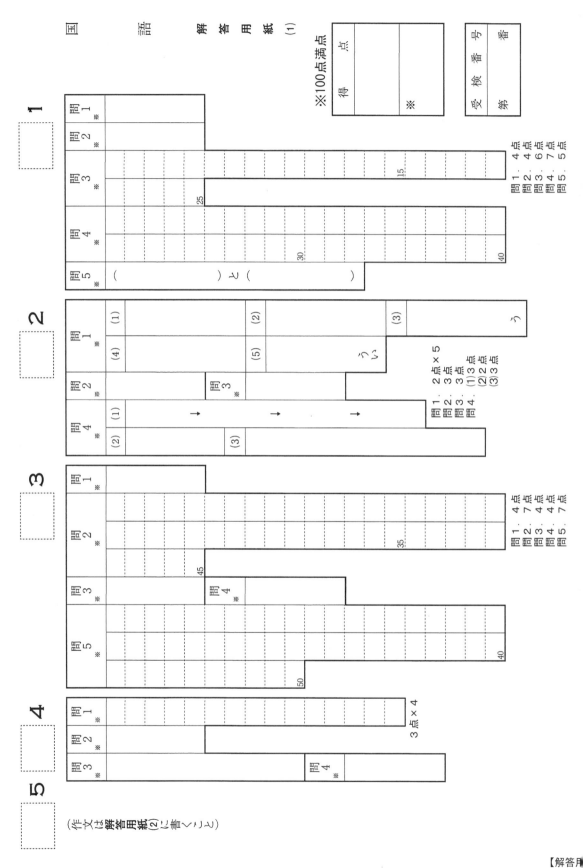

Yさんたちは，ノート に示した**分類のしかた**で，カモノハシを分類するために，その特徴を調べて生物カードにまとめました。

生物カード２

カモノハシ

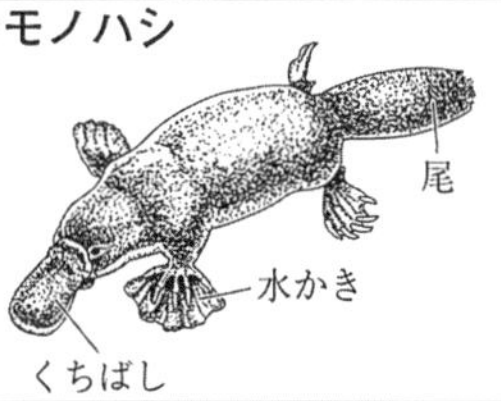

特徴

○ 背骨がある。 ○ 卵を陸上に産む。

○ からだの表面が毛でおおわれている。 ○ くちばしがある。

○ あしの指と指の間に，水中を泳ぐのに適した水かきがある。

○ 尾がある。 ○ 乳の出るしくみがある。 ○ 肺で呼吸を行う。

場面２

Yさん：**生物カード２** をもとに，ノート に示した**分類のしかた**でカモノハシを分類すると鳥類になるね。

Nさん：でも，調べてみると，カモノハシは哺乳類に分類されるみたいだよ。この**分類のしかた**ではカモノハシを哺乳類に分類できないね。**表**は，脊椎動物の５つのなかまとカモノハシについて，共通点と相違点がわかるようにまとめたものだよ。②ノート を見直して，カモノハシを哺乳類に分類できるようにするにはどうすればいいか，考えてみよう。

表

特徴	魚類	両生類	は虫類	鳥類	哺乳類	カモノハシ
背骨がある	○	○	○	○	○	○
卵生である	○	○	○	○	×	○
からだの表面が羽毛や毛でおおわれている	×	×	×	○	○	○
P くちばしがある	×	×	×	○	×	○
Q 水かきがある	×	○	×	△	△	○
R 尾がある	○	○	○	○	○	○
S 乳の出るしくみがある	×	×	×	×	○	○
T 肺で呼吸する時期がある	×	○	○	○	○	○

○…あてはまる　△…一部あてはまる　×…あてはまらない

問５ 下線部②について，Yさんたちはカモノハシを，タヌキ，コウモリが属する哺乳類に分類できるようにするため，次のように考えをまとめました。［Ⅲ］にあてはまる基準を書きなさい。また，［Ⅳ］にあてはまる特徴を，**表**の**P**～**T**の中から一つ選び，その記号を書きなさい。（４点）

ノート の**基準A**～**基準D**のうち，**基準**［Ⅲ］を［Ⅳ］と変更すればカモノハシを哺乳類に分類できるようになる。

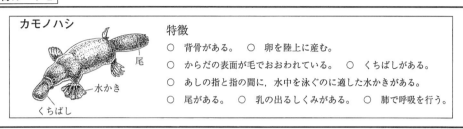

4　Aさんたちは，炭酸水素ナトリウムの反応について，探究的に学習しました。問１～問５に答えなさい。(19点)

場面１

先　生：試験管に入れた炭酸水素ナトリウム $NaHCO_3$ をじゅうぶんに加熱すると，二酸化炭素 CO_2 や水 H_2O が失われ，炭酸ナトリウム Na_2CO_3 のみが残ります。では，炭酸水素ナトリウムの質量の何％が二酸化炭素や水として失われているか，実験で確かめてみましょう。まず，先生が実験してみせますね。

［1］　**図１**のように電源を入れた電子てんびんの上に薬包紙を置いて，ゼロ点調整をします。

［2］　試薬びんから薬包紙に約２gの炭酸水素ナトリウムをとり出し，その値を記録します。先生がはかりとった値は(X)2.00 gちょうどでした。

［3］　乾いた試験管に，はかりとった炭酸水素ナトリウムを入れます。

［4］　試験管ばさみを使って，試験管に入れた試料をじゅうぶんに加熱します。①このとき試験管の口は**図２**のように少し下に傾けます。

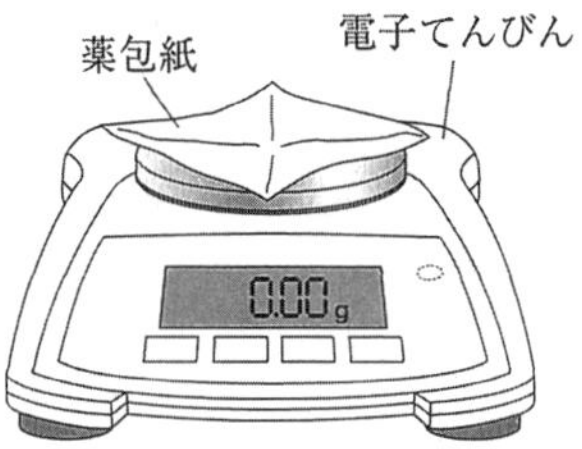

図１

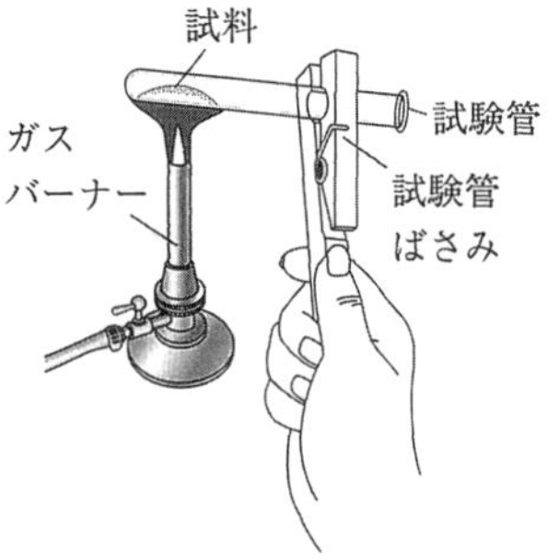

図２

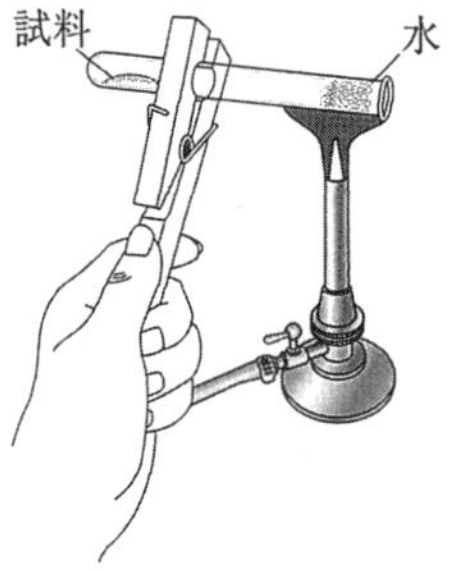

図３

［5］　生じた水を完全に蒸発させるために，**図３**のように別の試験管ばさみに持ちかえて，試験管の口を加熱したり，再び試料を加熱したりしながら，試験管全体をじゅうぶんに加熱します。

［6］　試験管をよく冷まし，薬包紙を置いてからゼロ点調整をした電子てんびんで，試験管の中の試料をすべて薬包紙にとり出して質量をはかり，その値を記録します。先生が実験で得られた値は(Y)1.26 gでした。

では，みなさんもやってみましょう。

Aさん：([2]のとき) あ，多くとり出しすぎちゃった。まあ，大丈夫かな。

Bさん：([3]のとき) あとで試験管の中の試料をとり出さなくても，先に試験管の質量をはかっておけば，実験後に試験管ごと質量をはかれるな。

Cさん：([6]のとき) よし。先生が実験で得られた値と同じ値だ。

問 1　下線部①の操作をする理由を，**水**という語を使って書きなさい。（4点）

問 2　**場面１**の炭酸水素ナトリウムの反応で波線部(**X**)，(**Y**)の値を用いたとき，二酸化炭素や水として失われた質量は，もとの炭酸水素ナトリウムの質量の何％か，求めなさい。（4点）

問 3　Aさんたちは，**場面１**の実験で得られた値を，**表１**にまとめました。先生の結果が正しいものとするとき，誰の結果が**正しく得られなかったか**，一つ書きなさい。また，結果が正しく得られなかった理由として最も適切なものを，下の**ア**～**エ**の中から一つ選び，その記号を書きなさい。（4点）

表１

	先　生	Aさん	Bさん	Cさん
[2]　実験前の質量〔g〕	2.00	3.00	2.06	1.90
[6]　実験後の質量〔g〕	1.26	1.89	1.30	1.26

ア　[1]で，ゼロ点調整をした後に薬包紙を電子てんびんに置いてしまったから。

イ　[3]で，試験管に炭酸水素ナトリウムを多く入れすぎたから。

ウ　[5]で，水を完全に蒸発しきれなかったから。

エ　[6]で，試験管の中の試料をとり出さなかったから。

場面２

先　生：では，炭酸水素ナトリウムと，炭酸ナトリウムの性質を比較してみましょう。２本の試験管に水を5 cm^3 ずつとり，一方には炭酸水素ナトリウム，もう一方には炭酸ナトリウムを1.00 g ずつ入れ，溶かします。次にそれぞれの水溶液に，フェノールフタレイン溶液を１滴ずつ加えます。

Bさん：やってみると，炭酸水素ナトリウムと炭酸ナトリウムでは明らかに性質が違いますね。

先　生：そうですね。さて，②この炭酸ナトリウム水溶液が入った試験管に，二酸化炭素を入れて振り混ぜ，どんな化学変化が起こったのか，考えてみましょう。

問 4　Bさんたちは，**場面２**の実験結果を**表２**にまとめて比較したところ，下線部②の操作で，炭酸ナトリウムは炭酸水素ナトリウムに化学変化したのだと考えました。この化学変化を化学反応式で表しなさい。（4点）

表２

	炭酸水素ナトリウム水溶液	炭酸ナトリウム水溶液	炭酸ナトリウム水溶液に二酸化炭素を入れて振り混ぜたもの
溶質の溶けているようす	溶け残った	すべて溶けた	沈殿が生じた
フェノールフタレインの色の変化	うすい赤色になった	赤色になった	赤色が少しうすくなった

場面3

Aさん：身のまわりでは，炭酸水素ナトリウムも炭酸ナトリウムも，掃除用洗剤として使われているんですね。

先　生：はい。炭酸水素ナトリウムは重曹という名称で販売されています。また，炭酸ナトリウムは，セスキ炭酸ソーダという，炭酸ナトリウムと炭酸水素ナトリウムが半量ずつ入ったものとして販売されています。

Cさん：それぞれの③洗浄効果の違いについて調べてみます。

問５　Cさんたちは，下線部③についてインターネットで調べて**表３**を作成し，重曹とセスキ炭酸ソーダで洗浄効果に違いが生じる理由を，次のようにまとめました。［M］，［N］にあてはまることばの組み合わせとして最も適切なものを，下の**ア**～**エ**の中から一つ選び，その記号を書きなさい。（３点）

表３

	重曹	セスキ炭酸ソーダ
衣類の皮脂汚れ	△	○
キッチンの油汚れ	○	◎
鍋の焦げ	◎	○

◎…とても効果がある　○…効果がある　△…少し効果がある

調べていくうちに，油はアルカリによって分解されることがわかった。このことから，皮脂汚れや油汚れに対しては，油が分解されることで汚れが落ちるのだと考えられる。このとき，pHの［M］セスキ炭酸ソーダの方が，効果があることがわかる。一方，鍋の焦げに対して，重曹の方が効果があるのは，重曹が比較的水に［N］，研磨剤の効果も期待できることが要因の一つと考えられる。

ア　M…より大きい　　N…溶けにくく
イ　M…より大きい　　N…溶けやすく
ウ　M…より小さい　　N…溶けにくく
エ　M…より小さい　　N…溶けやすく

5　Kさんたちは，斜面を下る鉄球の運動について，探究的に学習しました。問1～問4に答えなさい。ただし，レールどうしはなめらかにつながっており，鉄球にはたらく摩擦や空気の抵抗は考えないものとします。(19点)

実験1

課題1

鉄球の速さは，レール上で鉄球をはなす高さとどのような関係があるのだろうか。

【方法1】

[1]　**図1**のように，長さ15 cmのレールを7本用いてコースを組み立てた。

[2]　10 gの鉄球を，5 cmの高さから静かに手をはなし，速さ測定器で速さを1回測定した。高さを10 cm，15 cmと変えて，同様の操作を行った。

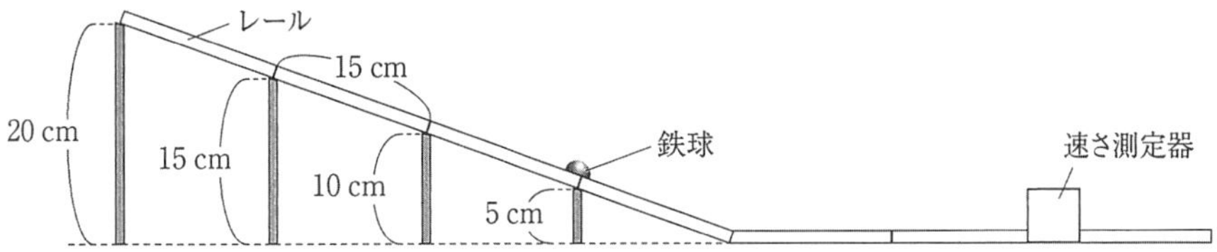

図1

問1　**図2**は，斜面上の鉄球にはたらく重力を矢印で表したものです。この重力について，斜面に垂直な方向と斜面に平行な方向に分解した2つの力を，定規を用いて矢印で表しなさい。

(4点)

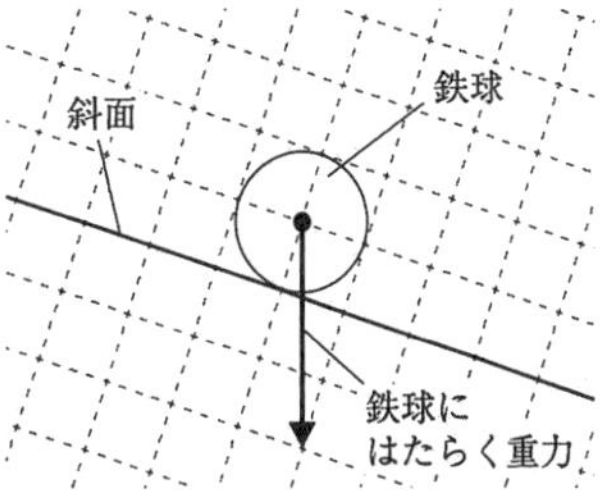

図2

問2　**実験1**で鉄球が斜面を下っているとき，鉄球にはたらく斜面に平行な方向の分力の大きさは，時間の経過とともにどうなりますか。最も適切なものを，次の**ア**～**エ**の中から一つ選び，その記号を書きなさい。(3点)

ア　小さくなる。　　　　**イ**　変化しない。

ウ　大きくなる。　　　　**エ**　大きくなったあと一定になる。

実験 1 の続き

【結果 1】

鉄球をはなす高さ〔cm〕	5.0	10.0	15.0
鉄球の速さ〔m/s〕	0.99	1.40	1.71

会話

Kさん

わたしは，【結果 1】から測定値を点で記入し，図 3 のように，原点を通って，上下に測定値の点が同程度に散らばるように，直線のグラフをかいたよ。

ぼくは，図 4 のように，原点を通って，なるべく測定値の点の近くを通るように，曲線のグラフをかいたよ。

Mさん

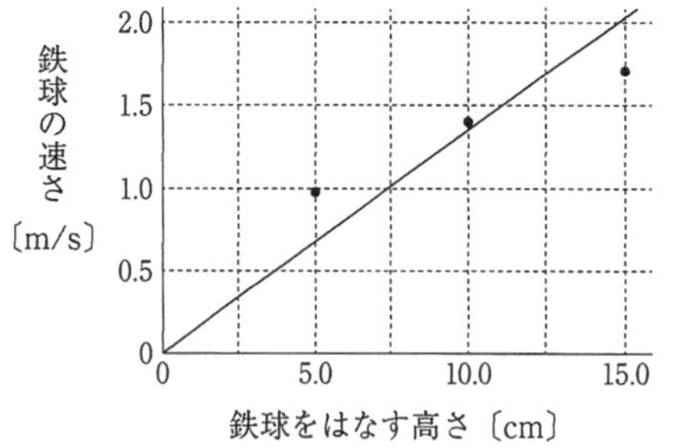

図 3

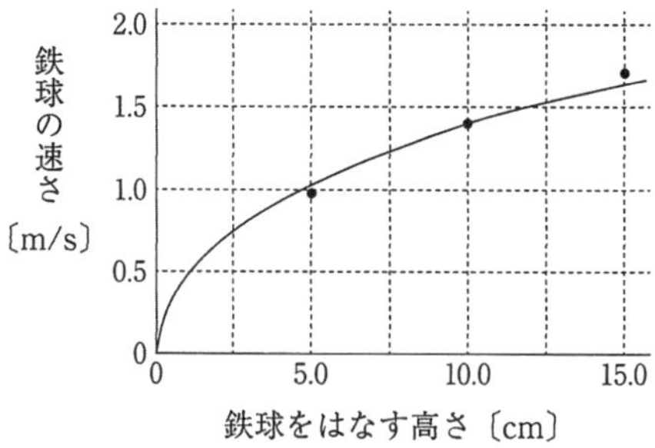

図 4

①グラフが直線になるか曲線になるかを判断するには，追加で実験を行う必要があるね。

問 3　下線部①のために，**実験 1** に追加すべき実験内容として最も適切なものを，次のア～エの中から一つ選び，その記号を書きなさい。（4 点）

ア　【方法 1】の[2]を 3 回くり返し，平均を求める。

イ　鉄球の質量を 20 g にかえて，【方法 1】の[2]を行う。

ウ　鉄球をはなす高さを 2.5 cm，7.5 cm，12.5 cm，17.5 cm にして，【方法 1】の[2]を行う。

エ　斜面の傾きを大きくして，鉄球をはなす高さは 5.0 cm，10.0 cm，15.0 cm としたまま，【方法 1】の[2]を行う。

Kさんたちは，コースの形を変えることで鉄球の運動にどのような違いが生じるかに興味をもち，２つのコースで実験を行いました。

実験２

課題２

コースの形を変えることで，鉄球の速さに違いが生じるのだろうか。

【方法２】

［1］ **図５**のように，**実験１**で用意したコースを**コース１**とし，**コース１**の点C，点Dの高さを変えて，それぞれを点C′，点D′とした**コース２**の２つのコースを用意した。

［2］ 10 g の鉄球を，**コース１**，**コース２**それぞれの点Aから同時に静かに手をはなし，速さ測定器で速さを測定した。

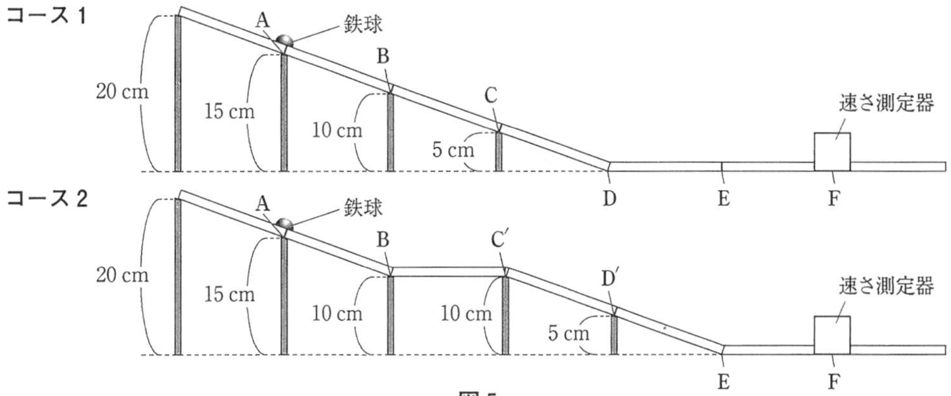

図５

【結果２】

○ **コース１**，**コース２**の②速さ測定器を通過したときのそれぞれの鉄球の速さは同じであった。

○ **コース２**の鉄球より③**コース１**の鉄球の方が先に速さ測定器を通過した。

問４ **実験２**について，次の(1)，(2)に答えなさい。ただし，点Fを含む水平面を高さの基準とします。

(1) 下線部②の理由を，**位置エネルギー**，**点F**という語を使って説明しなさい。（４点）

(2) Kさんたちは，下線部③の理由を，次のようにまとめました。［ I ］にあてはまる区間を書きなさい。また，［ II ］にあてはまることばを，**運動エネルギー**，**速さ**という語を使って書きなさい。（４点）

> 水平面では鉄球の速さが変化しないとすると，速さの変化のしかたが同じ区間は，両コースのAB間，EF間，**コース１**のBD間と**コース２**のC′E間である。そのため，比較すべき区間は**コース１**のDE間と**コース２**の［ I ］間となる。**コース１**の鉄球の方が先に速さ測定器を通過したのは，**コース２**の［ I ］間より**コース１**のDE間の鉄球の方が，［ II ］ためだと考えられる。これは，［ I ］間の速さを測定することで確かめることができる。

（以上で問題は終わりです。）

受検番号	第　　　　番

令和６年度学力検査問題

社　会　（11時45分～12時35分〈50分間〉）

注　意

1　解答用紙について

(1)　解答用紙は１枚で，問題用紙にはさんであります。

(2)　係の先生の指示に従って，所定の欄２か所に受検番号を書きなさい。

(3)　答えはすべて解答用紙のきめられたところに，はっきりと書きなさい。

(4)　解答用紙は切りはなしてはいけません。

(5)　解答用紙の※印は集計のためのもので，解答には関係ありません。

2　問題用紙について

(1)　表紙の所定の欄に受検番号を書きなさい。

(2)　問題は全部で６問あり，表紙を除いて18ページです。

○　印刷のはっきりしないところは，手をあげて係の先生に聞きなさい。

1　Ｓさんは，次の**地図**に示した国や地域について調べました。**地図**をみて，問１～問４に答えなさい。(14点)

地図

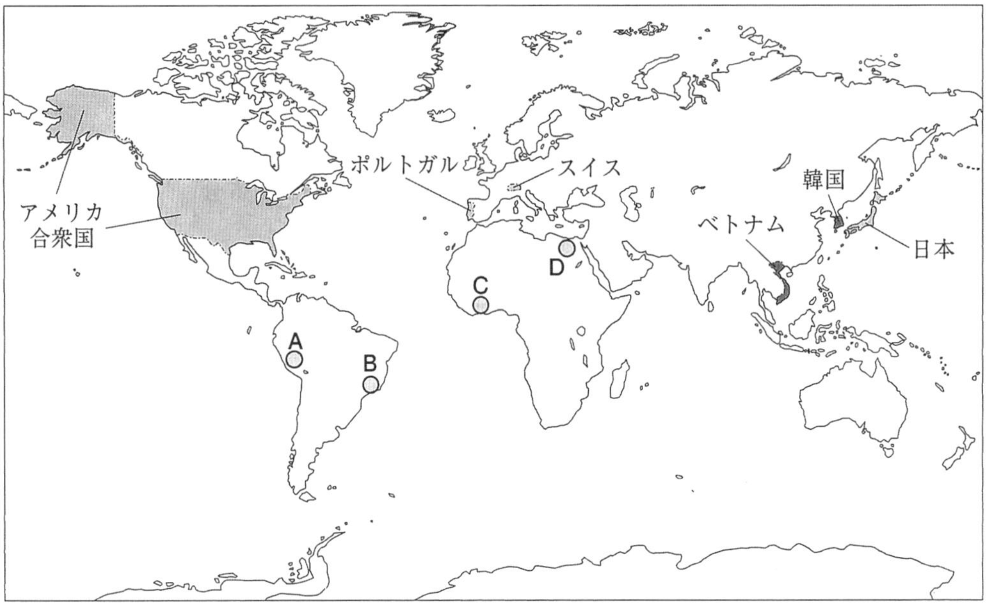

問１　三大洋のうち，**地図**中のポルトガルが面している海洋の名称を書きなさい。(３点)

問２　Ｓさんは，**地図**中の**A**～**D**のいずれかの地域にみられる人々の生活の様子について調べ，次の**カードⅠ**と**カードⅡ**をつくりました。**カードⅠ**，**カードⅡ**と**地図**中の**A**～**D**の地域の組み合わせとして最も適切なものを，下の**ア**～**エ**の中から一つ選び，その記号を書きなさい。(３点)

カードⅠ

標高に応じた，多くの種類のじゃがいもが栽培され，市場で売られています。人々は，アルパカの毛でつくった衣服を重ね着して，高地の寒さと強い日差しを防いでいます。

カードⅡ

植民地時代に持ちこまれたカカオが輸出用に生産されています。国際価格の変動が大きく，生産者の収入も安定しないことが課題となっています。

ア　カードⅠ－**A**　カードⅡ－**C**　　**イ**　カードⅠ－**A**　カードⅡ－**D**

ウ　カードⅠ－**B**　カードⅡ－**C**　　**エ**　カードⅠ－**B**　カードⅡ－**D**

問 3　次の**グラフ 1** は，**地図**中の韓国とベトナムの，2010 年と 2020 年における，現地に工場などをもつ日本企業の数を示したものです。**グラフ 1** 中のベトナムの日本企業の数が韓国より増えている理由を，**表**中の①と②から書きなさい。（5 点）

グラフ 1

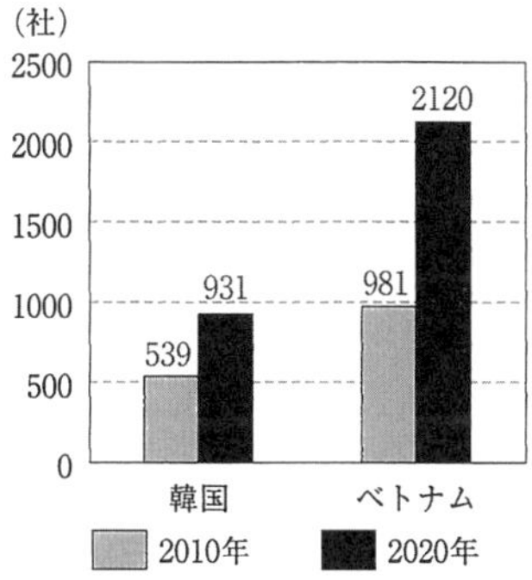

（外務省ホームページから作成）

表　日本，韓国及びベトナムにおける月額賃金と，総人口に占める 15 ～ 49 歳の人口の割合（2020 年）

	① 月額賃金	② 総人口に占める 15 ～ 49 歳の人口の割合
日本	2684 ドル	39.6%
韓国	2162 ドル	48.1%
ベトナム	250 ドル	53.5%

（世界人口推計 2022 年版などから作成）

問 4　S さんは，**地図**中のアメリカ合衆国，ポルトガル，スイス及び日本の 4 か国の，1990 年と 2020 年の 1 人あたりの GDP について調べ，次の**グラフ 2** をつくりました。**グラフ 2** から読みとれる内容を述べた文として正しいものを，下の**ア**～**オ**の中から**すべて**選び，その記号を書きなさい。（3 点）

グラフ 2

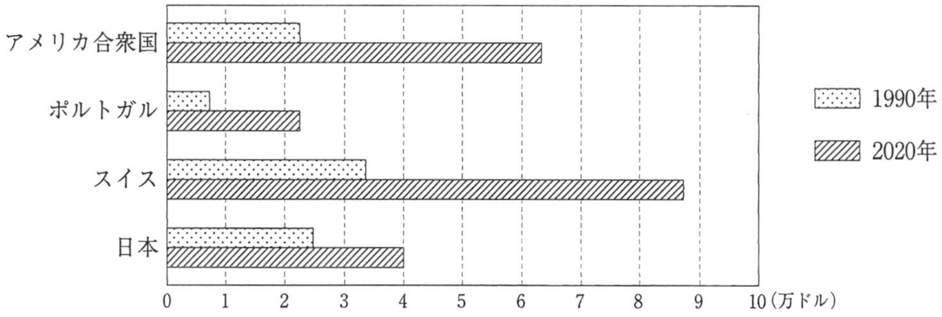

（世界国勢図会 2022 /23 年版などから作成）

ア　1990 年において，1 人あたりの GDP が 2 万ドルを超えているのは，4 か国のうち 2 か国である。

イ　2020 年において，アメリカ合衆国の 1 人あたりの GDP は，日本の 1 人あたりの GDP より高い。

ウ　2020 年において，スイスの 1 人あたりの GDP は，ポルトガルの 1 人あたりの GDP の 3 倍以上である。

エ　日本における，1990 年の 1 人あたりの GDP は，2020 年の 1 人あたりの GDP の 2 分の 1 以下である。

オ　4 か国のうち，1990 年の 1 人あたりの GDP と 2020 年の 1 人あたりの GDP との差が最も大きいのは，アメリカ合衆国である。

2　Nさんは，地理的分野の授業で日本の諸地域を学習したあと，**地図１**を作成しました。**地図１**をみて，問１～問５に答えなさい。（16 点）

地図１

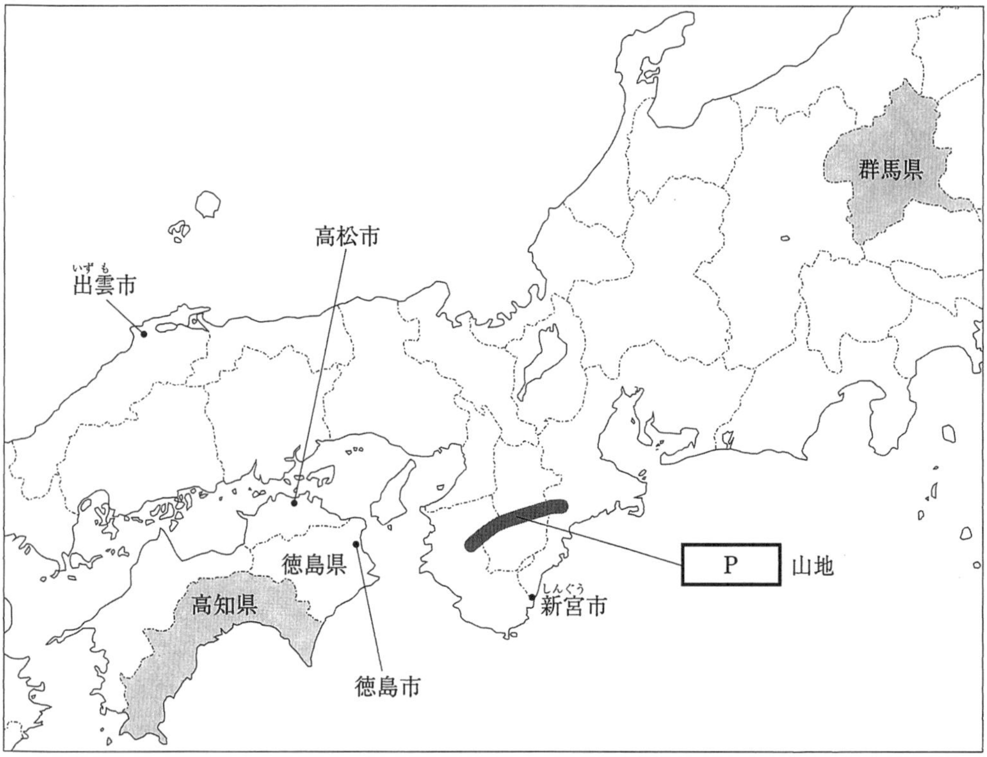

問 1　Nさんは，**地図１**中の出雲《いずも》市，高松市，新宮《しんぐう》市の三つの都市の気温と降水量を調べ，次のⅠ～Ⅲのグラフをつくりました。Ⅰ～Ⅲのグラフと都市の組み合わせとして正しいものを，下の**ア**～**カ**の中から一つ選び，その記号を書きなさい。（３点）

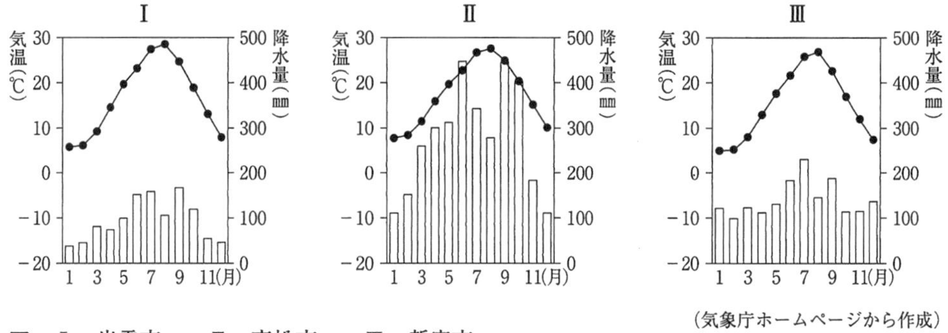

（気象庁ホームページから作成）

ア　Ⅰ－出雲市　Ⅱ－高松市　Ⅲ－新宮市

イ　Ⅰ－出雲市　Ⅱ－新宮市　Ⅲ－高松市

ウ　Ⅰ－高松市　Ⅱ－出雲市　Ⅲ－新宮市

エ　Ⅰ－高松市　Ⅱ－新宮市　Ⅲ－出雲市

オ　Ⅰ－新宮市　Ⅱ－出雲市　Ⅲ－高松市

カ　Ⅰ－新宮市　Ⅱ－高松市　Ⅲ－出雲市

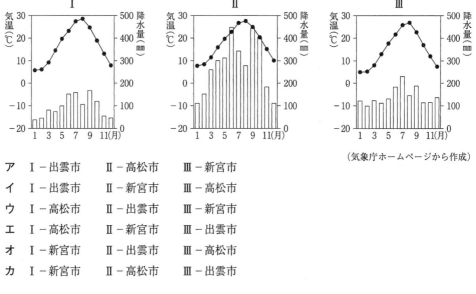

問 2　Nさんは，近畿地方の産業について調べ，次のようにまとめました。**地図 1** と **まとめ 1** の中の [P] にあてはまる語を書きなさい。（3 点）

まとめ 1

> 近畿地方の南部にある [P] 山地には，豊かな森林が広がっています。急斜面の多い険しい山地ですが，ここでは，すぎやひのきを植林して，間伐をくり返す林業が行われています。林業の後継者の確保が課題となっていますが，現在でも高い品質の木材が生産されています。

問 3　Nさんは，**地図 1** 中の群馬県と高知県で，なすの生産がさかんであることに興味をもち，次の **グラフ 1** と **まとめ 2** をつくりました。**グラフ 1** 中の [W] と [X] 及び，**まとめ 2** の中の [Y] と [Z] には，それぞれ群馬県と高知県のいずれかがあてはまります。**グラフ 1** と **まとめ 2** の中の高知県にあたる組み合わせとして正しいものを，下の **ア**～**エ** の中から一つ選び，その記号を書きなさい。（3 点）

グラフ 1　東京都中央卸売市場におけるなすの月別入荷量（2021 年）

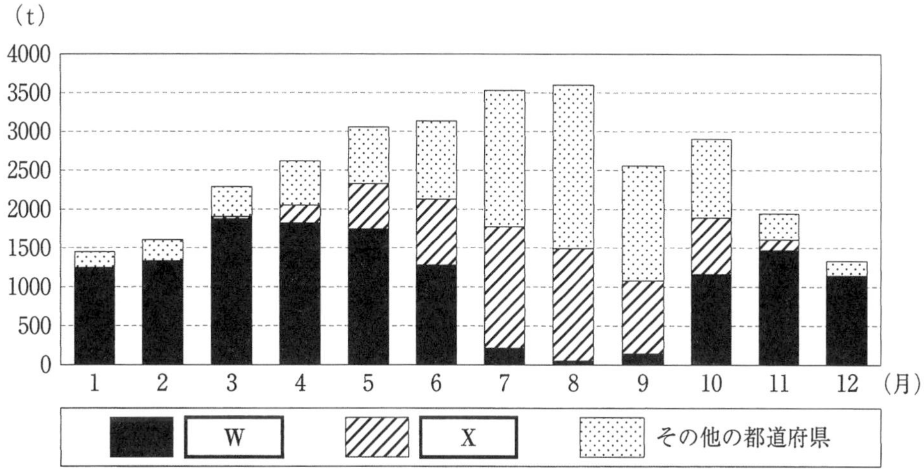

（東京都中央卸売市場ホームページから作成）

まとめ 2

【 [Y] におけるなすの栽培の特色】	【 [Z] におけるなすの栽培の特色】
大消費地に近い条件を生かし，主に都市向けに栽培をしており，新鮮なうちに出荷できるようにしている。	温暖な気候を生かし，ビニールハウスを利用した栽培をしており，出荷時期を早める工夫をしている。

ア　WとY　　　**イ**　WとZ　　　**ウ**　XとY　　　**エ**　XとZ

問 4　次は，**地図 1** 中の徳島県に関連して，日本の交通・通信の特色について学習する授業での，先生とNさんの会話です。会話文中の［ Q ］と［ R ］にあてはまることばをそれぞれ書きなさい。（5 点）

先　生：**資料**のように，1980 年代から 1990 年代にかけて，本州四国連絡橋が開通したことを学習しました。このような交通網の整備が地域をどのように変化させたか，徳島県を事例に考えてみましょう。

Nさん：はい。明石海峡大橋の開通で徳島県が本州に直接つながって以降，**グラフ 2** からは，［ Q ］ことが読みとれます。

資料　本州四国連絡橋のルートと主な連絡橋が開通した年

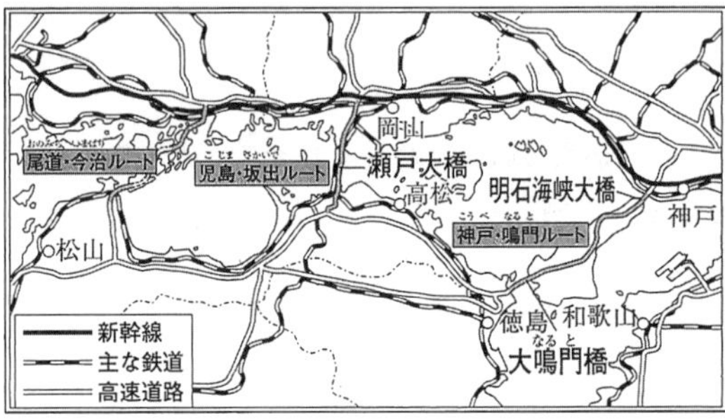

大鳴門《なると》橋	1985 年
瀬戸大橋	1988 年
明石海峡大橋	1998 年
尾道《おのみち》・今治《いまばり》ルート（しまなみ海道）	1999 年

グラフ 2　徳島県と関西方面を結ぶフェリーと旅客船の輸送人数の推移

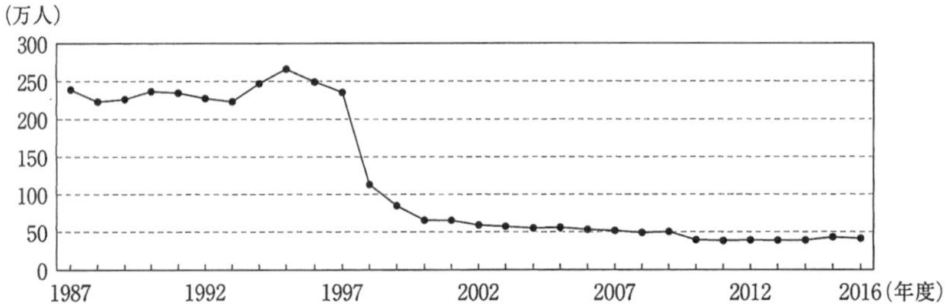

（四国運輸局ホームページから作成）

先　生：そうですね。徳島県と関西方面の間は，高速バスを利用して行き来する人が多くなりました。しかし，このように移動が便利になったことで，**表**から，徳島県ではどのような課題が生じていると考えられますか。

表　徳島県における年間商品販売額の推移（億円）

1994 年	1997 年	1999 年	2002 年	2004 年	2007 年	2012 年	2014 年
20205	20911	21157	18218	17621	16615	12746	13433

（RESAS から作成）

Nさん：はい。**表**から，徳島県の年間商品販売額は，1999 年以降少しずつ低くなっている傾向が読みとれます。これは，買い物などで［ R ］ことが理由の一つとして考えられます。

先　生：そうですね。このように交通網が整備されたことで，地方の消費が落ちこむこともあります。

問 5　Nさんは，**地図 1** 中の徳島市で野外観察を行い，その記録をまとめました。次の①，②は，下の**地図 2** 中の**A**～**D**のいずれかの地点の記録です。①，②と**地図 2** 中の**A**～**D**の地点の組み合わせとして最も適切なものを，**ア**～**エ**の中から一つ選び，その記号を書きなさい。（2 点）

①

駅とロープウェイのりばとの間の中心市街地ですが，閉店している商店もいくつかみられます。

②

山に囲まれた高台にある住宅地で，一戸建てが多くみられます。

地図 2　徳島市の一部を示した 2 万 5 千分の 1 の地形図

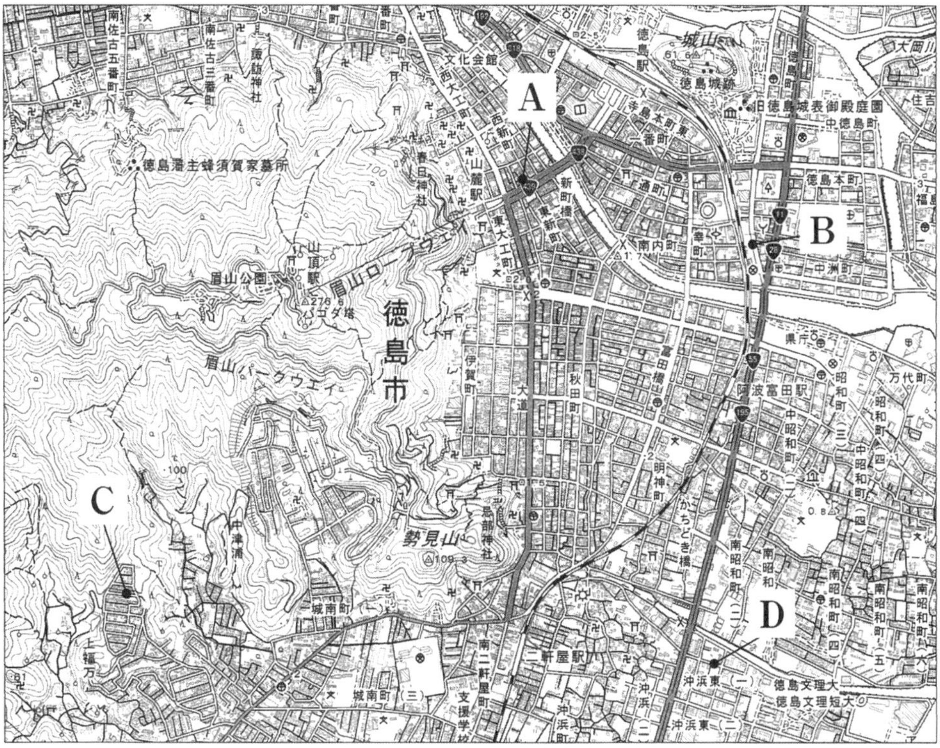

（国土地理院 2 万 5 千分の 1 地形図「徳島」平成 31 年発行一部改変）

ア　①－A　②－C　　**イ**　①－A　②－D

ウ　①－B　②－C　　**エ**　①－B　②－D

3 次のⅠ～Ⅴは，Mさんが，五つの異なる時代の人々の生活について調べ，まとめたものです。これをみて，問1～問5に答えなさい。(16点)

Ⅰ	朝廷は人々に開墾をすすめ，新しく開墾した土地は，租を納めることと引きかえにいつまでも私有地としてよいことにした。
Ⅱ	社会が変化し，人々の心に不安な気持ちが高まると，念仏を唱えて阿弥陀如来にすがり，死後に極楽浄土へ生まれ変わることを願う浄土信仰が都でおこった。
Ⅲ	農作業に牛や馬が利用され，鉄製の農具が広まり，草や木を焼いた灰が肥料として使われるようになった。寺社の門前や交通の便利な所には定期市が開かれ，町が生まれた。
Ⅳ	土倉や酒屋などをおそって借金の帳消しなどを求める土一揆が起こるようになり，近畿地方を中心に広がった。
Ⅴ	庶民の間にも教育への関心が高まり，町や農村に多くの寺子屋が開かれ，読み・書き・そろばんなど実用的な知識や技能を教えた。

問1　Mさんは，文化に興味をもち調べたところ，次のa，bの文と**資料1**，**資料2**をみつけました。Ⅰの時代の文化について述べた文と，その時代の代表的な文化財の組み合わせとして正しいものを，**表**中のア～エの中から一つ選び，その記号を書きなさい。(3点)

a　奈良盆地を中心とする地域に，強大な力を持つ王と有力な豪族たちとから成る大和政権が現れ，王や豪族の墓として大きな前方後円墳が造られた。

b　国家の仕組みが整い，国際的な交流がさかんになると，日本の国のおこりや，天皇が国を治めることの由来を説明しようとする動きが朝廷の中で起こり，「古事記」と「日本書紀」が作られた。

資料1

興福寺の阿修羅像

資料2

武人埴輪

表

	文化	代表的な文化財
ア	a	**資料1**
イ	a	**資料2**
ウ	b	**資料1**
エ	b	**資料2**

問 2　Ⅱの時代における政治の様子を述べた文として正しいものを，次のア～エの中から一つ選び，その記号を書きなさい。（2点）

ア　戦乱の時代から残る社会のあらあらしい気風をただすため，生類憐みの政策が行われた。

イ　元軍の再度の侵攻に備え，御家人たちによって，博多湾の沿岸に石垣が築かれた。

ウ　豪族が支配していた土地と人々とを，公地・公民として国家が直接支配する方針が示された。

エ　貴族の中でも天皇と深い関係のある人々が力を持つようになり，摂関政治が行われた。

問 3　Mさんは，Ⅲの時代における，地頭と領家(荘園の領主)の争いが読みとれる，**資料3**をみつけました。**資料3**から，ここでの争いはどのように解決されたのかを，「**地頭**」という語を用いて書きなさい。（5点）

資料3

問 4　Ⅳの時代に起こった世界のできごとを述べた文として，その正誤の組み合わせが正しいものを，下の**ア**～**エ**の中から一つ選び，その記号を書きなさい。（3点）

X	明は，正式な貿易船の証明として，勘合を日本の船に与えて貿易を始めた。
Y	ロシアの使節ラクスマンが蝦夷地の根室に来航し，通商を求めた。
Z	朝鮮半島では，李成桂が高麗をほろぼして朝鮮国を建てた。

ア	X　正	Y　正	Z　誤	**イ**	X　正	Y　誤	Z　正
ウ	X　誤	Y　正	Z　正	**エ**	X　誤	Y　誤	Z　正

問 5　Mさんは，Ⅴの時代の学問について調べ，次のようにまとめました。**まとめ**の中の［P］にあてはまる人物名を書きなさい。（3点）

まとめ

佐原《さわら》の名主で商業を営んでいた［P］は，江戸で天文学や測量術を学び，各地を自費で測量しました。その技術におどろいた幕府は，全国の測量を幕府の事業とすることとし，［P］にこれを命じました。**資料4**は，［P］によって作られた地図です。

資料4

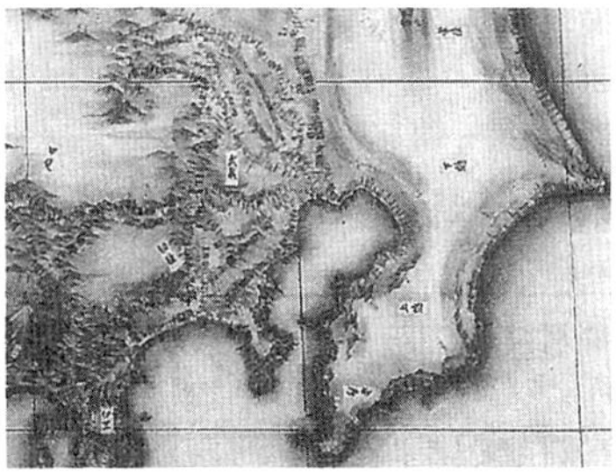

4　次の年表をみて，問１～問４に答えなさい。(17 点)

西暦(年)	で　き　ご　と	
1853	・アメリカの使節ペリーが浦賀に来る	A
1871	・岩倉使節団が欧米に派遣される	B
1914	・第一次世界大戦がはじまる	C
1939	・第二次世界大戦がはじまる	
1973	・石油危機が起こる	D
1992	・国際平和協力法が成立する	

問１　次は，年表中Ａの時期の，開国によって受けた影響について学習する授業での，先生と生徒の会話です。会話文を読み，下の(1)と(2)の問いに答えなさい。

先　生：この時期の状況を示した**資料１**の浮世絵から，どのようなことが読みとれますか。

生　徒：はい。生活に必要な品物がかかれた凧《たこ》があがっていることが読みとれます。

先　生：そうですね。では，この時期がどのような状況かを考えるために，開国して貿易が始まったときの，国内への影響について思い出してみましょう。

生　徒：はい。日本の主要な輸出品だった［ P ］の生産がさかんになる一方で，安くて質の良い綿織物や綿糸が輸入されたため，国内の綿産業は打撃を受けました。

先　生：そうでしたね。では，開国後の貿易によって，人々の生活はどのような影響を受けたのでしょうか。**資料２**から読みとれる変化にふれながら，考えてみましょう。

生　徒：はい。［ Q ］と考えられます。

先　生：そのとおりです。**資料１**は，この状況を示した浮世絵だと考えられますね。

資料１

資料２　幕末の物価の変化

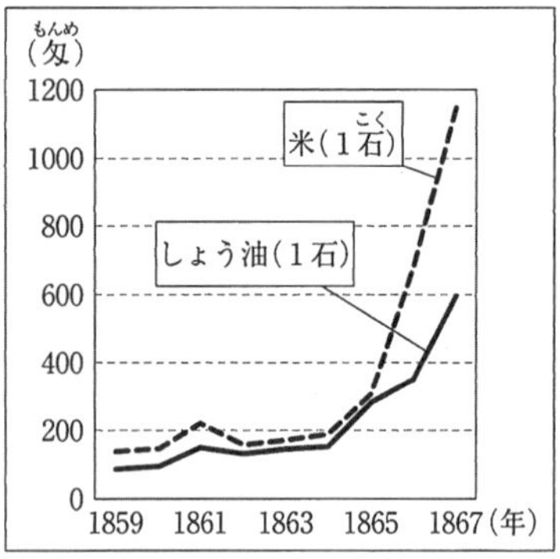

(注)匁は銀貨の単位。１石は約 180 L。
(『近世後期における主要物価の動態』から作成)

(1)　会話文中の［ P ］にあてはまる語を，次のア～エの中から一つ選び，その記号を書きなさい。(３点)

ア　毛織物　　イ　武器　　ウ　鉄鋼　　エ　生糸

(2)　会話文中の［ Q ］にあてはまることばを書きなさい。(５点)

問 2　次の**図**は，年表中Bの時期を学習する授業で，ある生徒が「不平等条約の改正」をテーマに，できごとを起こった順にまとめたステップチャートです。**図**中の X と Y にあてはまる語の組み合わせとして正しいものを，下の**ア**～**エ**の中から一つ選び，その記号を書きなさい。（3点）

図

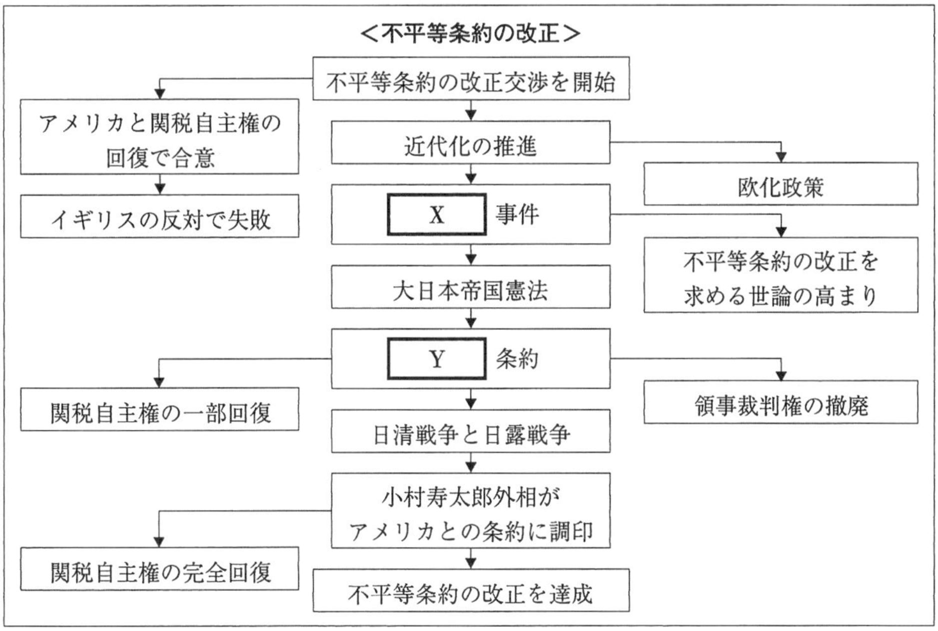

ア　X－日比谷焼き打ち　Y－日英通商航海　　**イ**　X－日比谷焼き打ち　Y－ポーツマス
ウ　X－ノルマントン号　Y－日英通商航海　　**エ**　X－ノルマントン号　Y－ポーツマス

問 3　年表中Cの時期における日本の政治や経済の様子を述べた文として正しいものを，次の**ア**～**エ**の中から一つ選び，その記号を書きなさい。（3点）

ア　原敬は，選挙法を改正して選挙権を持つのに必要な納税額を引き下げた。
イ　自由民権運動は，政党の結成へと進み，板垣退助を党首とする自由党が結成された。
ウ　テレビ放送が始まり，最初は街頭でみられていたが，次第に一般の家庭へと普及していった。
エ　自動車などの輸出がのび，貿易黒字が増えると，アメリカなどとの貿易摩擦が深刻化した。

問 4　次は，年表中Dの時期のあるできごとについてまとめたものです。**まとめ**の中の Z にあてはまる語を書きなさい。（3点）

まとめ

東ヨーロッパ諸国では，民主化運動が高まり，共産主義政権が次々とたおれました。アメリカのブッシュ大統領とソ連のゴルバチョフ共産党書記長は，1989年12月に地中海の Z 島で会談し，冷戦の終結を宣言しました。**資料3**は，その Z 会談の様子です。

資料3

5　Kさんは，公民的分野の学習で，次の**学習課題**について調べました。これをみて，問1～問7に答えなさい。(23点)

学習課題

・①社会権とはどのような権利なのだろうか。
・②参政権にはどのようなものがあるのだろうか。
・③日本の司法制度には，どのような仕組みがあるのだろうか。
・④地方公共団体の課題には，どのようなものがあるのだろうか。
・⑤消費者の権利はどのように保障され，どのような責任があるのだろうか。
・⑥社会保障の充実と経済成長とを，どのように両立させていけばよいのだろうか。
・世界の課題に，⑦国際社会ではどのように協力して取り組んできたのだろうか。

問1　下線部①に関連して，Kさんは，社会権について調べ，次のようにまとめました。**まとめ1**の中の［ I ］と［ Ⅱ ］にあてはまる語の組み合わせとして正しいものを，下の**ア**～**エ**の中から一つ選び，その記号を書きなさい。(3点)

まとめ1

> 社会権の中でも基本的な権利が，日本国憲法に「健康で文化的な最低限度の生活を営む権利」と規定されている［ I ］です。この規定に基づいて，日本は，医療，年金，介護などの社会保障を充実させてきました。
>
> 私たちが健康で文化的な生活を送るためには，仕事と生活との調和を図る［ Ⅱ ］が重要です。労働人口が減っている日本では，働きたいと考える人たちが，無理なく力を発揮できる社会をつくっていくことがよりいっそう重要になります。

ア　I－生存権　　　Ⅱ－ダイバーシティ
イ　I－生存権　　　Ⅱ－ワーク・ライフ・バランス
ウ　I－勤労の権利　Ⅱ－ダイバーシティ
エ　I－勤労の権利　Ⅱ－ワーク・ライフ・バランス

問2　下線部②について述べた文として正しいものを，次の**ア**～**オ**の中から**すべて**選び，その記号を書きなさい。(3点)

ア　選挙権は，満18歳以上の国民に認められている。
イ　国会議員の選挙では，外国に住んでいる日本国民にも，投票できる仕組みがある。
ウ　都道府県知事に立候補する被選挙権は，満25歳以上の国民に認められている。
エ　憲法の改正は，国民の3分の2以上の賛成で，国民が，これを発議し，国会に提案する。
オ　最高裁判所の裁判官に対しては，国民が直接，任命が適切かどうか，国民審査を行う。

問 3　下線部③について述べた文として最も適切なものを，次のア～エの中から一つ選び，その記号を書きなさい。（3 点）

ア　一つの事件について，最大で 2 回まで裁判を受けることができ，第一審の判決が不服な場合は，第二審の裁判所に上告することができる。

イ　被告人は，判決を受けるまでは有罪とみなされるが，公平で速やかな，公開された裁判を受ける権利が保障されている。

ウ　捜査が適正に行われたかを後から確かめられるように，裁判員裁判の対象となる事件などで，警察官や検察官の取り調べを録画・録音する，取り調べの可視化が義務化されている。

エ　一部の事件では，被害者が，裁判に参加することが認められているが，被告人や証人に質問することはできない。

問 4　下線部④に関連して，次の**グラフ**は，2019 年度の大阪府と鳥取県の歳入とその内訳を示したものです。**グラフ**から，国から配分される地方交付税交付金などの歳入に占める割合が，大阪府と鳥取県で異なることが読みとれます。**グラフ**をみて，国から地方交付税交付金が配分される目的を，「**自主財源**」と「**格差**」という**二つの語**を用いて書きなさい。（5 点）

グラフ

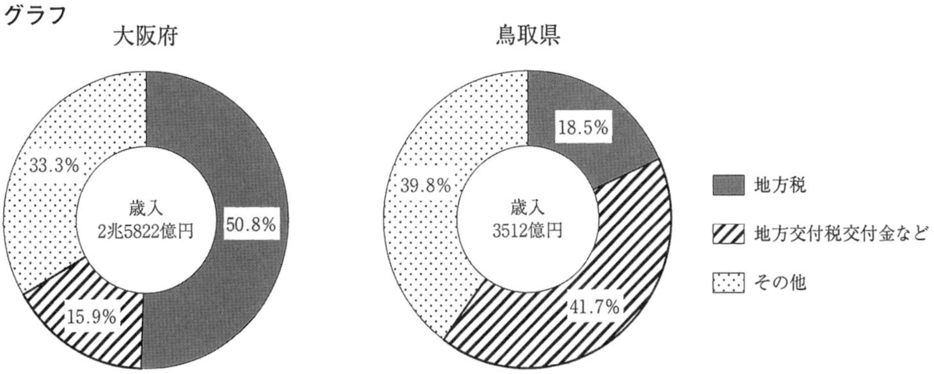

（データでみる県勢 2022 年版などから作成）

問 5　下線部⑤に関連して，K さんは，契約を解除することを通知する次の**資料 1** をみつけました。訪問販売や電話勧誘などで商品を購入した場合に，一定期間内であれば消費者側から無条件で契約を解除することができます。この制度を何といいますか，その名称を書きなさい。

（3 点）

資料 1

通知書

次の契約を解除します。

契約年月日　令和〇〇年〇月〇日
商品名　〇〇〇〇
契約金額　〇〇〇〇〇〇円
販売会社　株式会社 ××××□□営業所
担当者△△△△

支払った代金〇〇〇〇〇〇円を返金し、
商品を引き取ってください。

令和〇〇年〇月〇日
埼玉県〇市〇町〇丁目〇番〇号
氏名　〇〇〇〇

問 6　下線部⑥に関連して，Kさんは，ある国における四つの政党の主張について調べ，次のようにまとめました。**まとめ 2** をもとに，各政党が主張する政策を分類し，**図**中の**ア**～**エ**のいずれかの領域に位置付けたとき，【C 党】の考え方が位置する領域として最も適切なものを一つ選び，その記号を書きなさい。（3 点）

まとめ 2

【A 党】
・国民の税金の負担を軽くするために，行政や福祉のサービスを減らします。
・自国の商品が売れるように，外国の商品には税金をかけて販売価格を高くします。

【B 党】
・国民の生活は自己責任を基本として，医療や福祉のサービスを減らし，税金を安くします。
・外国の商品を安く輸入できるように，外国の商品にかかっている税金を減らして，市場を開放します。

【C 党】
・国民の税金の負担は重くなりますが，行政や福祉の手厚いサービスを提供します。
・外国の商品にかかっている税金を減らして，外国の商品の販売価格を低くします。

【D 党】
・税金は高くなりますが，国民の生活は政府が支え，医療や福祉のサービスを充実させます。
・自国の産業を守るため，外国の商品に税金をかけて輸入を減らします。

図　座標軸による政党の考え方の分類

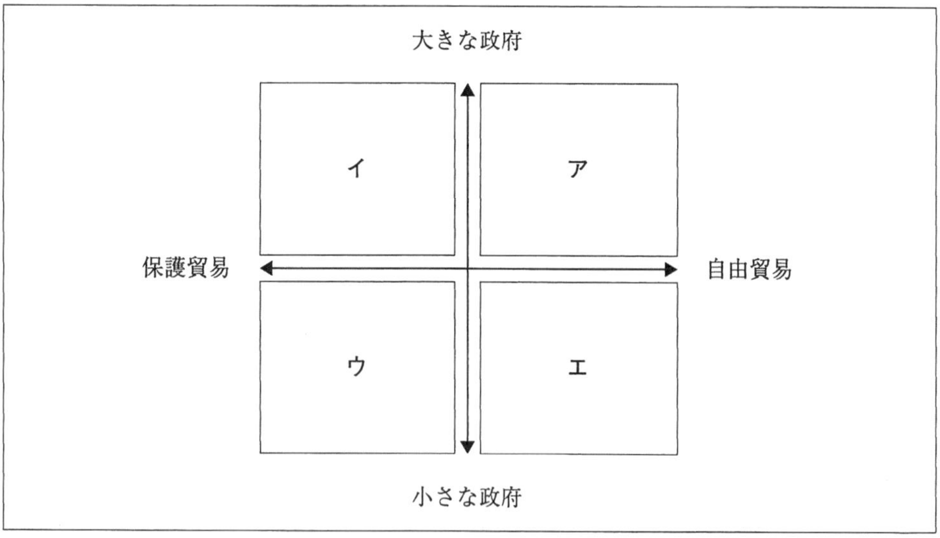

問 7　下線部⑦に関連して，Kさんは，国際会議について調べ，次のようにまとめました。**まとめ 3**の中の［X］と［Y］にあてはまる語の組み合わせとして正しいものを，下の**ア**～**エ**の中から一つ選び，その記号を書きなさい。（3点）

まとめ 3

国際社会の重要な課題に対応するため，さまざまな国際会議が開催されます。例えば，世界の政治や経済について話し合う［X］があります。**資料 2**は，2023年5月に，日本を議長国として，［Y］で開催された［X］の行事の様子です。被爆から復興をとげた［Y］の姿を世界に向けて発信することで，平和の素晴らしさを改めて強調しました。

資料 2

ア　X－アジア太平洋経済協力会議（APEC）　　Y－広島
イ　X－アジア太平洋経済協力会議（APEC）　　Y－京都
ウ　X－主要国首脳会議（G 7）　　Y－広島
エ　X－主要国首脳会議（G 7）　　Y－京都

6　Ｆさんのクラスでは，校外学習で四つのグループに分かれて職場を訪問しました。そこで働いている人から聞いた内容の一部を，次の**カードⅠ**～**カードⅣ**にまとめました。これらに関する問１～問４に答えなさい。(14点)

カードⅠ

外交官のＨさん

私たちは，外務省や世界各国にある日本の大使館などに勤務し，国家間の交渉にたずさわっています。相手国の文化などを積極的に理解しようとする姿勢や社交性が求められます。

カードⅡ

証券取引所に勤めているＲさん

私たちは，投資家が安心して市場で取引でき，上場した企業が安定して資金を集められるようにサポートをしています。株式などの売買が，ルールに従って正しく行われているかを監視しています。

カードⅢ

プログラマーのＴさん

私は，システムエンジニアが考案したシステムなどの設計に従って，プログラミングを行っています。コンピュータを動かすためのプログラミング言語などの専門知識が必要です。

カードⅣ

畜産農家のＵさん

私は，食肉として販売するために，豚などの家畜を育てています。基本的に毎日同じ時間にえさやりや掃除を行っており，動物の異変にすぐに気づける注意力が欠かせません。

問１　**カードⅠ**に関連して，次の**ア**～**エ**は，日本と外国との関係に関するできごとについて述べた文です。年代の**古い順**に並べかえ，その順に記号で書きなさい。(３点)

ア　憲法の制定に向けて，伊藤博文はヨーロッパへ調査に行き，君主権の強いドイツやオーストリアなどで憲法について学んだ。

イ　幕府は，貿易を望む大名や豪商に，東南アジアへの渡航を許可する朱印状を発行し，東南アジアの国々に対して，朱印船の保護を求めた。

ウ　イエズス会の宣教師の勧めにより，キリシタン大名が少年４人をローマ教皇のもとへ派遣した。

エ　世界平和と国際協調を目的とする国際連盟が設立され，新渡戸稲造が事務次長に選ばれた。

問 2　**カードⅡ**に関連して，Ｆさんは，株式会社の仕組みについて，次のようにまとめました。**まとめ１**の中の [X] と [Y] にあてはまる語の組み合わせとして最も適切なものを，下の**ア**～**エ**の中から一つ選び，その記号を書きなさい。（３点）

まとめ１

> 株式会社は，必要となる資金を少額に分けた株式を発行して，多くの人から資金を集めます。株式は，資金を出したことの「証明書」であり，株式を購入した個人や法人を株主といいます。株主には，[X] に参加して経営の基本方針に対して意見を述べる権利や，保有する株式数に応じて，利潤の一部を [Y] として受け取る権利が保障されています。

ア　X－労働組合　Y－年金保険　　**イ**　X－労働組合　Y－配当

ウ　X－株主総会　Y－年金保険　　**エ**　X－株主総会　Y－配当

問 3　**カードⅢ**に関連して，Ｆさんは，アメリカ合衆国の産業について，次のようにまとめました。**まとめ２**の中の [P] にあてはまる語を書きなさい。また，[P] の位置として最も適切なものを，**地図**中の**ア**～**エ**の中から一つ選び，その記号を書きなさい。（３点）

まとめ２

> 現代のアメリカ合衆国は，新しい産業の分野で世界をリードしています。特に，サンフランシスコの南に位置するこの地域は，[P] とよばれ，先端技術産業の拠点となる大学や研究機関を中心として，多くのICT関連企業が集中し，高度な技術の開発が進められています。[P] には，アジア系をはじめ，さまざまな国籍をもつ人材が集まっています。

地図

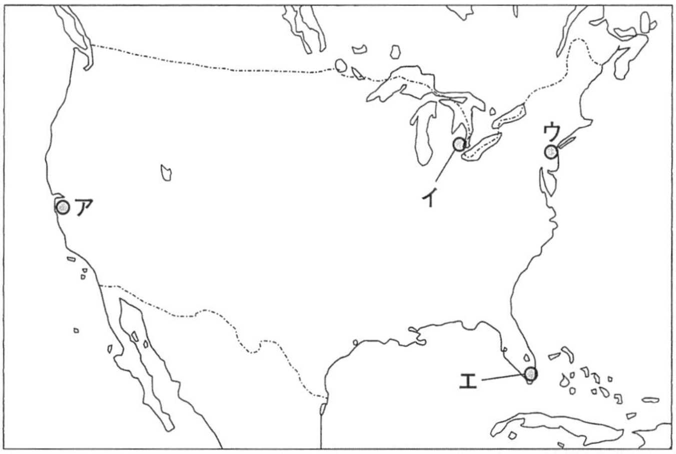

問 4　**カードⅣ**に関連して，Fさんは，豚肉の生産がさかんな鹿児島県の取り組みについて調べ，**レポート**にまとめました。**グラフ2**の［ a ］にあてはまる，取り組みの成果を示す最も適切なものを，あとの**ア**～**エ**の中から一つ選び，その記号を書きなさい。また，［ A ］にあてはまることばを書きなさい。なお，［ A ］には，**資料**と**グラフ2**から読みとれる，取り組みの内容とその成果があてはまります。（5点）

レポート

≪探究課題≫

持続可能な畜産業を実現するため，私たちはどのようなことができるか。

≪課題設定理由≫

鹿児島県では，豚の飼育戸数が減少している一方で，「かごしま黒豚」とよばれる日本を代表する豚肉が生産され，国内外で人気を集めています。この人気を集めた取り組みが，日本の畜産業を発展させるための参考になると考えたからです。

≪探究内容≫

1　日本における豚肉の生産の現状

グラフ1から，豚肉の国内生産量は，ほぼ一定であるのに対して，豚肉の輸入量は増加傾向であることが読みとれます。価格の安い外国産の豚肉に対抗するには，「かごしま黒豚」のように品質重視の豚肉を生産し，ブランド化していく必要があります。

グラフ1

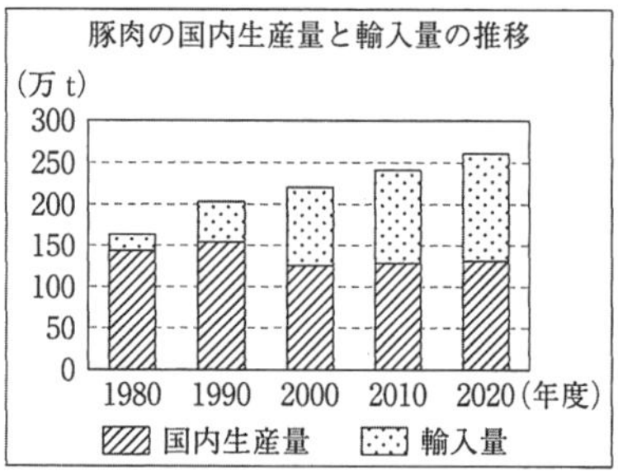

2　鹿児島県の主な取り組みとその成果

(1)　黒豚の品種改良を進め，さつまいもを飼料に使うことで，肉質や食感の良い黒豚肉が生産されています。

(2)　厳格な生産ルールのもと，黒豚を飼育管理することで，安全，安心な黒豚肉が消費者に届けられています。

(3)　**資料**と**グラフ2**から，［ A ］ことが分かります。

グラフ2

［ a ］

資料　鹿児島県産の食肉の輸出の促進を図る主な取り組み

新規輸出国に対する広報活動の様子

ホンコン(香港)の消費者向けに黒豚肉を紹介している動画の一部

(注)レポートは一部である。

（鹿児島県黒豚生産者協議会ホームページなどから作成）

ア

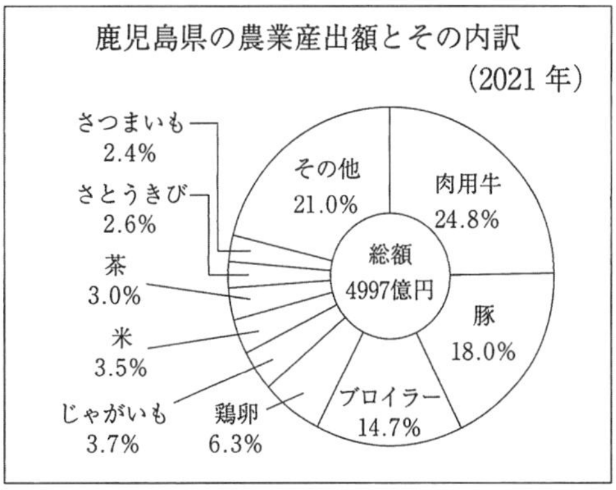

(注) ブロイラーとは，食用の鶏のことである。

イ

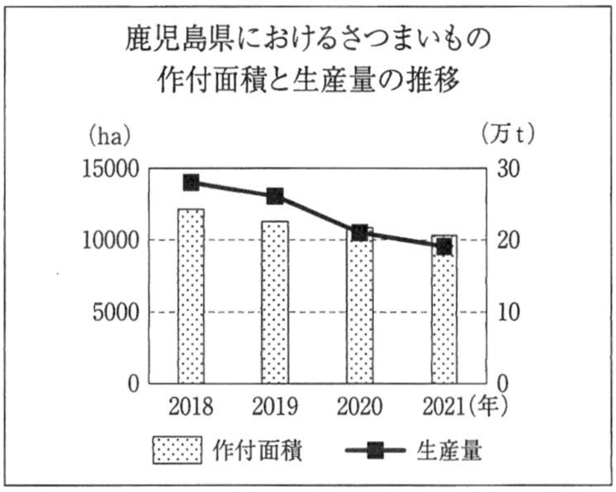

ウ

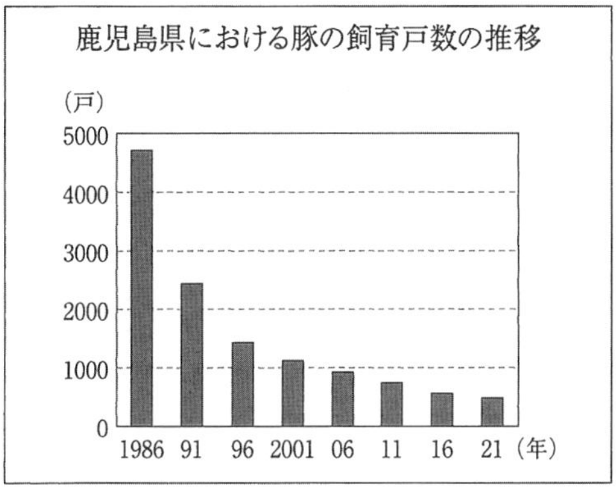

エ

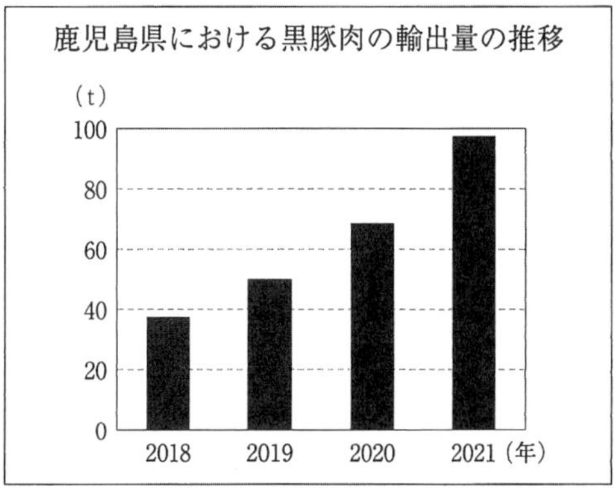

(鹿児島県ホームページなどから作成)

(以上で問題は終わりです。)

受検番号	第　　　　番

埼玉県公立高等学校

令 和 6 年 度 学 力 検 査 問 題

数　　　学 （10 時 35 分～11 時 25 分〈50 分間〉）

注　　　意

1　解答用紙について

(1)　解答用紙は 1 枚で，問題用紙にはさんであります。

(2)　係の先生の指示に従って，所定の欄 2 か所に受検番号を書きなさい。

(3)　答えはすべて解答用紙のきめられたところに，はっきりと書きなさい。

(4)　解答用紙は切りはなしてはいけません。

(5)　解答用紙の ※ 印は集計のためのもので，解答には関係ありません。

2　問題用紙について

(1)　表紙の所定の欄に受検番号を書きなさい。

(2)　問題は全部で 4 問あり，表紙を除いて 10 ページです。

(3)　問題用紙の余白を利用して，計算したり，図をかいたりしてもかまいません。

3　解答について

(1)　答えに根号を含む場合は，根号をつけたままで答えなさい。

(2)　答えに円周率を含む場合は，π を用いて答えなさい。

○　印刷のはっきりしないところは，手をあげて係の先生に聞きなさい。

1　次の各問に答えなさい。（65点）

(1)　$5x-3x$　を計算しなさい。（4点）

(2)　$2\times(-4)-1$　を計算しなさい。（4点）

(3)　$6x^2y\times 12y\div 4x$　を計算しなさい。（4点）

(4)　方程式　$5x-7=6x-3$　を解きなさい。（4点）

(5)　$\sqrt{12}+\sqrt{3}$　を計算しなさい。（4点）

(6)　x^2-x-72　を因数分解しなさい。（4点）

(7) 連立方程式 $\begin{cases} 6x-y=10 \\ 4x+3y=-8 \end{cases}$ を解きなさい。(4点)

(8) 2次方程式 $2x^2+7x+1=0$ を解きなさい。(4点)

(9) y が x の一次関数で，そのグラフの傾きが2で，点$(-3,\ -2)$を通るとき，この一次関数の式を求めなさい。(4点)

(10) 右の図のように，円周の長さを10等分する点A～Jがあります。△AEHと△BEHをつくり，辺AEと辺BHとの交点をKとするとき，∠AKHの大きさ x を求めなさい。(4点)

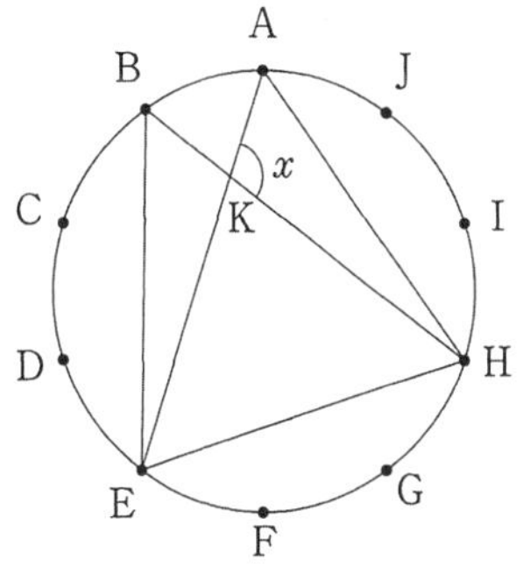

(11) 右の図のような平行四辺形ABCDがあり，辺AD，CDの中点をそれぞれE，Fとします。このとき，△EBFの面積は△DEFの面積の何倍になるか求めなさい。（4点）

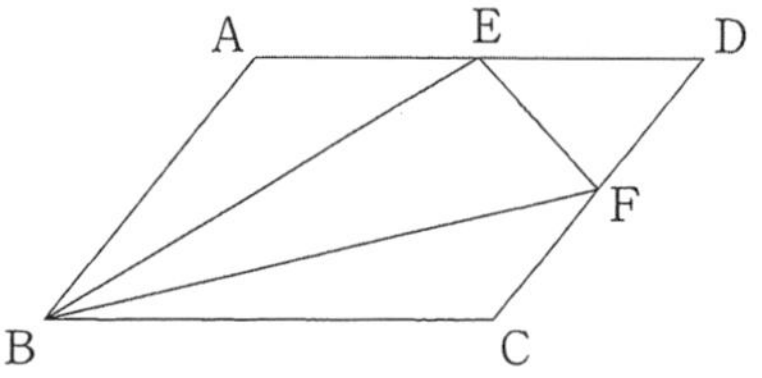

(12) 右の表は，あるクラスの生徒20人が，2学期に借りた本の冊数を，度数分布表に表したものです。この表から読みとることができる内容として正しいものを，次の**ア**～**エ**の中から一つ選び，その記号を書きなさい。（4点）

借りた本の冊数(冊)	度数(人)
以上　未満	
0 ～ 4	2
4 ～ 8	3
8 ～ 12	4
12 ～ 16	8
16 ～ 20	3
合計	20

ア　中央値は8冊以上12冊未満の階級にある。

イ　8冊以上12冊未満の階級の相対度数は4である。

ウ　最頻値は8である。

エ　12冊以上16冊未満の階級の累積相対度数は0.85である。

(13) 1から6までの目が出る大小2つのさいころを1回投げて，大きいさいころの出た目の数を x，小さいさいころの出た目の数を y とします。このとき，$10x+y$ が7の倍数になる確率を求めなさい。

ただし，大小2つのさいころは，どの目が出ることも同様に確からしいものとします。（4点）

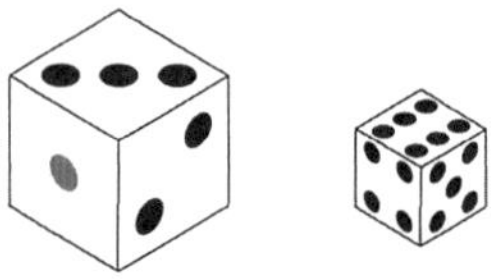

(14) 右の図のような，AB＝6 cm，BC＝4 cm の長方形 ABCD と直線 ℓ があり，辺 DC と直線 ℓ の距離は 2 cm です。このとき，長方形 ABCD を，直線 ℓ を軸として 1 回転させてできる立体の体積を求めなさい。（4 点）

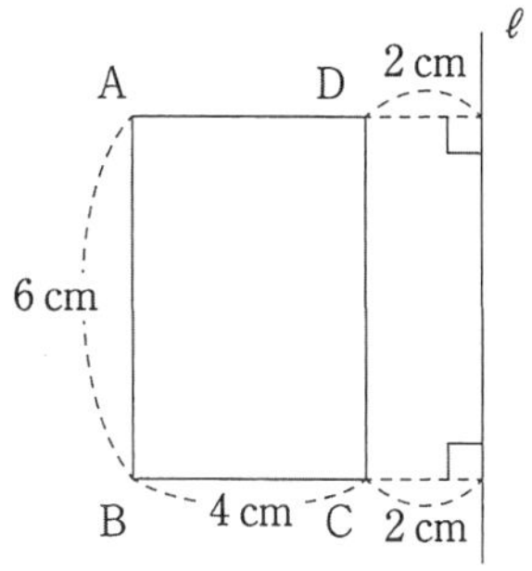

(15) 下の図のように，直線 ℓ 上に 1 辺が 8 cm の正三角形を底辺が 4 cm ずつ重なるようにかいていきます。正三角形を x 個かいたとき，かげ(　)をつけた重なる部分と重ならない部分の面積の比が 2 : 5 になりました。このとき，x の値を求めなさい。（4 点）

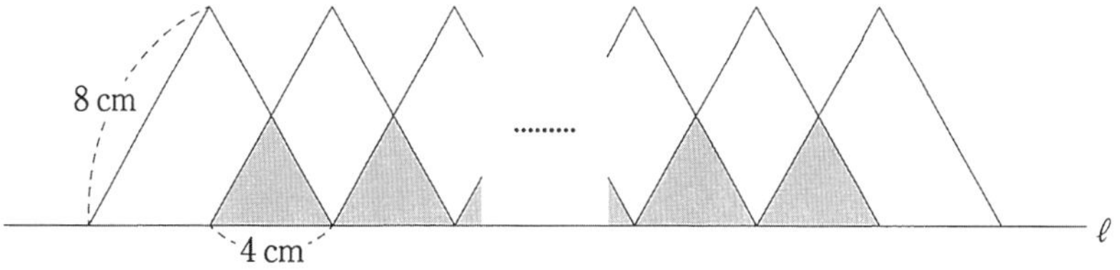

(16) 次は，先生とＳさん，Ｔさんの会話です。これを読んで，下の問に答えなさい。

先　生「わたしたちの中学校では，校庭にある桜の開花日を生徒会の役員が毎年記録しています。次の図は，1961年から2020年までの記録を，３月15日を基準日としてその何日後に開花したかを，期間①から期間④の15年ごとの期間に分け，箱ひげ図にそれぞれ表したものです。これを見て，気づいたことを話し合ってみましょう。」

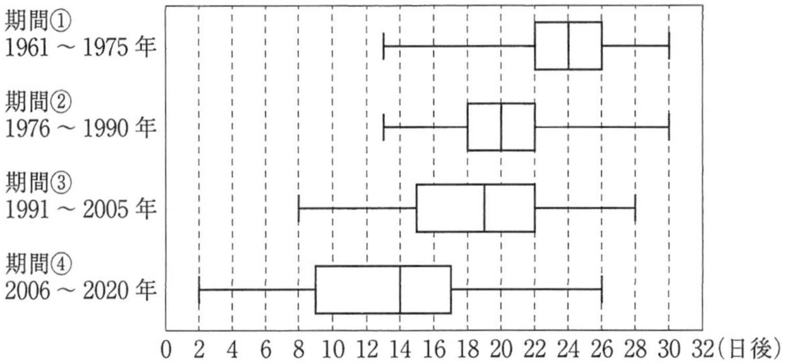

Ｓさん「４つの箱ひげ図を見ると，桜の開花日は60年間でだんだん早くなっているようだね。」

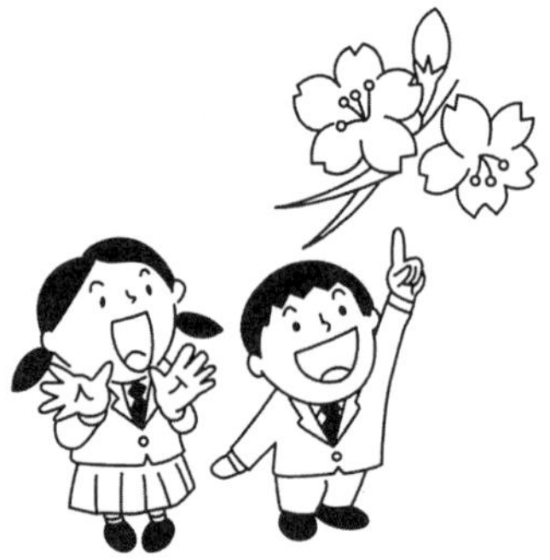

Ｔさん「だけど，期間①と期間②の箱ひげ図は，最も早い開花日と最も遅い開花日が同じ位置だよ。それでも，開花日は早くなっているといえるのかな。」

Ｓさん「期間①と期間②の箱ひげ図を比べると，

Ｉ

から，期間①より期間②の方が，開花日は早くなっているといえると思うよ。」

問　会話中の［　Ｉ　］にあてはまる，開花日が早くなっていると考えられる理由を，**第１四分位数，第３四分位数**という**二つの語**を使って説明しなさい。（５点）

2 次の各問に答えなさい。(12点)

(1) 下の図のように，$\angle \mathrm{ABC} = 90^\circ$ となる3点A，B，Cがあります。このとき，線分ACが対角線となり，AB // PC，AB : PC = 2 : 1 であるような台形ABCPの頂点Pをコンパスと定規を使って作図しなさい。

ただし，作図するためにかいた線は，消さないでおきなさい。(6点)

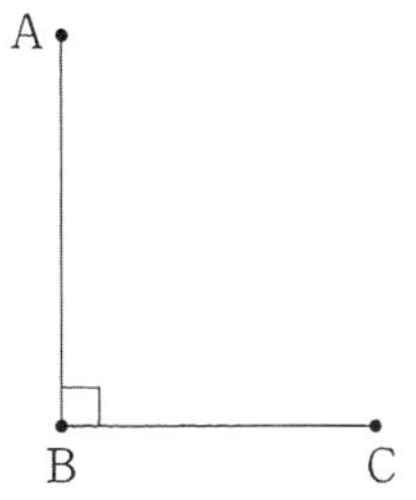

(2) 右の図のように，直角三角形ABCの辺ABを1辺とする正方形ADEBと，辺ACを1辺とする正方形ACFGがあります。

このとき，$\triangle \mathrm{ACD} \equiv \triangle \mathrm{AGB}$ であることを証明しなさい。(6点)

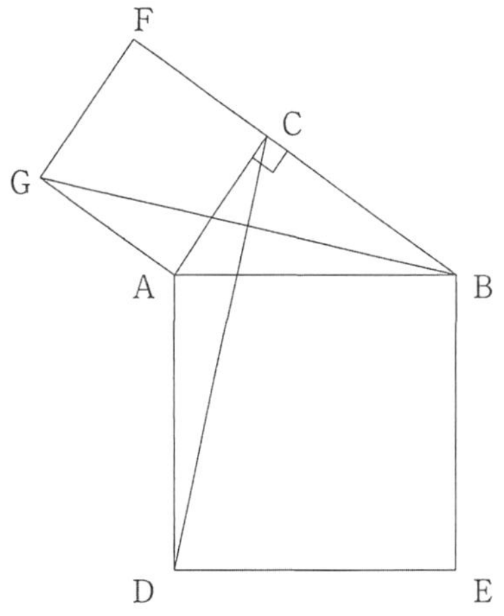

3　次は，ある数学の【問題】について，先生とＦさん，Ｇさんが会話している場面です。これを読んで，あとの各問に答えなさい。（13点）

先　生「次の【問題】について，考えてみましょう。」

【問題】

右の図のように，x軸上を点Ｐが原点Ｏから点Ａ(5，0)まで動きます。点Ｐのx座標をt($0 \leqq t \leqq 5$)として，点Ｐを通りy軸に平行な直線をℓとしたとき，直線ℓと直線$y=x$との交点をＱ，直線ℓと放物線$y=\frac{1}{3}x^2$との交点をＲとします。

PQ：RQ＝4：1になるときの点Ｐのx座標をすべて求めなさい。

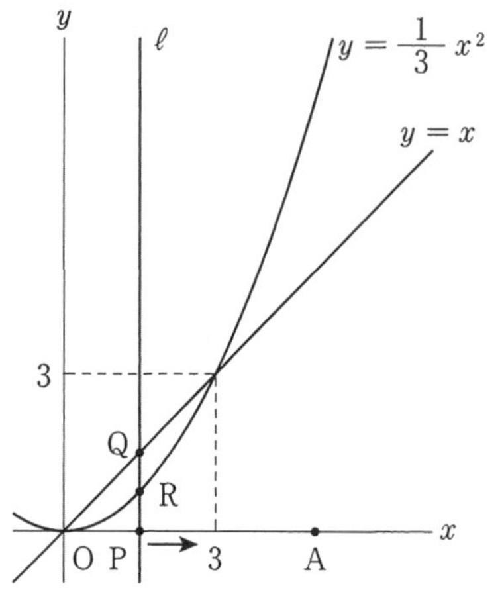

Ｆさん「線分PQと線分RQの長さの比ではなく，線分PQと線分PRの長さの比を考えればわかりやすいかな。」

Ｇさん「そうだね。点Ｑと点Ｒのx座標はそれぞれtなので，点Ｑのy座標は［　ア　］，点Ｒのy座標は［　イ　］になるよ。これで，線分PQの長さと線分PRの長さをそれぞれtで表すことができるね。」

Ｆさん「そうすると，$t=0$，3の場合は線分RQの長さが0だから，除いて考える必要があるね。$0<t<3$の場合，PQ：RQ＝4：1という条件にあてはまるのは，PQ：PR＝4：3かな。」

Ｇさん「そうだね。でも$3<t\leqq 5$の場合は，PQ：PR＝4：3だと，その条件にあてはまらないよ。」

Ｆさん「なるほど。すると$3<t\leqq 5$の場合も，線分PQと線分PRの長さの比を正しく表すことができれば，【問題】は解けそうだね。」

先　生「そのとおりです。それでは，【問題】を解いてみましょう。」

(1) ［ア］，［イ］にあてはまる式を，tを使って表しなさい。（4点）

(2) 下線部の理由を，点Qと点Rのy座標にふれながら説明しなさい。（5点）

(3) PQ：RQ＝4：1になるときの点Pのx座標を**すべて**求めなさい。（4点）

4 図1のような，1辺の長さが6 cmの正方形を底面とし，高さが12 cmの透明でふたのない直方体の容器ABCD－EFGHを水で満たし，水平な床の上に置きました。

辺FGを床につけたまま，図2のように，線分AFが床と垂直になるように容器を傾けて，水をこぼしました。水面と線分AFとの交点をIとするとき，次の各問に答えなさい。

ただし，容器の厚さは考えないものとします。（10点）

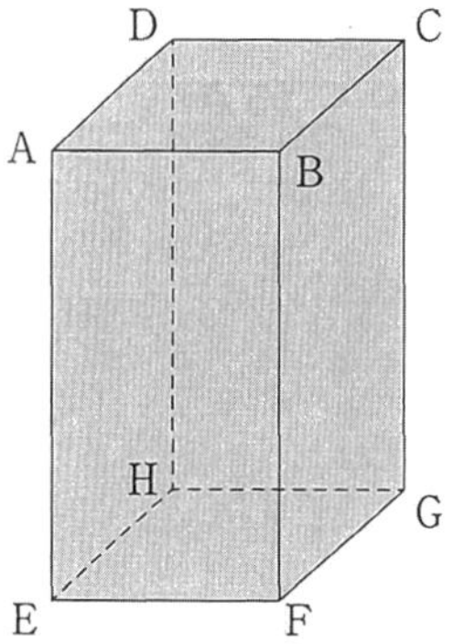

図 1

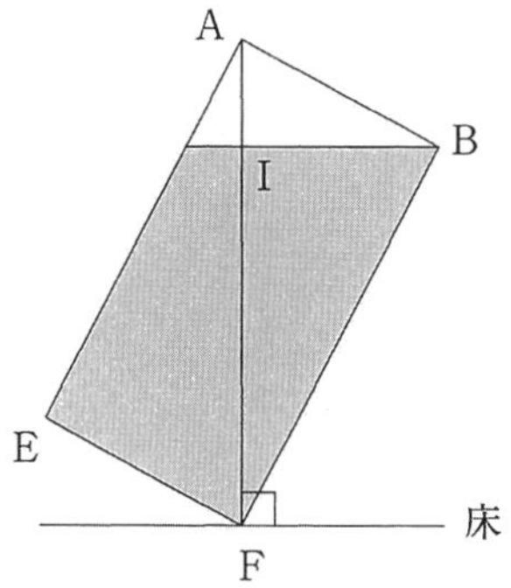

図 2

(1) 容器に残っている水の体積を求めなさい。（6点）

(2) 床から水面までの高さFIを求めなさい。（4点）

（以上で問題は終わりです。）

受検番号	第　　　　番

令和６年度学力検査問題

数　学〔学校選択問題〕

（10時35分～11時25分〈50分間〉）

注　　意

1　解答用紙について

(1)　解答用紙は１枚で，問題用紙にはさんであります。

(2)　係の先生の指示に従って，所定の欄２か所に受検番号を書きなさい。

(3)　答えはすべて解答用紙のきめられたところに，はっきりと書きなさい。

(4)　解答用紙は切りはなしてはいけません。

(5)　解答用紙の※印は集計のためのもので，解答には関係ありません。

2　問題用紙について

(1)　表紙の所定の欄に受検番号を書きなさい。

(2)　問題は全部で５問あり，表紙を除いて10ページです。

(3)　問題用紙の余白を利用して，計算したり，図をかいたりしてもかまいません。

3　解答について

(1)　答えに根号を含む場合は，根号をつけたままで答えなさい。

(2)　答えに円周率を含む場合は，πを用いて答えなさい。

○　印刷のはっきりしないところは，手をあげて係の先生に聞きなさい。

1　次の各問に答えなさい。(45点)

(1)　$(-6xy^3)\div\left(\dfrac{3}{2}x^2y\right)\times(-5x)^2$　を計算しなさい。(4点)

(2)　$x=\sqrt{2}+1,\ y=\sqrt{2}-1$　のとき，$xy-x-y+1$　の値を求めなさい。(4点)

(3)　2次方程式　$5(x-1)^2+3(x-1)-1=0$　を解きなさい。(4点)

(4)　右の表は，あるクラスの生徒20人が，2学期に借りた本の冊数を，度数分布表に表したものです。この表から読みとることができる内容として正しいものを，次の**ア**～**エ**の中から一つ選び，その記号を書きなさい。(4点)

ア　中央値は8冊以上12冊未満の階級にある。
イ　8冊以上12冊未満の階級の相対度数は4である。
ウ　最頻値は8である。
エ　12冊以上16冊未満の階級の累積相対度数は0.85である。

借りた本の冊数(冊)	度数(人)
以上　未満	
0 ～ 4	2
4 ～ 8	3
8 ～ 12	4
12 ～ 16	8
16 ～ 20	3
合計	20

(5)　下の図のように，直線ℓ上に1辺が8 cmの正三角形を底辺が4 cmずつ重なるようにかいていきます。正三角形をx個かいたとき，かげ(　)をつけた重なる部分と重ならない部分の面積の比が2：5になりました。このとき，xの値を求めなさい。(4点)

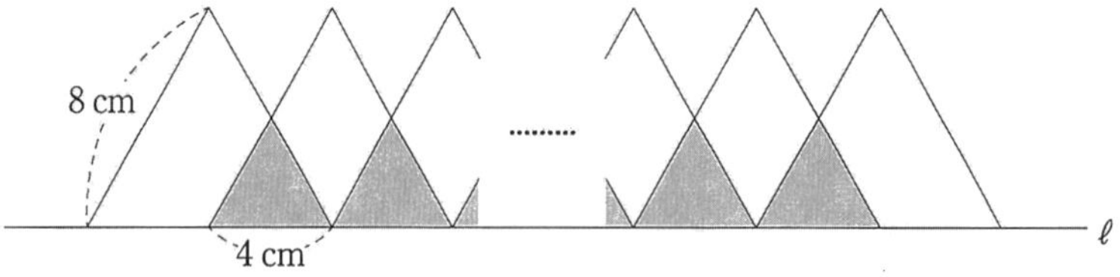

(6) 右の図のような平行四辺形ABCDがあり，辺AD，CDの中点をそれぞれE，Fとします。線分ACと線分BEとの交点をGとするとき，△ABGの面積は△DEFの面積の何倍になるか求めなさい。

（5点）

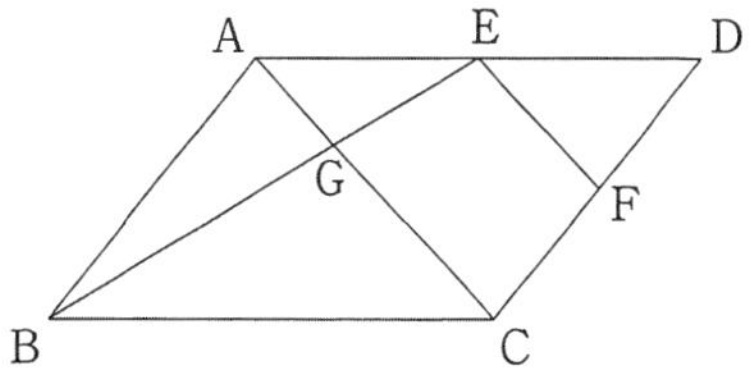

(7) 右の図のように，関数 $y = ax^2$ のグラフと，傾きが $\frac{1}{2}$ である一次関数のグラフが，2点A，Bで交わっています。点Aの x 座標が -2，点Bの x 座標が 4 であるとき，この一次関数の式を求めなさい。（5点）

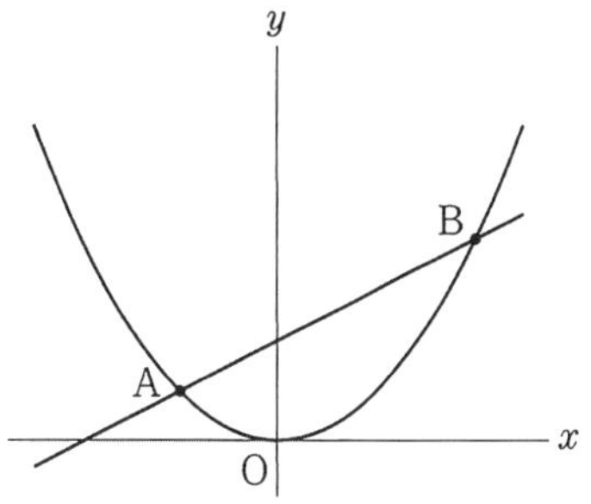

(8) 右の図のような，$AB = AC = 2$ cm，$\angle BAC = 90^\circ$ の△ABCがあり，頂点Cを通り，辺BCに垂直な直線 ℓ をひきます。このとき，△ABCを，直線 ℓ を軸として1回転させてできる立体の体積を求めなさい。（5点）

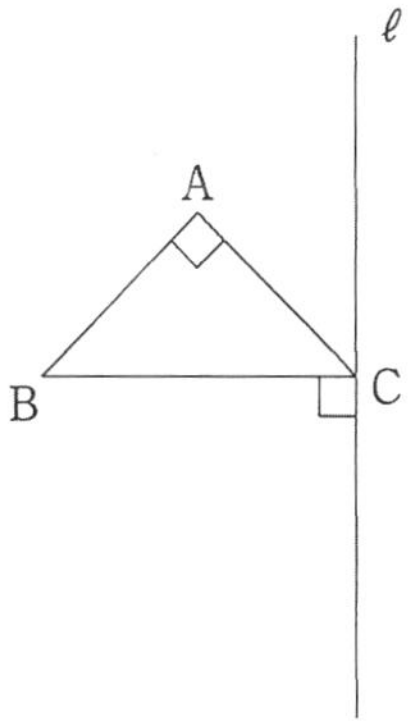

(9) 右の図のように，円周の長さを10等分する点A～Jがあります。線分AEと線分BHとの交点をKとするとき，∠AKHの大きさxを求めなさい。（5点）

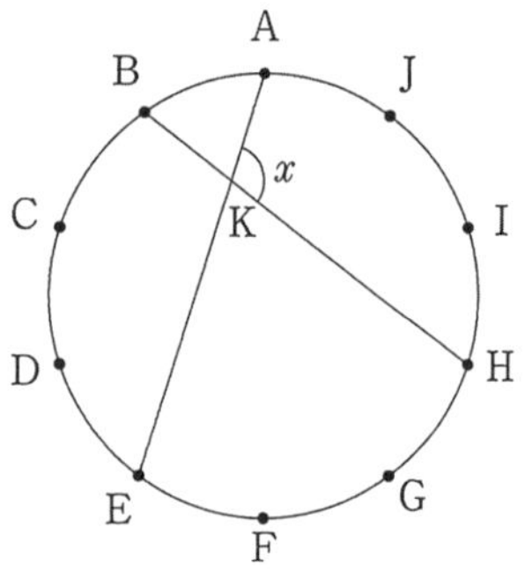

(10) 次は，先生とSさん，Tさんの会話です。これを読んで，下の問に答えなさい。

先　生「わたしたちの中学校では，校庭にある桜の開花日を生徒会の役員が毎年記録しています。次の図は，1961年から2020年までの記録を，3月15日を基準日としてその何日後に開花したかを，期間①から期間④の15年ごとの期間に分け，箱ひげ図にそれぞれ表したものです。これを見て，気づいたことを話し合ってみましょう。」

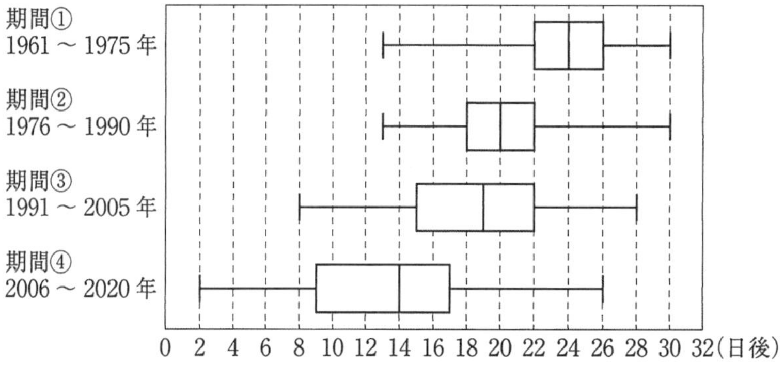

Sさん「4つの箱ひげ図を見ると，桜の開花日は60年間でだんだん早くなっているようだね。」

Tさん「だけど，期間①と期間②の箱ひげ図は，最も早い開花日と最も遅い開花日が同じ位置だよ。それでも，開花日は早くなっているといえるのかな。」

Sさん「期間①と期間②の箱ひげ図を比べると，

I

から，期間①より期間②の方が，開花日は早くなっているといえると思うよ。」

問　会話中の [I] にあてはまる，開花日が早くなっていると考えられる理由を，**第1四分位数，第3四分位数**という**二つの語**を使って説明しなさい。（5点）

2　次の各問に答えなさい。（13点）

⑴　下の図のように，∠ABC＝90°となる3点A，B，Cがあります。このとき，線分ACが対角線となり，AB∥PC，AB：PC＝2：3であるような台形ABCPの頂点Pをコンパスと定規を使って作図しなさい。

ただし，作図するためにかいた線は，消さないでおきなさい。（6点）

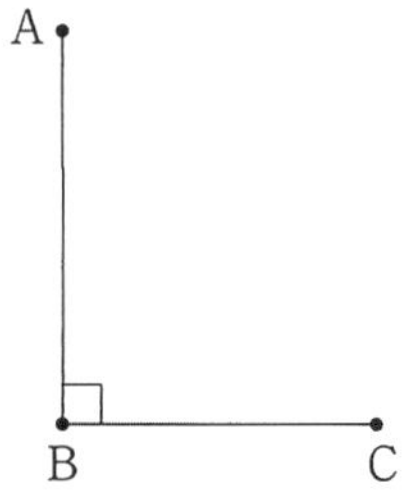

⑵　右の図のように，直角三角形ABCの辺ABを1辺とする正方形ADEBと，辺ACを1辺とする正方形ACFGがあります。線分GBと，辺AC，線分CDとの交点をそれぞれH，Iとするとき，∠CIH＝90°であることを証明しなさい。（7点）

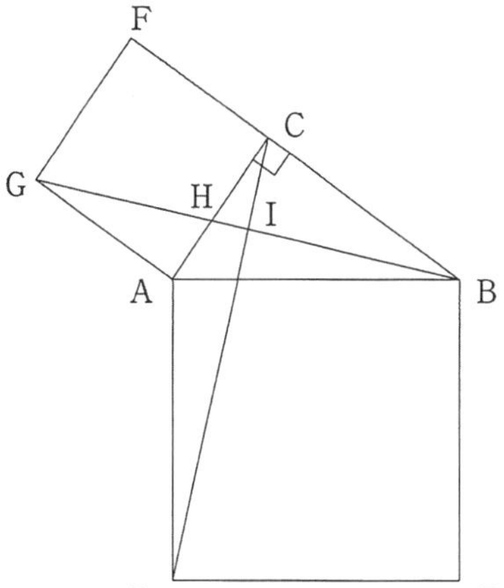

3　次は，ある数学の【問題】について，先生とＦさん，Ｇさんが会話している場面です。これを読んで，あとの各問に答えなさい。(13点)

先　生「次の【問題】について，考えてみましょう。」

【問題】

右の図のように，x 軸上を点Ｐが原点Ｏから点Ａ(5，0)まで動きます。点Ｐの x 座標を $t\,(0 \leqq t \leqq 5)$ として，点Ｐを通り y 軸に平行な直線を ℓ としたとき，直線 ℓ と直線 $y=x$ との交点をＱ，直線 ℓ と放物線 $y=\dfrac{1}{3}x^2$ との交点をＲとします。

PQ：RQ＝4：1になるときの点Ｐの x 座標をすべて求めなさい。

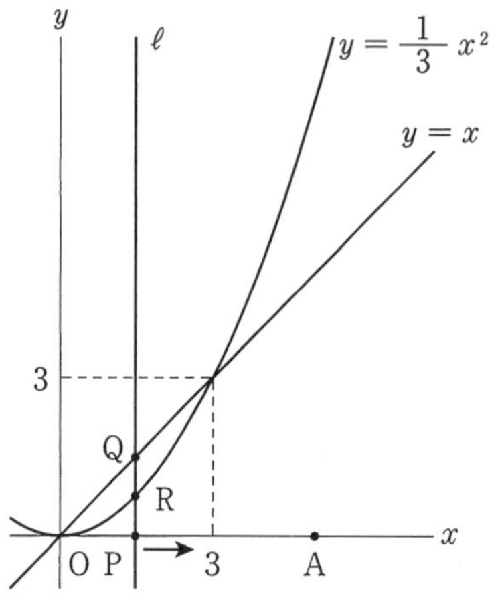

Ｆさん「線分PQと線分RQの長さの比ではなく，線分PQと線分PRの長さの比を考えればわかりやすいかな。」

Ｇさん「そうだね。点Ｑと点Ｒの x 座標はそれぞれ t なので，点Ｑの y 座標は［　ア　］，点Ｒの y 座標は［　イ　］になるよ。これで，線分PQの長さと線分PRの長さをそれぞれ t で表すことができるね。」

Ｆさん「そうすると，$t=0$，3の場合は線分RQの長さが0だから，除いて考える必要があるね。$0<t<3$ の場合，PQ：RQ＝4：1という条件にあてはまるのは，PQ：PR＝4：3かな。」

Ｇさん「そうだね。でも$3<t \leqq 5$の場合は，PQ：PR＝4：3だと，その条件にあてはまらないよ。」

Ｆさん「なるほど。すると$3<t \leqq 5$の場合も，線分PQと線分PRの長さの比を正しく表すことができれば，【問題】は解けそうだね。」

先　生「そのとおりです。それでは，【問題】を解いてみましょう。」

(1) [ア] , [イ] にあてはまる式を，tを使って表しなさい。（4点）

(2) 下線部の理由を，点Qと点Rのy座標にふれながら説明しなさい。（5点）

(3) PQ：RQ＝4：1になるときの点Pのx座標を**すべて**求めなさい。（4点）

4 右の図のように，正方形ABCDの頂点Aに点Pがあります。硬貨を投げ，次の【ルール】に従って，点Pを，反時計回りに正方形ABCDの頂点上を動かす操作を行うとき，あとの各問に答えなさい。

ただし，硬貨の表と裏の出かたは，同様に確からしいものとします。（17点）

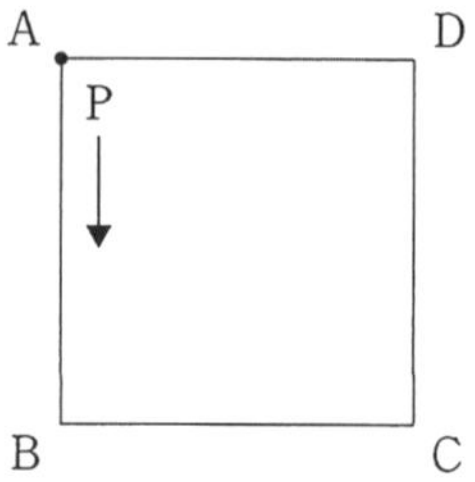

> 【ルール】
> [1] 1枚の硬貨を投げ，表が出たら頂点2つ分，裏が出たら頂点1つ分，点Pは進んで止まる。
> [2] [1]をくり返し，点Pが再び頂点Aに止まったとき，操作は終了する。

(1) 硬貨を2回投げたときに，操作が終了する確率を求めなさい。（5点）

(2) 次の①，②に答えなさい。

① 点Pが正方形ABCDを**ちょうど1周**したところで，操作が終了する場合の数は何通りあるか求めなさい。(6点)

② 点Pが正方形ABCDを**ちょうど2周**したところで，操作が終了する場合の数は何通りあるか求めなさい。(6点)

5 図1のような，1辺の長さが6 cmの正方形を底面とし，高さが12 cmの透明でふたのない直方体の容器ABCD−EFGHを水で満たし，水平な床の上に置きました。このとき，次の各問に答えなさい。

ただし，容器の厚さは考えないものとします。（12点）

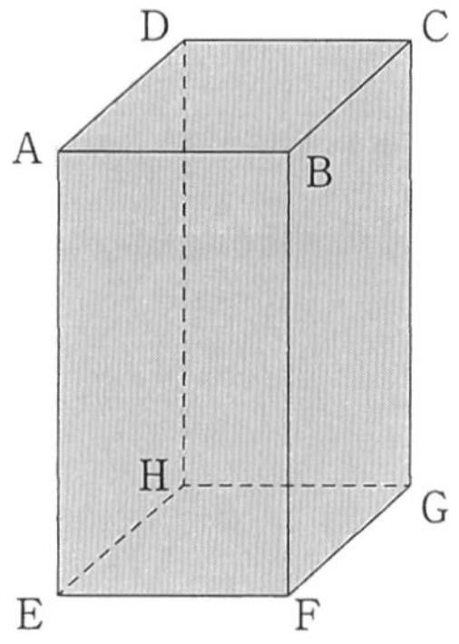

図 1

(1) 辺FGを床につけたまま，図2のように，線分AFが床と垂直になるように容器を傾けて，水をこぼしました。

このとき，容器に残っている水の体積を求めなさい。（6点）

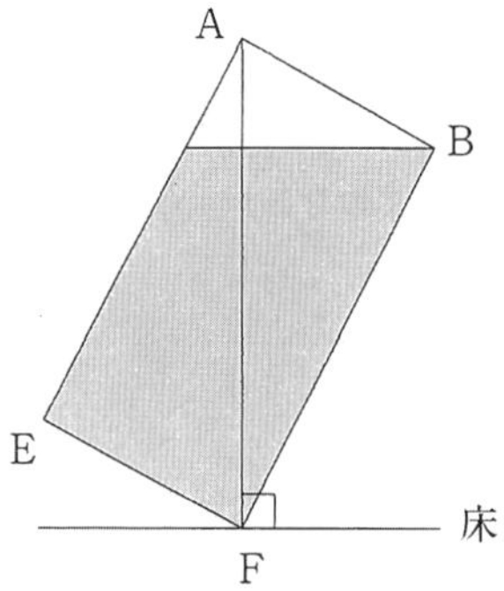

図 2

(2) 辺 FG を床につけたまま，図 3 のように，線分 AF が床と 45° になるように容器をさらに傾けて，水をこぼしました。点 A から床に垂線をひき，床との交点を P，水面と線分 AP との交点を Q とするとき，床から水面までの高さ PQ を求めなさい。（6 点）

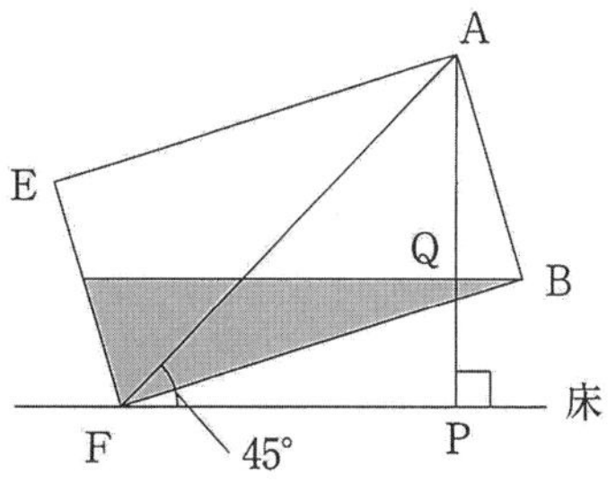

図 3

（以上で問題は終わりです。）

埼玉県公立高等学校

令和五年度 学力検査問題

国語

（九時二十五分～十時十五分）
〈五十分間〉

受検番号	第　　　　番

注意

1 解答用紙について

(1) 解答用紙は一枚で、問題用紙にはさんであります。

(2) 係の先生の指示に従って、所定の欄二か所に受検番号を書きなさい。

(3) 答えはすべて解答用紙のきめられたところに、はっきりと書きなさい。

(4) 解答用紙は切りはなしてはいけません。

(5) 解答用紙の※印は集計のためのもので、解答には関係ありません。

2 問題用紙について

(1) 表紙の所定の欄に受検番号を書きなさい。

(2) 問題は全部で五問あり、表紙を除いて十四ページです。

○ 印刷のはっきりしないところは、手をあげて係の先生に聞きなさい。

1　次の文章を読んで、あとの問いに答えなさい。（26点）

「私」（陽菜《はるな》）は音楽大学（音大）受験前に出場したコンクールで結果が出ず、打ちのめされる。思い悩むうちにまともに演奏できなくなった「私」は、姉の亜季《あき》（亜季姉《あきねえ》）が住む奥瀬見《おくせみ》を訪れ、オルガン製作をする工房に通うようになる。「私」はオルガン製作を通じて音楽と向き合い、亜季が金森《かなもり》さん、細田《ほそだ》さん、祐子《ゆうこ》さんと組む〈奥瀬見クインテット〉に参加するようになる。

〈奥瀬見クインテット〉は、秋にコンサートをやることになった。

演奏会が終わったら、奥瀬見を去るつもりだ。

最近はフルートを吹いても唇が震えたりはしない。そろそろ私も、自分の目標に向かって進む番だ。

「あれ？」

音楽室に近づいたところで、私は違和感を覚えた。中から、クラリネットの音が二種類聴こえてくる。しかも、片方の音は、やけに艶《つや》がある。

「よっ、亜季、陽菜。」

クラリネットの席に座る金森さんの横に、眼鏡をかけた背の低い女の子がいた。

「娘の玲《れい》だ。見学したいっていうから、つれてきた。」

「あっ、金森玲です。よろしくお願いします！」

慌てたように立ち上がり、ぺこりとお辞儀をする。幼い顔をしていて、私よりも年下のようだ。

「玲は高一でな、音大を目指してるんだ。陽菜の話をしたら、一緒に演奏したいって言いだして聞かなくてな。まあ悪いが、面倒見てやってくれ。」

——音大。

どうりで、艶やかな音が聴こえてきたわけだ。

「よろしくお願いします、陽菜さん。色々教えてください。」

「あ、うん、そんな、教えることなんかないと思うけど……。」

「すごく上手だってパパから聞きました。朝からメッチャ緊張してましたけど、頑張ります！」

玲ちゃんは人懐《なつ》っこい笑顔を見せると、座って音出しをはじめる。

——上手《うま》い。

小柄な体格とは対照的に、ずしんと腹に響くような芯のある音を出す。力強いのに柔らかさもある、分厚い音色。細田さんも祐子さんも、玲ちゃんの美音に耳を惹《ひ》かれている。

①動悸《どうき》が、高鳴る。

基礎練習を吹いているだけだが、音と音とが滑らかにつながり、きちんと作曲された音楽を聴いている気分になる。彼女の中に、生きた音楽が鳴っているからだ。どんな音を出したいのか、どんな音楽を表現したいのか、玲ちゃんの音からはぶれない意思が伝わってくる。

「じゃあ、最初は『クープランの墓』からやりましょっか。」

音出しが終わったところで、亜季姉が言った。

一曲目、プレリュード。

隣に座る細田さんが、両手の指を動かしてかちゃかちゃとキーを動かしている。プレリュードはオーボエの難曲として有名な曲で、冒頭から延々とソロが続く。単に指が動けばいいのではなく、速い※パッセージの中で水が流れるような繊細さも表現しなければならない。

「オーケー。いつでもいいよ。」

細田さんの準備ができたところで、私は楽器を構え、ブレスを取って合図を出した。

オーボエのソロがはじまる。

細田さんは、器用な奏者ではない。ゆったりとしたメロディーを歌い込ませると絶品なのだけれど、この曲のように技巧的なパッセージを吹かせるとかなり雲行きが怪しくなる。

でも、今日の細田さんは、安定していた。難しい楽譜に苦戦してはいるものの、音楽の流れを滞らせずにすいすいと前に進んでいく。こんなに細密な演奏ができたんだと、私は少し驚いた。

いや。

――玲ちゃんがいるからだ。

②演奏の途中で、私は気づいた。冒頭から、オーボエとクラリネットの掛け合いが延々と続く。玲ちゃんは精密機械のように正確にテンポをキープして、※アンサンブルの土台をしっかりと支えている。対話相手が安定しているから、細田さんも安心して吹けているのだ。

いまアンサンブルの中心にあるのは、金森玲という安定した船だった。

クラリネットのソロ。

それまで裏方に隠れていた玲ちゃんの音が、一瞬で※ソリストの音になった。音色が一気に艶やかさを増し、フレーズを見事に歌い上げる。〈奥瀬見クインテット〉が、彼女の色に染まった。

次は、私のソロだ。私は息を肺の深いところまで吸い込み、長いフレーズに備えた。

――あ。

「……おっ？　ちょっと止めよう。」

亜季姉が言葉を挟み、演奏が止まった。せっかくいい流れで進んでいた音楽は、宙に消えてしまう。私は背もたれに身体を預けた。

「ごめんなさい。拍を間違えて、入れませんでした。」

「まあ、そういうこともあるよ。あたしもミスりまくっちゃってごめんなさい。もう一回冒頭からやりましょう。」

「すみません。次はちゃんとやります。」

私は謝って、もう一度フルートを構える。

唇が、震えた。

私は、ショックを受けた。もう、震えがくることは、ないと思っていたのに――。

すべての感情を押し殺して、私はブレスを取った。

休憩時間。なんとなく休憩所に行く気が起きず、フルートの席に座り続けていた私に、玲ちゃんが話しかけてきた。

「すっごい吹きやすかったです。どんどんリードしてくれるし、音も色々持ってるし……ほんと、勉強になりました。」

「いや、こちらこそ、だよ。玲ちゃんはいま、高一だっけ？」

「そうです。ママと東京に住んでて、吹部やりながら、レッスン通ってます。パパは仕事忙しいみたいで、山梨にひとりで住んでるんです。」

「そうなんだ。私も実家は東京なんだ。」

「パパから聞いてます。陽菜先輩、うちに指導きてくださいよ。」

――高一、か。

そのころの私は、どんな演奏をしていたっけ。

音大受験のために、中学までやっていたブラスバンドをやめて、個人レッスン一本に絞ったころだった。楽しむためのフルートはもうやらないと、高校のブラスの誘いを蹴ったときに決意した。

でも、玲ちゃんは部活も真剣にやっているようだ。その上であれだけの演奏をして、しかも音大も目指している。私よりも、明らかに大きな器量を持っている。

「陽菜先輩は来年、どこを受験するんですか？」
　それ以外の選択肢は、彼女の中には存在していないようだった。彼女が引いている〈当然〉のラインが、高い。
「やっぱり、藝大《げいだい》かな。」③私は内心を隠しながら、呟《つぶや》いた。
「あー、やっぱそうですよね。陽菜先輩なら受かると思いますよ。先輩って、フルートだと誰が好きなんですか。」
「うーん色々好きな人がいて……どうしたの、ずいぶん聞くね。」
「こんな話ができる人がいなくて。私、メイエ様命なんですよ。」
　確かに、玲ちゃんの柔らかく芯の強い音色は、フランスの名手、ポール・メイエを思いだす。
「メイエ様みたいなクラリネットを吹くのが夢なんです。」
　ちょっとお茶買ってきます！　と言って、玲ちゃんは出ていく。音楽室がしんと静まり返った。
　静寂の中、私は膝の上に置いたフルートを手に取り、構えた。
　④リッププレートに当てた唇が、小刻みに震えている。
　無理やりそのまま、音を出す。フルートから出る音はみっともなく震えたまま、発したそばから床のほうに落ちてしまう。私は、フルートを膝の上に戻した。カチカチと、歯が鳴った。
　コンクールのことが、否応《いやおう》なく頭の中で※リフレインする。玲ちゃんの、才気溢《あふ》れるクラリネットが、あの日のことを呼び覚ます。
　私は、忘れていた。私が抱えている問題が、何ひとつ解決していないことを。
　あのコンクールのあと――私は、必死に〈個性〉を探した。
　※パユを聴いた。
　ランパルを聴いた。ゴールウェイを聴いた。ニコレを、ツェラーを、高木綾子《たかぎあやこ》を、有田正広《ありたまさひろ》を、ジャズのフルートから古楽の演奏まで、フルートを聴き続けた。そのどれもが素晴らしかった。それぞれに違った個性があって、優劣がつけられなかった。私は玲ちゃんのように、メイエ様が一番と、無邪気に言うことができない。
　――私には、嫌いなものがない。
　ブラスバンド部の同級生は、プロの演奏に対しても嫌いだとか下手くそだとか、平気で言っていた。自分のことを棚に上げたそういう態度が私はすごく嫌だったけれど、もしかしたら、おかしいのは私のほうなのかもしれない。
　嫌いなものがない。それは、好きなものがないことと同じではないか。
　自分の音楽が、ないことと。
「陽菜せんぱーい。」
　玲ちゃんを先頭に、休憩所にいたメンバーが帰ってくる。
「陽菜、玲の高校に教えにきてくれるんだって？　忙しいところ、悪いな。」
「え、ちょっと待ってください。私、そんなこと……。」
「陽菜先輩、きてくれないんですか？」
　玲ちゃんが悪戯《いたずら》っぽく首をかしげる。可愛《かわい》らしいけれど、こういうところは金森さんの娘だ。したたかさは、彼女の演奏ともつながっている気がする。強い音楽。強い個性。
「判《わか》ったよ。来年くらいに落ち着いたら、声かけて。」
「わーい。約束ですよ。」
　嬉《うれ》しそうに微笑《ほほえ》んでくる彼女に向かって、私は無理やり笑顔を作った。
（逸木《いつき》裕《ゆう》著『風を彩《いろど》る怪物』による。一部省略がある。）

（注）　※パッセージ……楽曲の一節。
※アンサンブル……小人数の合奏。
※ソリスト……独奏者。独奏（ソロ）をする人。
※リフレイン……繰り返すこと。
※パユ……フルート奏者。以下、「ランパル」「ゴールウェイ」「ニコレ」「ツェラー」「高木《たかぎ》綾子《あやこ》」「有田正広《ありたまさひろ》」も同じ。

問1　①動悸《どうき》が、高鳴る。とありますが、このときの「私」の心情を説明した文として最も適切なものを、次の**ア**～**エ**の中から一つ選び、その記号を書きなさい。（4点）

ア　玲《れい》ちゃんが吹くクラリネットの音からは、どんな音を出したいのか、どんな音楽を表現したいのかが伝わってくるので、より高いレベルの演奏ができるのではと、期待している。

イ　音大を目指している高校一年生の玲ちゃんが、ぶれない意思が伝わってくるような力強いのに柔らかさもある美しい音でクラリネットを吹いているのを見て、心が乱されている。

ウ　玲ちゃんが吹くクラリネットの分厚く美しい音色に、細田《ほそだ》さんたちが惹かれている様子を見て、玲ちゃんが新たなメンバーとして受け入れられていることをうれしく感じている。

エ　ずしんと腹に響くような芯のある音でクラリネットを吹く玲ちゃんがまだ高校一年生だと知り、自分も早く目標に向かって進んでいかなければならないと、あせりを感じている。

問2　②演奏の途中で、私は気づいた。とありますが、「私」はどのようなことに気づいたのですか。次の空欄にあてはまる内容を、三十五字以上、四十五字以内で書きなさい。（6点）

玲ちゃんが、［　　　　（35字以上45字以内）　　　　］ということ。

問3　③私は内心を隠しながら、呟《つぶや》いた。とありますが、「私」が隠した内心とはどのようなものですか。最も適切なものを、次の**ア**～**エ**の中から一つ選び、その記号を書きなさい。（4点）

ア　フルートをまともに演奏できずに思い悩んでいる「私」にとって、音大受験を〈当然〉と考えている玲ちゃんの質問には、まだきちんと答えることができないという心情。

イ　音大受験を目指す「私」にとって、志望校にくわえ、目標とする奏者まで明確にすることを〈当然〉とする玲ちゃんの考え方は、レベルが高くてついていけないという心情。

ウ　まだ音大受験をするかどうかで悩む「私」にとって、高校一年生の時点で志望校を決めて練習することを〈当然〉とする玲ちゃんの姿勢は、立派で尊敬に値するという心情。

エ　音大受験のためにすべてを捨てた「私」にとって、部活とレッスンの両立を〈当然〉とする玲ちゃんの音楽への関わり方は、負担が重いので止めた方がいいという心情。

問4 ④リッププレートに当てた唇が、小刻みに震えている。とありますが、このとき「私」の唇が震えた理由を次のようにまとめました。空欄にあてはまる内容を、**コンクール**、**個性**の二つの言葉を使って、三十字以上、四十字以内で書きなさい。ただし、二つの言葉を使う順序は問いません。（7点）

玲ちゃんの演奏を聞いて、　　　　　　　　　　　　　　　　　　　　　　　　から。

問5 本文の内容や表現について述べた文として**適切でないもの**を、次の**ア**～**オ**の中から**二つ**選び、その記号を書きなさい。（5点）

ア 「小柄な体格とは対照的に、ずしんと腹に響くような芯のある音を出す。」のように対句を用いて表現することで、比較された双方がより印象的に伝わるようになっている。

イ 「水が流れるような繊細さ」や、「精密機械のように正確にテンポをキープして」という比喩表現によって、演奏されている曲や演奏している状況がイメージしやすくなっている。

ウ 「パユを聴いた。」から「ニコレを、ツェラーを、高木綾子《たかぎあやこ》を、有田正広《ありたまさひろ》を」までの部分では、具体的な人物名を列挙し、「私」が様々な演奏を聴いたことが表現されている。

エ 「したたかさは、彼女の演奏ともつながっている気がする。」という表現によって、「私」に対抗心を向ける玲ちゃんに、「私」が見下した態度で接していることを印象づけている。

オ 本文は、作品中の登場人物である「私」が語り手となって展開しており、「無邪気に言うことができない。」のように、会話文以外でも「私」の思いや考えが表現されている。

2

次の各問いに答えなさい。（24点）

問1 次の――部の漢字には読みがなをつけ、かたかなは漢字に改めなさい。（各2点）

(1) 友人に本当の気持ちを吐露する。
(2) 資料の利用を許諾する。
(3) 兄は仕事で外国に赴くことになった。
(4) 小銭をサイフに入れる。
(5) あの人は細かい点にまで目がトドく。

問2　次の━━線部の述語に対する主語を、一文節で書き抜きなさい。（3点）

> 夏休み期間中は大会こそ行われないものの、練習試合などは数多く予定されているため、電車に乗る機会も普段よりは多いだろう。

問3　次の**ア**～**エ**の俳句について、表現されている季節が**他の三つと異なるもの**を一つ選び、その記号を書きなさい。（3点）

ア　夏草や兵《つはもの》どもが夢の跡

イ　荒海や佐渡《さど》によこたふ天河《あまのがは》

ウ　五月雨をあつめて早し最上川《もがみがは》

エ　閑《しづ》かさや岩にしみ入る蝉《せみ》の声

問4　中学生のAさんは、授業で「地元の商店街を紹介する」スピーチをするため、商店街の方にインタビューを行いました。次の［インタビューの様子］と、Aさんが書いた【メモ】を読んで、あとの問いに答えなさい。

［インタビューの様子］

Aさん「本日はありがとうございます。さっそくですが、この商店街の名物といえば何ですか。」

B店長「はい。この商店街の名物といえば、何といっても築百年をこえる時計塔です。大正時代の建築物であり、商店街の象徴です。遠方からわざわざ見にいらっしゃる方もいます。」

Aさん「なるほど。では次に、商店街にあるお店や商品についてのお話を聞かせてください。」

B店長「そうですね。この商店街は長い歴史があるため、伝統のあるお店がたくさんありますよ。特に通りの中心にあるパン店のあんパンは、五十年以上売れ続けている人気商品です。」

Aさん「それはすごいですね。わたしも以前食べましたが、すごくおいしかったです。何か特別な工夫があるのでしょうか。」

B店長「一度にたくさん作らずに、少ない数を一日に何度も焼き上げることで、常に焼きたてを提供できるようにしているそうです。お店といえば他にも、人形店や呉服店など伝統的な品物を扱っている店舗や、若い人たちに人気のスポーツ用品店や洋菓子店など、商店街ならではの様々な専門店がありますよ。」

Aさん「色々なお店を回りながら、ぶらぶらと歩くだけでも楽しそうですね。」

B店長「そのとおりです。その場合は、地元の高校生がデザインした、商店街オリジナルの地図をおすすめしています。一枚どうぞ。」

Aさん「ありがとうございます。手書きのイラストやコメントがたくさん入っていて、とても見やすい地図ですね。これはどこで手に入れることができるのでしょうか。」

B店長「商店街の中にある案内所で散策用に配っていますよ。」

Aさん「わかりました。次に、商店街の今後の課題について教えてください。」

B店長「課題としては、商店街全体での一体感が少し足りないことでしょうか。また、一部のお店では、技術を受け継ぐ若い世代の人がいないという問題があるようです。」

Aさん「それは、今後社会へと出ていく私たちにも関係のある問題ですね。」

B店長「そうですね。中学生のみなさんには、ぜひ色々な職業に興味をもって、調べたり体験したりしてほしいと思います。」

Aさん「わかりました。学校でも伝えたいと思います。」

〜インタビューが続く〜

【メモ】

●商店街の名物

➡ 時計塔（大正時代の建築物）

●通りの中心にあるパン店

➡ 50 年以上売れ続けているあんパン

➡ 常に焼きたてを提供

●人形店・呉服店（伝統）

●スポーツ用品店や洋菓子店（若い人に人気）

商店街オリジナルの地図 ➡ 地元の高校生がデザイン

●課題①

商店街全体の一体感が不足 ➡ 商店街のお祭りを企画中

●課題②

一部のお店で、技術を継承する人がいない

⬇

色々な職業について、調べたり体験したりしてほしい

☆ 私たちにも無関係ではないので、何かできることはないか、スピーチのまとめとして考えておく。

(1) Aさんは、このインタビューにおいてどのような工夫をしていますか。最も適切なものを、次の**ア**〜**エ**の中から一つ選び、その記号を書きなさい。（2点）

ア 相手の緊張を緩和しこちらへの親しみをもってもらうため、敬語を使用せずに話す。

イ 相手の話題が質問の内容からそれてしまったときは、それを伝えて流れを修正する。

ウ 相手の回答を受けて、より詳しく聞きたい話題に対しさらに踏み込んだ質問をする。

エ 相手の話が一部聞き取れなかったときは、内容を復唱し正しいかどうかを確認する。

(2) ぶらぶらと歩く とありますが、同様の意味をもつ二字の熟語を、［インタビューの様子］から探し、書き抜きなさい。（3点）

(3) 【メモ】の内容には、［インタビューの様子］からは得ることのできない情報が入っています。Aさんは B店長にどのような質問をして、その情報を得たと考えられますか。質問文を考えて書きなさい。（3点）

3　次の文章を読んで、あとの問いに答えなさい。（26点）

私はいま、白い直方体の真新しい消しゴムを持っている。この消しゴムは、「白い」、「直方体である」、「新しい」といった特徴を持っている。これらの特徴のことを、哲学では専ら「性質」と呼ぶ。

この「性質」こそが「普遍者」とも呼ばれてきたものだ。例えば、「白い」という性質は普遍者である。これに対して、これらの性質を担《にな》っている消しゴムのようなものを「個物」ないし「個別者」と言う。「白い」という性質が普遍者だと言われるのは、これが消しゴム以外の全ての白いものに、「普遍的に」当てはまるからである。砂糖も、塩も、※ホワイトハウスも、「白い」という性質を共有している。「直方体である」についても同様だ。この本も、豆腐も、あなたが小学一年生のときに通った教室も、全て「直方体である」という性質を共有している。①これに対して、個別者は一つしかない。白いものはたくさんあるのに対し、いま私が持っている白い消しゴムは一つしかない。ホワイトハウスも一つしかない。直方体であるものはたくさんあるが、あなたが小学一年生のときに通った教室は一つしかない。このような意味で、「白い」のような性質は普遍者（あるいは単に「普遍」）、特定の消しゴムのようなものは個別者（あるいは「個物」）と呼ばれる。

右のような仕方で普遍者と個別者を分けることは自然なことのように思える。しかしここから、西洋哲学史上最大の問題の一つが生まれてくる。それは、普遍者は本当に存在すると言えるのか、また、もし存在するとしたらどのような仕方で存在するのか、という問題だ。

私が持つ白い消しゴムは、明らかに存在する。しかし、この消しゴムが持つ白さ、すなわち②「白い」という性質が存在すると言えるかどうかについては、判断することは難しいかもしれない。私たちは白い消しゴムや白い家を見たことがある。しかし、「白さ」そのもの、「白い」という性質そのものを見たことがある人など一人もいない。私たちが見ているのは白い消しゴムであって、白さそのものではないのだ。

また、「白さ」が存在するとしたとき、それがどの場所にあるかもわからない。例えば私の消しゴムは私の家にあり、ホワイトハウスはアメリカのワシントンDCにある。私の家と、ホワイトハウスの両方に、そしてその他の白いものがある全ての場所に、同じ「白さ」が存在するのだろうか。このように考えると、「白い」という性質、普遍者が存在すると考えるのは、かなり具合の悪いことだ、と感じられてくる。

しかし、「白さ」が存在しないと考えると都合が悪くなる場面もある。例えば、私の消しゴムとホワイトハウスはどちらも「白い」という性質を共有していると考えられる。だからこそどちらも白いと言われる。ここで、「白い」という性質が存在しないとしたらどうなるだろうか。私の消しゴムとホワイトハウスが共通して持つものなど何もない、ということになるだろう。それではなぜ、何も共通するところのない私の消しゴムとホワイトハウスがどちらも「白い」と呼ばれることになるのだろうか。「私の消しゴムも、ホワイトハウスも、同じ白という色を持っている」という、当たり前に思われた事実が、説明不可能になってしまわないだろうか。

③この問題を回避するには、「白さ」そのものが存在すると考えた方が都合がよい。「白さ」そのもの、すなわち「白い」という性質がもし存在するなら、「私の消しゴムとホワイトハウスはどちらも〈白い〉という性質を共有している」という文を、文字通りの事実として認めることができるようになる。

※ヘーゲルも、「本当は何が存在するのか」や、「そもそも何かが存在するとはどういうことなのか」

という存在論の問いを、哲学の最も重要な課題だと考えていた。ヘーゲルはこの問いに、「他のものと区別されているときである」という独特の答えを提示している。

ヘーゲルは「そこにある」ものを考えるにあたって、そこにあるものが輪郭を持っているということを重視する。

再び消しゴムについて考えてみよう。机の上に載っている消しゴムには輪郭がある。輪郭によって、消しゴムは消しゴムでないものと区別される。消しゴムの輪郭は、消しゴムが載っている机と消しゴムを隔てる。また、消しゴムの周りの何もない空間と消しゴムを隔てる。こうして輪郭によって周囲のものや空間と区別されることで、消しゴムというものの在り方が定まる。そしてこれによって、消しゴムは現に、そこに存在することができている。

ここで重要なのは、何かが存在しているときには必ず、そのものは他のものと区別されている、ということである。現に存在するものは、輪郭を持つ。輪郭を持つということは、周囲と隔てられているということはつまり、周囲のものや空間と区別されているということだ。④何かが存在するという事態を捉えるためには、そのもの以外のものに目を向ける必要がある。それ以外の、他のものと区別されることで、そのものは存在している。

何かの在り方を定め、それによってそのものを存在させるような区別は、空間的なものばかりではない。空間的でない区別も、ものを存在させている。

例えば、消しゴムは鉛筆ではない。机でもない。修正液でもなければ、輪ゴムでもない。また、白い消しゴムは、黒い消しゴムではない。直方体の消しゴムは、丸い消しゴムではない。このように、それが何であるのか、そしてどのような特徴を持つのかということに関しても、存在するものは、他のものと区別されている。この区別がなければ、「白い直方体の消しゴム」が存在するとは言えないだろう。

ここで「白い直方体の消しゴム」の存在を可能にしている区別は、輪郭による空間的な区別ではない。そうではなくて、「消しゴム」や「鉛筆」、「修正液」、あるいは「白」や「黒」といった性質に関わる、概念的な区別である。概念的に区別されることで、「白い直方体の消しゴム」は存在する。

重要なのは、何かが存在するということと、そのものが他のものから概念的に区別されているということとが、切り離せないということだ。前に見た輪郭による空間的な区別だけでなく、概念的な区別もまた、何かが存在するということを成立させている。

空間的な区別は、輪郭で区切ることによって、個物を存在させている。これに対して、概念的な区別は、輪郭を持たない普遍者をも存在させていると考えることができる。

例として、「白い」という性質を取り上げる。白という色は、黒や赤といった白以外の色から区別されている。このことによって、「白い」という性質は存在することができている。

色以外の性質についても考えよう。「直方体である」という性質は、「球である」「三角錐《すい》である」といった性質から区別されることによって存在している。

このように、多くの個物や普遍者について、存在するということは、他と区別されているということと不可分である。

（川瀬《かわせ》和也《かずや》『ヘーゲル哲学に学ぶ　考え抜く力』光文社新書による。一部省略がある。）

（注）　※ホワイトハウス……アメリカ合衆国の大統領官邸。白色の外観からこのように呼ばれる。
　　　※ヘーゲル……ドイツの哲学者。（一七七〇～一八三一）

問1 ①これに対して、個別者は一つしかない。とありますが、その説明として最も適切なものを、次の**ア**～**エ**の中から一つ選び、その記号を書きなさい。（4点）

ア 消しゴムが担《にな》っているさまざまな性質は、相互の組み合わせによって変化するため、完全に同じ性質は存在しないということ。

イ 消しゴムが持つさまざまな特徴を、特定の性質として認識するのは個人であり、人によって認識には差があるということ。

ウ ある特定の消しゴムのように、さまざまな性質を担っている個別的で具体的なものは、一つしか存在しないということ。

エ 消しゴムなどの特定の個物が担うことのできる性質は一つしかないため、普遍的なものにはなることができないということ。

問2 ②「白い」という性質が存在すると言えるかどうかについては、判断することは難しいかもしれない。とありますが、その理由として最も適切なものを、次の**ア**～**エ**の中から一つ選び、その記号を書きなさい。（4点）

ア 私たちは白い消しゴムを見たことがあるが、そもそもその消しゴムが本当に存在すると言えるのかという問題について、明確な答えをもっていないから。

イ 私たちは「白い」という性質を持つ消しゴムを見たことがあるが、その消しゴムが本当に「白い」かどうかを客観的に判断する手段をもっていないから。

ウ 私たちが見ている消しゴムが「白い」という性質を持っていたとしても、同じ性質のものは世界中に存在するため、すべてを比較することができないから。

エ 私たちは消しゴムのように「白い」という性質を持つものを見たことがあっても、消しゴムの持つ「白い」という性質自体を実際に見たことはないから。

問3 ③この問題 とありますが、この「問題」を説明した次の空欄にあてはまる内容を、**存在**、**説明**の二つの言葉を使って、三十字以上、四十字以内で書きなさい。ただし、二つの言葉を使う順序は問いません。（7点）

「私の消しゴムも、ホワイトハウスも、同じ白という色を持っている」という、当たり前に思われた事実が、

＿＿＿＿＿＿＿＿＿＿

という問題。

問4 ④何かが存在するという事態を捉えるためには、そのもの以外のものに目を向ける必要がある。とありますが、その理由として最も適切なものを、次の**ア**～**エ**の中から一つ選び、その記号を書きなさい。（4点）

ア そのものの在り方が定められることで、初めて輪郭を持つことが可能となるので、現に存在する同じ在り方をしている他のものを参考にして在り方を定める必要があるから。

イ そのものは単独では存在することができず、そのものの在り方が定まり存在できるようになるためには、そのものから隔てられ区別された他のものが必要不可欠であるから。

ウ そのものの輪郭の持ち方が、そのものが単独で存在できるかできないかを決めることになるので、他のものがどのような輪郭を持っているのか比較することが求められるから。

エ そのものは単独で存在することができるが、他のものとどのような関係で空間に存在しているかを見ないと、そのものが存在する場所を正しく認識することができないから。

問5 本文で述べられた「ものの存在の仕方」について、次のようにまとめました。空欄［Ⅰ］、［Ⅱ］にあてはまる内容を、それぞれ十字以上、十五字以内で書きなさい。（7点）

個物は［Ⅰ］ことで存在するのに対し、普遍者は［Ⅱ］ことで存在する。

4　次の文章を読んで、あとの問いに答えなさい。（⋯⋯の左側は口語訳です。）（12点）

今はむかし、物ごと（どんなことでも）自慢くさき（やたらに自慢したがる）は未練（未熟）のゆへなり。物の上手の上からは、すこしも自慢はせぬ事也《なり》。我より手上（技量がすぐれている）の者ども、広き天下にいかほどもあるなり。諸芸ばかりに限らず、侍道《さぶらひだう》にも武辺・口上（武芸・弁舌）以下、さらに（まったく）自慢はならぬものを、今の世は、貴賤《きせん》上下（身分が高い人も低い人も）それぞれに自慢して、声高に荒言（偉そうなこと）はきちらし、わがままをする者多し。その癖に、をのれが疵《きず》をかくさん（隠そう）とて、よき者を誹《そし》り（非難し）笑ふ事あり。ある者、座敷をたてて（座敷を作ってふすまに）絵を描かする。白鷺《しらさぎ》の一色（白鷺だけを描くこと）を①望む。絵描き、「心得たり。」とて※焼筆《やきふで》をあつる（焼筆で下絵を描いた）。亭主のいはく、「いづれも良さそうなれども、此《この》白鷺の飛びあがりたる、②羽《は》づかひがかやうでは、飛ばれまい。」といふ。絵描きのいはく、「いやいや此飛びやう（飛び方）が③第一の出来物《できもの》ぢや。」といふうちに、本の（本当の）白鷺が四五羽うちつれて飛ぶ。亭主これを見て、「あれ見給《たま》へ。あのやうに描きたいものぢや。」といへば、絵描きこれを見て、「いやいやあの羽づかひではあつてこそ、それがしが描いたやうには、得飛ぶまい（飛ぶことはできまい）。」といふた。

（『浮世物語《うきよものがたり》』による。）

（注）　※焼筆《やきふで》⋯⋯細長い木の端を焼きこがして作った筆。

問1　①望む　とありますが、これは誰が望んだのですか。最も適切なものを、次の**ア**～**エ**の中から一つ選び、その記号を書きなさい。（3点）

ア　よき者　　**イ**　白鷺《しらさぎ》　　**ウ**　絵描き　　**エ**　亭主

問2　②羽《は》づかひがかやうでは　とありますが、この部分を「現代仮名遣い」に直し、**すべてひらがな**で書きなさい。（3点）

問3　③第一の出来物《できもの》　は、「もっともすぐれた点」という意味ですが、ここでは何を指していますか。次の空欄にあてはまる内容を十五字以内で書きなさい。（3点）

	を指している。

問4　次は、この文章を読んだあとの先生とAさんの会話です。空欄［Ⅰ］にあてはまる内容を本文中から二十字以内で探し、そのはじめの五字を書き抜きなさい。（3点）

Aさん「先生、この文章を図書館で調べたところ、『自慢するは下手芸といふ事』という題がついていることがわかりました。」

先　生「この文章は、前半では自慢する人の未熟さを述べ、後半ではそれを笑い話で説明しています。後半の登場人物が、『をのれが疵《きず》をかくさん』としている様子は、どこに表現されているかわかりますか。」

Aさん「本当の白鷺を見ても、『［　Ⅰ　］』と負け惜しみを言っているところです。」

先　生「そのとおりです。」

5　次の資料は、内閣府が行ったインターネットの利用についての調査結果のうち、「インターネットを利用している」と答えた満十歳から満十七歳の回答をまとめたものです。

国語の授業で、この資料から読み取ったことをもとに「インターネットの適切な利用」について、一人一人が自分の考えを文章にまとめることにしました。あとの（注意）に従って、あなたの考えを書きなさい。（12点）

資料

①　インターネットの使い方について、何か家庭でルールを決めていますか

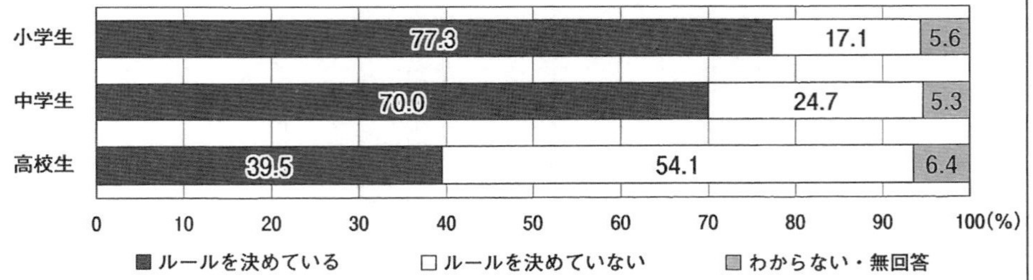

②　あなたの家庭で決めている「インターネットの使い方のルール」にあてはまるもの　　※複数回答

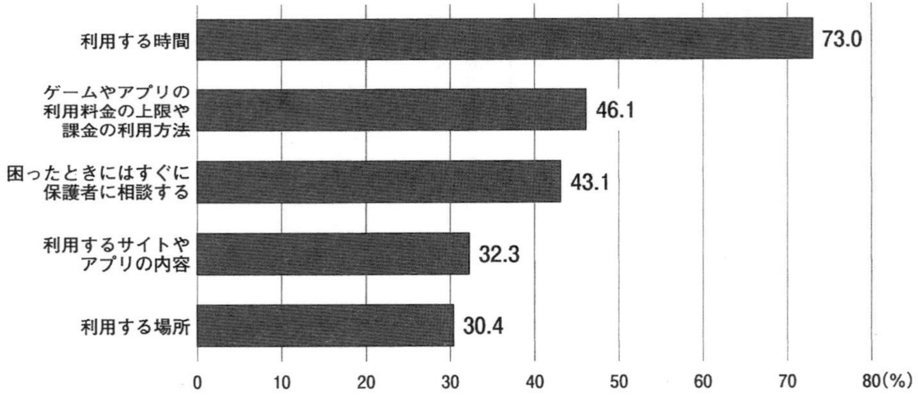

内閣府　令和３年度「青少年のインターネット利用環境実態調査」より作成

（注意）

(1)　**二段落構成**とし、第一段落では、あなたが資料から読み取った内容を、第二段落では、第一段落の内容に関連させて、自分の体験（見たこと聞いたことなども含む）をふまえてあなたの考えを書くこと。

(2)　文章は、十一行以上、十三行以内で書くこと。

(3)　原稿用紙の正しい使い方に従って、文字、仮名遣いも正確に書くこと。

(4)　題名・氏名は書かないで、一行目から本文を書くこと。

（以上で問題は終わりです。）

数　　学　　解答用紙 (1)

1

(1) 4 点
(2) 4 点
(3) 4 点
(4) 4 点
(5) 4 点
(6) 4 点
(7) 4 点
(8) 4 点
(9) 4 点
(10) 4 点
(11) 4 点
(12) 4 点
(13) 4 点
(14) 4 点
(15) 4 点
(16) 5 点

(1) ※	(2) ※	(3) ※
(4) ※	(5) ※	(6) ※
$x =$		
(7) ※	(8) ※	(9) ※
$x =$ ， $y =$	$x =$	と
(10) ※	(11) ※	(12) ※
$y =$	$a =$	EF ＝ cm
(13) ※	(14) ※	(15) ※
	cm^2	

(16) ※
（説明）同じように， から，**イ**も対応していないよ。

受検番号	第　　　　番

数　学〔学校選択問題〕　　解　答　用　紙　(2)

3

(1)4点
(2)5点

(1) ※

ア	イ

(2) ※

小数第30位の数	和

4

(1)5点
(2)6点×2

(1) ※

(2) ① ※

（記号）＿＿＿＿＿＿

（説明）

(2) ② ※

$a=$, $b=$, $c=$	体積　cm^3

5

(1)4点
(2)7点
(3)6点

(1) ※

秒後

(2) ※

（説明）

答え　cm^3

(3) ※

$x=$

1，2の計

得　点		※

※100点満点

受検番号	第　　番

英　語　解答用紙 (1)

1

No. 1〜5. 2点×5
No. 6, 7. 3点×6

No. 1 ※		No. 2 ※		No. 3 ※	
No. 4 ※		No. 5 ※			

No. 6 ※	(1)		(2)		(3)	

No. 7 ※	(1)	He took them last (　　　　　　).
	(2)	He was standing (　　　　　　) Tomoki.
	(3)	Because he (　　　　　　) David there again.

2

A. 3点
B. 3点
C. 3点
D. 4点
E. 4点

問 1 ※	A	
	B	
	C	
問 2 ※	D	come with your friends and family, too?
問 3 ※	E	I'm sorry, but

3

問1. 3点
問2. 4点
問3. 3点
問4. 4点
問5. 4点

問 1 ※	
問 2 ※	This name means that 〔　　　　　　〕 in green, because it rains a lot, and is warm and wet in summer.
問 3 ※	
問 4 ※	They usually (　　　　　　).
問 5 ※	

1〜3の計

受検番号	第　　　　番

英 語 〔学校選択問題〕 **解 答 用 紙 (2)**

3

問1． 4点
問2． 3点
問3． 3点×2
問4． 3点×3
問5． 3点
問6． 3点×3

問 1 ※						
問 2 ※						
問 3 ※	A		B			
問 4 ※	①		②		③	
問 5 ※	Sometimes〔 〕the future.					
問 6 ※	(1)		(2)			
	(3)					

4

10点

40語

50語

1，2の計

得 点		※

※100点満点

受検番号	第 番

英 語〔学校選択問題〕　解 答 用 紙 (1)

1

No. 1～5. 2点×5
No. 6, 7. 3点×6

No. 1 ※		No. 2 ※		No. 3 ※	
No. 4 ※		No. 5 ※			
No. 6 ※	(1)		(2)		(3)
No. 7 ※	(1)	She (　　　　　　　　) the man in the pictures was.			
	(2)	They kept talking until Tomoki (　　　　　　　　) the bus.			
	(3)	Because she felt the word "*Konnichiwa*" created a (　　　　　　　　) Tomoki and David.			

2

問1. 4点
問2. 3点
問3. 3点
問4. 4点
問5. 4点
問6. 3点×2
問7. 4点

問 1 ※	Today, I〔　　　　　　　　〕as a check point in a group discussion.		
問 2 ※			
問 3 ※			
問 4 ※	It's difficult to do (　　　　　　　　).		
問 5 ※			
問 6 ※	(1)		(2)
問 7 ※	(　　　　　　　　) place to the other students in your group?		

1，2の計

受検番号	第　　　　番

英　語　解答用紙 (2)

4

問1．4点
問2．4点
問3．3点
問4．4点
問5．3点
問6．3点
問7．4点

問 1 ※	
問 2 ※	
問 3 ※	
問 4 ※	It's on campus, and〔　　〕by bus from Keyaki West Park.
問 5 ※	
問 6 ※	
問 7 ※	I will ask (　　) his pictures to us.

5

問1．3点
問2．3点
問3．6点

問 1 ※	
問 2 ※	
問 3 ※	Hi, everyone. Today, I'm going to tell you about my favorite way to enjoy stories. ① I like ② Thank you.

1～3の計

得　点		※

※100点満点

受検番号	第　　番

数　学〔学校選択問題〕　　解　答　用　紙　(1)

1

(1) 4点
(2) 4点
(3) 4点
(4) 4点
(5) 4点
(6) 4点
(7) 4点
(8) 5点
(9) 5点
(10) 6点

(1) ※	(2) ※	(3) ※
		$x=$

(4) ※	(5) ※	(6) ※
と		cm^2

(7) ※		
頂点の数　個	辺の数　本	ねじれの位置になる辺の数　本

(8) ※	(9) ※
	$a=$

(10) ※

（説明）

2

(1) 6点
(2) 7点

(1) ※

(2) ※

（証明）

1，2の計

受検番号	第　　番

数　学　解答用紙 (2)

2

(1) 5点
(2) 6点

(1) ※	(2) ※
	(説明)

3

4点×2

(1) ※		(2) ※
ア	イ	小数第50位の数

4

(1) 4点
(2) 6点
(3) 6点

(1) ※
秒後

(2) ※
(証明)

(3) ※
表面積　cm^2

1の得点

得　点		※

※100点満点

受検番号	第　　番

Look at No. 6.
Listen to Ms. Brown. She's an ALT at a junior high school. Choose the best answer for questions 1, 2 and 3.
Let's start.

Hello, everyone. Before starting English class, let's talk about last weekend. Did you have a good weekend? I had a good weekend, so let me tell you about it. Last Sunday, I went to Kobaton Park with my family because the weather was nice. We go there twice a month. It's one of the largest parks in my town. There are many things you can enjoy.

First, I played badminton with my children. The park has a large space to play sports. After that, we had lunch under the cherry blossoms. They were beautiful, and the sandwiches my children made were so good! After lunch, we enjoyed cycling around the park. Spending time at the park on weekends helps me relax.

OK, now, I want you to make pairs and talk about last weekend in English. I'll give you a few minutes. If you have any questions, please ask me. Are you ready?

Question 1 : How many times does Ms. Brown's family go to Kobaton Park in a month?

Question 2 : What did Ms. Brown do first in the park?

Question 3 : Which is true about Ms. Brown's story?

(英文と質問を繰り返します。)

No. 3

A： Today, we had English class just before lunch, and we sang an English song. It was fun.
B： Yes. But for me, math class was more interesting.
A： Oh, really? For me, science class right after math class was also interesting.
B： I know you like science, but you like music the most, right? You enjoyed music class in the afternoon.

Question： What day are they talking about?

(会話と質問を繰り返します。)

Look at No. 4 and No. 5 on page 2.
Listen to each situation, and choose the best answer for each question.
Let's start.

No. 4

Kenta talks to Jane at school in the morning.
She tells him that she studied for the test until late last night.
She also tells him she's really sleepy because of that.

Question： What will Kenta say to Jane?

(英文と質問を繰り返します。)

No. 5

Cathy is on her way to Tom's house, but she cannot find his house.
She calls Tom and tells him what she can see around her.
Then she asks him to tell her how to get to his house.

Question： What will Tom say to Cathy?

(英文と質問を繰り返します。)

※教英出版注
音声は，解答集の書籍ＩＤ番号を教英出版ウェブサイトで入力して聴くことができます。

令 和 5 年 度　放 送 台 本　（問題の部）

※「チャイム」

これから「放送を聞いて答える問題」を始めます。
問題用紙の第１ページ，第２ページを見てください。問題は，No. 1 ～ No. 7 の全部で７題あり，放送はすべて英語で行われます。放送される内容についての質問にそれぞれ答えなさい。No. 1 ～ No. 6 は，質問に対する答えとして最も適切なものを，A～D の中から一つずつ選び，その記号を書きなさい。No. 7 は，それぞれの質問に英語で答えなさい。放送中メモを取ってもかまいません。各問題について英語は２回ずつ放送されます。
では，始めます。

Look at No. 1 to No. 3 on page 1.
Listen to each talk, and choose the best answer for each question.
Let's start.

No. 1

A： Nancy, look at this picture. It's me. My friend took it when we were watching a soccer game in the stadium.
B： Oh, you look very excited, Yuji.
A： Yes. I really enjoyed watching my favorite soccer player.
B： That's great.

Question： Which picture are they talking about?

（会話と質問を繰り返します。）

No. 2

A： Your lunch looks good, Erika. The sausages look delicious.
B： Thank you, Tony. Yours looks good, too. It has strawberries, but I don't have any.
A： Actually, I bought them at the supermarket yesterday. They are so sweet.
B： That's nice. I like strawberries, so I'll buy some later.

Question： Which is Erika's lunch?

（会話と質問を繰り返します。）

Look at No. 7.

Listen to the talk between Tomoki and Alice, a student from the U.S., and read the questions. Then write the answer in English for questions 1, 2 and 3.

Let's start.

Tomoki :	Alice, look at these pictures. I took them when I traveled to the U.S. last summer.
Alice :	Wow. You took so many. Wait, who is this man, Tomoki?
Tomoki :	He's my American friend, David. When I was on the bus in San Francisco, he was standing next to me and said with a smile, "*Konnichiwa.*" Then, we started talking to each other in English until I got off the bus.
Alice :	Did you enjoy talking with him?
Tomoki :	Yes. We talked about our hobbies and hometowns.
Alice :	That's good.
Tomoki :	Actually, I have an interesting story.
Alice :	Oh, what is it?
Tomoki :	The next day, I went to the airport in San Francisco to go back to Japan, and I saw him there! I was really surprised to see him again. He said, "When you get a chance to visit the U.S. again, you can come and see me." Then he gave me his e-mail address.
Alice :	Wow!
Tomoki :	I've kept in touch with him since then. I send him an e-mail once a week.
Alice :	You had a wonderful experience in the U.S. "*Konnichiwa*" created a friendship between you and him!

(会話を繰り返します。)

以上で「放送を聞いて答える問題」を終わります。では，ほかの問題を始めてください。

受検番号	第　　　　番

令 和 5 年 度 学 力 検 査 問 題

社　　　会 （11 時 45 分～12 時 35 分〈50 分間〉）

注　　意

1　解答用紙について

(1)　解答用紙は 1 枚で，問題用紙にはさんであります。

(2)　係の先生の指示に従って，所定の欄 2 か所に受検番号を書きなさい。

(3)　答えはすべて解答用紙のきめられたところに，はっきりと書きなさい。

(4)　解答用紙は切りはなしてはいけません。

(5)　解答用紙の ※ 印は集計のためのもので，解答には関係ありません。

2　問題用紙について

(1)　表紙の所定の欄に受検番号を書きなさい。

(2)　問題は全部で 6 問あり，表紙を除いて 18 ページです。

○　印刷のはっきりしないところは，手をあげて係の先生に聞きなさい。

1　Sさんは，次の**地図**に示した国や地域について調べました。**地図**をみて，問１～問４に答えなさい。(14点)

地図

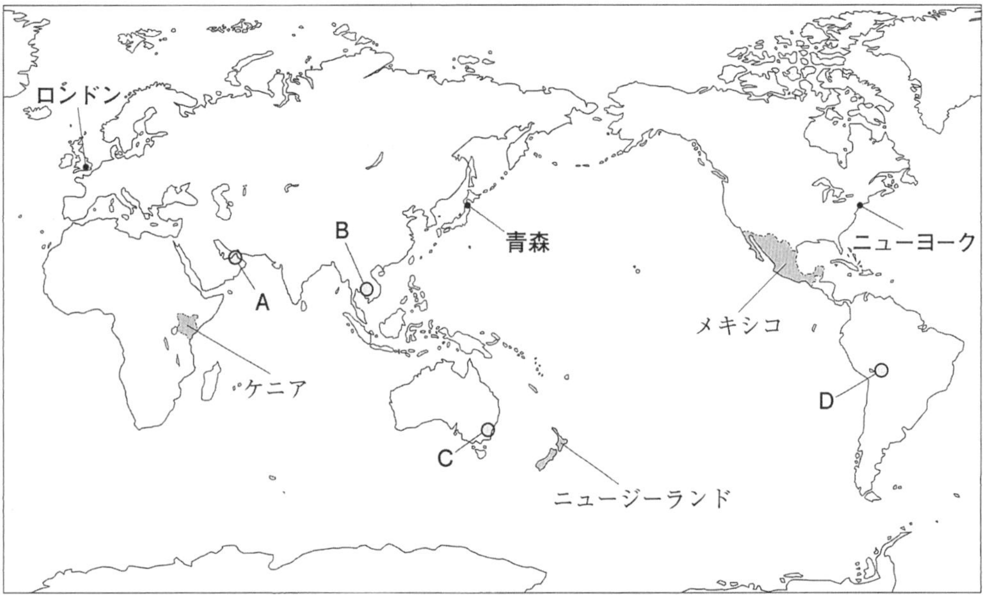

問１　六大陸のうち，**地図**中のケニアがある大陸の名称を書きなさい。(３点)

問２　Sさんは，**地図**中のA～Dのいずれかの地域にみられる人々の生活の様子について調べ，次の**カードⅠ**と**カードⅡ**をつくりました。**カードⅠ**，**カードⅡ**と**地図**中のA～Dの地域の組み合わせとして最も適切なものを，下の**ア**～**エ**の中から一つ選び，その記号を書きなさい。(３点)

カードⅠ

石油で得た資金で，砂漠の中に近代都市が建設され，高層ビルなどが建ち並んでいます。豊かな生活を送る人々が増え，観光開発に力を入れています。

カードⅡ

海洋からしめった風がふきこむ雨季と，大陸から乾燥した風がふきこむ乾季がみられ，雨季になると，水上集落の家のすぐ下まで，湖の水位が上がります。

ア　カードⅠ－A　　カードⅡ－B　　　**イ**　カードⅠ－A　　カードⅡ－D

ウ　カードⅠ－C　　カードⅡ－B　　　**エ**　カードⅠ－C　　カードⅡ－D

問 3　Sさんは，**地図**中に示した**ロンドン**，**青森**，**ニューヨーク**の三つの都市の気温と降水量について調べ，次の**グラフ 1** をつくり，下のようにまとめました。**まとめ**の中の　X　にあてはまることばと，　Y　にあてはまる語をそれぞれ書きなさい。（5点）

グラフ 1

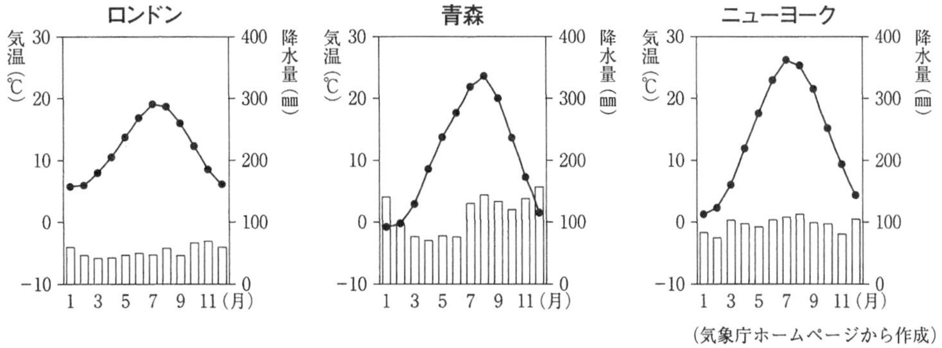

（気象庁ホームページから作成）

まとめ

ロンドンは，**青森**と**ニューヨーク**より高緯度に位置しています。しかし，**グラフ1**から，三つの都市の冬の気温を比べると，　X　ことが読みとれます。これは，**ロンドン**が暖流の　Y　海流などの影響を受けるためです。

問 4　Sさんは，日本が**地図**中のメキシコとニュージーランドから，かぼちゃを輸入していることに興味をもち調べたところ，次の**グラフ 2** をみつけました。**グラフ 2** から読みとれる内容を述べた文として正しいものを，下の**ア**～**オ**の中から**すべて**選び，その記号を書きなさい。（3点）

グラフ 2　東京都中央卸売市場におけるかぼちゃの月別入荷量（2020年）

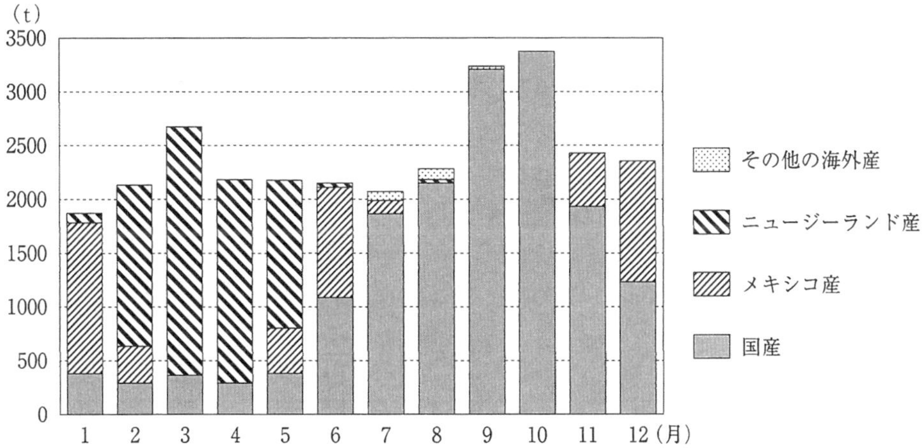

（東京都中央卸売市場ホームページから作成）

ア　1月から12月のうち，メキシコ産の入荷量が，国産の入荷量より多い月はない。

イ　2月から5月は，ニュージーランド産の入荷量が，国産の入荷量より多い。

ウ　11月の入荷量のうち，メキシコ産の入荷量の割合は，10％以下である。

エ　10月の国産の入荷量は，12月の国産の入荷量の2倍以上である。

オ　国産の年間入荷量は，10000 t を超えている。

2 Nさんは，地理的分野の授業で日本の諸地域を学習したあと，**地図1**を作成しました。**地図1**をみて，問1～問5に答えなさい。(16点)

地図1

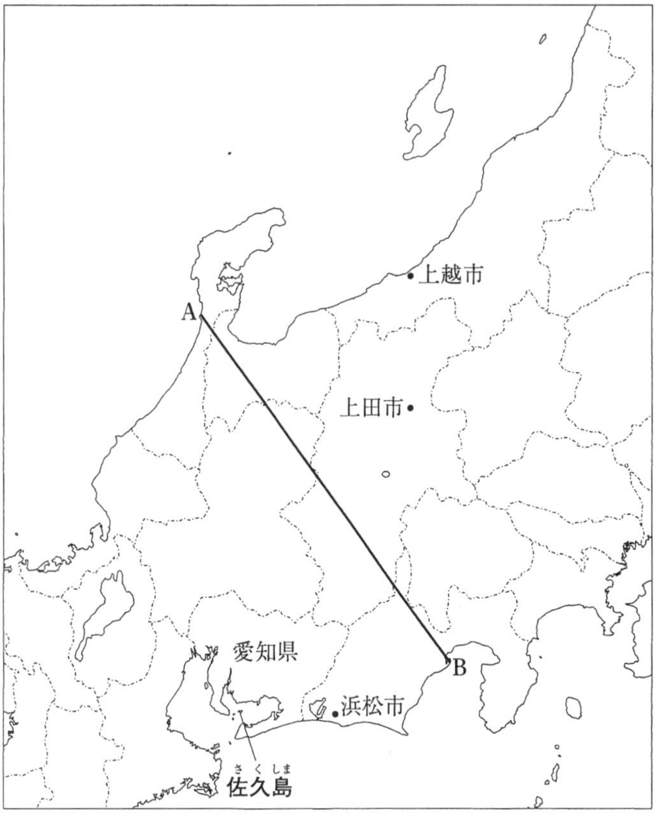

問1　次の**資料1**は，**地図1**中のA ━ Bに沿って，断面図を模式的にかいたものです。**資料1**中の［ L ］山脈は，日本アルプスとよばれる三つの山脈の一つにあたります。［ L ］にあてはまる語を書きなさい。(3点)

資料1

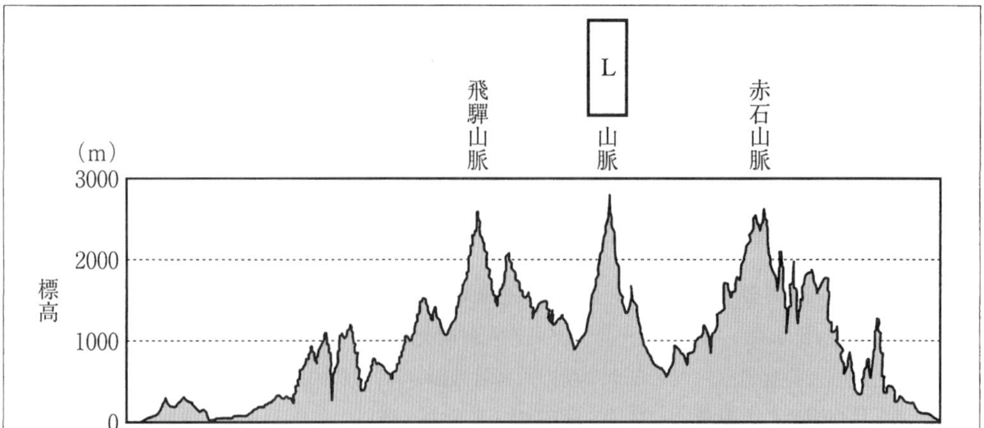

問 2　Nさんは，**地図 1** 中の上越市，上田市，浜松市の三つの都市の 1 月と 7 月の平均気温と降水量を調べ，次の**表 1** をつくりました。**表 1** 中のⅠ～Ⅲにあてはまる都市の組み合わせとして正しいものを，下の**ア**～**カ**の中から一つ選び，その記号を書きなさい。（3 点）

表 1

	平均気温		降水量	
	1 月	7 月	1 月	7 月
Ⅰ	6.3℃	26.3℃	59.2 mm	209.3 mm
Ⅱ	2.5℃	25.0℃	429.6 mm	206.8 mm
Ⅲ	－0.5℃	23.9℃	29.3 mm	135.6 mm

（気象庁ホームページから作成）

ア　Ⅰ－上越市　Ⅱ－上田市　Ⅲ－浜松市
イ　Ⅰ－上越市　Ⅱ－浜松市　Ⅲ－上田市
ウ　Ⅰ－上田市　Ⅱ－上越市　Ⅲ－浜松市
エ　Ⅰ－上田市　Ⅱ－浜松市　Ⅲ－上越市
オ　Ⅰ－浜松市　Ⅱ－上越市　Ⅲ－上田市
カ　Ⅰ－浜松市　Ⅱ－上田市　Ⅲ－上越市

問 3　次の**表 2** は，中部地方各県の，2019 年における人口と農業産出額について，各県を人口の多い順に並べたものです。**表 2** 中のX～Zには石川県，山梨県，愛知県のいずれかがあてはまり，aとbには米と果実のいずれかがあてはまります。Yとaの組み合わせとして正しいものを，下の**ア**～**カ**の中から一つ選び，その記号を書きなさい。（3 点）

表 2

	人口（千人）	農業産出額（億円）			
			a	b	野菜
X	7552	2949	190	298	1010
静岡県	3644	1979	234	198	607
新潟県	2223	2494	86	1501	317
長野県	2049	2556	743	473	818
岐阜県	1987	1066	55	229	323
Y	1138	551	34	299	97
富山県	1044	654	24	452	56
Z	811	914	595	61	110
福井県	768	468	9	309	81

（データでみる県勢 2022 年版などから作成）

ア　Y－石川県　a－米　　**イ**　Y－石川県　a－果実
ウ　Y－山梨県　a－米　　**エ**　Y－山梨県　a－果実
オ　Y－愛知県　a－米　　**カ**　Y－愛知県　a－果実

問 4　次は，**地図 1** 中の愛知県に関連して，日本の産業の特色について学習する授業における，先生とNさんの会話です。会話文中の［　P　］にあてはまることばと，［　Q　］にあてはまる語をそれぞれ書きなさい。（5 点）

先　生：愛知県は，自動車などの輸送用機械工業がさかんであることを学習しました。では，自動車の生産は，どのようなところで，どのように行われているのでしょうか。

Nさん：はい。**資料 2** から，自動車の組み立てに必要な部品は，部品工場から組み立て工場へ納入されるしくみになっていることが読みとれます。

資料 2　自動車の生産の流れ

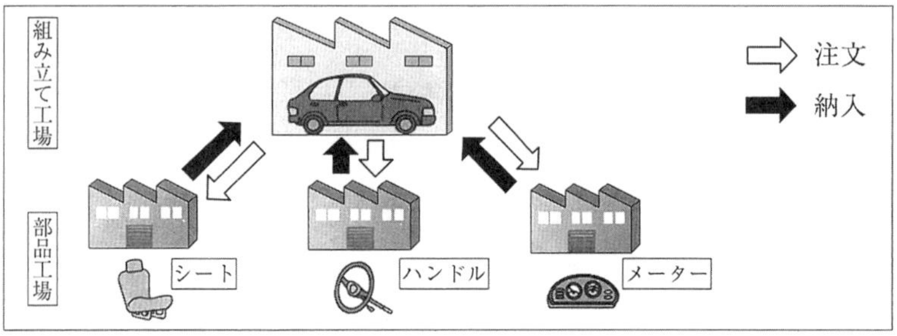

先　生：そのとおりです。自動車の生産は，組み立て工場と部品工場との協力で成り立っています。これらをふまえると，**地図 2** から，どのようなことが読みとれますか。

Nさん：はい。組み立て工場へ効率よく部品を納入するため，［　P　］ことが読みとれます。

地図 2　愛知県における主な自動車関連工場の分布（2021 年）

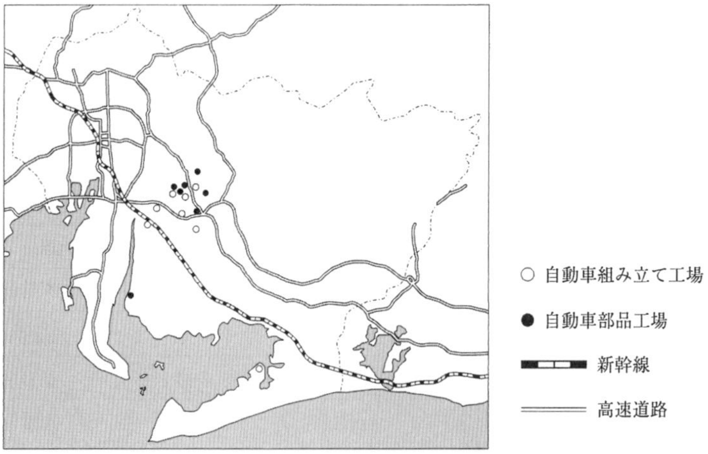

（日本自動車工業会資料から作成）

先　生：そうですね。さらに，完成した自動車を日本各地や世界の国々へ運びやすくするため，**地図 2** から，組み立て工場がどのようなところにあるか，読みとれますか。

Nさん：はい。組み立て工場は，主に［　Q　］沿いや一部海沿いにあることが読みとれます。

先　生：そのとおりです。

問 5　次の**資料 3** は，**地図 1** 中の**佐久島《さくしま》**を上空から撮影したものです。また，**地図 3** は，**佐久島**を示した 2 万 5 千分の 1 の地形図です。**資料 3** を撮影した方向として最も適切なものを，**地図 3** 中の**ア**～**エ**の中から一つ選び，その記号を書きなさい。（2 点）

資料 3

（Google Earth から作成）

地図 3

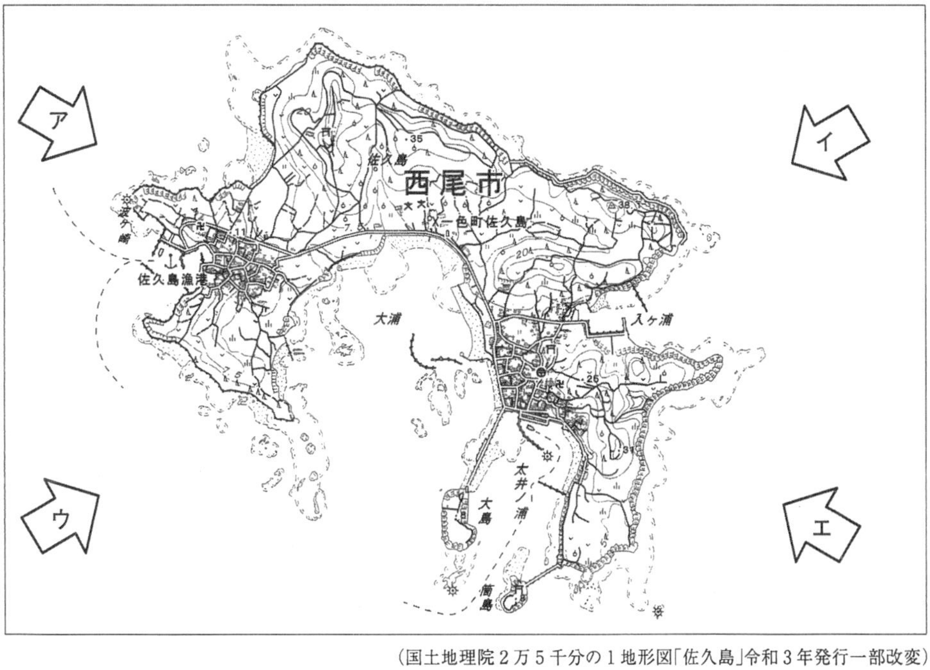

（国土地理院 2 万 5 千分の 1 地形図「佐久島」令和 3 年発行一部改変）

3　次のⅠ～Ⅴは，Mさんが，五つの異なる時代の資料を調べ，それらの資料の一部を，わかりやすくなおしてまとめたものです。これをみて，問１～問５に答えなさい。（16点）

Ⅰ	一に曰く，和をもって貴しとなし，さからうことなきを宗とせよ。 二に曰く，あつく三宝を敬え。三宝とは仏・法・僧なり。 三に曰く，詔をうけたまわりては必ずつつしめ。
Ⅱ	私が送らせた記録をみましたところ，唐の国力の衰退しているようすが詳しく書かれていました。これから遣唐使にどのような危険が生じるかしれません。どうか遣唐使の派遣の可否を審議し決定するようお願いします。
Ⅲ	日本はときどき中国に使いを送ってきたが，私(フビライ)の時代になってからは一人の使いもよこさない。今後は友好を結ぼうではないか。武力を使いたくはないのでよく考えてほしい。
Ⅳ	諸国の百姓が刀やわきざし，弓，やり，鉄砲，そのほかの武具などを持つことは，かたく禁止する。
Ⅴ	一　学問と武道にひたすら精を出すようにしなさい。 一　諸国の城は，修理する場合であっても，必ず幕府に申し出ること。まして新しい城を造ることは厳しく禁止する。

問１　Mさんは，文化に興味をもち調べたところ，次のａ，ｂの文と**資料１**，**資料２**をみつけました。Ⅰの時代の文化について述べた文と，その時代の代表的な文化財の組み合わせとして正しいものを，**表**中の**ア**～**エ**の中から一つ選び，その記号を書きなさい。（３点）

ａ　地方には国ごとに国分寺と国分尼寺が建てられた。東大寺の正倉院に納められた美術工芸品には，シルクロードを通って伝わった，インドや西アジアの文化の影響もみられる。

ｂ　法隆寺の仏像などに代表される，日本で最初の仏教文化が栄えた。これらの仏像などは，主に渡来人の子孫らによってつくられ，中国の南北朝時代の文化の影響も受けている。

資料１

鳥毛立女屏風

資料２

広隆寺の弥勒菩薩像

表

	文化	代表的な文化財
ア	a	**資料１**
イ	a	**資料２**
ウ	b	**資料１**
エ	b	**資料２**

問 2　Ⅱの時代の資料は，遣唐使に任命された人物が，天皇に提案をした書状の一部です。この書状を出した人物名を書きなさい。（3点）

問 3　Ⅲの時代における元寇のあとのできごとを述べた文として正しいものを，次の**ア**～**エ**の中から一つ選び，その記号を書きなさい。（2点）

ア　幕府は，御家人が手放した土地を返させる徳政令を出した。

イ　執権の北条泰時が，御成敗式目（貞永式目）を定めた。

ウ　朝廷の勢力を回復しようとする後鳥羽上皇が兵を挙げ，承久の乱が起こった。

エ　天皇と上皇の対立や政治の実権をめぐる対立から，保元の乱と平治の乱が起こった。

問 4　Ⅳの時代に起こった世界のできごとを述べた文として，その正誤の組み合わせが正しいものを，下の**ア**～**エ**の中から一つ選び，その記号を書きなさい。（3点）

X　マルコ・ポーロが「世界の記述」（「東方見聞録」）の中で，日本を「黄金の国ジパング」と紹介した。

Y　李舜臣は，日本による朝鮮侵略に対して，水軍を率いて反撃した。

Z　アメリカ合衆国で奴隷制度などをめぐる対立から，南北戦争が起こった。

ア　X 正　Y 正　Z 誤　　**イ**　X 正　Y 誤　Z 誤

ウ　X 誤　Y 正　Z 誤　　**エ**　X 誤　Y 正　Z 正

問 5　Mさんは，Ⅴの時代の大名の統制について調べ，**資料3**と**資料4**をみつけました。**資料3**中の下線部の制度の名称を書きなさい。また，この制度によって藩の財政が苦しくなった理由を，**資料4**から読みとれることにふれて書きなさい。（5点）

資料3　幕府による大名の統制

大名に対して，定期的に領地と江戸とを往復するよう命じた。江戸での滞在時は，江戸城を守る役割を命じ，妻や子を江戸に住まわせた。

資料4　佐賀藩（鍋島《なべしま》氏）の予算の内訳（1655年）

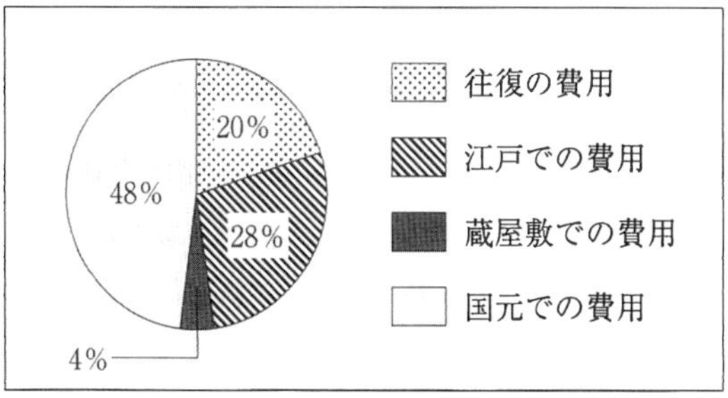

（注）国元とは，大名の領地のことである。

（『日本の歴史15　大名と百姓』から作成）

4 次の年表をみて，問１～問５に答えなさい。(17 点)

西暦(年)	で　き　ご　と	
1874	・民撰議院設立の建白書が提出される	A
1889	・大日本帝国憲法が発布される	B
1919	・ベルサイユ条約が結ばれる	C
1939	・第二次世界大戦が始まる	
1951	・サンフランシスコ平和条約が結ばれる	D
1978	・日中平和友好条約が結ばれる	E
1997	・京都議定書が採択される	

問１　次は，年表中Aの時期のできごとについてまとめたものです。**まとめ１**の中の P にあてはまる人物名と，その人物が反乱を起こした場所の**地図**中の位置の組み合わせとして正しいものを，下の**ア**～**カ**の中から一つ選び，その記号を書きなさい。(３点)

まとめ１

> 国民が政治に参加する権利の確立を目指す自由民権運動と重なりながら展開したのが，政府の改革に不満をもっていた士族の反乱でした。
>
> 士族たちは，西日本を中心に各地で反乱を起こしました。なかでも，1877 年に P を中心とした士族ら約４万人が起こした西南戦争は最も大規模なものでしたが，政府軍によって鎮圧されました。

地図

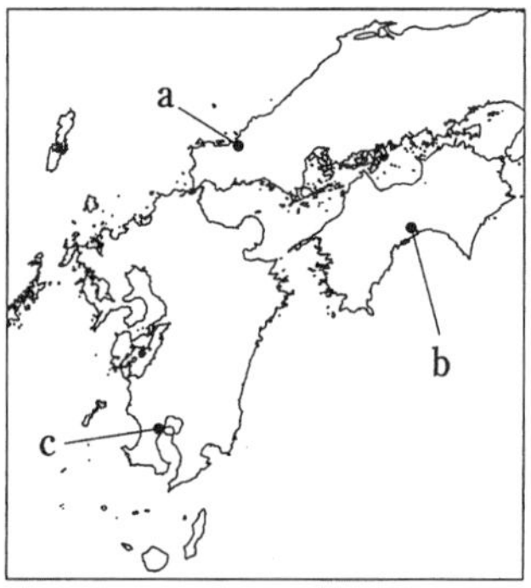

ア　P－板垣退助　　位置－a
イ　P－西郷隆盛　　位置－a
ウ　P－板垣退助　　位置－b
エ　P－西郷隆盛　　位置－b
オ　P－板垣退助　　位置－c
カ　P－西郷隆盛　　位置－c

問２　年表中Bの時期における日本の政治や経済の様子を述べた文として正しいものを，次の**ア**～**エ**の中から一つ選び，その記号を書きなさい。(３点)

ア　満 25 歳以上の男子に選挙権を与える普通選挙法が成立した。
イ　国家総動員法が制定され，政府は議会の承認なしに，労働力や物資を動員できるようになった。
ウ　欧米の習慣を取り入れる欧化政策を進め，鹿鳴館が建てられた。
エ　鉄鋼の需要が高まり，清から得た賠償金などを用いて官営の八幡製鉄所が設立された。

問 3　次の**グラフ**は，年表中Cの時期における日本の財政支出に占める軍事費の割合の推移を示したものです。**グラフ**中の X の時期の日本の財政支出に占める軍事費の割合が，他の時期と比べてどのようになっているかについて，**資料**からわかることにふれながら，「**国際協調**」という語を用いて書きなさい。（5点）

グラフ

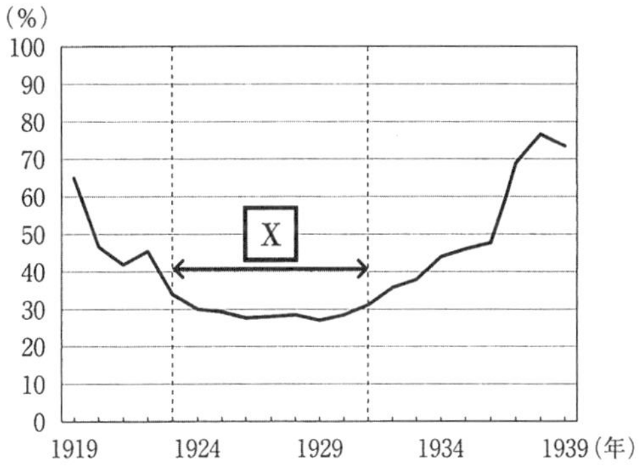

（『昭和財政史 第四巻』から作成）

資料　1922年にワシントン会議で結ばれた条約の主な内容

基準の重量三万五千トンを超える主力艦は，いずれの締約国も取得したり，建造したりすることはできない。

問 4　次の**ア**～**エ**は，年表中Dの時期に起こったできごとを報じた新聞記事の見出しと写真の一部です。年代の**古い順**に並べかえ，その順に記号で書きなさい。（3点）

ア

イ

ウ

エ

問 5　次は，年表中Eの時期における日本の社会や経済についてまとめたものです。**まとめ2**の中の Q にあてはまる語を書きなさい。（3点）

まとめ2

1980年代後半，企業などが，株価や地価の上昇によって発生する差額で利益を得る投機を行ったことで，株価や地価が異常に高くなる「 Q 経済」とよばれる不健全な経済の状況になりました。この「 Q 経済」は，1990年代の初めに崩壊しました。

5　Kさんのクラスでは，公民的分野の学習のまとめとして，自分の興味のある分野からテーマを選び，調べることになりました。次の**表1**は，Kさんが興味をもった分野とテーマについてまとめたものです。**表1**をみて，問1～問7に答えなさい。(23点)

表1

分野	テーマ
人権と共生社会	・①共生社会では，どのような取り組みが必要なのだろうか。
国の政治のしくみ	・②国会と内閣の関係はどのようなものなのだろうか。
③裁判員制度と司法制度改革	・裁判員にはどのような役割と責任があるのだろうか。
市場経済のしくみと金融	・④為替相場とはどのようなものなのだろうか。
労働の意義と⑤労働者の権利	・労働者の権利はどのように守られているのだろうか。
社会保障のしくみ	・⑥社会保障制度はどのようなものなのだろうか。
⑦さまざまな国際問題	・問題の解決に向けて，どのような取り組みが必要なのだろうか。

問1　下線部①に関連して，Kさんは，共生社会の実現について調べ，次のようにまとめました。**まとめ1**の中の［ Ⅰ ］と［ Ⅱ ］にあてはまる語の組み合わせとして正しいものを，下の**ア**～**エ**の中から一つ選び，その記号を書きなさい。(3点)

まとめ1

障がいがあっても教育や就職の面で不自由なく生活できるといったインクルージョンの実現が求められています。例えば，**資料1**のように，公共の交通機関や建物では，障がいのある人々も利用しやすいように，段差をなくすといった［ Ⅰ ］が進められています。

また，**資料2**は，片側のハンドルを円形でなくすることで，どのような握り方にも対応した「はさみ」です。このように，製品やサービスを，言語や性別，障がいの有無などにかかわらず，だれもが利用しやすいように工夫した，［ Ⅱ ］が広がってきています。

資料1

資料2

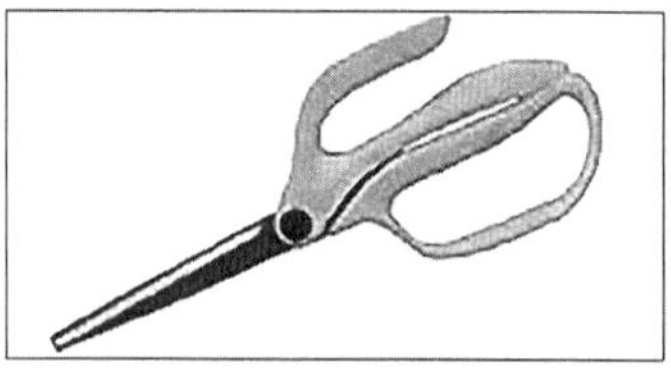

ア　Ⅰ－グローバル化　　Ⅱ－ユニバーサルデザイン
イ　Ⅰ－グローバル化　　Ⅱ－インフォームド・コンセント
ウ　Ⅰ－バリアフリー化　　Ⅱ－ユニバーサルデザイン
エ　Ⅰ－バリアフリー化　　Ⅱ－インフォームド・コンセント

問2　下線部②に関連して，衆議院で内閣不信任の決議が可決された場合，内閣はどのようなことを選択しなければならないかを，具体的に説明しなさい。(5点)

問 3　下線部③について述べた文として正しいものを，次の**ア**～**オ**の中から**すべて**選び，その記号を書きなさい。（3 点）

ア　裁判員制度の対象になるのは，殺人や強盗致死などの重大な犯罪についての刑事裁判である。

イ　一つの事件の裁判は，3 人の裁判員と 6 人の裁判官が協力して行う。

ウ　裁判員は，満 18 歳以上の立候補した国民の中から，試験によって選ばれる。

エ　裁判員が参加するのは地方裁判所で行われる第一審だけで，第二審からは参加しない。

オ　裁判員は，公判に出席して，被告人や証人の話を聞いたり，証拠を調べたりし，有罪か無罪かの判断は，裁判官だけで行う。

問 4　次は，下線部④について学習する授業における，先生とKさんの会話です。会話文中の P と Q にあてはまる語の組み合わせとして正しいものを，下の**ア**～**エ**の中から一つ選び，その記号を書きなさい。（3 点）

先　生：外国と貿易したり，海外旅行をしたりするときには，為替相場を考えることになります。為替相場は，外国通貨の 1 単位が日本円のいくらにあたるかで示されます。これらについて，**資料 3** からどのようなことがわかりますか。

資料 3

年月	2016 年 1 月	2016 年 8 月
為替相場	1 ドル = 120 円	1 ドル = 100 円
アメリカ製 スニーカー (一足 80 ドル)	80 ドル = 9600 円 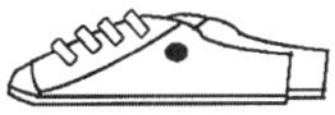	80 ドル = Q 

Kさん：はい。**資料 3** から，2016 年の 1 月に 1 ドルが 120 円だった為替相場は，同じ年の 8 月には 1 ドルが 100 円になっていることがわかります。この場合，円をもっている人からみれば，120 円を出さなければ交換できなかった 1 ドルを 100 円で交換できるようになり，円の価値が上がりドルの価値が下がったことを意味します。このように，外国通貨に対して円の価値が上がることを P といいます。

先　生：そのとおりです。**資料 3** から，例えば，1 ドルが 120 円のとき，一足 80 ドルのアメリカ製スニーカーを輸入したときの支払額は，日本円で一足 9600 円です。その後，為替相場の変動によって，1 ドルが 100 円になると，同じアメリカ製スニーカーを輸入したときの支払額は，日本円で一足いくらですか。

Kさん：はい。 Q です。

先　生：そのとおりです。為替相場の変動は，私たちの生活にも影響をおよぼすということですね。

ア　P－円高　　Q－11200 円　　　**イ**　P－円高　　Q－8000 円

ウ　P－円安　　Q－11200 円　　　**エ**　P－円安　　Q－8000 円

問 5　下線部⑤に関連して，Kさんは，労働者の権利を守る法律について調べ，ある法律の主な内容を次のようにまとめました。この法律の名称を書きなさい。（3点）

・労働条件は，労働者と使用者が，対等の立場において決定すべきものとする。
・男女は同一の賃金とする。
・労働時間は原則として，週40時間，1日8時間以内とする。
・労働者には，少なくとも週1日の休日が与えられるものとする。

問 6　下線部⑥に関連して，Kさんは，日本の社会保障制度の四つの柱について調べ，次の**表2**をつくりました。**表2**中の X ～ Z にあてはまる語の組み合わせとして正しいものを，下の**ア**～**カ**の中から一つ選び，その記号を書きなさい。（3点）

表2

四つの柱	社会保障の内容
社会福祉	高齢者や子どもなど，社会の中で弱い立場になりやすい人々を支援する。
X	人々が毎月保険料を負担し合い，病気や高齢の人々に給付する。
Y	生活環境の改善や感染症の予防などで，人々の健康や安全な生活を守る。
Z	最低限の生活ができない人々に対して，生活費や教育費などを支給する。

ア　X－公衆衛生　Y－社会保険　Z－公的扶助
イ　X－公衆衛生　Y－公的扶助　Z－社会保険
ウ　X－社会保険　Y－公衆衛生　Z－公的扶助
エ　X－社会保険　Y－公的扶助　Z－公衆衛生
オ　X－公的扶助　Y－公衆衛生　Z－社会保険
カ　X－公的扶助　Y－社会保険　Z－公衆衛生

問 7　下線部⑦に関連して，Kさんは，国際問題の解決に向けた取り組みについて調べ，次のようにまとめました。**まとめ2**の中の R にあてはまる語を書きなさい。（3点）

まとめ2

現在の国際社会では，世界各地で，暮らしていた場所から周辺国などへとにげこむ， R が増えています。その要因は，地域紛争や貧困のほか，自然災害など，さまざまです。こうした状況から，「国連 R 高等弁務官事務所（UNHCR）」では，食料や水などを援助しており，また，自力で生活を立て直したり，住み慣れた場所にもどったりするための支援も行っています。**資料4**は，日本人初の国連 R 高等弁務官として活躍した，緒《お》方《がた》貞《さだ》子《こ》さんの活動の様子です。

資料4

（問題は次のページに続きます。）

6　Fさんは，3年間の社会科学習のまとめとして，持続可能な開発目標(SDGs)をもとに日本のさまざまな課題などについて調べ，次の**カードⅠ**～**カードⅣ**をつくりました。これらに関する問1～問4に答えなさい。(14点)

カードⅠ

4 質の高い教育を みんなに

ゴール4
質の高い教育を
みんなに

　江戸時代には，武士から庶民まで教育の広がりがみられました。だれもが公平に，良い教育を受けられるように，学びの機会を広めていくことが必要です。

カードⅡ

7 エネルギーをみんなに そしてクリーンに

ゴール7
エネルギーをみんなに
そしてクリーンに

　電力などのエネルギーは，私たちの生活に欠かせないものです。日本では，省エネルギーの技術の開発とともに，新たなエネルギー資源の開発も求められています。

カードⅢ

13 気候変動に 具体的な対策を

ゴール13
気候変動に
具体的な対策を

　日本の年平均気温は，変動を繰り返しながら上昇しています。自然環境の変化で，集中豪雨や局地的な大雨が，いたるところで起こっています。

カードⅣ

11 住み続けられる まちづくりを

ゴール11
住み続けられる
まちづくりを

　大都市の過密を解消するために建設された大規模な宅地であるニュータウンは，住民の高齢化や住宅の老朽化が急速に進んでいます。

問1　**カードⅠ**に関連して，次の**ア**～**エ**は，日本の教育に関するできごとについて述べたものです。年代の**古い順**に並べかえ，その順に記号で書きなさい。(3点)

ア　教育勅語が出されて，忠君愛国の道徳が示され，教育の柱とされるとともに，国民の精神的なよりどころとされた。

イ　西洋の学問をオランダ語で研究する蘭学が発達し，蘭学を教える緒方洪庵の適塾が開かれ，全国から弟子が集まった。

ウ　民主主義の教育の基本を示す教育基本法が制定され，9年間の義務教育などの学校制度が始まった。

エ　学制が公布され，欧米の学校教育制度を取り入れて，満6歳になった男女は，すべて小学校に通うように定められた。

問２　**カードⅡ**に関連して，Ｆさんは，化石燃料による発電と太陽光や風力を利用した発電の特徴について調べ，次の**表**をつくりました。**表**中のＸ～Ｚにあてはまる文①～③の組み合わせとして最も適切なものを，下の**ア**～**カ**の中から一つ選び，その記号を書きなさい。（３点）

表

	化石燃料による発電	太陽光や風力を利用した発電
利点	需要量に合わせて発電量を調節しやすい。	Ｘ
課題	Ｙ	Ｚ

①

埋蔵する地域の分布にかたよりがあり，採掘できる年数も限られる。

②

電力の供給が自然条件の影響を受けやすい。

③

発電時に二酸化炭素を排出しない。

ア　Ｘ－①　Ｙ－②　Ｚ－③
イ　Ｘ－①　Ｙ－③　Ｚ－②
ウ　Ｘ－②　Ｙ－①　Ｚ－③
エ　Ｘ－②　Ｙ－③　Ｚ－①
オ　Ｘ－③　Ｙ－①　Ｚ－②
カ　Ｘ－③　Ｙ－②　Ｚ－①

問３　**カードⅢ**に関連して，Ｆさんは，都市化が進んだ地域の気候について調べ，次のようにまとめました。**まとめ**の中の［　Ｐ　］にあてはまる語を書きなさい。（３点）

まとめ

地面がアスファルトで固められ，高層ビルや商業施設が集中する，東京や大阪など大都市の中心部では，周辺部と比べて気温が高くなる［　Ｐ　］現象がみられます。

大阪市では，**資料１**のように市役所の屋上を緑化するなど，［　Ｐ　］現象を緩和するための取り組みをしています。

資料１

問 4　**カードⅣ**に関連して，Fさんは，大阪府にある千里ニュータウンの取り組みについて調べ，**レポート**にまとめました。**グラフ2**の［ a ］にあてはまる，取り組みの成果を示す最も適切なものを，あとの**ア**～**エ**の中から一つ選び，その記号を書きなさい。また，［ A ］にあてはまることばを書きなさい。なお，［ A ］には，**資料2**と**グラフ2**から読みとれる，取り組みの内容とFさんが考えるその取り組みの成果があてはまります。（5点）

レポート

≪探究課題≫

住み続けられるまちづくりを実現するため，私たちはどのようなことができるか。

≪課題設定理由≫

1960年代から宅地開発が行われている，千里ニュータウンの課題とその解決に向けた取り組みが，私たちの地域を発展させるための行動の参考になると考えたからです。

≪探究内容≫

1　千里ニュータウンの現状と主な課題

グラフ1から，1975年に約13万人であった人口は，2005年，約9万人に減少しましたが，2015年に10万人近くにまで回復していることが読みとれます。ただし，住民の高齢化は地域の課題の一つとなっています。

2　千里ニュータウンの主な取り組みとその成果

(1)　人口減少に対して，古い住宅の建てかえを進めていることが，新たな世帯を増やしていると考えられます。

(2)　高齢者の世帯の増加に対して，福祉施設を整備したり，共通の趣味で集う場をつくったりすることが，高齢者に暮らしやすい環境になっていると考えられます。

(3)　**資料2**と**グラフ2**から，子育て世代や子どもに対して，［ A ］と考えられます。

グラフ2

［ a ］

グラフ1

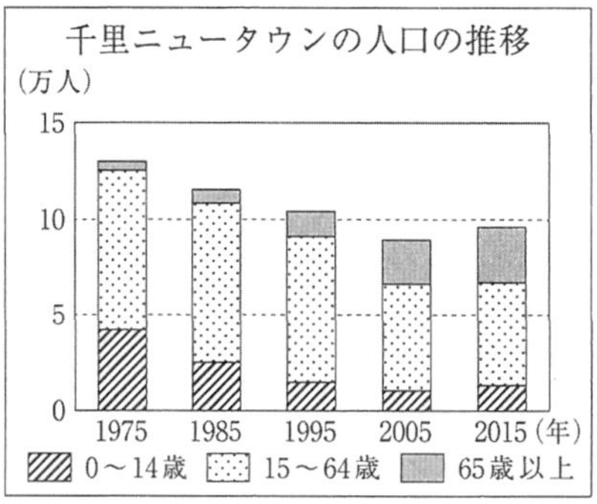

資料2　子育て世代や子どもへの主な取り組み

2010年から住宅地に設けられた地域交流ルーム

2017年から開催されている水遊びイベント

(注)レポートは一部である。

(千里ニュータウン情報館ホームページなどから作成)

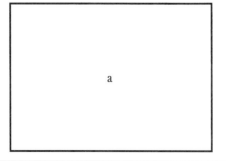

ア

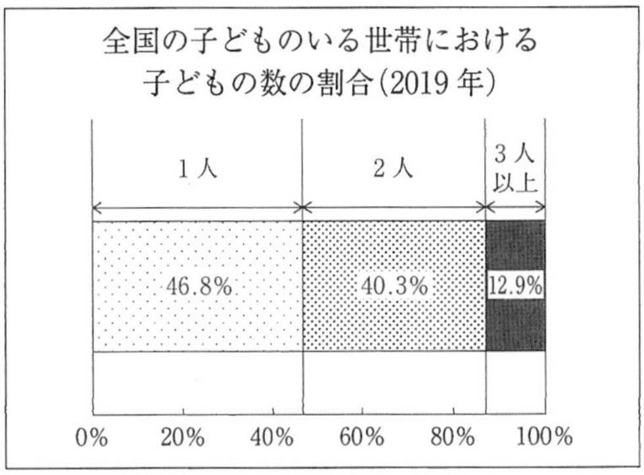

イ

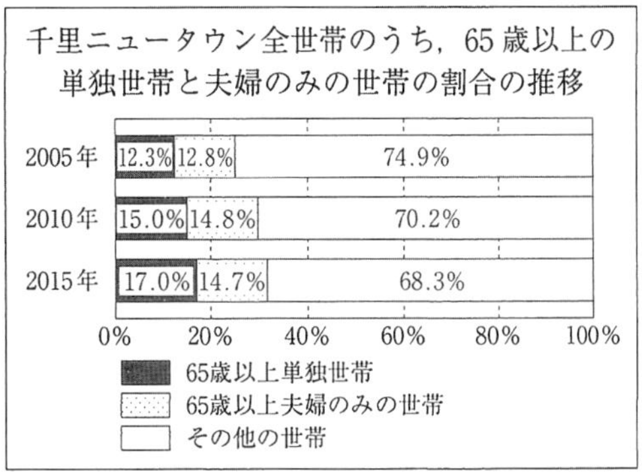

ウ

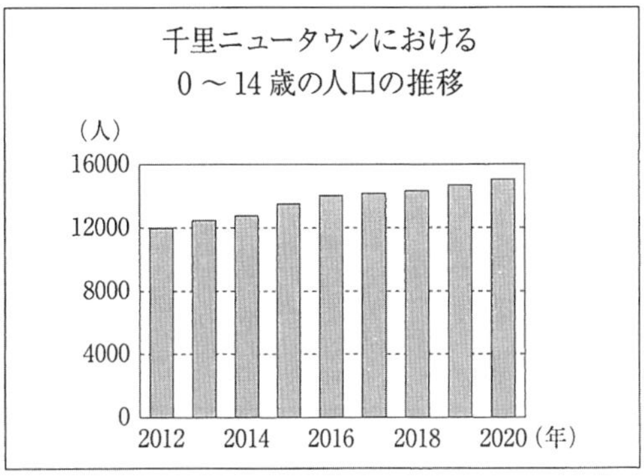

エ

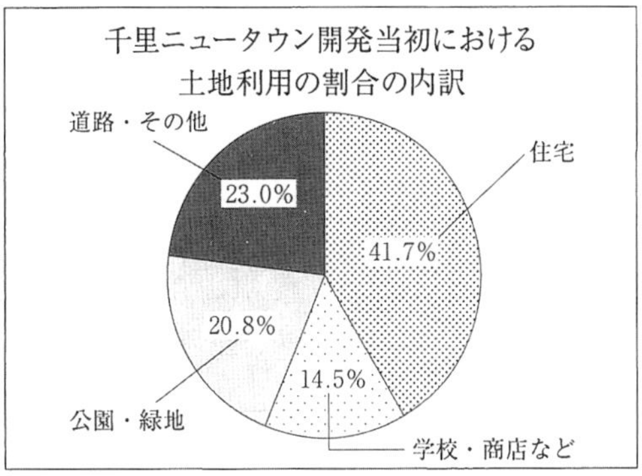

(「千里ニュータウンの資料集」などから作成)

(以上で問題は終わりです。)

受検番号	第　　　　番

令和５年度学力検査問題

理　　　科 （13時30分〜14時20分〈50分間〉）

注　　意

1　解答用紙について

(1)　解答用紙は１枚で，問題用紙にはさんであります。

(2)　係の先生の指示に従って，所定の欄２か所に受検番号を書きなさい。

(3)　答えはすべて解答用紙のきめられたところに，はっきりと書きなさい。

(4)　解答用紙は切りはなしてはいけません。

(5)　解答用紙の※印は集計のためのもので，解答には関係ありません。

2　問題用紙について

(1)　表紙の所定の欄に受検番号を書きなさい。

(2)　問題は全部で５問あり，表紙を除いて14ページです。

○　印刷のはっきりしないところは，手をあげて係の先生に聞きなさい。

1　次の各問に答えなさい。(24点)

問 1　海岸の埋め立て地や河川沿いなどの砂地において，地震による揺れで**図 1** のような被害をもたらす，地面が急にやわらかくなる現象を何といいますか。下の**ア**～**エ**の中から一つ選び，その記号を書きなさい。（３点）

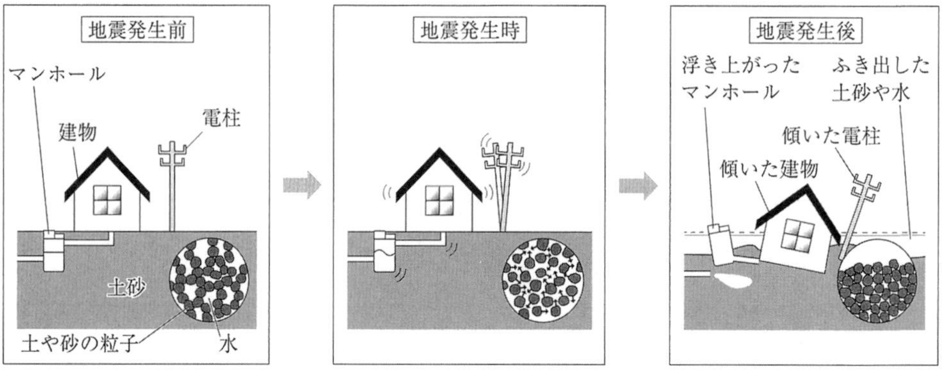

図 1

ア　津波　　**イ**　土石流　　**ウ**　液状化　　**エ**　高潮

問 2　次の**ア**～**エ**の細胞のつくりのうち，植物の細胞と動物の細胞に共通して見られるつくりを**二つ**選び，その記号を書きなさい。（３点）

ア　核　　**イ**　葉緑体　　**ウ**　細胞膜　　**エ**　細胞壁

問 3　硫酸銅水溶液，硫酸亜鉛水溶液の入った試験管を３本ずつ用意し，それぞれの水溶液に，銅，亜鉛，マグネシウムの金属片を**図 2** のように入れました。**表 1** はしばらくおいたあとに観察した結果をまとめたものです。この結果から，銅，亜鉛，マグネシウムを**イオンになりやすい順**に並べたものを，下の**ア**～**エ**の中から一つ選び，その記号を書きなさい。（３点）

図 2

表 1

		水溶液	
		硫酸銅水溶液	硫酸亜鉛水溶液
金属片	銅	変化がなかった。	変化がなかった。
	亜鉛	金属表面に赤色の物質が付着した。	変化がなかった。
	マグネシウム	金属表面に赤色の物質が付着した。	金属表面に銀色の物質が付着した。

ア　銅 ＞ 亜鉛 ＞ マグネシウム　　**イ**　銅 ＞ マグネシウム ＞ 亜鉛

ウ　マグネシウム ＞ 銅 ＞ 亜鉛　　**エ**　マグネシウム ＞ 亜鉛 ＞ 銅

問 4　**図3**のように，一定の速さで糸を引いて物体を0.2 m もち上げます。物体に20 N の重力がはたらいているとき，糸を引く力の大きさと，糸を引く距離の組み合わせとして最も適切なものを，次の**ア**～**エ**の中から一つ選び，その記号を書きなさい。ただし，糸と滑車の質量，糸と滑車の間の摩擦は考えないものとします。（3点）

	糸を引く力の大きさ〔N〕	糸を引く距離〔m〕
ア	10	0.2
イ	10	0.4
ウ	20	0.2
エ	20	0.4

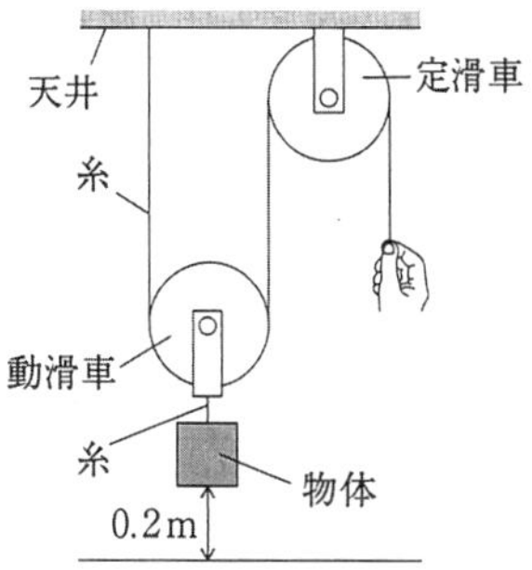

図3

問 5　**図4**は，天体望遠鏡に太陽投影板と遮光板をとりつけて太陽の像を投影したときに，まわりより暗く見える部分を記録用紙にスケッチしたものです。この部分の名称を書きなさい。（3点）

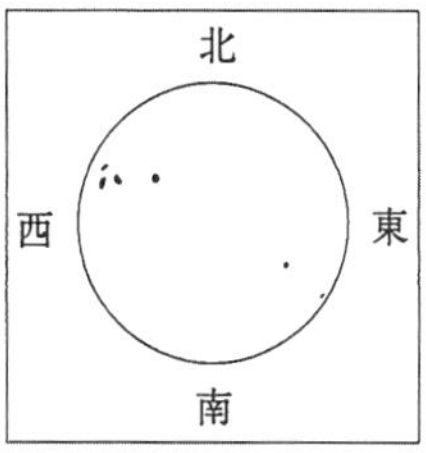

図4

問 6　**図5**のバッタやカニのように，外骨格をもち，からだに多くの節がある動物をまとめて何といいますか。その名称を書きなさい。（3点）

図5

問 7　ポリエチレンの袋に液体のエタノール4.0 g を入れ，空気を抜いて密閉したものに，**図6**のように熱湯をかけると，エタノールはすべて気体となり，袋の体積は2.5 L になりました。このときのエタノールの気体の密度は何 g/cm^3 か，求めなさい。（3点）

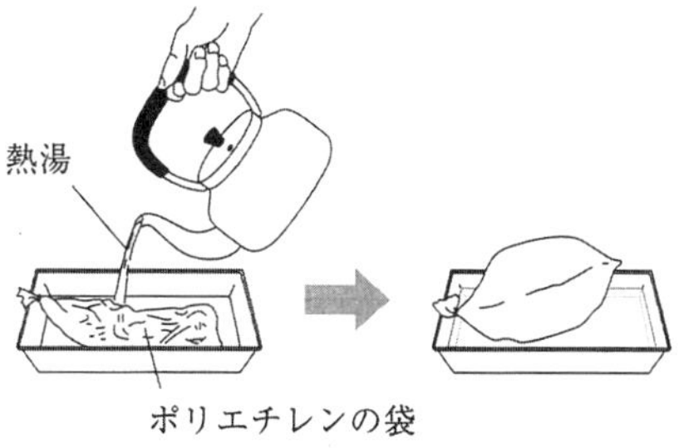

図6

問 8　放射性物質が，放射線を出す能力のことを何といいますか。その名称を書きなさい。（3点）

2 Yさんと N さんは，理科の授業で風に関して学習しました。問１～問５に答えなさい。(19 点)

授業

先　生：**図１**と**図２**は異なる日の天気図です。**図１**と**図２**を比べて，どのようなことがわかりますか。

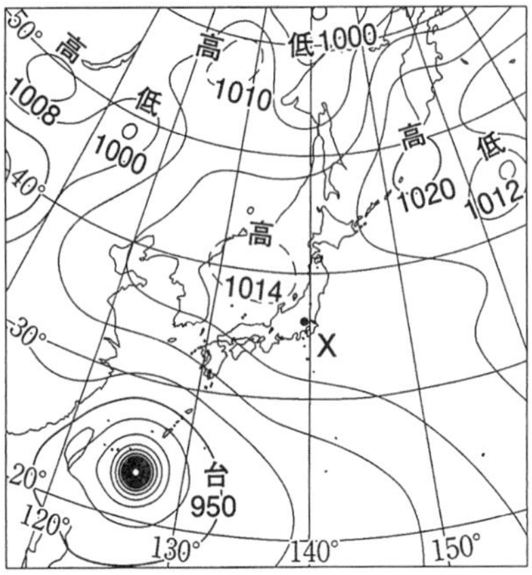

図１

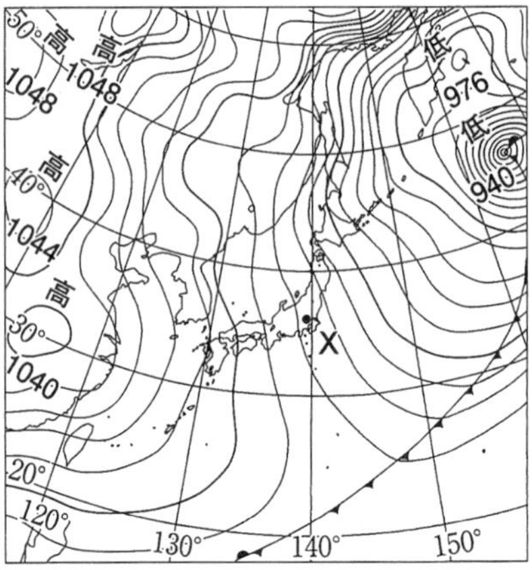

図２

Yさん：地点**X**における風の強さを**図１**と**図２**で比べると，**図２**の方が等圧線の間隔が［ P ］ことから，**図２**の方が風が［ Q ］と考えられます。

先　生：そうですね。では，他にどのようなことがわかりますか。

Nさん：**図１**では日本列島の南の海上に台風がみられます。**図２**でも東の海上に発達した低気圧がみられますが，位置から考えると，これは台風が温帯低気圧に変化したものだと思います。夏から秋にかけて多くの台風がやってくるので，**図１**と**図２**はどちらも夏か秋の天気図ではないでしょうか。

先　生：**図１**のものは台風ですが，**図２**のものは台風が温帯低気圧に変化したものではありません。実は，**図１**と**図２**はそれぞれ異なる季節の典型的な天気図です。もう一度，全体的な気圧配置に着目し，季節について考えてみましょう。

Nさん：**図１**は，太平洋高気圧が日本列島の広範囲をおおっているので夏の天気図だと考えられ，**図２**は，西高東低の気圧配置がみられるので，［ R ］の天気図だと考えられます。

先　生：そうですね。

問１ **授業** の［ P ］，［ Q ］にあてはまる語の組み合わせとして最も適切なものを，次のア～エの中から一つ選び，その記号を書きなさい。(３点)

ア　P…せまい　　Q…弱い　　　イ　P…広い　　Q…弱い

ウ　P…せまい　　Q…強い　　　エ　P…広い　　Q…強い

問２ **授業** の［ R ］にあてはまる季節を書きなさい。(３点)

Nさんは，海陸風に興味をもち，水を海，砂を陸に見立てて実験を行いました。

実験

課題

海岸地域の風の向きは，どのように決まるのだろうか。

【方法】

［1］ 同じ体積の水と砂をそれぞれ容器Aと容器Bに入れ，これらを水そう内に置き，室温でしばらく放置した。

［2］ **図3**のように，水そう内に線香と温度計を固定し，透明なアクリル板をかぶせた装置を作った。

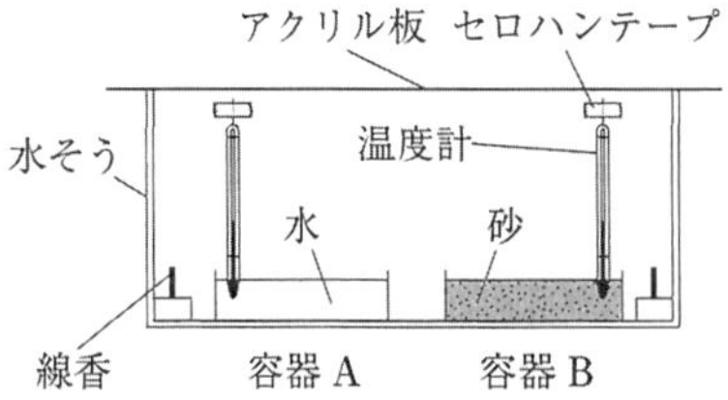

図3

［3］ 装置全体に日光を当て，3分ごとに18分間，水と砂の表面温度を測定した。

［4］ 測定終了後，アクリル板を開けて線香に火をつけてすぐに閉め，水そう内の煙の動きを観察した。

【結果】

○ 水と砂の表面温度の変化

時間〔分〕	0	3	6	9	12	15	18
水の表面温度〔℃〕	29.0	31.0	32.8	34.5	36.3	38.2	39.9
砂の表面温度〔℃〕	29.0	33.0	37.0	41.0	44.0	47.8	50.5

○ 水そう内の線香の煙は，**図4**のように動いていた。

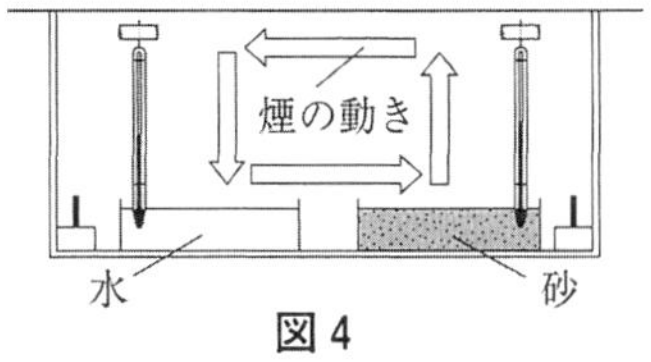

図4

【考察】

○ 水と砂のあたたまり方について，この**【結果】**から［　S　］ことがわかる。

問3 **【考察】**の［　S　］にあてはまることばとして最も適切なものを，次の**ア**～**エ**の中から一つ選び，その記号を書きなさい。（3点）

ア 砂の方が水よりもあたたまりやすい　　**イ** 水の方が砂よりもあたたまりやすい

ウ 水と砂であたたまりやすさに差がない　　**エ** どちらがあたたまりやすいか判断できない

問4 **実験** から，よく晴れた日の昼における海岸地域の地表付近の風の向きは，次の**ア**，**イ**のどちらであると考えられますか。その記号を書きなさい。また，そのような風の向きになるしくみを，**気温**，**上昇気流**という語を使って説明しなさい。（5点）

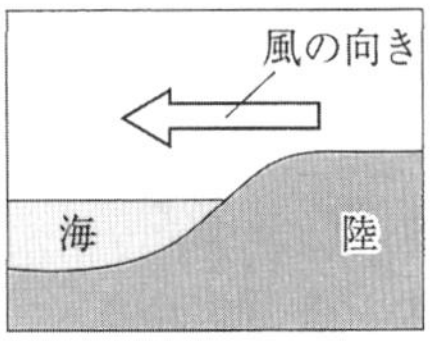

ア

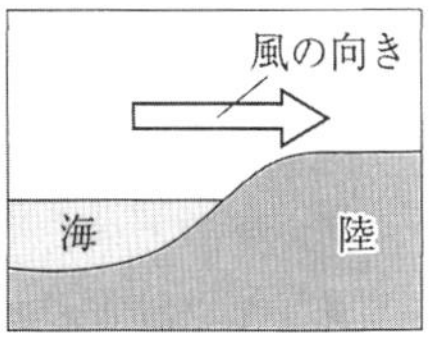

イ

Yさんは，旅行で飛行機に乗った際に気づいたことについて，Nさんと会話しました。

会話

Yさん：旅行で東京から福岡に行ったときに飛行機に乗ったけど，行きと帰りで飛行機の所要時間に差があったよ。調べてみると，**表1**のとおりだったよ。

表1

	行き 東京国際空港（羽田空港）から福岡空港	帰り 福岡空港から東京国際空港（羽田空港）
所要時間	115分	95分

Nさん：**表1**から，所要時間は帰りの方が行きよりも短いことがわかるね。**図5**のように，中緯度地域の上空では，偏西風という，地球を１周して移動する大気の動きがあるね。帰りの所要時間が短くなるのは，飛行機が偏西風の影響を受けるからではないかな。

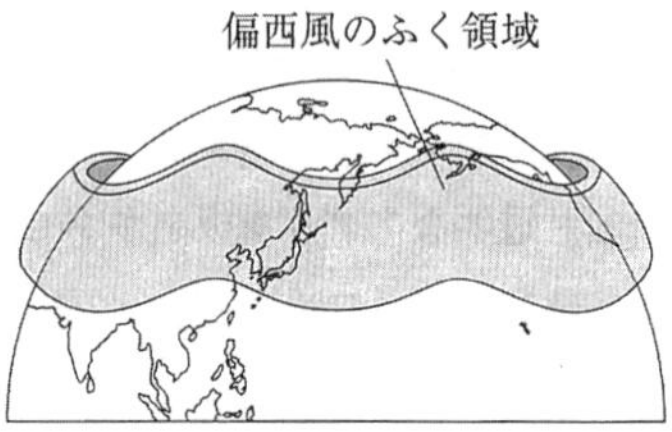

図5

Yさん：その仮説が正しいかどうか考えてみよう。

問５　Yさんは，下線部の仮説について，数値データを集めて**表2**と**表3**にまとめ，下のように考察しました。［Ⅰ］～［Ⅲ］にあてはまる語句の組み合わせとして最も適切なものを，**ア～カ**の中から一つ選び，その記号を書きなさい。また，［T］には，帰りの飛行機が偏西風からどのような影響を受けながら飛んでいるのか書きなさい。ただし，飛行機は，行きと帰りで同じ距離を飛ぶものとします。（５点）

表2

	高度
偏西風のふく領域	5.5～14 km
飛行機の飛ぶ高さ	10 km

表3

		緯度	経度
偏西風のふく領域		北緯30～60°	—
飛行機の発着場所	東京国際空港（羽田空港）	北緯36°	東経140°
	福岡空港	北緯34°	東経130°

［Ⅰ］の数値データから，飛行機は偏西風のふく領域を飛ぶと判断でき，飛行機は偏西風の影響を受けると考えられる。

さらに，［Ⅱ］の数値データと偏西風のふく向きから，帰りの飛行機の飛ぶ向きが偏西風のふく向きと［Ⅲ］向きになり，帰りの飛行機は［T］飛んでいると判断できるため，帰りの所要時間が短くなると考えられる。

ア　Ⅰ…高度と緯度　Ⅱ…経度　Ⅲ…同じ
イ　Ⅰ…高度と緯度　Ⅱ…経度　Ⅲ…逆
ウ　Ⅰ…高度と経度　Ⅱ…緯度　Ⅲ…同じ
エ　Ⅰ…高度と経度　Ⅱ…緯度　Ⅲ…逆
オ　Ⅰ…緯度と経度　Ⅱ…高度　Ⅲ…同じ
カ　Ⅰ…緯度と経度　Ⅱ…高度　Ⅲ…逆

3 Wさんは，エンドウについて学習し，ノートにまとめました。問１～問４に答えなさい。(19点)

ノート１

観察

エンドウについて，**図１**は開花後の花のようす，**図２**は開花後の花の縦断面，**図３**は種子のつくりを模式的に表したものである。

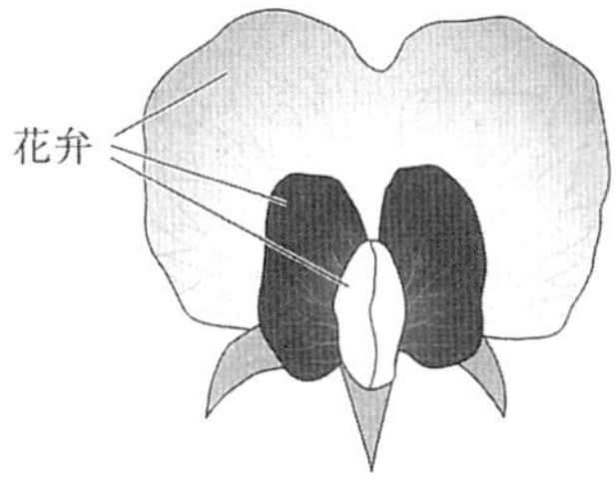

図１

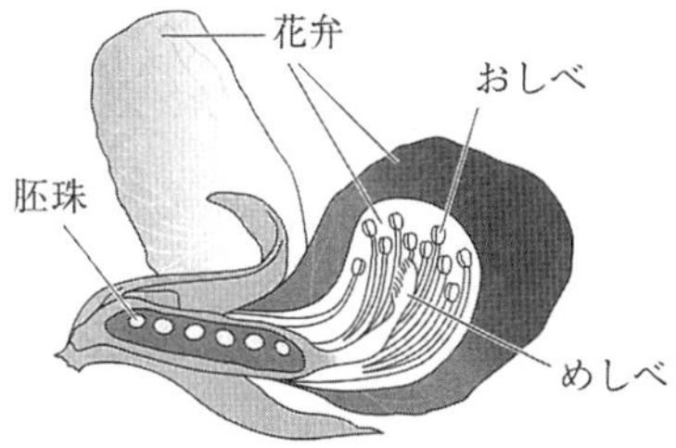

図２

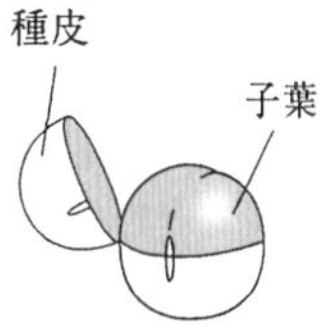

図３

わかったこと

○ ①エンドウは，自然の状態では外から花粉が入らず，自家受粉を行う。

○ 胚珠は発達して種子となる。エンドウの種子の種皮はうすく，中の子葉の色が透けてみえる。

○ ②エンドウの子葉の色には，黄色と緑色の２種類がある。

問１ エンドウの花弁のつき方による分類と，そこに分類される代表的な植物の組み合わせとして最も適切なものを，次の**ア**～**エ**の中から一つ選び，その記号を書きなさい。(４点)

	分類	代表的な植物
ア	合弁花類	アブラナ，サクラ
イ	合弁花類	アサガオ，ツツジ
ウ	離弁花類	アブラナ，サクラ
エ	離弁花類	アサガオ，ツツジ

問２ 下線部①の理由を，**図１**と**図２**を参考にし，エンドウの花のつくりにふれながら，**開花後**という語を使って書きなさい。(４点)

問３ 下線部②について，エンドウの子葉の色には，黄色と緑色のいずれかの形質しか現れません。この黄色と緑色のように，同時に現れない２つの形質のことを何といいますか。その名称を書きなさい。(３点)

Wさんは，先生からもらった子葉の色が異なる２種類のエンドウの種子を，１つずつ育てたときのようすについて，ノートにまとめました。

ノート２

黄色の子葉をもつエンドウを育てたとき

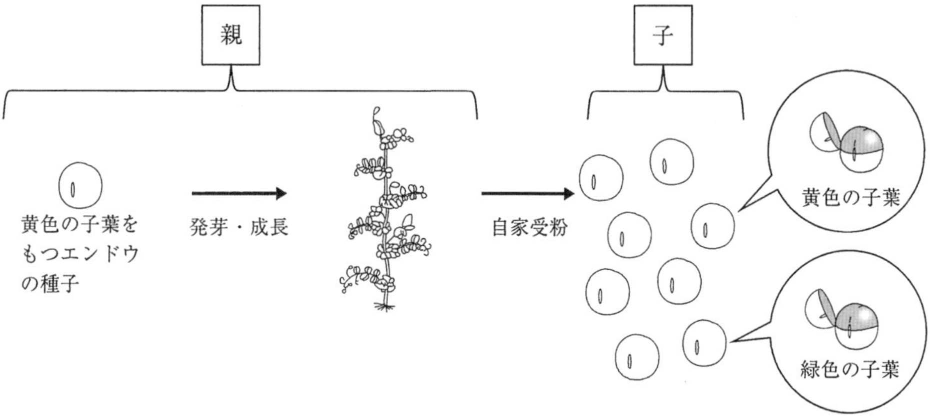

(X) 黄色の子葉をもつエンドウの種子と(Y) 緑色の子葉をもつエンドウの種子の２種類の種子ができた。

緑色の子葉をもつエンドウを育てたとき

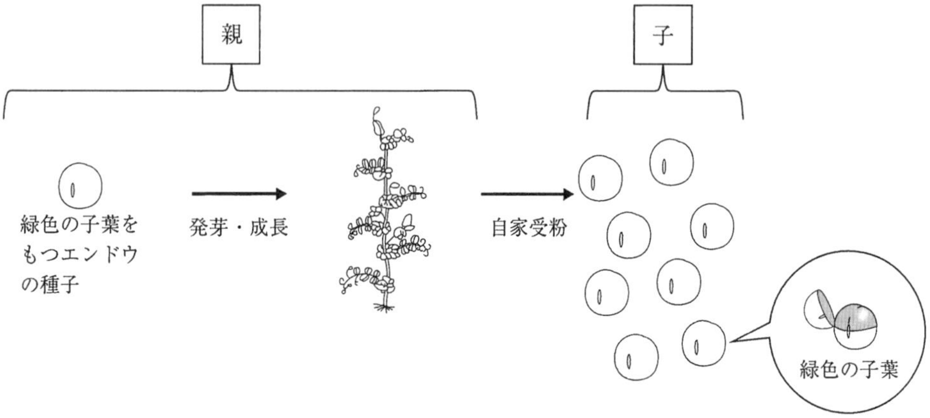

(Z) 緑色の子葉をもつエンドウの種子のみができた。

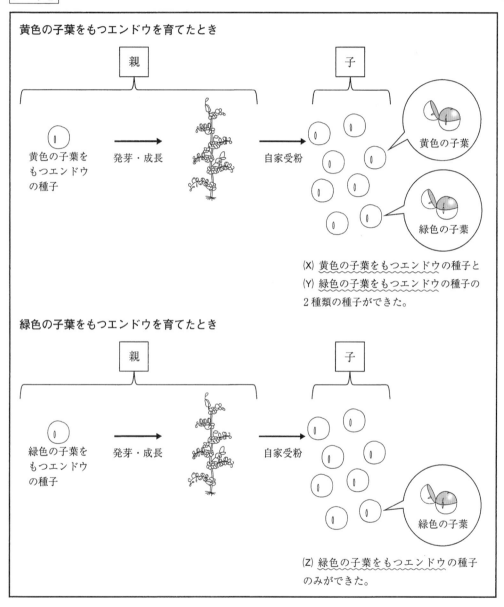

国語 解答用紙 (2)

5

11

13

12点

受検番号
第　　　番

社　　会　　解 答 用 紙 (2)

4

問1．３点
問2．３点
問3．５点
問4．３点
問5．３点

問 1 ※	
問 2 ※	
問 3 ※	
問 4 ※	→ → →
問 5 ※	経済

5

問1．３点
問2．５点
問3．３点
問4．３点
問5．３点
問6．３点
問7．３点

問 1 ※	
問 2 ※	
問 3 ※	
問 4 ※	
問 5 ※	
問 6 ※	
問 7 ※	

6

問1．３点
問2．３点
問3．３点
問4．５点

問 1 ※	→ → →
問 2 ※	
問 3 ※	現象
問 4 ※	（記号） A

1～3の計

得　点		※

※100点満点

受検番号	第　　　番

理　　科　　解答用紙 (2)

4

問1．3点
問2．4点
問3．4点
問4．4点×2

問 1 ※		
問 2 ※		
問 3 ※	◎○ ◎○ ＋ ● → 〔　　〕＋〔　　〕	
	2 CuO ＋ C → 銅［　　］＋ 二酸化炭素［　　］	
問 4 ※	(1)	
	(2)	炭素　　g
		銅　　g

5

問1．3点
問2．4点
問3．4点
問4．4点
問5．4点

問 1 ※	
問 2 ※	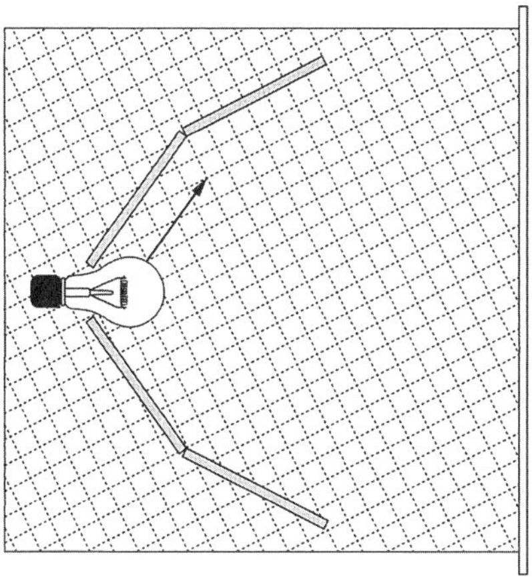
問 3 ※	
問 4 ※	
問 5 ※	

1～3の計

得　点		※

※100点満点

受検番号	第　　　番

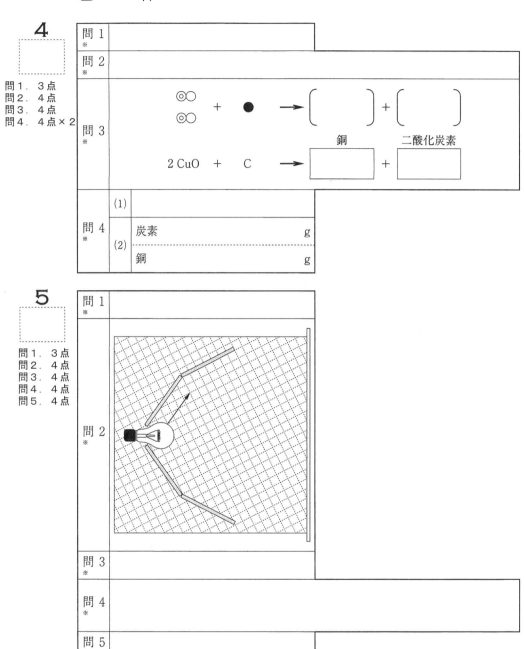

理　　科　　解答用紙 (1)

1

3点×8

問1 ※		問5 ※	
問2 ※	と	問6 ※	
問3 ※		問7 ※	g/cm^3
問4 ※		問8 ※	

2

問1．3点
問2．3点
問3．3点
問4．5点
問5．5点

問1 ※		
問2 ※		
問3 ※		
問4 ※	記号	
	しくみ	
問5 ※	記号	
	T	

3

問1．4点
問2．4点
問3．3点
問4．4点×2

問1 ※				
問2 ※				
問3 ※				
問4 ※	(1)	記号		
		遺伝子の組み合わせ　　　と		
	(2)	I	II	M

1～3の計

受検番号	第　　　　番

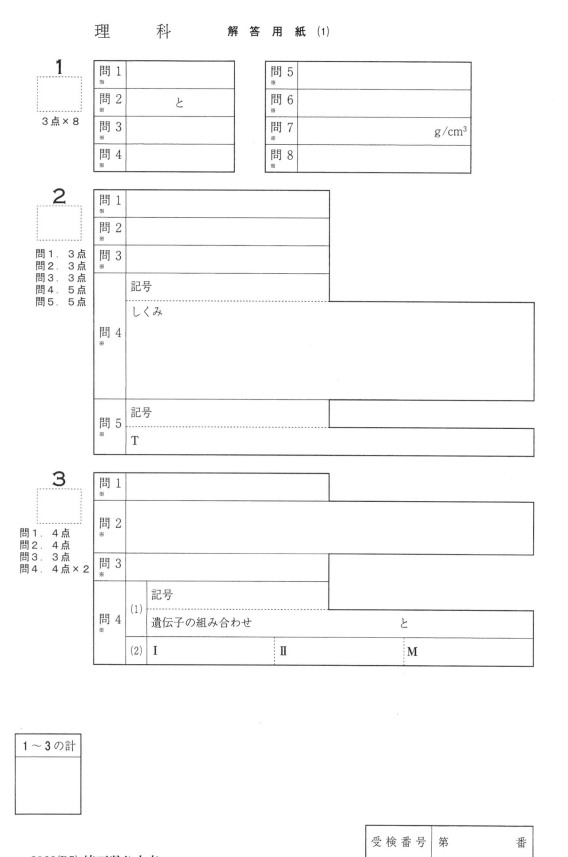

社　会　　解答用紙 (1)

1

問1．３点
問2．３点
問3．５点
問4．３点

問 1 ※	大陸
問 2 ※	
問 3 ※	X Y　海流
問 4 ※	

2

問1．３点
問2．３点
問3．３点
問4．５点
問5．２点

問 1 ※	山脈
問 2 ※	
問 3 ※	
問 4 ※	P Q
問 5 ※	

3

問1．３点
問2．３点
問3．２点
問4．３点
問5．５点

問 1 ※	
問 2 ※	
問 3 ※	
問 4 ※	
問 5 ※	(制度) (理由)

1～3の計

受検番号	第　　番

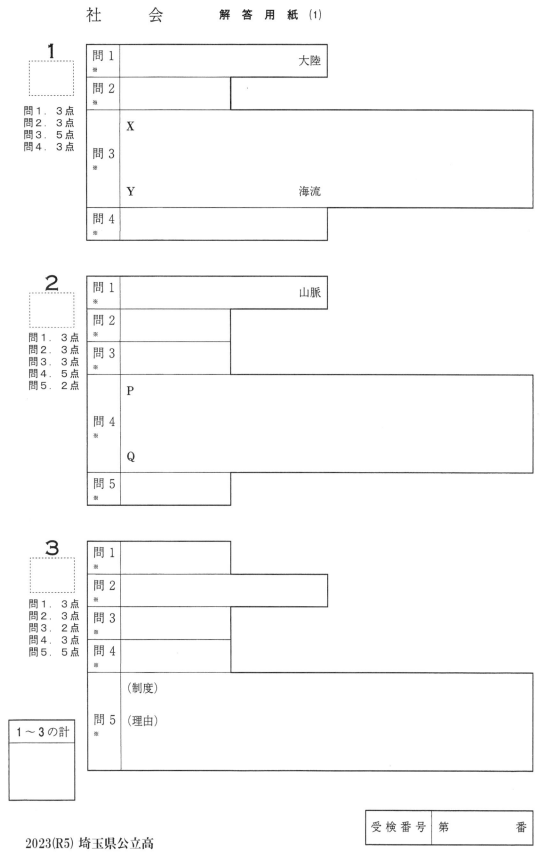

国語　解答用紙(1)

※100点満点

得点
※

受検番号
第　　　番

1

問1 ※
問2 ※
問3 ※
問4 ※
問5 ※　（　　　）と（　　　）

問1．4点
問2．6点
問3．4点
問4．7点
問5．5点

2

問1 ※　(1)　(2)　(3)　く　(4)　(5)　く
問2 ※
問3 ※
問4 ※　(1)　(2)　(3)

問1．2点×5
問2．3点
問3．3点
問4．(1) 2点
(2) 3点
(3) 3点

3

問1 ※
問2 ※
問3 ※
問4 ※
問5 ※　Ⅰ　Ⅱ

問1．4点
問2．4点
問3．7点
問4．4点
問5．7点

4

問1 ※
問2 ※
問3 ※
問4 ※

3点×4

5

（作文は**解答用紙**(2)に書くこと）

【解答

問 4 ［ノート2］について，次の(1)，(2)に答えなさい。ただし，エンドウの子葉の色を決める遺伝子のうち，顕性形質の遺伝子をA，潜性形質の遺伝子をaで表すものとします。

(1) 波線部(X)，(Y)，(Z)のエンドウのうち，遺伝子の組み合わせが特定できないものを一つ選び，その記号を書きなさい。また，そのエンドウがもつ可能性のある遺伝子の組み合わせを，A，aを使って**二つ**書きなさい。（4点）

(2) Wさんは，(1)で答えた遺伝子の組み合わせが特定できないエンドウをPとして，Pの遺伝子の組み合わせを特定するための方法について調べ，次のようにまとめました。［Ⅰ］，［Ⅱ］にあてはまる遺伝子の組み合わせを，A，aを使って書きなさい。また，［M］にあてはまる比として最も適切なものを，下の**ア**～**エ**の中から一つ選び，その記号を書きなさい。（4点）

> **方法**
>
> Pに「遺伝子の組み合わせがaaのエンドウ」をかけ合わせて生じたエンドウについて，黄色の子葉をもつものと緑色の子葉をもつものの数の比を確認する。
>
> **特定のしかた**
>
> ○ 黄色の子葉をもつエンドウのみが生じた場合，Pがもつ遺伝子の組み合わせは［Ⅰ］と特定できる。
>
> ○ 黄色の子葉をもつエンドウと，緑色の子葉をもつエンドウの両方が生じた場合，Pがもつ遺伝子の組み合わせは［Ⅱ］と特定できる。このとき，黄色の子葉をもつエンドウと緑色の子葉をもつエンドウの数の比は，およそ［M］となる。

ア 1：1　　**イ** 2：1　　**ウ** 3：1　　**エ** 4：1

4　科学部のＦさんとＨさんは，クジャク石から銅をとり出す実験を行いました。問１～問４に答えなさい。（19点）

会話１

Ｆさん：先生から**図１**のようなクジャク石のかけらをもらったんだ。クジャク石は銅を主成分とした化合物なんだって。この石から銅をとり出せないかな。

Ｈさん：調べてみると，クジャク石は熱分解によって，酸化銅にすることができるみたいだよ。

Ｆさん：それなら，炭素粉末を使って①酸化銅から酸素をとり除くことで，銅を金属としてとり出せそうだね。実験で確かめてみよう。

図１

実験１

課題１

クジャク石を熱分解すると，どのように反応が起こるだろうか。

【方法１】

［1］　クジャク石をハンマーでくだいた後，鉄製の乳鉢で細かくすりつぶして粉末にした。

［2］　粉末にしたクジャク石 10.00 g を試験管に入れ，**図２**の装置でじゅうぶんに加熱した。

［3］　試験管の口に生じた液体を調べた後，液体を加熱によって完全に蒸発させた。

［4］　残った粉末の質量を測定した。

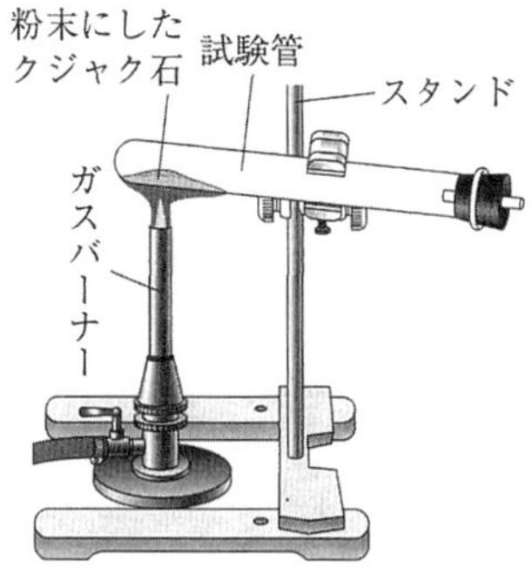

図２

【結果１】

○　試験管の口に生じた液体は，②水であることがわかった。

○　試験管内からとり出された黒い粉末（**試料Ａ**とする）は 7.29 g であった。

問１　下線部①のように，酸化物から酸素がとり除かれる化学変化を何といいますか。その名称を書きなさい。（３点）

問２　下線部②について，試験管の口に生じた液体が水であることを確かめる方法を，次のようにまとめました。［　　　　　］にあてはまることばを書きなさい。（４点）

試験管の口に生じた液体に［　　　　　］ことを確認すれば水であることが確かめられる。

会話 2

Fさん：実験 1 でとり出された**試料A**は純粋な酸化銅なのかな。

Hさん：いや，ほぼ純粋な酸化銅だろうけど，クジャク石は天然のものだから多少の不純物は混じっているると考えるべきだろうね。

Fさん：そうすると，炭素粉末と反応させるだけでは純粋な銅は得られないね。不純物の割合をできるだけ低くするには，**試料A**をどれくらいの炭素粉末と反応させればいいんだろう。

Hさん：炭素粉末を加え過ぎても，反応しなかった分が不純物になってしまって，銅の割合が低くなるよね。**試料A**をもっと準備して，加える炭素粉末の質量をかえて実験してみよう。

実験 2

課題 2

試料Aからできるだけ不純物の割合の低い銅を得るには，どれくらいの炭素粉末と反応させるのが適切なのだろうか。

【方法 2】

[1]　**試料A** 2.50 g と純粋な炭素粉末 0.06 g をはかりとり，よく混ぜ合わせた。

[2]　[1]の混合物をすべて試験管Pに入れ，**図3**の装置で，気体が発生しなくなるまでじゅうぶんに加熱した。

[3]　試験管Qからガラス管の先を抜いて加熱をやめ，ゴム管をピンチコックでとめた。

[4]　試験管Pが冷めた後，残った粉末(**試料B**とする)の質量を測定した。

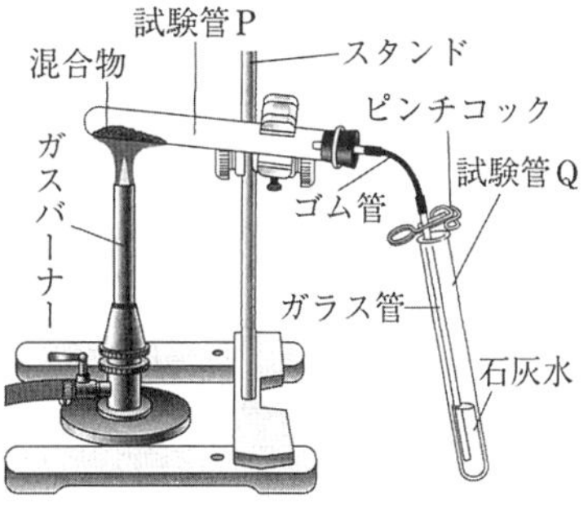

図3

[5]　**試料A**の質量は 2.50 g のまま，炭素粉末の質量を 0.12 g，0.18 g，0.24 g，0.30 g にかえ，[1]～[4]と同じ操作を行った。

【結果 2】

○　発生した気体は，石灰水を白くにごらせたことから，二酸化炭素であることがわかった。

問 3　次は，実験 2 における酸化銅と炭素の反応を，原子・分子のモデルを使って表し，それをもとに化学反応式で表したものです。銅原子を◎，酸素原子を○，炭素原子を●として（　　）にあてはまるモデルをかき，それをもとに化学反応式を完成させなさい。（4点）

化学反応を原子・分子のモデルを使って表したもの	◎○ ◎○	＋	●	→	（　　）	＋	（　　）
					銅		二酸化炭素
化学反応式	2 CuO	＋	C	→	□	＋	□

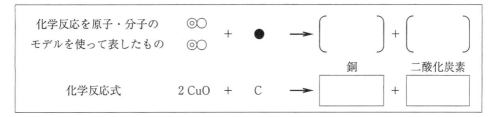

実験２の続き

○　加えた炭素粉末の質量に対して，試験管Ｐに残った**試料Ｂ**の質量は次のようになった。

試料Ａ〔g〕	2.50	2.50	2.50	2.50	2.50
炭素粉末〔g〕	0.06	0.12	0.18	0.24	0.30
試料Ｂ〔g〕	2.34	2.18	2.02	2.08	2.14

問４　**実験２**　について，次の(1)，(2)に答えなさい。ただし，炭素粉末と酸化銅の少なくとも一方は，完全に反応したものとします。なお，炭素粉末は**試料Ａ**中の酸化銅としか反応しないものとし，**試料Ａ**中の不純物は加熱しても反応しないものとします。

(1)　**実験２の続き**　について，加えた炭素粉末の質量と発生した二酸化炭素の質量の関係を表したグラフとして最も適切なものを，次の**ア**～**エ**の中から一つ選び，その記号を書きなさい。（４点）

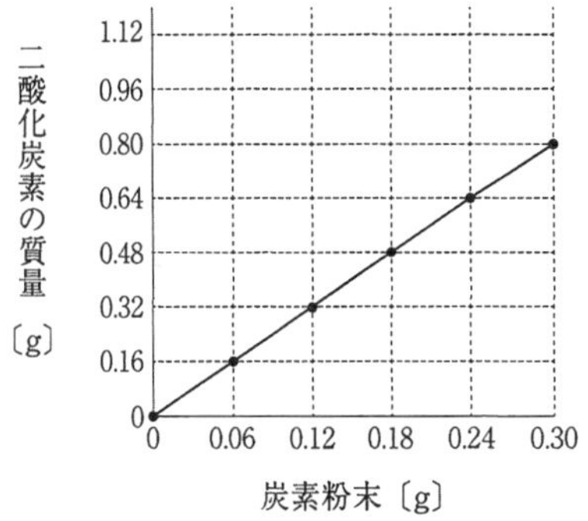

ア

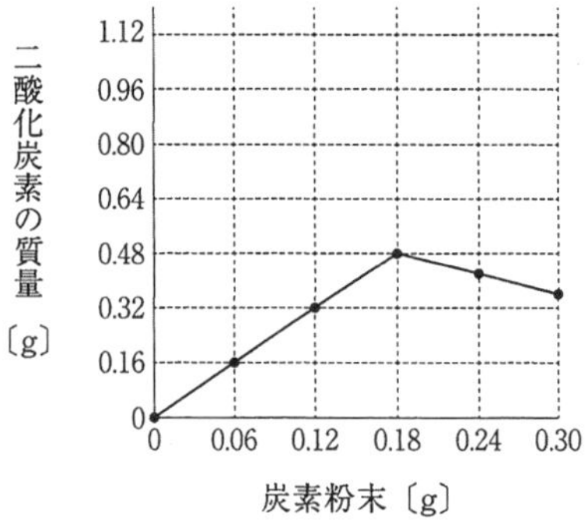

イ

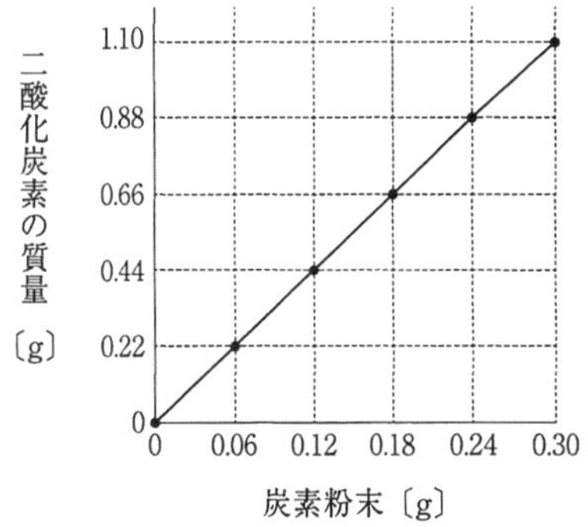

ウ

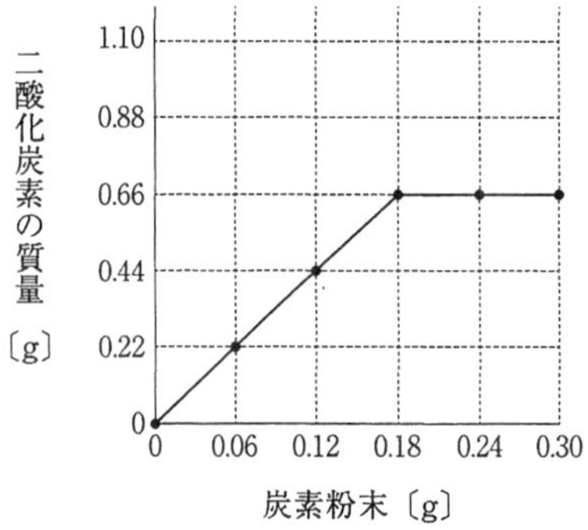

エ

(2)　**試料Ａ** 2.50 g から得られる**試料Ｂ**の銅の割合をできるだけ高くするには，何 g の炭素粉末と反応させるのが最も適切か，書きなさい。また，そのとき得られる**試料Ｂ**に含まれる銅の質量は何 g か，求めなさい。ただし，酸化銅は銅と酸素が４：１の質量比で結びついたものとします。

（４点）

5 演劇部のKさんとMさんは，四方八方に広がる光を一方向に集める**図1**のようなスポットライトを，部活動で使用するために自作できないかと考え，試行錯誤しています。問1～問5に答えなさい。(19点)

図1

会話1

Kさん：スポットライトを作るには，**図2**のように電球にかさをつけるだけではだめかな。

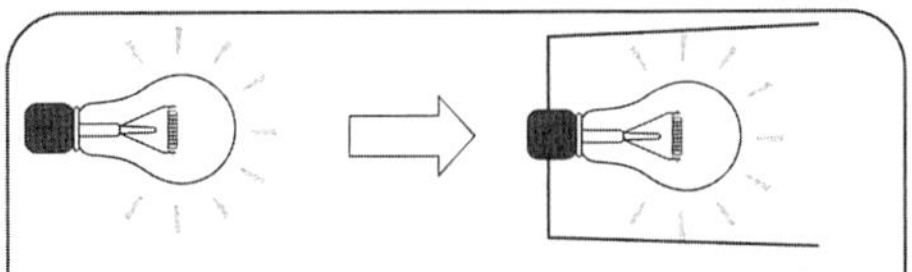

図2　電球にかさをつけるイメージ

Mさん：かさだけだと，電球から出た光の一部しか有効に使えないのではないかな。懐中電灯には電球のまわりが鏡のようになっているものもあるよ。

Kさん：そうか，光が鏡で［　A　］する性質を使って光を一方向に集めるんだね。

問1　**会話1**の［　A　］にあてはまる語を書きなさい。(3点)

問2　Kさんは，電球のまわりを鏡でおおい，スクリーンを照らす実験を行いました。**図3**は，その断面のようすを横から見た模式図です。矢印の向きに出た光はどのように進みますか。スクリーンまでの光の道すじを，定規を用いて作図しなさい。(4点)

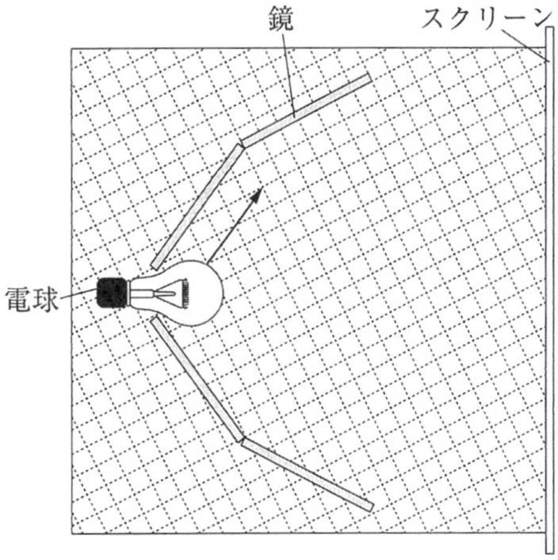

図3

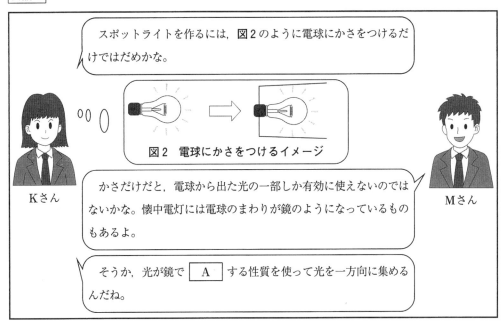

会話2

Kさん

スポットライトを作るなら，凸レンズでも光を一方向に集められるのではないかな。

なるほどね。光源に対する凸レンズの位置を変えて，光の進み方がどのように変わるのか，いろいろと試してみよう。

Mさん

実験

課題

光源に対する凸レンズの位置によって，光の進み方はどのように変わるのだろうか。

【方法】

［1］ 直径が 6 cm で焦点距離が 10 cm の凸レンズを準備し，**図 4** のように光学台の上に光源，凸レンズ，スクリーンを置いた装置を組み立て，光源のフィラメントが凸レンズの軸(光軸)上になるように調整した。

［2］ 光源を固定したまま凸レンズの位置を変え，スクリーンにうつる光のようすを，スクリーンを凸レンズから 10 cm ずつ遠ざけて調べた。

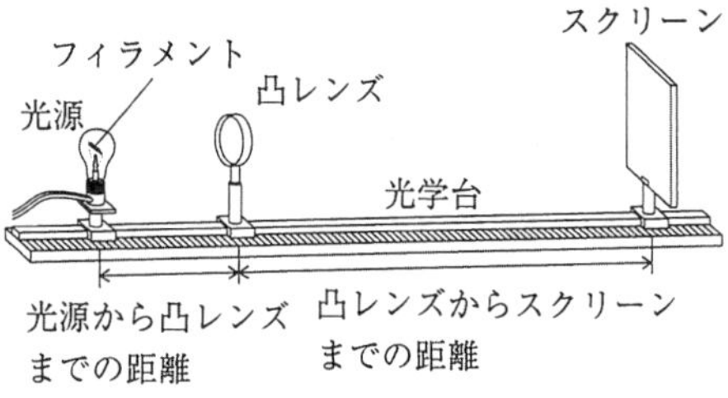

図 4

【結果】

<table>
<tr><td colspan="2" rowspan="2"></td><td colspan="6">凸レンズからスクリーンまでの距離</td></tr>
<tr><td>10 cm</td><td>20 cm</td><td>30 cm</td><td>40 cm</td><td>50 cm</td><td>60 cm</td></tr>
<tr><td rowspan="2">光源から凸レンズまでの距離</td><td>10 cm</td><td colspan="6">像はできず，いずれの距離でも明るい光が直径約 6 cm の円としてうつった。</td></tr>
<tr><td>20 cm</td><td>像はできず，明るい光が直径約 3 cm の円としてうつった。</td><td>上下左右が逆向きのフィラメントの<u>実像ができた</u>。</td><td colspan="4">像はできず，遠ざけるほど光が広がり，暗くなった。</td></tr>
</table>

問 3 **【結果】**の下線部について，このときできた像の大きさはもとの光源の大きさの何倍ですか。最も適切なものを，次の**ア**～**エ**の中から一つ選び，その記号を書きなさい。（4 点）

ア 0.5 倍　　**イ** 1 倍　　**ウ** 1.5 倍　　**エ** 2 倍

問 4 **実験** について，光源から凸レンズまでの距離が 10 cm のとき，スクリーンを凸レンズから遠ざけても，明るい光が同じ大きさの円としてうつる理由を，**平行**という語を使って説明しなさい。ただし，光源から出た光は凸レンズの軸(光軸)上の 1 点から出たものとします。（4 点）

会話3

小型のスポットライトなら小さなレンズで作れそうだけど，大型化しようとするとレンズも厚くなってしまうね。

Kさん

それならフレネルレンズを使うと解決できるのではないかな。フレネルレンズは，**図5**のような凸レンズの曲面の色のついた部分だけを組み合わせて，板状に並べたうすいレンズだよ。

Mさん

図5

三角柱のガラスをモデルにして考えてみるよ。

問5　Kさんはフレネルレンズを理解するために，三角柱のガラスを机に並べ，光源装置から光を当てる実験を行いました。**図6**は，そのようすを上から見た模式図です。Kさんは，1点から出た光源装置の光を**図6**の6か所のに置いた三角柱のガラスに当てると，それぞれの光がたがいに平行になるように進むことを確認しました。このときの三角柱のガラスの並べ方として最も適切なものを，次の**ア**～**エ**の中から一つ選び，その記号を書きなさい。(4点)

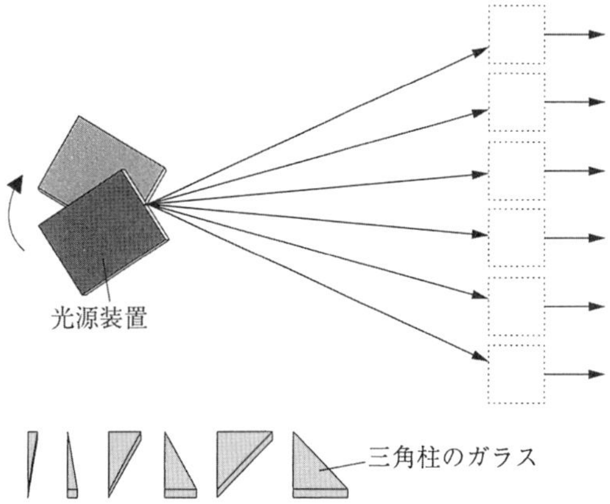

図6

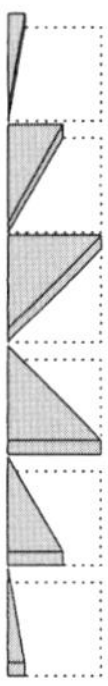

ア

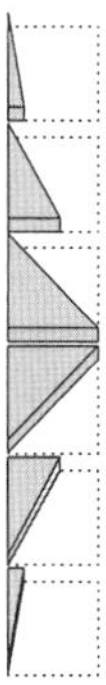

イ

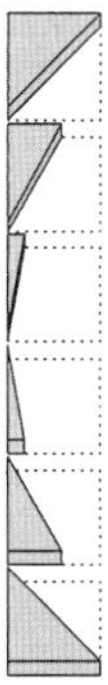

ウ

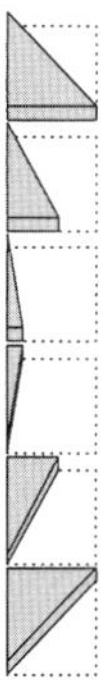

エ

(以上で問題は終わりです。)

受検番号	第　　　　番

埼玉県公立高等学校

令和５年度学力検査問題

数　　学 （10時35分〜11時25分〈50分間〉）

注　　意

1　解答用紙について

(1)　解答用紙は１枚で，問題用紙にはさんであります。

(2)　係の先生の指示に従って，所定の欄２か所に受検番号を書きなさい。

(3)　答えはすべて解答用紙のきめられたところに，はっきりと書きなさい。

(4)　解答用紙は切りはなしてはいけません。

(5)　解答用紙の※印は集計のためのもので，解答には関係ありません。

2　問題用紙について

(1)　表紙の所定の欄に受検番号を書きなさい。

(2)　問題は全部で４問あり，表紙を除いて10ページです。

(3)　問題用紙の余白を利用して，計算したり，図をかいたりしてもかまいません。

3　解答について

(1)　答えに根号を含む場合は，根号をつけたままで答えなさい。

(2)　答えに円周率を含む場合は，πを用いて答えなさい。

○　印刷のはっきりしないところは，手をあげて係の先生に聞きなさい。

1　次の各問に答えなさい。（65点）

(1)　$7x-3x$　を計算しなさい。（4点）

(2)　$4\times(-7)+20$　を計算しなさい。（4点）

(3)　$30xy^2\div5x\div3y$　を計算しなさい。（4点）

(4)　方程式　$1.3x+0.6=0.5x+3$　を解きなさい。（4点）

(5)　$\dfrac{8}{\sqrt{2}}-3\sqrt{2}$　を計算しなさい。（4点）

(6)　$x^2-11x+30$　を因数分解しなさい。（4点）

(7)　連立方程式　$\begin{cases}3x+5y=2\\-2x+9y=11\end{cases}$　を解きなさい。（4点）

(8)　2次方程式　$3x^2-5x-1=0$　を解きなさい。（4点）

(9)　次の**ア**～**エ**の調査は，全数調査と標本調査のどちらでおこなわれますか。標本調査でおこなわれるものを**二つ**選び，その記号を書きなさい。（4点）

ア　ある河川の水質調査
イ　ある学校でおこなう健康診断
ウ　テレビ番組の視聴率調査
エ　日本の人口を調べる国勢調査

(10)　右の図において，曲線は関数　$y=\dfrac{6}{x}$　のグラフで，曲線上の2点A，Bのx座標はそれぞれ-6，2です。

2点A，Bを通る直線の式を求めなさい。（4点）

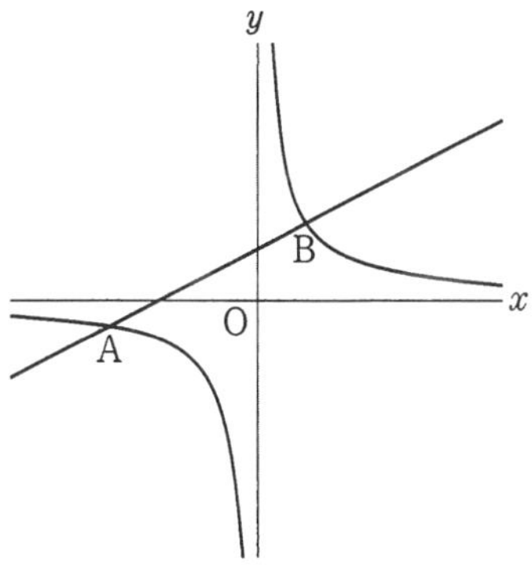

(11) 関数 $y=2x^2$ について，x の変域が $a \leqq x \leqq 1$ のとき，y の変域は $0 \leqq y \leqq 18$ となりました。このとき，a の値を求めなさい。（4 点）

(12) 右の図のような，AD ＝ 5 cm，BC ＝ 8 cm，AD ∥ BC である台形 ABCD があります。辺 AB の中点を E とし，E から辺 BC に平行な直線をひき，辺 CD との交点を F とするとき，線分 EF の長さを求めなさい。（4 点）

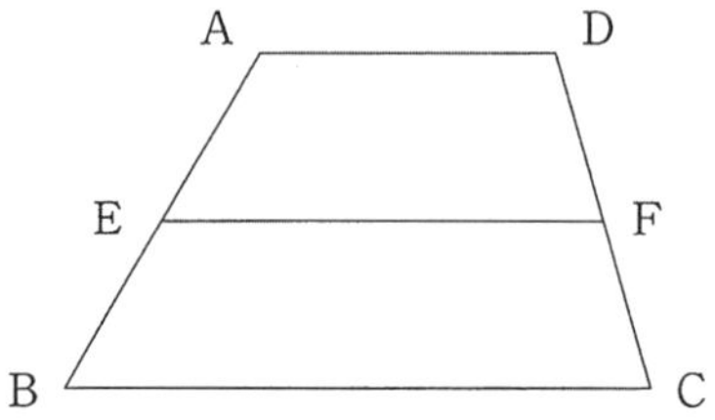

(13) 100 円硬貨 1 枚と，50 円硬貨 2 枚を同時に投げるとき，表が出た硬貨の合計金額が 100 円以上になる確率を求めなさい。

ただし，硬貨の表と裏の出かたは，同様に確からしいものとします。（4 点）

⒁　半径7 cmの球を，中心から4 cmの距離にある平面で切ったとき，切り口の円の面積を求めなさい。（4点）

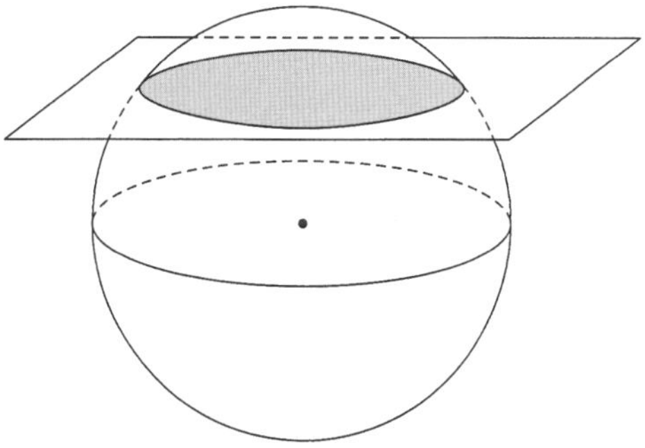

⒂　次の**ア**～**エ**は，関数　$y=ax^2$　のグラフと，一次関数　$y=bx+c$　のグラフをコンピュータソフトを用いて表示したものです。**ア**～**エ**のうち，a，b，cがすべて同符号であるものを一つ選び，その記号を書きなさい。（4点）

ア

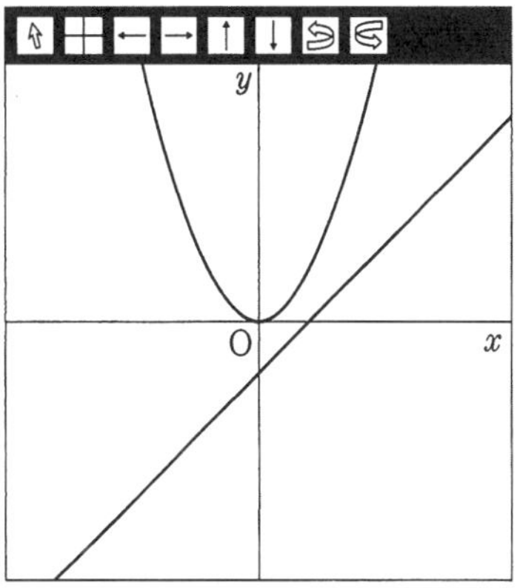

イ

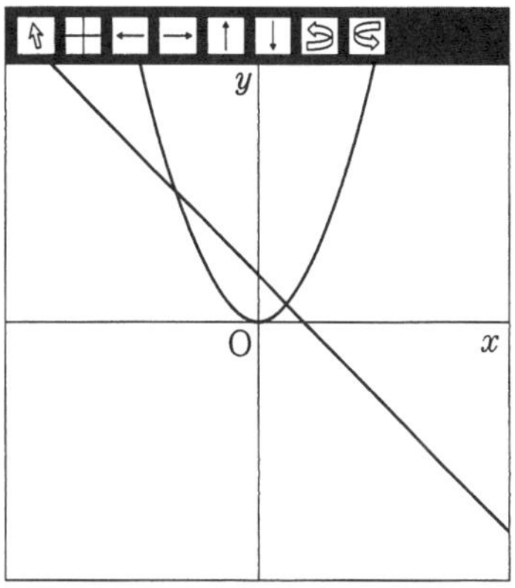

ウ

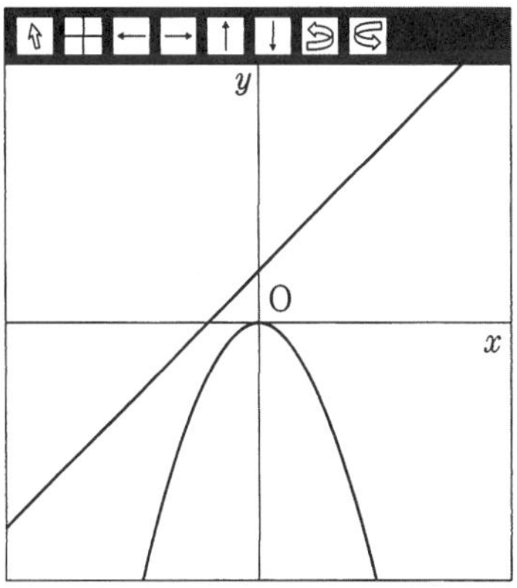

エ

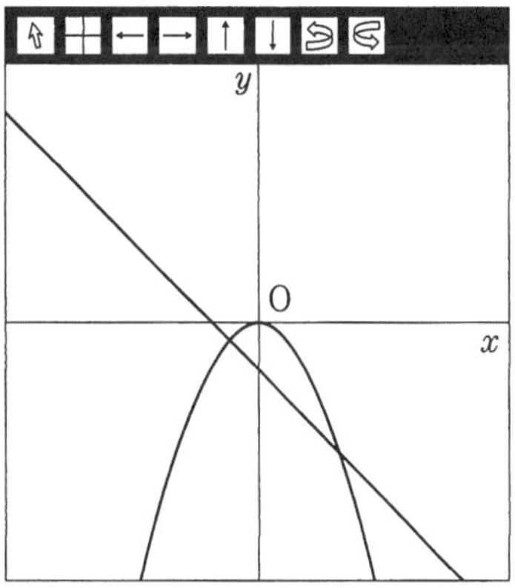

(16) 次は，ある数学の【問題】について，ＡさんとＢさんが会話している場面です。これを読んで，下の問に答えなさい。

【問題】

右の図は，18 人の生徒の通学時間をヒストグラムに表したものです。このヒストグラムでは，通学時間が 10 分以上 20 分未満の生徒の人数は 2 人であることを表しています。

ア～**ウ**の箱ひげ図の中から，このヒストグラムに対応するものを一つ選びなさい。

図

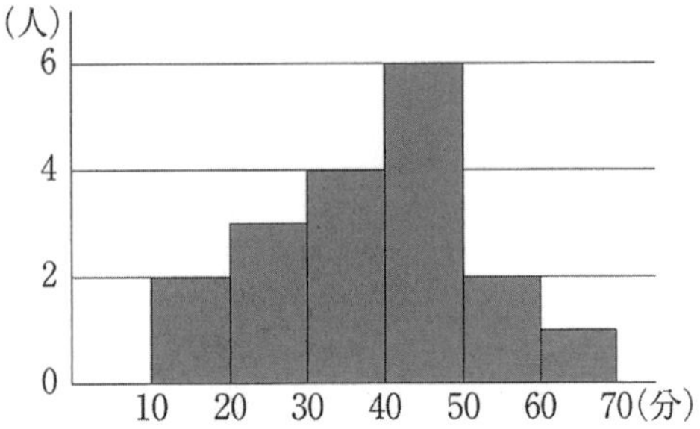

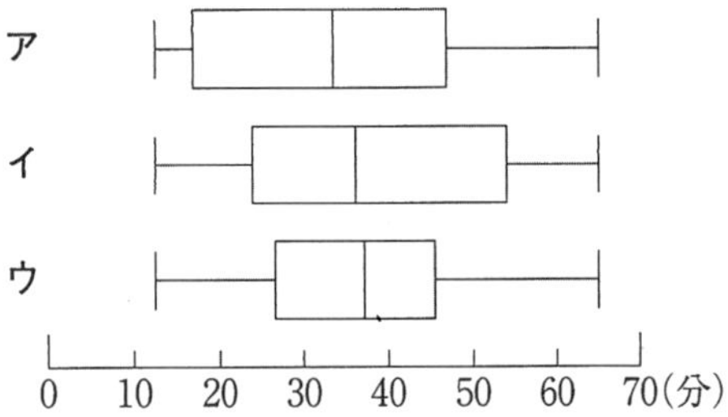

Ａさん「ヒストグラムから読みとることができる第１四分位数は，20 分以上 30 分未満の階級に含まれているけれど，**ア**の第１四分位数は 10 分以上 20 分未満で，異なっているから，**ア**は対応していないね。」

Ｂさん「同じように，

[Ⅰ]

から，**イ**も対応していないよ。」

Ａさん「ということは，ヒストグラムに対応しているものは**ウ**だね。」

問　会話中の [Ⅰ] にあてはまる，**イが対応していない理由**を，ヒストグラムの階級にふれながら説明しなさい。（５点）

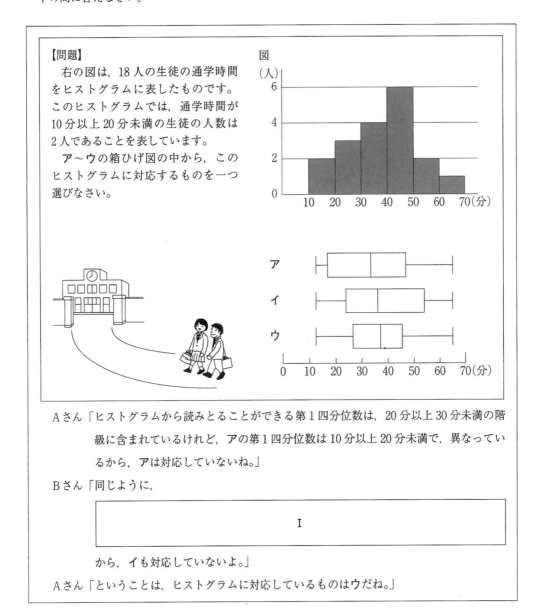

2　次の各問に答えなさい。(11 点)

(1)　下の図の点Aは，北の夜空にみえる，ある星の位置を表しています。4時間後に観察すると，その星は点Bの位置にありました。北の夜空の星は北極星を回転の中心として1時間に15°だけ反時計回りに回転移動するものとしたときの北極星の位置を点Pとします。このとき，点Pをコンパスと定規を使って作図しなさい。

ただし，作図するためにかいた線は，消さないでおきなさい。(5点)

(2)　2桁の自然数Xと，Xの十の位の数と一の位の数を入れかえてできる数Yについて，XとYの和は11の倍数になります。その理由を，文字式を使って説明しなさい。(6点)

3　次は，先生とＡさん，Ｂさんの会話です。これを読んで，あとの各問に答えなさい。（８点）

先　生「次の表は，２以上の自然数 n について，その逆数 $\frac{1}{n}$ の値を小数で表したものです。これをみて，気づいたことを話し合ってみましょう。」

n	$\frac{1}{n}$ の値
2	0.5
3	0.33333333333333…
4	0.25
5	0.2
6	0.16666666666666…
7	0.14285714285714…
8	0.125
9	0.11111111111111…
10	0.1

Ａさん「n の値によって，割り切れずに限りなく続く無限小数になるときと，割り切れて終わりのある有限小数になるときがあるね。」

Ｂさん「なにか法則はあるのかな。」

Ａさん「この表では，n が偶数のときは，有限小数になることが多いね。」

Ｂさん「だけど，この表の中の偶数でも，$n=$ ［ア］ のときは無限小数になっているよ。」

Ａさん「それでは，n が奇数のときは，無限小数になるのかな。」

Ｂさん「n が５のときは，有限小数になっているね。n が**２桁の奇数**のときは，$\frac{1}{n}$ は無限小数になるんじゃないかな。」

Ａさん「それにも，$n=$ ［イ］ という反例があるよ。」

Ｂさん「有限小数になるのは，2，4，5，8，10，16，20，［イ］，32，…」

Ａさん「それぞれ素因数分解してみると，なにか法則がみつかりそうだね。」

先　生「いいところに気づきましたね。他にも，有理数を小数で表すと，有限小数か循環小数になることを学習しましたね。」

Ｂさん「循環小数とは，同じ数字が繰り返しあらわれる無限小数のことですね。」

Ａさん「その性質を利用すれば，循環小数の小数第50位の数なども求めることができますね。」

(1) [ア] , [イ] にあてはまる数を求めなさい。（4点）

(2) $\frac{1}{7}$ の値を小数で表したときの小数第50位の数を求めなさい。（4点）

4 右の図のような，1辺の長さが4 cmの正方形を底面とし，高さが6 cmの直方体ABCD－EFGHがあり，辺AE上にAI＝4 cmとなる点Iをとります。

点Pが頂点Bを出発して毎秒1 cmの速さで辺BF上を頂点Fまで動くとき，次の各問に答えなさい。（16点）

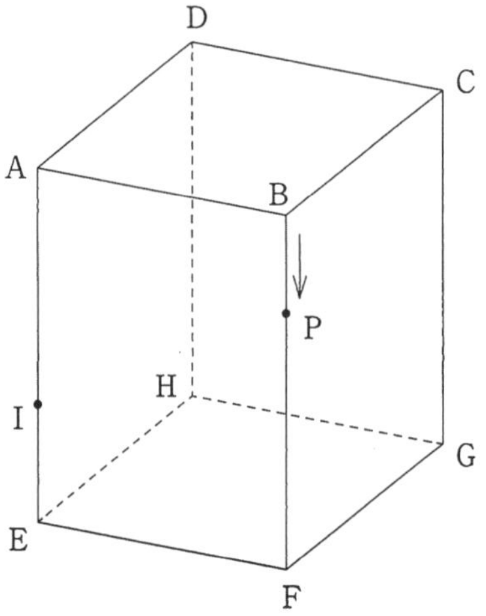

(1) IP＋PGの長さが最も短くなるのは，点Pが頂点Bを出発してから何秒後か求めなさい。（4点）

(2) 頂点Bを出発した後の点Pについて，△APCは二等辺三角形になることを証明しなさい。（6点）

(3) 頂点Bを出発してから4秒後の点Pについて，3点I，P，Cを通る平面で直方体を切ったときにできる2つの立体のうち，体積が大きい方の立体の**表面積**を求めなさい。（6点）

（以上で問題は終わりです。）

受検番号	第　　　　番

令和5年度学力検査問題

数　学〔学校選択問題〕

（10時35分～11時25分　〈50分間〉）

注　意

1　解答用紙について

(1)　解答用紙は1枚で，問題用紙にはさんであります。

(2)　係の先生の指示に従って，所定の欄2か所に受検番号を書きなさい。

(3)　答えはすべて解答用紙のきめられたところに，はっきりと書きなさい。

(4)　解答用紙は切りはなしてはいけません。

(5)　解答用紙の※印は集計のためのもので，解答には関係ありません。

2　問題用紙について

(1)　表紙の所定の欄に受検番号を書きなさい。

(2)　問題は全部で5問あり，表紙を除いて10ページです。

(3)　問題用紙の余白を利用して，計算したり，図をかいたりしてもかまいません。

3　解答について

(1)　答えに根号を含む場合は，根号をつけたままで答えなさい。

(2)　答えに円周率を含む場合は，πを用いて答えなさい。

○　印刷のはっきりしないところは，手をあげて係の先生に聞きなさい。

1　次の各問に答えなさい。（44 点）

(1)　$10xy^2 \times \left(-\frac{2}{3}xy\right)^2 \div (-5y^2)$　を計算しなさい。（4 点）

(2)　$x = 3 + \sqrt{7}$，$y = 3 - \sqrt{7}$　のとき，$x^3y - xy^3$　の値を求めなさい。（4 点）

(3)　2 次方程式　$(5x-2)^2 - 2(5x-2) - 3 = 0$　を解きなさい。（4 点）

(4)　次の**ア**～**エ**の調査は，全数調査と標本調査のどちらでおこなわれますか。標本調査でおこなわれるものを**二つ**選び，その記号を書きなさい。（4 点）

ア　ある河川の水質調査
イ　ある学校でおこなう健康診断
ウ　テレビ番組の視聴率調査
エ　日本の人口を調べる国勢調査

(5) 100 円硬貨 1 枚と，50 円硬貨 2 枚を同時に投げるとき，表が出た硬貨の合計金額が 100 円以上になる確率を求めなさい。

ただし，硬貨の表と裏の出かたは，同様に確からしいものとします。(4 点)

(6) 半径 7 cm の球を，中心から 4 cm の距離にある平面で切ったとき，切り口の円の面積を求めなさい。(4 点)

(7) 右の図はある立体の展開図で，これを組み立ててつくった立体は，3 つの合同な台形と 2 つの相似な正三角形が面になります。

この立体を V とするとき，立体 V の頂点と辺の数をそれぞれ求めなさい。また，立体 V の辺のうち，辺 A B とねじれの位置になる辺の数を求めなさい。(4 点)

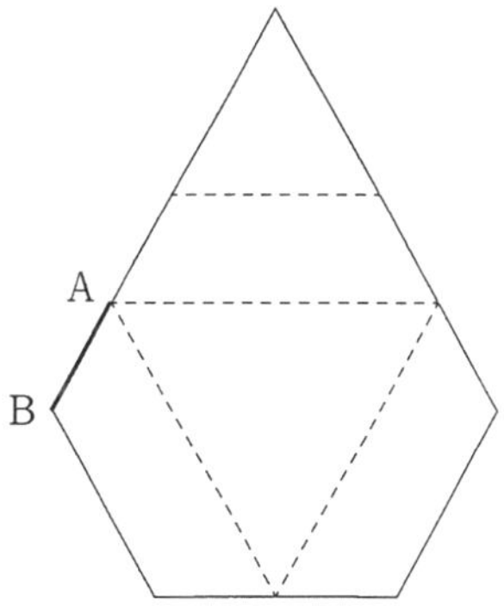

(8) ある3桁の自然数Xがあり，各位の数の和は15です。また，Xの百の位の数と一の位の数を入れかえてつくった数をYとすると，XからYを引いた値は396でした。十の位の数が7のとき，Xを求めなさい。（5点）

(9) 関数 $y=2x^2$ について，xの変域が $a \leqq x \leqq a+4$ のとき，yの変域は $0 \leqq y \leqq 18$ となりました。このとき，aの値を**すべて**求めなさい。（5点）

(10) 次の図は，18人の生徒の通学時間をヒストグラムに表したものです。このヒストグラムでは，通学時間が10分以上20分未満の生徒の人数は2人であることを表しています。

下の箱ひげ図は，このヒストグラムに**対応するものではない**と判断できます。その理由を，ヒストグラムの階級にふれながら説明しなさい。（6点）

図

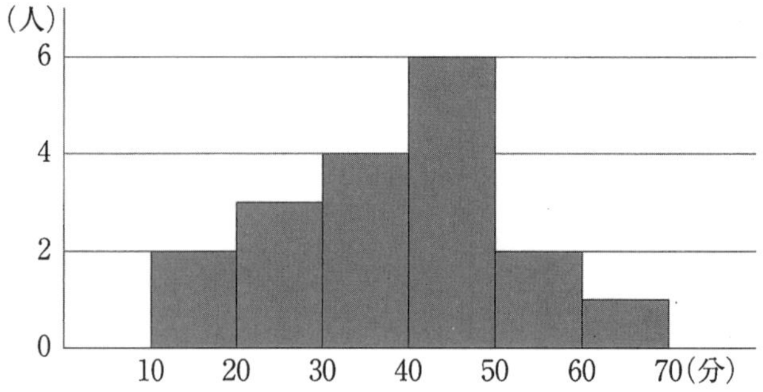

箱ひげ図

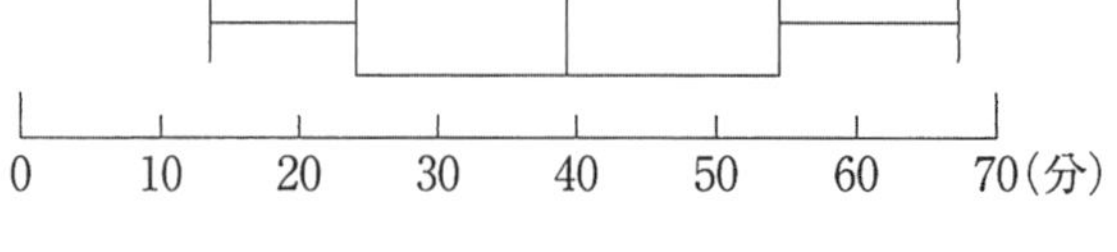

2 次の各問に答えなさい。(13点)

(1) 下の図の点Aは，北の夜空にみえる，ある星の位置を表しています。2時間後に観察すると，その星は点Bの位置にありました。北の夜空の星は北極星を回転の中心として1時間に15°だけ反時計回りに回転移動するものとしたときの北極星の位置を点Pとします。このとき，点Pをコンパスと定規を使って作図しなさい。

ただし，作図するためにかいた線は，消さないでおきなさい。(6点)

(2) 下の図のように，平行四辺形ABCDの辺AB，BC，CD，DA上に4点E，F，G，Hをそれぞれとり，線分EGとBH，DFとの交点をそれぞれI，Jとします。

AE = BF = CG = DHのとき，$\triangle BEI \equiv \triangle DGJ$であることを証明しなさい。(7点)

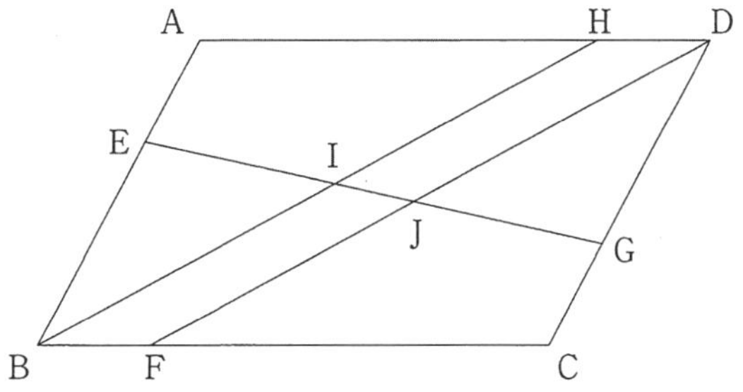

3 次は，先生とAさん，Bさんの会話です。これを読んで，あとの各問に答えなさい。（9点）

先　生「次の表は，2以上の自然数 n について，その逆数 $\frac{1}{n}$ の値を小数で表したものです。これをみて，気づいたことを話し合ってみましょう。」

n	$\frac{1}{n}$ の値
2	0.5
3	0.33333333333333…
4	0.25
5	0.2
6	0.16666666666666…
7	0.14285714285714…
8	0.125
9	0.11111111111111…
10	0.1

Aさん「n の値によって，割り切れずに限りなく続く無限小数になるときと，割り切れて終わりのある有限小数になるときがあるね。」

Bさん「なにか法則はあるのかな。」

Aさん「この表では，n が偶数のときは，有限小数になることが多いね。」

Bさん「だけど，この表の中の偶数でも，$n=$ [ア] のときは無限小数になっているよ。」

Aさん「それでは，n が奇数のときは，無限小数になるのかな。」

Bさん「n が5のときは，有限小数になっているね。n が **2桁の奇数** のときは，$\frac{1}{n}$ は無限小数になるんじゃないかな。」

Aさん「それにも，$n=$ [イ] という反例があるよ。」

Bさん「有限小数になるのは，2，4，5，8，10，16，20，[イ]，32，…」

Aさん「それぞれ素因数分解してみると，なにか法則がみつかりそうだね。」

先　生「いいところに気づきましたね。他にも，有理数を小数で表すと，有限小数か循環小数になることを学習しましたね。」

Bさん「循環小数とは，同じ数字が繰り返しあらわれる無限小数のことですね。」

Aさん「その性質を利用すれば，循環小数の小数第30位の数なども求めることができますね。」

(1) [ア] , [イ] にあてはまる数を求めなさい。(4点)

(2) $\frac{1}{7}$ の値を小数で表したときの小数第30位の数を求めなさい。また，小数第1位から小数第30位までの各位の数の和を求めなさい。(5点)

4 次の図は，コンピュータソフトを使って，座標平面上に関数　$y = ax^2$　のグラフと，一次関数　$y = bx + c$　のグラフを表示したものです。a，b，c の数値を変化させたときの様子について，下の各問に答えなさい。（17点）

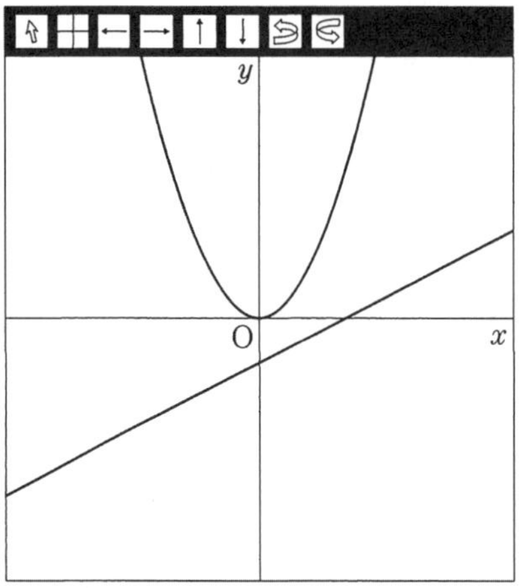

(1)　グラフが右の図1のようになるとき，a，b，c の大小関係を，不等号を使って表しなさい。（5点）

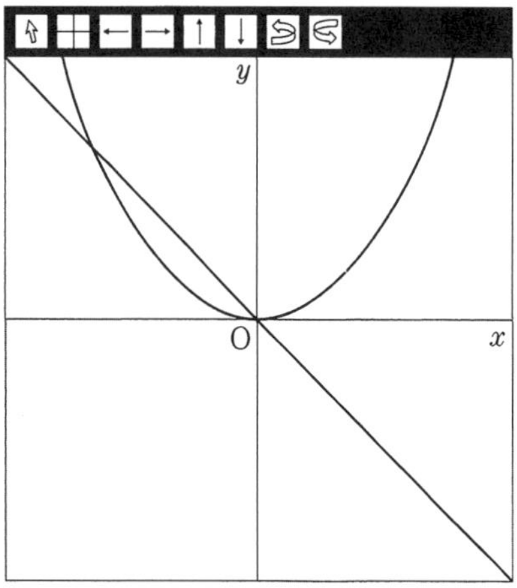

図1

(2) 右の図2は，a，b，c がすべて正のときの，関数　$y=ax^2$　と　$y=-ax^2$　のグラフと，一次関数　$y=bx+c$　と　$y=-bx-c$　のグラフを表示したものです。

図2のように，$y=ax^2$　と　$y=bx+c$　とのグラフの交点をP，Qとし，$y=-ax^2$　と　$y=-bx-c$　とのグラフの交点をS，Rとすると，四角形PQRSは台形になります。このとき，次の①，②に答えなさい。

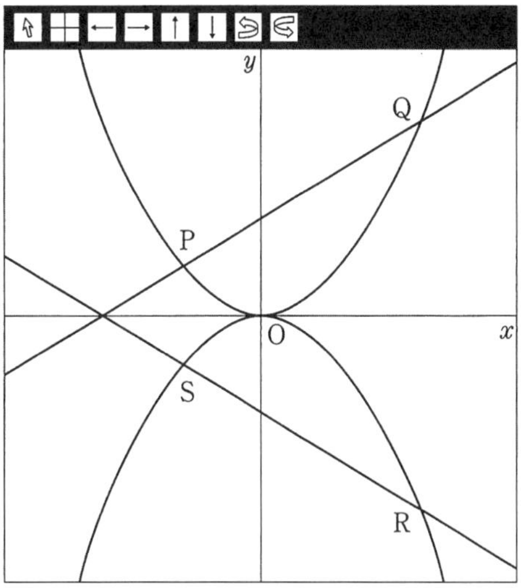

図2

①　a，b の値を変えないまま，c の値を大きくすると，台形PQRSの面積はどのように変化するか，次の**ア**～**ウ**の中から一つ選び，その記号を書きなさい。また，その理由を説明しなさい。（6点）

ア　大きくなる　　　**イ**　一定である　　　**ウ**　小さくなる

②　点P，Qの x 座標がそれぞれ-1，2で，直線QSの傾きが1のとき，a，b，c の値を求めなさい。また，そのときの台形PQRSを x 軸を軸として1回転させてできる立体の体積を求めなさい。

ただし，座標軸の単位の長さを1cmとします。（6点）

5 右の図のような，1辺の長さが4cmの正方形を底面とし，高さが6cmの直方体ABCD－EFGHがあり，辺AE上に，AI＝4cmとなる点Iをとります。

点Pは頂点Bを出発して毎秒1cmの速さで辺BF上を頂点Fまで，点Qは頂点Dを出発して毎秒1cmの速さで辺DH上を頂点Hまで動きます。

点P，Qがそれぞれ頂点B，Dを同時に出発するとき，次の各問に答えなさい。（17点）

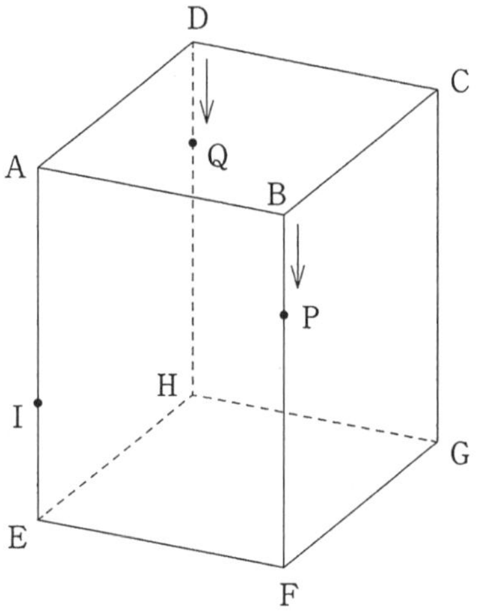

(1) IP＋PGの長さが最も短くなるのは，点Pが頂点Bを出発してから何秒後か求めなさい。（4点）

(2) 点P，Qが頂点B，Dを同時に出発してから2秒後の3点I，P，Qを通る平面で，直方体を切ります。このときにできる2つの立体のうち，頂点Aを含む立体の体積を，途中の説明も書いて求めなさい。（7点）

(3) 右の図のように，底面 EFGH に接するように半径 2 cm の球を直方体の内部に置きます。

点P，Qが頂点B，Dを同時に出発してから x 秒後の△IPQ は，球とちょうど1点で接しました。このときの x の値を求めなさい。（6点）

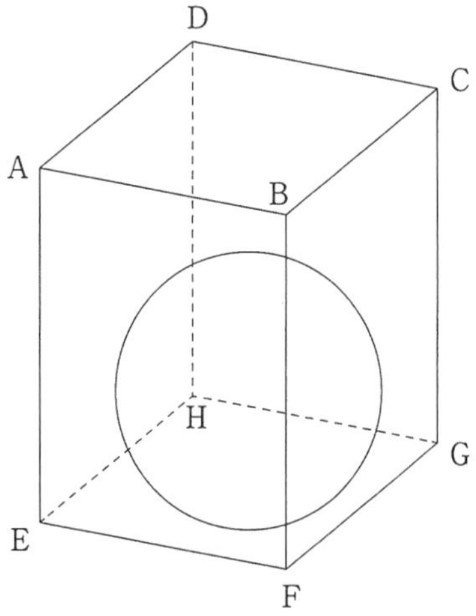

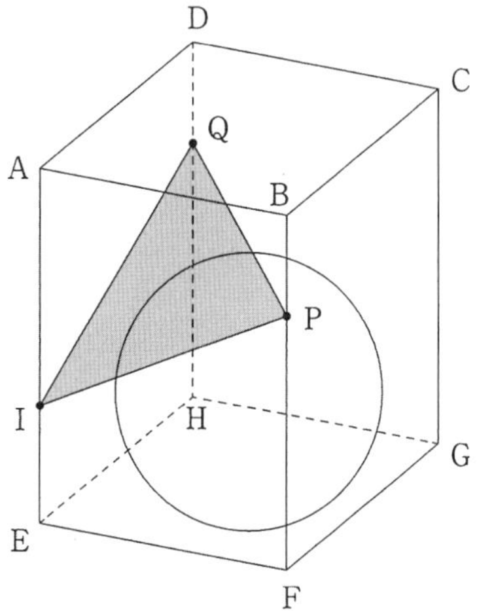

（以上で問題は終わりです。）

受検番号	第　　　　番

令和５年度学力検査問題

英　語

(14時40分～15時30分〈50分間〉)

注　意

1　解答用紙について

(1)　解答用紙は１枚で，問題用紙にはさんであります。

(2)　係の先生の指示に従って，所定の欄２か所に受検番号を書きなさい。

(3)　答えはすべて解答用紙のきめられたところに，はっきりと書きなさい。

(4)　解答用紙は切りはなしてはいけません。

(5)　解答用紙の※印は集計のためのもので，解答には関係ありません。

2　問題用紙について

(1)　表紙の所定の欄に受検番号を書きなさい。

(2)　問題は全部で５問あり，表紙を除いて９ページです。

○　最初に「放送を聞いて答える問題」を行います。

○　印刷のはっきりしないところは，手をあげて係の先生に聞きなさい。

※教英出版注
音声は，解答集の書籍ＩＤ番号を
教英出版ウェブサイトで入力して
聴くことができます。

1　放送を聞いて答える問題(28 点)

問題は，No. 1 ～ No. 7 の全部で７題あり，放送はすべて英語で行われます。放送される内容についての質問にそれぞれ答えなさい。No. 1 ～ No. 6 は，質問に対する答えとして最も適切なものを，A～Dの中から一つずつ選び，その記号を書きなさい。No. 7 は，それぞれの質問に英語で答えなさい。放送中メモを取ってもかまいません。各問題について英語は２回ずつ放送されます。

【No. 1 ～ No. 3】(各２点)

Listen to each talk, and choose the best answer for each question.

No. 1

A　　B　　C　　D

No. 2

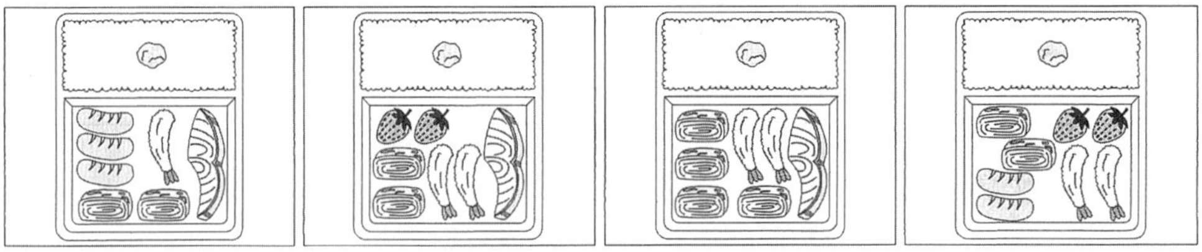

A　　B　　C　　D

No. 3

		A 月	B 火	C 水	D 木
1	8：50～ 9：40	国語	社会	数学	国語
2	9：50～10：40	数学	体育	理科	理科
3	10：50～11：40	理科	英語	体育	数学
4	11：50～12：40	英語	国語	英語	英語
給食　／　昼休み					
5	13：40～14：30	美術	技術・家庭	音楽	総合的な学習の時間
6	14：40～15：30			社会	

【No. 4, No. 5】(各 2 点)

Listen to each situation, and choose the best answer for each question.

No. 4

A What time did you go to bed last night?
B Where did you play video games?
C You have to watch TV every day.
D You should get up early every day.

No. 5

A Great. Thank you for the map.
B No. I don't need anything.
C Hello. Can I speak to Cathy?
D Wait there. I'll come to you.

【No. 6】(各 3 点)

Listen to Ms. Brown. She's an ALT at a junior high school. Choose the best answer for questions 1, 2 and 3.

(1) Question 1

A Once a month.
B Twice a month.
C Three times a month.
D Four times a month.

(2) Question 2

A She enjoyed cycling.
B She made lunch.
C She talked to other families.
D She played badminton.

(3) Question 3

A She wanted her students to talk about the park.
B She likes to think about the weather.
C She had lunch under the cherry blossoms.
D It's necessary for her to stay home every day.

【No. 7】(各 3 点)

Listen to the talk between Tomoki and Alice, a student from the U.S., and read the questions. Then write the answer in English for questions 1, 2 and 3.

(1)	Question 1 :	When did Tomoki take the pictures in the U.S.?
	Answer :	He took them last ( ).
(2)	Question 2 :	Where was Tomoki's friend, David, on the bus?
	Answer :	He was standing ( ) Tomoki.
(3)	Question 3 :	Why was Tomoki surprised at the airport?
	Answer :	Because he ( ) David there again.

2 吹奏楽部のMikaが〔日本語のメモ〕をもとに，日本に住む友人のJennyを吹奏楽部のコンサートに誘うメールを英語で作成します。〔日本語のメモ〕と英語のメールを読んで，問1～問3に答えなさい。(17点)

〔日本語のメモ〕

彩中学校 吹奏楽部コンサート

日付：5月13日(土)　開演：午後1時30分　場所：彩中学校体育館

・たくさんの有名な曲を演奏します。
・きっと知っている曲もあり，楽しんで聞いてもらえると思います。
・コンサートに来られますか。友達や家族と来てはどうでしょうか。

From: Mika
To: Jenny
Subject: Sai Junior High School Brass Band Concert

Hello Jenny,
How are you?
We have a brass band concert next weekend. Here's the information.

Date: Saturday, [A] 13　Start: 1:30 p.m.　Place: Sai Junior High School Gym

We're going to play a lot of [B] music. I'm [C] that you know some of the music, and you can enjoy listening to it. Can you come to the concert? [D] come with your friends and family, too?

Your friend,
Mika

問1 〔日本語のメモ〕をもとに，空欄 [A] ～ [C] にあてはまる適切な1語を，それぞれ英語で書きなさい。なお，省略した形や数字は使わないものとします。(各3点)

問2 〔日本語のメモ〕をもとに，空欄 [D] に適切な3語以上の英語を書きなさい。(4点)

問3 次は，Mikaからの**誘いを断る**，Jennyの返信メールです。あなたがJennyなら，どのような返信メールを送りますか。空欄 [E] に2文以上の英文を書きなさい。1文目はI'm sorry, butに続けて，「コンサートに行けない」ということを伝え，2文目以降は，**【語群】**の中の語を1語のみ使ってその理由を書きなさい。(4点)

From: Jenny
To: Mika
Subject: Re: Sai Junior High School Brass Band Concert

Hi, Mika! Thank you for your e-mail.
[E]
I hope I can go to your brass band concert next time.
Your friend,
Jenny

【語群】
・dentist
・family
・homework

3　次は，アイルランド(Ireland)のセント・パトリックス・デー(Saint Patrick's Day)について Ayumiがクラスで発表した英文です。これを読んで，問１～問５に答えなさい。＊印のついている語句には，本文のあとに〔注〕があります。(18点)

When I was an elementary school student, I lived in Ireland. I had a great time and a lot of experiences. Today I'll tell you about one of my interesting experiences in Ireland.

There are a lot of national holidays *related to *religion in Ireland. One is Saint Patrick's Day. Do you know it? It is celebrated every year on March 17. These are the pictures of the day. In the pictures, people are wearing green clothes and are dancing on the street. So, the streets become green. [A] Why do people wear green clothes on Saint Patrick's Day?

One of the reasons is related to another name for Ireland, **The Emerald Isle*. [B] This name means that 〔 is / the / whole / covered / country 〕 in green, because it rains a lot, and is warm and wet in summer. So, green is the *symbol of Ireland and used on Saint Patrick's Day.

On the day, I wore green clothes and joined the *parade with my family. It was a wonderful time because I enjoyed traditional *Irish music, clothes, and food. [C] The sound of Irish music was interesting. <u>I wish I (　　　) a traditional Irish *instrument.</u>

Today, Saint Patrick's Day is becoming popular. It is celebrated in other cities and countries. For example, one of the biggest parades is *held in New York because a lot of Irish people live there. People are happy to take part in the Saint Patrick's Day parade.

〔注〕 relate to～　～と関連がある　　religion　宗教
The Emerald Isle　エメラルドの島　　symbol　象徴
parade　行進　　Irish　アイルランドの
instrument　楽器　　hold～　～を開催する

問１　本文中の [A] ～ [C] のいずれかに，At first, that looked very strange to me. という１文を補います。どこに補うのが最も適切ですか。[A] ～ [C] の中から一つ選び，その記号を書きなさい。(３点)

問２　〔　　〕内のすべての語を，本文の流れに合うように，正しい順序に並べかえて書きなさい。(４点)

問３　下線部について，(　　)にあてはまる最も適切なものを，次のア～エの中から一つ選び，その記号を書きなさい。(３点)

ア　could play　　イ　will play　　ウ　are playing　　エ　have played

問４　本文の内容に関する次の質問の答えとなるように，(　　)に適切な英語を書きなさい。(４点)

Question：　What do people in Ireland wear on Saint Patrick's Day?
Answer：　They usually (　　　　　　　　　　　　).

問５　本文の内容と合うものを，次のア～エの中から一つ選び，その記号を書きなさい。(４点)

ア　People in Ireland say that the Saint Patrick's Day parade is only held in Ireland.
イ　People in Ireland believe that "*The Emerald Isle*" comes from Saint Patrick's Day.
ウ　Ayumi joined the Saint Patrick's Day parade and enjoyed traditional Irish music.
エ　Ayumi thinks that Saint Patrick's Day has not become popular around the world yet.

4 次の 1 ～ 4 は，Mr. Itoと中学２年生のKen，Emma，Yuiの会話です。これらを読んで，問１～問７に答えなさい。＊印のついている語句には，本文のあとに〔注〕があります。(25点)

1 〈*In the classroom, Mr. Ito tells the students about the field trip.*〉

Mr. Ito： We are going on a field trip to Keyaki City next month. There are a lot of places to visit. On the day of the field trip, we will meet at Keyaki West Park at 9 a.m. Each group will start there and come back to the park by 3 p.m. So, you have six hours of group time.

Ken： Can we decide where to go?

Mr. Ito： Yes, but you need to go to one of the four places on the list as a check point, so the teachers can see how you are doing. Today, I want you to choose which place to visit as a check point in a group *discussion.

Ken： Uh, it is hard to choose one. We need more information.

Mr. Ito： You can use books or the Internet to get information.

Emma： Can we take a taxi?

Mr. Ito： No. You can travel on foot, by bus or by train.

Yui： How much money can we take on the trip?

Mr. Ito： You can bring *up to 3,000 yen for the *fares, *admission tickets, and lunch.

Yui： I see.

Mr. Ito： During the trip, don't forget to take pictures and *take notes about something you did. These will help you with your presentation after the trip. OK, please start your group discussions.

〔注〕 discussion　話し合い　　up to～　～まで
fare　運賃　　admission ticket　入場券
take notes　メモを取る

問１ 下線部Theseは，どのようなことをさしていますか。日本語で二つ書きなさい。(４点)

2 〈*Ken tells the others his idea.*〉

Emma： Ken, which place are you interested in?

Ken： I am interested in the Sakuraso Tower because we can walk there from Keyaki West Park. It is the tallest building in the area, so we can enjoy the beautiful view from the *observation deck. If it's sunny, we will see the beautiful mountains. In the tower, we can enjoy a *planetarium show. The show is about thirty minutes long and performed once every ninety minutes. The tower also has a lot of restaurants and shops.

Emma： That sounds exciting!

Ken： I really recommend it.

Yui： How much is a ticket for both the observation deck and the planetarium?

Ken： Here is the admission ticket price list. We are students, so we can get a 10 percent *discount from the adult price.

Yui： So, the cheapest ticket for us for both *attractions *costs 2,430 yen. Umm... It's difficult to do everything we want.

Emma： I agree with you, Yui. Though we get a student discount, it's still expensive. It's better to choose only one thing to do at the tower.

Ken： I see.

Admission Ticket Price List

	Age	**Observation Deck or Planetarium**	***Combo** (Observation Deck and Planetarium)
Adult	13 years old and over	1,500 yen	2,700 yen
Student	13 - 18 years old	A	2,430 yen
Child	Younger than 13 years old	500 yen	900 yen

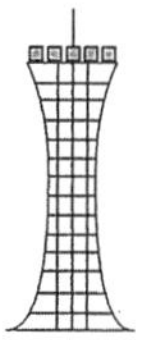

➢ If you are a student, please bring your student card.

〔注〕 observation deck 展望デッキ　　planetarium プラネタリウム
discount 割引　　attraction アトラクション
cost (費用が)かかる　　combo セット

問 2 本文 2 の内容と合うように，次の英語に続く最も適切なものを，ア～エの中から一つ選び，その記号を書きなさい。(4点)

At the Sakuraso Tower, the students will

ア have a special lunch in the planetarium restaurant.

イ see the beautiful mountains if the weather is nice.

ウ get a prize if they go up to the observation deck.

エ watch a star show for ninety minutes in the theater.

問 3 本文 2 の内容と合うように，Admission Ticket Price List の空欄 A にあてはまるものを，次のア～エの中から一つ選び，記号を書きなさい。(3点)

ア 1,350 yen　　イ 1,500 yen　　ウ 1,650 yen　　エ 1,800 yen

3 〈*Yui shares her idea.*〉

Emma： Yui, how about you?

Yui： I would like to go to Keyaki Zoo or the Keyaki University Science Museum, because I like animals and plants. I am especially interested in the science museum. It's on *campus, and〔 about / to / there / takes / get / it / ten minutes 〕by bus from Keyaki West Park. The museum shows the history of *agriculture and traditional Japanese food. And there is a restaurant which *serves the traditional food.

Ken： Sounds good. I want to try the traditional Japanese food there.

Emma： I am interested in the traditional buildings on campus, too. We can go into them on a *guided campus tour.

Yui： That's great! Do we need to buy tickets for the tour?

Emma： If you want to join it, yes. Just walking around the campus is free.

Ken： Then, what about Keyaki Zoo? I went there when I was younger. It is so large that we can spend all day there.

Yui： The admission ticket is 600 yen, if you buy it online. However, the zoo is far from the park.

〔注〕 campus （大学の）キャンパス，敷地　　agriculture　農業
serve ～　～を出す　　guided　ガイド付きの

問 4 〔　　〕内のすべての語句を，本文の流れに合うように，正しい順序に並べかえて書きなさい。（4点）

問 5 本文 3 の内容と合うものを，次のア～エの中から一つ選び，その記号を書きなさい。（3点）

ア Yui went to Keyaki Zoo and spent all day there.

イ Students have to buy tickets to walk around the campus.

ウ Emma is interested in the large animals at Keyaki Zoo.

エ Students need tickets if they join a guided campus tour.

4 〈*Ken asks Emma to share her idea.*〉

Ken： Emma, which place do you want to go to?

Emma： I like traditional Japanese *crafts, so I want to go to the Shirakobato Craft Center. It has a lot of traditional crafts such as **Hina* dolls. You can join a *craft making workshop and make your own *folding fan with traditional Japanese paper. The workshop starts at 10 a.m. and 2 p.m. It takes about two hours.

Yui： How much does it cost for the workshop?

Emma： It costs about 1,000 yen, *including the materials. It's not cheap, but this experience will be a good memory.

Ken： The fan can be a gift for my family.

Emma： [B] My mother will be happy to have one.

Yui： That's nice. Is it near Keyaki West Park?

Emma： No, we have to take a bus.

Ken： Now, we have shared our ideas. Let's decide where to go on our field trip.

〔注〕 craft 工芸　　*Hina* dolls ひな人形
craft making workshop 工芸教室　　folding fan 扇子
including the materials 材料を含めて

問 6 空欄 [B] にあてはまる最も適切なものを，次のア～エの中から一つ選び，その記号を書きなさい。（3点）

ア It's not true.　イ I'm coming.　ウ You can't believe it.　エ I think so, too.

問 7 次は，field trip の後の Emma と Yui の会話です。自然な会話になるように，(　　)に適切な3語以上の英語を書きなさい。（4点）

Emma： Are you ready for the presentation? I've started making videos on the computer.

Yui： I've started writing the speech for the presentaion. I need more pictures to make our presentation better.

Emma： Oh, I remember Ken took a lot during the trip.

Yui： Thank you. I will ask (　　　　　　　　　　) his pictures to us.

5 次は，あなたが通う学校の英語の授業で，ALT の Mr. Jones が行ったスピーチです。これを読んで，問１～問３に答えなさい。＊印のついている語句には，本文のあとに〔注〕があります。（12点）

Hi, everyone. I am going to talk about my hobby. I like to watch movies. When I watch a movie, I can relax and enjoy the story. Last week, I watched a movie *based on a man's life. It was about the professional basketball player, Michael Carter. His team won *championships three times. He also joined the Olympics on a national team and got a gold *medal. His life *seemed to be going well, until one day everything changed. During a game, he broke his leg. A doctor said to him, "You should stop playing basketball because your leg can't *handle it." He was so *disappointed because he could not continue playing basketball. But he never gave up his work *related to basketball. A few years later, he became a *coach and made his team stronger. I thought that it would be difficult for an *ordinary person to *overcome this situation, but Carter did.

I learned about this story through the movie, but there is an original book which this movie is based on. I finished reading the book yesterday and enjoyed it, too. Now, I have a question for you. If you want to enjoy a story, which do you like better, reading the book or watching the movie?

〔注〕 based on ～　～をもとにしている　　championship　選手権
medal　メダル　　seem to ～　～にみえる
handle ～　～に対応する　　disappointed　がっかりした
relate to ～　～と関連がある　　coach　コーチ
ordinary　一般の　　overcome ～　～に打ち勝つ

問１ 本文の内容に合うように，次の英文の（　　）にあてはまる最も適切な１語を，本文中から抜き出して書きなさい。（３点）

Though he was in a (　　　　) situation, Michael Carter did not give up his work related to basketball.

問２ 本文の内容と合うものを，次のア～エの中から一つ選び，その記号を書きなさい。（３点）

ア Carter は，けがから復帰した後，選手として優勝した。
イ Carter は，けがをした後，選手としてオリンピックに出場した。
ウ Carter は，けがをする前に，選手としてオリンピックで金メダルを獲得した。
エ Carter は，けがをしたが，選手としての競技生活を引退しなかった。

問３ 下線部について，あなたは本と映画のどちらで物語を楽しむのが好きかについて英語の授業でスピーチをします。〔条件〕に従い，［ A ］に３文以上の英文を書いて，**スピーチ原稿**を完成させなさい。（６点）

スピーチ原稿

Hi, everyone. Today, I'm going to tell you about my favorite way to enjoy stories.

［ A ］

Thank you.

〔条件〕 ① １文目は，あなたは本と映画のどちらで物語を楽しむのが好きか，I like に続けて，解答欄の①に書きなさい。
② ２文目以降は，その理由が伝わるように，２文以上で解答欄の②に書きなさい。

（以上で問題は終わりです。）

受検番号	第　　　　　番

令 和 5 年 度 学 力 検 査 問 題

英　語〔学校選択問題〕

（14 時 40 分～15 時 30 分　〈50 分間〉）

注　　　意

1　解答用紙について

(1)　解答用紙は 1 枚で，問題用紙にはさんであります。

(2)　係の先生の指示に従って，所定の欄 2 か所に受検番号を書きなさい。

(3)　答えはすべて解答用紙のきめられたところに，はっきりと書きなさい。

(4)　解答用紙は切りはなしてはいけません。

(5)　解答用紙の ※ 印は集計のためのもので，解答には関係ありません。

2　問題用紙について

(1)　表紙の所定の欄に受検番号を書きなさい。

(2)　問題は全部で 4 問あり，表紙を除いて 9 ページです。

○　最初に「放送を聞いて答える問題」を行います。

○　印刷のはっきりしないところは，手をあげて係の先生に聞きなさい。

※教英出版注
音声は，解答集の書籍ＩＤ番号を
教英出版ウェブサイトで入力して
聴くことができます。

1　放送を聞いて答える問題(28 点)

問題は，No. 1 ～ No. 7 の全部で７題あり，放送はすべて英語で行われます。放送される内容についての質問にそれぞれ答えなさい。No. 1 ～ No. 6 は，質問に対する答えとして最も適切なものを，A～Dの中から一つずつ選び，その記号を書きなさい。No. 7 は，それぞれの質問に英語で答えなさい。放送中メモを取ってもかまいません。各問題について英語は２回ずつ放送されます。

【No. 1 ～ No. 3】(各２点)

No. 1

A

B

C

D

No. 2

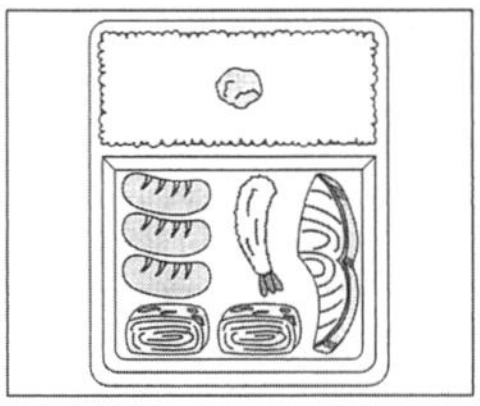
A

B

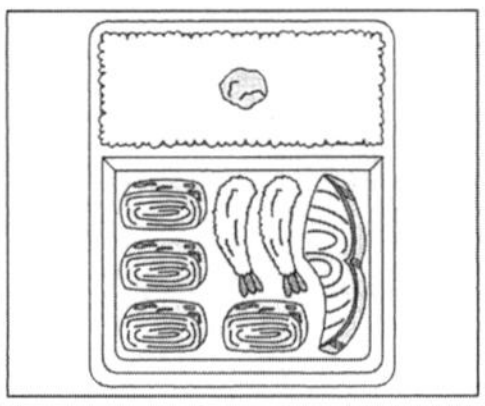
C

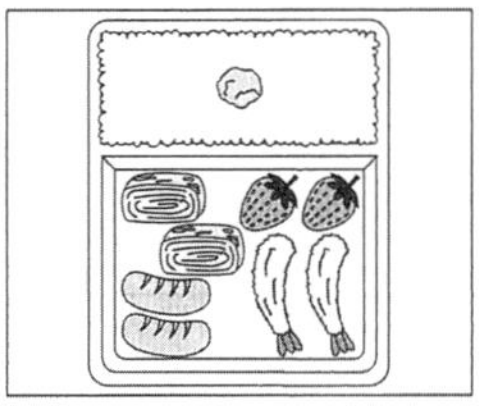
D

No. 3

<table>
<tr><td colspan="2"></td><td>A
月</td><td>B
火</td><td>C
水</td><td>D
木</td></tr>
<tr><td>1</td><td>8 : 50 ～ 9 : 40</td><td>国語</td><td>社会</td><td>数学</td><td>国語</td></tr>
<tr><td>2</td><td>9 : 50 ～ 10 : 40</td><td>数学</td><td>体育</td><td>理科</td><td>理科</td></tr>
<tr><td>3</td><td>10 : 50 ～ 11 : 40</td><td>理科</td><td>英語</td><td>体育</td><td>数学</td></tr>
<tr><td>4</td><td>11 : 50 ～ 12 : 40</td><td>英語</td><td>国語</td><td>英語</td><td>英語</td></tr>
<tr><td colspan="6">給食　／　昼休み</td></tr>
<tr><td>5</td><td>13 : 40 ～ 14 : 30</td><td>美術</td><td rowspan="2">技術・家庭</td><td>音楽</td><td rowspan="2">総合的な
学習の時間</td></tr>
<tr><td>6</td><td>14 : 40 ～ 15 : 30</td><td></td><td>社会</td></tr>
</table>

【No. 4， No. 5】（各2点）

No. 4

A　What time did you go to bed last night?

B　Where did you play video games?

C　You have to watch TV every day.

D　You should get up early every day.

No. 5

A　Great. Thank you for the map.

B　No. I don't need anything.

C　Hello. Can I speak to Cathy?

D　Wait there. I'll come to you.

【No. 6】（各3点）

(1)　Question 1

A　Once a month.

B　Twice a month.

C　More than twice a month.

D　Every four months.

(2)　Question 2

A　She enjoyed cycling.

B　She had lunch.

C　She talked to other families.

D　She played badminton.

(3)　Question 3

A　She wants her students to talk about their experiences at the park.

B　It's important for her to think about the weather every day.

C　She is telling the students how her family spent time at the park last Sunday.

D　The best way to spend time with her family is to be at home.

【No. 7】（各3点）

(1)　Question 1：　What did Alice ask Tomoki when he showed the pictures to her?

Answer：　She (　　　　　　　　　　) the man in the pictures was.

(2)　Question 2：　How long did Tomoki and his friend, David, talk on the bus?

Answer：　They kept talking until Tomoki (　　　　　　　　　　) the bus.

(3)　Question 3：　Why did Alice feel that Tomoki's experience in the U.S. was wonderful?

Answer：　Because she felt the word "*Konnichiwa*" created a (　　　　　　　　　　) Tomoki and David.

2 次の[1]～[4]は，Mr. Itoと中学2年生のKen，Emma，Yuiの会話です。これらを読んで，問1～問7に答えなさい。＊印のついている語句には，本文のあとに〔注〕があります。(28点)

[1] 〈*In the classroom, Mr. Ito tells the students about the field trip.*〉

Mr. Ito： We are going on a field trip to Keyaki City next month. There are a lot of places to visit. On the day of the field trip, we will meet at Keyaki West Park at 9 a.m. Each group will start there and come back to the park by 3 p.m. So, you have six hours of group time.

Ken： Can we decide where to go?

Mr. Ito： Yes, but you need to go to one of the four places on the list as a check point, so the teachers can see how you are doing. Today, I 〔 to / to / you / place / want / visit / choose / which 〕 as a check point in a group *discussion.

Ken： Uh, it is hard to choose one. We need more information.

Mr. Ito： You can use books or the Internet to get information.

Emma： Can we take a taxi?

Mr. Ito： No. You can travel on foot, by bus or by train.

Yui： How much money can we take on the trip?

Mr. Ito： You can bring *up to 3,000 yen for the *fares, *admission tickets, and lunch.

Yui： I see.

Mr. Ito： During the trip, don't forget to take pictures and take notes about something you did. These will help you with your presentation after the trip. OK, please start your group discussions.

〔注〕 discussion 話し合い　　up to～ ～まで
fare 運賃　　admission ticket 入場券

問1 〔　　〕内のすべての語を，本文の流れに合うように，正しい順序に並べかえて書きなさい。(4点)

問2 本文[1]の内容と合うものを，次のア～エの中から一つ選び，その記号を書きなさい。(3点)

ア Students have to come to the same park twice on the day of their trip.

イ Students have to study about the places on the list as their homework.

ウ Students will decide what to buy at Keyaki West Park in the discussion.

エ Students will use a one-day bus ticket Mr. Ito gives them in the classroom.

2 〈*Ken tells the others his idea.*〉

Emma： Ken, which place are you interested in?

Ken： I am interested in the Sakuraso Tower because we can walk there from Keyaki West Park. It is the tallest building in the area, so we can enjoy the beautiful view from the *observation deck. If it's sunny, we will see the beautiful mountains. In the tower, we can enjoy a *planetarium show. The show is about thirty minutes long and performed once every ninety minutes. The tower also has a lot of restaurants and shops.

Emma： That sounds exciting!

Ken： I really recommend it.

Yui： How much is a ticket for both the observation deck and the planetarium?

Ken： Here is the admission ticket price list.

Yui： So, the cheapest ticket for us for both *attractions costs [A] yen. Umm... It's difficult to do (   ).

Emma： I agree with you, Yui. Though we get a student discount, it's still expensive. It's better to choose only one thing to do at the tower.

Ken： I see.

Admission Ticket Price List

	Age	Observation Deck or Planetarium	*Combo (Observation Deck and Planetarium)
Adult	13 years old and over	1,500 yen	2,700 yen
Child	6 - 12 years old	800 yen	1,300 yen
	Younger than 6 years old	500 yen	700 yen

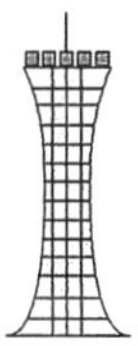

➢ If you are over 60 years old, you can get a 200 yen discount.

➢ If you are a student, you can get a 10 percent discount.

〔注〕 observation deck 展望デッキ　　planetarium プラネタリウム
attraction アトラクション　　combo セット

問 3 本文 2 の内容と合うように，空欄 [A] にあてはまる最も適切なものを，次のア～エの中から一つ選び，その記号を書きなさい。（3 点）

ア 1,500　　イ 2,430　　ウ 2,700　　エ 2,970

問 4 下線部が「私たちが望むことをすべてすることは難しい。」という意味になるように，(　　　)に適切な 3 語の英語を書きなさい。（4 点）

3 〈*Yui shares her idea.*〉

Emma： Yui, how about you?

Yui： I would like to go to Keyaki Zoo or the Keyaki University Science Museum, because I like animals and plants. I am especially interested in the science museum. It's on *campus, and it takes about ten minutes to get there by bus from Keyaki West Park. The museum shows the history of *agriculture and traditional Japanese food. And there is a restaurant which serves the traditional food. Also, I want to walk around the campus because I have never been to a university campus.

Ken： Sounds good. I want to try the traditional Japanese food there.

Emma： I am interested in the traditional buildings on campus, too. We can go into them on a *guided campus tour.

Yui： That's great! Do we need to buy tickets for the tour?

Emma： If you want to join it, yes. Just walking around the campus is free.

Ken： Then, what about Keyaki Zoo? I went there when I was younger. It is so large that we can spend all day there.

Yui： The admission ticket is 600 yen, if you buy it online. However, the zoo is far from the park.

〔注〕 campus (大学の)キャンパス，敷地　　agriculture 農業
guided ガイド付きの

問 5 本文 3 の内容に関する次の質問に，英語で答えなさい。（4点）

Why does Yui want to walk around the campus?

4 〈*Ken asks Emma to share her idea.*〉

Ken： Emma, which place do you want to go to?

Emma： I like traditional Japanese *crafts, so I want to go to the Shirakobato Craft Center. It has a lot of traditional crafts such as *Hina* dolls. You can join a *craft making workshop and make your own *folding fan with traditional Japanese paper. The workshop starts at 10 a.m. and 2 p.m. It takes about two hours.

Yui： How much does it cost for the workshop?

Emma： It costs about 1,000 yen, *including the materials. It's not cheap, but this experience will be a good memory.

Ken： The fan can be a gift for my family.

Emma： I think so, too. My mother will be happy to have one.

Yui： That's nice. Is it near Keyaki West Park?

Emma： No, we have to take a bus.

Ken： Now, we have shared our ideas. Let's decide where to go on our field trip.

〔注〕 craft　工芸　　craft making workshop　工芸教室
folding fan　扇子　　including the materials　材料を含めて

問 6　本文 1 ～ 4 の内容と合うように，次の(1)，(2)の英語に続く最も適切なものを，ア～エの中から一つずつ選び，その記号を書きなさい。（各 3 点）

(1) According to the students' discussion,

ア Keyaki Zoo shows the history of animals and plants.

イ students have to take a bus to go to the Shirakobato Craft Center.

ウ Yui is worried that she cannot finish making her craft in two hours.

エ Ken does not agree with Emma's idea because a folding fan is expensive.

(2) In the discussion, Emma is worried that

ア Keyaki Zoo is too far from Keyaki West Park, though the ticket is cheap.

イ students have to wait for two hours if they miss the craft making workshop.

ウ students get a discount for visiting both the observation deck and the planetarium.

エ the combo ticket price for the Sakuraso Tower is still high, even with the student discount.

問 7　次は，後日の Mr. Ito と Emma の会話です。自然な会話になるように，（　　　　）に適切な 3 語以上の英語を書きなさい。（4 点）

Mr. Ito： Have you decided where to go as a check point yet?

Emma： Yes, we have. We are going to visit the Shirakobato Craft Center.

Mr. Ito： Good. (　　　　　　　　　　) place to the other students in your group?

Emma： I did. Everyone agreed with my idea.

3 次は，高校1年生のMayumiが書いた英文です。これを読んで，問1～問6に答えなさい。
＊印のついている語句には，本文のあとに〔注〕があります。(34点)

How do you *deal with rainy days? I use an umbrella. *Whenever I use an umbrella, I wonder why the shape of umbrellas never changes. I wish there were an umbrella that I didn't have to hold with my hands. But there are no umbrellas like that. Umbrellas still keep the same shape. When I use an umbrella, I open it and hold it. When did people start using umbrellas? How do people in other countries deal with rainy days? Why hasn't the shape of the umbrella changed? I researched the history and culture of umbrellas to answer my questions.

Early umbrellas looked like a *canopy with a stick and could not close (**Picture 1**). It *seems that they were used to [A] the *authority of the owner, such as a king.

Picture 1

The earliest *evidence of umbrellas in Japan is from the Kofun period. However, it is hard to find where Japanese umbrellas were born. Some say umbrellas came from other countries. Others say umbrellas were made in Japan a long time ago.

After reading some articles and books, I learned that people began to use umbrellas after the middle of the Edo period. Japanese umbrellas were made from bamboo *shafts and bones covered with oil paper. They were very expensive, so only rich people could buy them. They could open and close but were heavy and easily [B]. So, until the Edo period, most people used *mino* and *sugegasa* on rainy days (**Picture 2**). After the way of making Japanese umbrellas spread, they became easier and cheaper to make. Umbrella culture was found in *Kabuki* and *Ukiyo-e*, so it spread to many people. Japanese umbrella makers thought their umbrellas would be popular, but the *introduction of Western umbrellas to Japan changed the situation.

Picture 2

Many Japanese people first saw Western umbrellas when *Commodore Perry came to Japan by ship. Some staff who came with him to Japan used them. After the Meiji period, Western umbrellas were brought to and sold in Japan. They became popular because of their light weight and cool design, and soon they spread around Japan.

In the twentieth century, some makers in Japan kept making Japanese umbrellas, and others started making Western umbrellas. However, some makers tried hard to create their own umbrellas. Around 1950, some makers created folding umbrellas, *based on the ones developed in Germany. About 10 years later, an umbrella maker invented the *vinyl umbrella. It was first seen by people around the world at the 1964 Tokyo Olympics. It became popular in Japan and overseas. Maybe the *transparency and good visibility made it popular. In this way, [①]

By the way, how do people in other countries deal with rainy days? In some countries, the rainy and dry seasons are *distinct. In the rainy season, it rains suddenly and stops after a short time. For this reason, many people say, "We don't use umbrellas because [②] "

How about Japan? Of course, it rains a lot in Japan, and Japan has a rainy season. But, I found an interesting news article on the Internet. It said each person has an *average of 3.3 umbrellas in Japan and the average for other countries is 2.4 umbrellas. This means that Japanese people *tend to use umbrellas more often when it rains. However, in New Zealand, people don't use umbrellas very often when it rains, though [③] What is the reason for this difference? I *compared the *humidity of the two countries and found that Japan has higher humidity. In my opinion, because of the high humidity, it takes longer to dry off if they get wet, so Japanese people use umbrellas more often than people in other countries. It seems that the way of thinking about umbrellas depends on the weather of the country which you live in.

Before reading the articles and books about umbrellas, I didn't think that the shape of umbrellas has changed. However, when I researched the history of umbrellas, I learned that they have actually changed shape. Early umbrellas were a canopy with a stick. But now, umbrellas can open and close, and there are folding umbrellas, too. Umbrellas will continue to change shape in the future. Sometimes 〔 I / in / be / like / will / what / imagine / umbrellas 〕 the future. For example, there may be umbrellas that fly above our heads and *provide a barrier. When I was thinking about future umbrellas, I *noticed something interesting. The umbrella I imagined might be a *sugegasa* with a different shape. We may get a hint for creating a new umbrella by learning about its history.

〔注〕 deal with～　～に対処する
canopy with a stick　棒のついた天蓋
authority of the owner　所有者の権威
shaft and bone　軸と骨
Commodore Perry　ペリー提督
vinyl　ビニール
transparency and good visibility　透明で良好な視界
distinct　はっきりしている
tend to～　～する傾向にある
humidity　湿度
notice～　～に気づく
whenever～　～するときはいつでも
seem～　～のようである
evidence　形跡
introduction　伝来
based on～　～をもとに
average　平均
compare～　～を比べる
provide a barrier　バリアを張る

問 1　本文の内容に関する次の質問に，英語で答えなさい。（4点）
Why did Western umbrellas become popular in Japan after the Meiji period?

問 2　Mayumiは，自身の意見として，日本人が，他国の人々と比べて傘を使う頻度が高いのはなぜだと述べていますか。日本語で書きなさい。（3点）

問 3　空欄 [A]，[B] にあてはまる最も適切なものを，次の中から一つずつ選び，必要に応じて，それぞれ正しい形にかえて書きなさい。（各3点）

break	surprise	show	sell
worry	buy	learn	know

問 4　空欄 [①] ～ [③] にあてはまる最も適切な文を，次の**ア**～**カ**の中から一つずつ選び，その記号を書きなさい。なお，同じ記号を2度以上使うことはありません。（各3点）
ア　many umbrella makers stopped making new umbrellas.
イ　it is sold at a higher price.
ウ　some types of umbrellas were made by Japanese makers.
エ　it rains as much as in Japan.
オ　everyone uses an umbrella when it rains.
カ　it will soon stop raining.

問 5　〔　　〕内のすべての語を，本文の流れに合うように，正しい順序に並べかえて書きなさい。（3点）

問 6　次の英文は，本文の内容をまとめたものです。次の（　1　）～（　3　）に適切な英語を，それぞれ**2語**で書きなさい。（各3点）

Mayumi wondered why umbrellas have not changed their shape. She researched the history and culture of umbrellas. She learned that people in Japan started (　1　) after the middle of the Edo period. After the Meiji period, some Japanese makers tried hard to make their own umbrellas. She also learned that Japanese people have (　2　) from people in other countries about using umbrellas. After she finished her research, she found that umbrellas have actually changed shape. She sometimes imagined future umbrellas. She noticed that the umbrella she imagined could be *sugegasa* with a different shape. She thought learning the history of umbrellas would (　3　) a hint for creating a new umbrella.

4 次の英文を読んで，あなたの考えを，〔条件〕と〔記入上の注意〕に従って40語以上50語程度の英語で書きなさい。＊印のついている語句には，本文のあとに〔注〕があります。(10点)

It is important to consider what kind of place you want to live in. Some people *prefer living near the sea because they think the sea is better than mountains. Of course, other people like areas near mountains better than those near the sea. There are many things you have to think about when you decide where to live. <u>Which do you prefer, living near the sea or mountains?</u>

〔注〕 prefer ～　～を好む

〔条件〕 下線部の質問に対するあなたの考えを，その理由が伝わるように書きなさい。

〔記入上の注意〕

① 【記入例】にならって，解答欄の下線 ____ の上に1語ずつ書きなさい。

・符号(, . ? ! など)は語数に含めません。

・50語を超える場合は，解答欄の破線 …… で示された行におさまるように書きなさい。

② 英文の数は問いません。

③ 【下書き欄】は，必要に応じて使ってかまいません。

【記入例】

Hi!	I'm	Nancy.	I'm	from
Canada.	Where	are	you	from?
～～～	～～～	～～～	～～～	～～～
is	April	2,	2007.	It (50語)
is Ken's birthday, too.				

(以上で問題は終わりです。)

【下書き欄】

40 語

50 語

埼玉県公立高等学校

令和四年度　学力検査問題

国語

（九時二十五分～十時十五分〈五十分間〉）

受検番号	第　　　　番

注意

1　解答用紙について

(1)　解答用紙は一枚で、問題用紙にはさんであります。

(2)　係の先生の指示に従って、所定の欄二か所に受検番号を書きなさい。

(3)　答えはすべて解答用紙のきめられたところに、はっきりと書きなさい。

(4)　解答用紙は切りはなしてはいけません。

(5)　解答用紙の※印は集計のためのもので、解答には関係ありません。

2　問題用紙について

(1)　表紙の所定の欄に受検番号を書きなさい。

(2)　問題は全部で五問あり、表紙を除いて十三ページです。

○　印刷のはっきりしないところは、手をあげて係の先生に聞きなさい。

1 次の文章を読んで、あとの問いに答えなさい。(26点)

> 高校卒業後、就職もアルバイトもなかなかうまくいかない「俺」(浩弥《ひろや》)は、近所のコミュニティハウスにある図書室で、司書の小町《こまち》さんや司書見習いののぞみちゃんと知り合う。そして、小町さんから飛行機をかたどった自作のぬいぐるみをもらい、『進化の記録』という本を読むようすすめられる。

図書室に入ると、小町さんがどどんと貸出《かしだし》カウンターにいてびっくりした。やっぱりざくざくとぬいぐるみを作っている。

俺は閲覧テーブルに座って、『進化の記録』を開いた。

こうしていると、昨晩乱れた心が少し落ち着いた。俺にはさして関心のない様子で、だけど拒絶もせず、すぐそばで手を動かし続けている小町さんの存在がありがたかった。いつでも本を読みにくればいいと言ってくれたことが。

でも、それもいっときのことだ。一生ここで本を読んでいることはやっぱりできないだろう。小学生は時期がくれば卒業するけど、俺の節目は自動的にはやってこない。終わりも始まりも、誰も決めてくれない。

自然淘汰《とうた》。環境に適応できない者は滅びる。

それなら、適応できないってわかっていながら、好ましくない変異なんて思われながら、苦しい思いをしながらなんで生きていかなくちゃいけないんだ。

俺自身にたいした力がなくたって、世渡りできる器用さがちょっとでもあればうまくやっていけるのに。たとえ多少卑怯《ひきょう》なことをしてでも。

そんなふうに思いながらも、そうやって蹴落とされた側の痛みばかりがリアルに迫ってくる。光を当てられなかった※ウォレスは、本当にダーウィンを「よき友人」なんて思っていたんだろうか。

①俺は開いたままの本の上につっぷした。

小町さんが抑揚のない声で「どうした。」とつぶやく。

「……………ダーウィンって、ひどい奴《やつ》じゃないですか。ウォレスが不憫《ふびん》だ。先に発表しようとしたのはウォレスなのに、ダーウィンばっかりもてはやされて。俺、この本を読むまでウォレスなんて名前も知らなかった。」

しばらく沈黙が続いた。俺はつっぷしたままで、小町さんは何も言わずにおそらく針を刺していた。

少しして、小町さんが口を開いた。

「伝記や歴史書なんかを読むときに、気をつけなくちゃいけないのは。」

俺は顔を上げる。小町さんは俺と目を合わせ、ゆっくりと続けた。

「それもひとつの説である、ということを念頭に置くのを忘れちゃだめだ。実際のところは本人にしかわからないよ。誰がああ言ったとかこうしたとか、人伝えでいろんな解釈がある。リアルタイムのインターネットでさえ誤解は生じるのに、こんな昔のこと、どこまで正確かなんてわからない。」

こきん、と小町さんは首を横に倒す。

「でも、少なくとも浩弥くんはその本を読んでウォレスを知ったよね。そしてウォレスについて、いろんなことを考えている。それってじゅうぶんに、この世界にウォレスの生きる場所を作ったということじゃない?」

俺がウォレスの生きる場所を?

誰かが誰かを想《おも》う。それが居場所を作るということ……？

「それに、ウォレスだって立派に有名人だよ。世界地図には、生物分布を表すウォレス線なんてものも記されてる。彼の功績はちゃんと認められてると思うよ。その背後には、どれだけたくさんの名も残さぬ偉大な人々がいただろうね。」

ざくざく、ざくざく。小町さんが無言になって、毛玉に針を刺しはじめる。

俺は本に目を落とし、ウォレスのそばにいたであろう②名も残さぬ人々のことを想った。

コミュニティハウスを出たところで、スマホが鳴った。

征太郎《せいたろう》からの電話だった。友達からの電話なんてほぼかかってきたことがなくて、俺は立ち止まり、緊張気味に出た。

「浩弥、僕……僕……。」

スマホの向こうで征太郎が泣きじゃくっている。俺はうろたえた。

「どうしたんだよ、おい、征太郎。」

「……作家デビュー、決まった。」

「は？」

「実は、年末にメイプル書房の編集さんからメールがあったんだ。僕、秋の文学フリマで小説の冊子を出していて、それを読んでくれた崎谷《さきたに》さんって人から。何度か会って打ち合わせして、少し手を入れる方向で、今日、企画が通ったって。」

「す、すげえ！　よかったじゃん！」

震えた。

すげえ、ほんとにすげえ。夢かなえちゃったよ、征太郎。

「浩弥に、一番に言いたかったんだ。」

「え。」

「僕が作家になれるわけないって、きっとみんな思ってた。でも高校のとき、浩弥だけは言ってくれたんだ。征太郎の小説は面白いから書き続けろって。浩弥は忘れちゃったかもしれないけど、僕にとってはそのひとことが原動力で、最強に信じられるお守りだったんだ。」

征太郎は大泣きしていたけど、③俺も涙があふれて止まらなかった。俺の……俺の小さなひとことを、そこまで大事にしてくれてたなんて。

でも、征太郎が書き続けて発表し続けてこられたのは、そのせいだけじゃない。きっと、征太郎の中に自分を信じる気持ちがあったからだ。

「じゃあ、もう水道局員じゃなくて作家だな。」

鼻水をすすりながら俺が言うと、征太郎は「ううん。」と笑った。

「水道局の仕事があったから、小説を書き続けることができたんだ。これからも辞めないよ。」

俺はその言葉を、頭の中で繰り返した。どういう意味だろうと考えてしまうような、でも理屈じゃなくすごくわかるような。

「今度、お祝いしような。」と言って、俺は電話を切った。

俺は気持ちを落ち着かせながら、ジャンパーの両ポケットに手を突っ込んだ。

左に※タイムカプセルの紙、右に小町さんがくれたぬいぐるみ。

どちらも入れたままになっていた。俺はふたつとも取り出し、それぞれの手に載せた。

飛行機。誰もが知ってる文明の利器。大勢の客や荷物を乗せて空を飛んでいても、今、驚く人はいない。

たった百六十年前――――。

それまでヨーロッパでは、生物はすべて神が最初からその形に創ったもので、これまでもこれからも姿を変えることなんかないって固く信じられていた。

サンショウウオは火から生まれたと、極楽鳥は本当に極楽から来た使いだと。みんな真剣にそう思っていた。

だからダーウィンは発表することを躊躇《ちゅうちょ》したのだ。まさに、環境に適応しない考えを持つ自分自身が淘汰されることを恐れて。

でも、今や進化論はあたりまえになっている。ありえないって思われてたことが、常識になっている。ダーウィンもウォレスも、当時の研究者たちはみんな、自分を信じて、学び続けて発表し続けて……。

自分を取り巻く環境のほうを変えたんだ。

右手に載った飛行機を眺める。

百六十年前の人たちに、こんな乗り物があるって話しても誰も信じないだろう。

鉄が飛ぶはずないって。そんなものは空想の世界の話だって。

俺も思っていた。

俺に絵の才能なんてあるわけない、普通に就職なんてできるはずない。

でもそのことが、どれだけの可能性を狭めてきたんだろう？

そして左手には、土の中に保管されていた高校生の俺。四つ折りにされた紙の端をつまみ、俺はようやく、タイムカプセルを開く。

そこに書かれた文字を見て、俺はハッとした。

「人の心に残るイラストを描く」

たしかに俺の字で、そう書いてあった。

そうだったっけ……ああ、そうだったかもしれない。

どこかでねじまがって、勘違いが刷り込まれていた。「歴史に名を残す」って書いてたと思い込んでいた。壮大な夢を抱いていたのに打ち砕かれたって。俺を認めてくれない世間や、ブラックな企業がはびこる社会が悪いって、被害者ぶって。でも俺の根っこの、最初の願いは、こういうことだったじゃないか。

丸めようとしていた俺の絵を、救ってくれたのぞみちゃんの手を思い出す。俺の絵を、好きだって言ってくれた声も。俺はそれを、素直に受け取っていなかった。お世辞だと思っていた。自分のことも人のことも信じてなかったからだ。

十八歳の俺。ごめんな。

④今からでも、遅くないよな。歴史に名が刻まれるなんて、うんと後のことよりも……それよりも何よりも、誰かの人生の中で心に残るような絵が一枚でも描けたら。

それは俺の、れっきとした居場所になるんじゃないか。

（青山《あおやま》美智子《みちこ》著『お探し物は図書室まで』による。一部省略がある。）

（注）　※ウォレス……アルフレッド・ラッセル・ウォレス。イギリスの博物学者。
（一八二三〜一九一三）

※タイムカプセル……ここでは、浩弥が高校卒業時に埋め、最近の同窓会で掘り出されたもの。

問1　①俺は開いたままの本の上につっぷした。とありますが、このときの浩弥《ひろや》の心情として最も適切なものを、次の**ア**〜**エ**の中から一つ選び、その記号を書きなさい。（4点）

ア　『進化の記録』を読んで自然淘汰《とうた》を恐ろしく思いながら、自分がダーウィンのように相手を蹴落とす側になるためにはどうしたらいいか、策を巡らせている。

イ　『進化の記録』を読んで自然淘汰を恐ろしく思いながら、ダーウィンのことを自分自身に重ね合わせて多少卑怯《ひきょう》なことをしてでも生き残ろうと決意している。

ウ　『進化の記録』を読みながら環境に適応できず滅びた者のことを思い、ウォレスのことを自分自身に重ね合わせて自分の将来や社会に希望がもてなくなっている。

エ　『進化の記録』を読みながら環境に適応できず滅びた者のことを思い、どうしたらウォレスのように人から受けた裏切りを許すことができるのかを考えている。

問2　②名も残さぬ人々のことを想った。とありますが、このときの浩弥の心情はどのようなものですか。次の空欄にあてはまる内容を十五字以上、二十五字以内で書きなさい。（6点）

名も残さぬ人々に対しても、［　　　　　　　　］ことができるのかもしれない、という心情。

問3　③俺も涙があふれて止まらなかった。とありますが、その理由として最も適切なものを、次の**ア**〜**エ**の中から一つ選び、その記号を書きなさい。（4点）

ア　征太郎《せいたろう》が作品を出版してくれる出版社と巡りあった喜びにくわえ、浩弥以外にも征太郎の才能を認めてくれる人がいたことに驚きを感じたから。

イ　征太郎の作家デビューが決まったことに感動するとともに、征太郎が浩弥の言葉を心の支えにして小説を書き続けてきたことをうれしく思ったから。

ウ　征太郎が作家になる夢をかなえたうれしさにくわえ、水道局の仕事を続けながら今後も小説を書き続けると約束してくれたことを心強く思ったから。

エ　浩弥の言葉が征太郎を支えてきたことを知った驚きとあわせ、作家になれるわけないと言っていた人たちを見返してくれたことをうれしく思ったから。

問4　④今からでも、遅くないよな。とありますが、このときの浩弥の心情の変化を次のようにまとめました。次の空欄にあてはまる内容を、**可能性**、**人生**の二つの言葉を使って、四十五字以上、五十五字以内で書きなさい。ただし、二つの言葉を使う順序は問いません。(7点)

今までは、世間や社会が悪いと思うと同時に、（　　）という心情に変化した。

問5　本文の表現について述べた文として**適切でないもの**を、次の**ア**～**オ**の中から**二つ**選び、その記号を書きなさい。(5点)

ア　浩弥が語り手となって展開する場面と小町《こまち》さんが語り手となって展開する場面の双方があり、同じ出来事《できごと》でも複数の見方ができることが示されている。

イ　浩弥の話を中心にしつつ、そこに征太郎の小説家デビューに関する話、ダーウィンとウォレスの進化論をめぐる話を重ね合わせて展開されている。

ウ　「す、すげえ！　よかったじゃん！」や「ほんとにすげえ」とくだけた表現を用いることで、浩弥の感情がわかりやすく率直に表現されている。

エ　「でも高校のとき、浩弥だけは言ってくれたんだ。征太郎の小説は面白いから書き続けろって。」のように倒置を用いることで、文章を印象づけている。

オ　「どういう意味だろうと考えてしまうような、でも理屈じゃなくすごくわかるような。」と連用形で文を切ることで、物語がテンポ良く展開している。

2

次の各問いに答えなさい。(24点)

問1　次の――部の漢字には読みがなをつけ、かたかなは漢字に改めなさい。(各2点)

(1)　資源が潤沢にある。

(2)　新しい作品を披露する。

(3)　遠い故郷に焦がれる。

(4)　家と学校を歩いてオウフクする。

(5)　重要な記事に大きく紙面をサク。

問2　次の文を単語に分けたとき、最も多く使われている品詞の名称を書きなさい。（3点）

あきらめずに練習を続けようと思いました。

問3　次の文中の━━部と══部とが反対の意味になるように、あとの**ア**～**オ**の漢字を組み合わせてそれぞれ二字の熟語を作ります。このとき、**□に用いない漢字**を一つ選び、その記号を書きなさい。ただし、同じ漢字は一度しか用いないものとします。（3点）

あまり深く考えずに判断してしまうといった□□な行動をやめ、□□に構えて物事にじっくりと取り組むことが、今後の課題です。

ア　重　　**イ**　審　　**ウ**　率　　**エ**　慎　　**オ**　軽

問4　次は、中学生のAさんたちが行っている、校内体育大会のスローガンについての話し合いの一部です。【黒板】の内容と 話し合いの様子 を読んで、あとの問いに答えなさい。

【黒板】

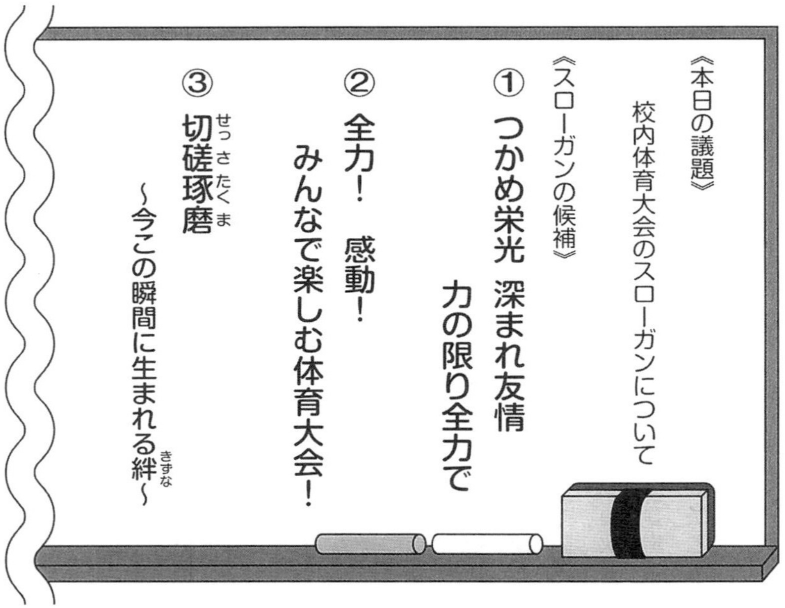
《本日の議題》
校内体育大会のスローガンについて
《スローガンの候補》
① つかめ栄光　深まれ友情　力の限り全力で
② 全力！　感動！　みんなで楽しむ体育大会！
③ 切磋琢磨《せっさたくま》　～今この瞬間に生まれる絆《きずな》～

話し合いの様子

Aさん「では、提案された三つの候補について、必要があれば修正しつつ、最終的に一つを選びたいと思います。まずはそれぞれの候補について、よい点や改善点などを自由に発言してください。」

Bさん「①の『つかめ栄光　深まれ友情　力の限り全力で』がよいと思います。理由は、他のクラスと勝ち負けを争って優勝を目指すということと、練習や本番を通じて友情を深め団結を強めるという、二種類の目標が入っているからです。それぞれの視点から取り組むことで、より充実した体育大会にできると思います。」

Cさん「私は③の『切磋琢磨～今この瞬間に生まれる絆～』を推薦します。互いに励まし合い競い合うことで共に向上する、という『切磋琢磨』の意味と、副題を合わせて考えると、各クラス内だけでなく、競い合う他のクラスや他学年とも励まし合い、絆を生み出すという目標になるため、学校行事のスローガンとしてふさわしいと思うからです。」

Dさん「私は②の『全力！　感動！　みんなで楽しむ体育大会！』がよいと思いました。『楽しむ』という言葉から、最終的な［ Ⅰ ］のみにとらわれることなく全力を尽くし、最高の思い出を作る、という意志が感じられるからです。」

Eさん「Dさんの意見に賛成です。ただ、『楽しむ』という言葉を使用した意図を示さないと、スローガンを見た人たちに意味を誤解されてしまうかもしれないので、気をつけた方がよいと思います。」

Fさん「そうですね。『楽しむ』という言葉が、『楽をしたい』や『好きなことだけがんばる』といった意味にとらえられてしまわないように、意図を補足する副題をつけ加えてはどうでしょうか。」

Aさん「なるほど。それでは②については、副題の追加も含めて、引き続き検討していきたいと思います。他に何か意見はありますか。」

(1) 空欄［ Ⅰ ］にあてはまる言葉を、［話し合いの様子］の中から探し、四字で書き抜きなさい。（3点）

(2) 『楽しむ』という言葉が、『楽をしたい』や『好きなことだけがんばる』といった意味にとらえられてしまわないように、意図を補足する副題をつけ加えてはどうでしょうか。とありますが、このFさんの発言についての説明として最も適切なものを、次のア～エの中から一つ選び、その記号を書きなさい。（2点）

ア　他の人の発言と自分の発言の問題点を示して、賛成するか反対するかの確認をしている。

イ　他の人の発言を引用して、話し合い全体の振り返りと今後検討すべきことを述べている。

ウ　直前の発言内容の一部を具体的に言い換えた上で、自分の考えを提案として示している。

エ　直前の発言内容を一部否定しながら、新たな意見を出し合うよう全体に呼びかけている。

(3) Aさんはこの話し合いのあと、「切磋琢磨《せっさたくま》」という言葉に興味をもち調べたところ、「切磋」と「琢磨」という似た意味の二字熟語を組み合わせてできた四字熟語であることがわかりました。「切磋琢磨」と同じ構成である四字熟語を、次の**ア**～**エ**の中から一つ選び、その記号を書きなさい。（3点）

ア　異口同音　**イ**　和洋折衷　**ウ**　春夏秋冬　**エ**　威風堂々

3 次の文章を読んで、あとの問いに答えなさい。（26点）

さて、まずは倫理の問題に答えはあるか、という問いにはどのような答えがありそうでしょうか。もっとも素朴に考えられるのは次の二つの可能性です。

（一）倫理の問題に、正解はない

（二）倫理の問題に、正解はある

皆さんは、どちらに賛成でしょうか。しばしば聞かれるのが、（一）の倫理の問題に正解などないという意見です。確かに、倫理の問題は簡単には答えられないものが多いようです。より多くの人を助けるために、少数の人を犠牲にしてもいいかという問題一つをとってみても、答えは人によって分かれるでしょう。しかし、倫理学の世界では、実は（一）はあまり人気がありません。というのも、倫理の問題には、明らかに、答えられるものもあるからです。

たとえば、何の特別な事情もないときに、他人に暴力をふるってもよいか、他人のものを取り上げてもよいか、他人を監禁して自由を奪ってもいいか、他人の命を奪ってもいいか、などの問題は、すべてノーが正解だと言えるのではないでしょうか。

もちろん特別な事情というのが絡《から》んでくると、①途端に事態は複雑になります。たとえば、刑罰という観点から見るなら、先ほど挙げたものはいずれも許容される余地があります。日本では身体刑こそ廃止されていますが、財産刑（罰金などで財産を奪う）、自由刑（懲役などで自由を奪う）、生命刑（死刑によって生命を奪う）が採用されています。どんな事情があればどの程度の刑に相当するのか、ということを決めるのは、非常に難しいことです。

しかし、②答えるのが難しいことと、正解がないことは違います。数式が長く複雑になれば計算は難しくなるのと同じで、事情が複雑になればなるほど正解を出すことは難しくなります。計算に入れねばならない事象が増えれば増えるほど、証明の完成は遠のきます。しかし、だからといって、そのために答えがなくなるわけではありません。

多くの倫理学者たちも、同じように考えています。確かに、人々がどれだけ知恵を絞っても、なお答えが分からない問題もたくさんあります。それでも複雑に絡まりあった事情を一本一本、丁寧に選《よ》り分けていくことで、少しでも正解に近づくために、倫理の研究は行われています。

もちろん、それでも納得がいかないという人がいるかもしれません。実際、先ほど言ったこととはまったく逆のことを言うように見えるかもしれませんが、正解など存在してない、と考える倫理学者たちも多いのです。

ポイントは「存在している」というところにあります。たとえば、算数や物理の問題については、正解は最初から決まっています。誰一人、人間がいなくても、リンゴは重力にひかれて落下するでしょうし、2＋3は5だろうと考えることは自然です。その意味で、算数や物理といった形式科学にかかわる問題の正解は最初から存在している、と考えることができます。

他方で、倫理の問題の正答はそうではない、とは考えられないでしょうか。

たとえば、万学の祖と称されるアリストテレスも次のように述べています。「『美しいこと』や『正しいこと』には多くの相違やゆらぎがあると思われており、そのためそうした美しいことや正しいことは、ただ単に人々の定めた決まりごとでしかなく、本来は存在しないものだと思われている。『善いこと』にもこうした種類のゆらぎがある。」

つまり、数学や物理の法則は、誰かが作ったものではなく、最初からあるもので、世界がどれだけ変わっても、これからもあり続けるものです。その意味で、それらの法則は世界に「存在」しています。他方、倫理のルールは違う、と言われることがあります。それによれば、倫理のルールは誰かが作った決まりごとであり、社会や文化が変われば、いつかは変わってしまうかもしれないものに過ぎません。それは確かに、今の私たちの行動を左右するという意味で「ある」と認められるものかもしれませんが、だからといって物理法則のように「存在する」ものとは違う。倫理の問題には正解が存在するわけではないと考える人々は、③そのように主張するのです。

とはいえ、倫理の問題でも正解が「存在しない」からといって、何をしてもいい、とはならない、と倫理に正解は「存在しない」と考える人たちも主張します。むしろ、彼らの多くは、正解が存在すると考える人々と同等以上に、倫理の問題について真剣に考えています。というのも、正解が存在するならば、個人は悩むことなく単純にその正解に従えばいいからです。

他方、最初から定まった正解がないとしたら、私たちは自分たち自身で、自分たちの生き方を決めなければいけません。他に頼りにできるものはないのです。予《あらかじ》め正解がどこにもない世界で、どうやって隣人と接し、何を指針とし、何に生きる意味を見出《みいだ》すかについて考え、自分たちなりの答えを作り出すことこそ、倫理学の課題であると、彼らは考えてきました。

こういった問題は倫理の存在論と呼ばれていて、そこでは以下のように両者は言い換えられています。ここまで正解が「存在する」と言ってきたものは「実在する」、正解が「ある」と言ってきたものは、誰かが作ったもので「構成されたものとして『ある』」。このような区別をした上で、実在論者と反実在論者は激しい論争を繰り広げています。

もちろん、「実在する」と「ある」の区別なんてしゃらくさい、天然ものであれ、人工物であれ、あるものはあるのだから、④存在論なんてどうでもいい、と考える人々もいます。確かに、それは一理あります。法学においても、法律とは不変の法を具現化したものだと考える立場と、人々が一から作り上げたものだと考える立場の間の対立がありますが、裁判の場面では何はともあれ国会で定められた法律に則《のっと》って裁定は下されます。

しかし、⑤倫理の存在論というものが、論じるに足る重要な問題であるとまじめに考える人たちはそうは思っていません。それは法律のように立法の手続きや執行者の権威、違反したときの処分が明確なものと違って、仮に倫理の正解が誰かが作った人工物だとすれば、いったい誰が作ったのか、そしてその誰かが作ったものになぜこの私が従わねばならないのか、従わない人をどう扱えばいいのか、という問題が生じるからです。

物理法則のような、世界の側に時間を通じて不変に存在するものについては、逆らうことはできません。気に入らないから、私は万有引力の法則には従わないよ、というわけにはいきませんし、2＋3を勝手に4にすることもできません。

他方で、誰かが作ったものについては、気に入らない場合、それに従わずに、変更を加えたり、新しいものを作ったりしたって構わないはずです。時代遅れになった洋服は処分して新しい洋服を買うように、昔の人が作った倫理も現代という時代にあっていないなら、作り直した方がいいかもしれません。

（佐藤岳詩《さとうたけし》著『「倫理の問題」とは何か　メタ倫理学から考える』光文社新書による。一部省略がある。）

問1 ①途端に事態は複雑になります。 とありますが、この説明として最も適切なものを、次の**ア**～**エ**の中から一つ選び、その記号を書きなさい。（4点）

ア 何の特別な事情もないときには正しくないことでも、特別な事情が絡《から》んでくると必ずしも正しくないとは言い切れない場合があるということ。

イ 何の特別な事情もないときには正しくないことでも、様々な事情を絡めていくなかで人々に正しいことだと誤解させることは可能であるということ。

ウ 何の特別な事情もないときには正しいことであっても、特別な事情を理由としてそれらに反対したり抵抗したりする人が存在するということ。

エ 何の特別な事情もないときには正しいことであっても、現代社会は人それぞれに異なる事情を抱えているため全員が納得することはないということ。

問2 ②答えるのが難しいことと、正解がないことは違います。 とありますが、その説明として最も適切なものを、次の**ア**～**エ**の中から一つ選び、その記号を書きなさい。（5点）

ア 事情が複雑になればなるほど正解を出すことが難しくなるのは感じ方の問題であり、正解がないというのは倫理学における揺るぎない事実であるということ。

イ 事情が複雑になればなるほど正解を出すことが難しくなるのは明らかな事実であり、正解がないというのはそれを考える倫理学者の能力の問題だということ。

ウ 事情が複雑になればなるほど正解を出すことが難しくなるが、それはあくまで倫理の問題には正解がないという前提によって生じるものだということ。

エ 事情が複雑になればなるほど正解を出すことが難しくなるが、考えねばならない事情が増えることと正解があることとは別の問題であり関連しないということ。

問3 ③そのように主張するのです。 とありますが、この主張の内容を説明した次の文の空欄 Ⅰ 、 Ⅱ にあてはまる内容を、それぞれ十五字以上、二十字以内で書きなさい。（6点）

> 物理法則が Ⅰ ものであるのに対し、倫理のルールは Ⅱ ものという違いがある。

問4 ④存在論なんてどうでもいい、と考える人々もいます。 とありますが、ここで「人々」が存在論をどうでもいいと考える理由として最も適切なものを、次の**ア**～**エ**の中から一つ選び、その記号を書きなさい。（4点）

ア 倫理の正解が国会で定められた法律に則《のっと》って裁定されたものであり、必ず従わなければならないものである以上、倫理の正解が適切かどうかを考えることに意味はないから。

イ 倫理の正解が「実在する」ものか「構成されたものとして『ある』」ものかに関わらず、従わねばならないものとしてある以上、倫理の存在論を考えることに意味はないから。

ウ 倫理の正解が「実在する」ものか「実在しない」ものかに関わらず、この世界には予《あらかじ》め倫理の正解がどこにも存在しない以上、倫理の正解を存在論に求めることに意味はないから。

エ 倫理の正解が人それぞれの生き方や生きる意味から導き出されるものであり、人々が必ず従うべきものとはなりえない以上、何が正解なのかを考えることに意味はないから。

問5　⑤倫理の存在論というものが、論じるに足る重要な問題であるとまじめに考える人たちはそうは思っていません。とありますが、倫理の存在論はなぜ重要な問題だといえるのですか。次の空欄にあてはまる内容を、**人工物**、**時代**の二つの言葉を使って、四十字以上、五十字以内で書きなさい。ただし、二つの言葉を使う順序は問いません。（7点）

倫理の存在論において、倫理の正解が、

40

50

と考えられるから。

4　次の文章を読んで、あとの問いに答えなさい。（------ の左側は口語訳です。）（12点）

むかし、天智《てんち》天皇と申すみかどの、野にいでて鷹狩《たかがり》せさせ給《たま》ひける（鷹をつかった狩りをなさった）に、御鷹、風にながれてうせにけり。むかしは、野をまもる者ありけるに、召して、「御鷹うせにたり、①たしかにもとめよ。」と仰《おほ》せられければ（おっしゃられたので）、かしこまりて、「御鷹は、かの岡の松のほつえ（上の枝）に、南にむきて、しか侍《はべ》る（止まっております）。」と申しければ、おどろかせ給ひにけり。「そもそもなんぢ、地にむかひて、かうべを地につけて、②ほかを見る事なし。いかにして、③こずゑにゐたる鷹のあり所を知る。」と問はせ給ひければ、野守《のもり》のおきな「民は、公主におもてをまじふる（君主に顔を見せる）事なし。しばのうへにたまれる水を、かがみとして、かしら（白髪）の雪をもさとり、おもてのしわをもかぞふるものなれば、そのかがみをまぼりて（うかがい見て）、御鷹の木居《こゐ》（木の枝に止まっていること）を知れり。」と申しければ、そののち、野の中にたまれりける水を、野守のかがみとはいふなり、とぞいひつたへたる。

（『俊頼髄脳《としよりずいのう》』による。）

問1　①たしかにもとめよ。とありますが、天智《てんち》天皇は誰にどのようなことを命じたのですか。空欄 Ⅰ にあてはまる内容を書きなさい。（3点）

Ⅰ	ことを命じた。

問2　②ほかを見る事なし。の主語を、次の**ア**～**エ**の中から一つ選び、その記号を書きなさい。（3点）

ア　作者　**イ**　天智天皇　**ウ**　御鷹《たか》　**エ**　野をまもる者

問3　③こずゑにゐたる　とありますが、この部分を「現代仮名遣い」に直し、ひらがなで書きなさい。（3点）

問4　本文の内容について述べた文として最も適切なものを、次の**ア**～**エ**の中から一つ選び、その記号を書きなさい。（3点）

ア　天智天皇は、御鷹が風に流されたのは、野守《のもり》のおきなが管理を怠っているせいだと考えた。
イ　天智天皇は、野守のおきなが自らの顔を見ないで話し続けたことに、強い怒りを感じた。
ウ　野守のおきなは、水たまりに映しだされた様子から、御鷹が止まっている場所を知った。
エ　野守のおきなは、職務を忠実に果たしたため、「野守のかがみ」と呼ばれるようになった。

5

次の資料は、文化庁が行った「国語に関する世論調査」の結果をまとめたものです。国語の授業で、この資料から読み取ったことをもとに「コミュニケーションを図るときに気をつけること」について、一人一人が自分の考えを文章にまとめることにしました。あとの（注意）に従って、あなたの考えを書きなさい。（12点）

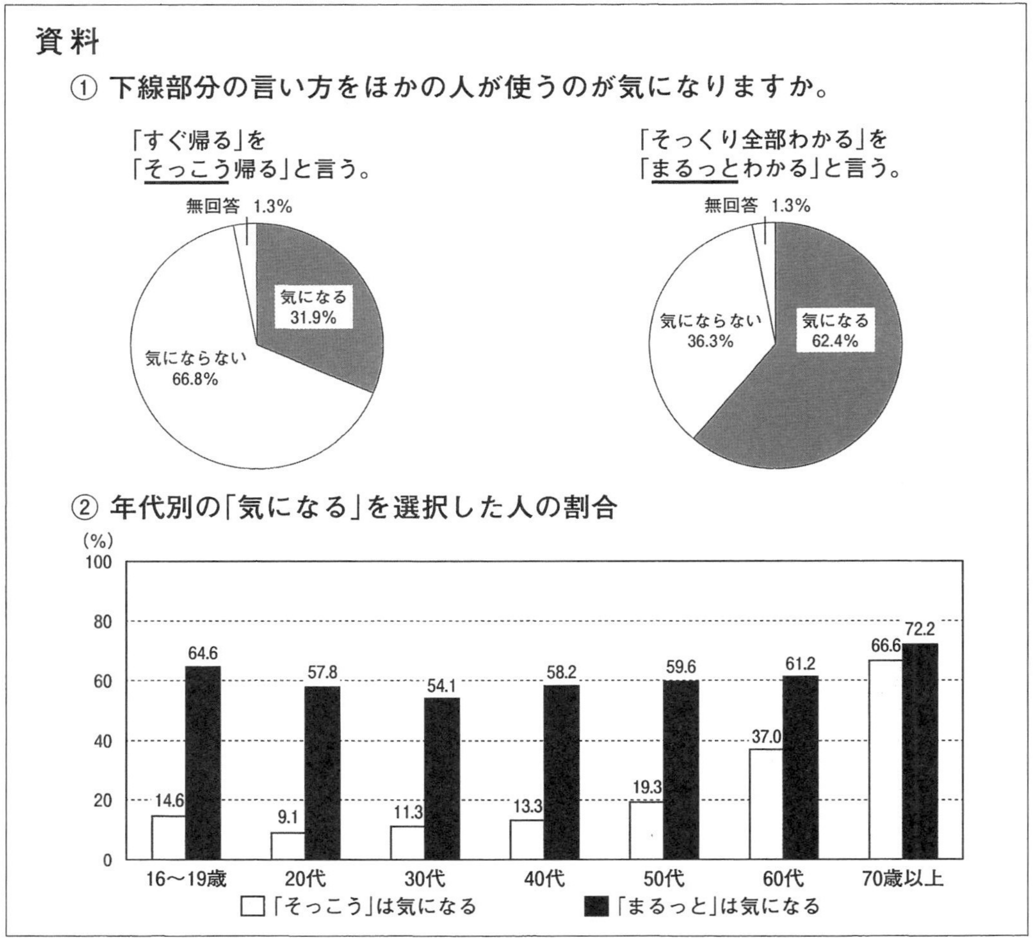

文化庁　令和２年度「国語に関する世論調査」より作成

（注意）

(1) **二段落構成**とし、第一段落では、あなたが資料から読み取った内容を、第二段落では、第一段落の内容に関連させて、自分の体験（見たこと聞いたことなども含む）をふまえてあなたの考えを書くこと。

(2) 文章は、十一行以上、十三行以内で書くこと。

(3) 原稿用紙の正しい使い方に従って、文字、仮名遣いも正確に書くこと。

(4) 題名・氏名は書かないで、一行目から本文を書くこと。

（以上で問題は終わりです。）

★教英出版注
音声は，解答集の書籍ＩＤ番号を教英出版ウェブサイトで入力して聴くことができます。

令 和 4 年 度　放 送 台 本　（問題の部）　※共通

※「チャイム」

これから「放送を聞いて答える問題」を始めます。

問題用紙の第１ページ，第２ページを見てください。問題は，No. 1 ～ No. 7 の全部で７題あり，放送はすべて英語で行われます。放送される内容についての質問にそれぞれ答えなさい。No. 1 ～ No. 6 は，質問に対する答えとして最も適切なものを，A～Dの中から一つずつ選び，その記号を書きなさい。No. 7 は，それぞれの質問に英語で答えなさい。放送中メモを取ってもかまいません。各問題について英語は２回ずつ放送されます。

では，始めます。

Look at No. 1 to No. 3 on page 1.
Listen to each talk, and choose the best answer for each question.
Let's start.

No. 1

A： Can I have one hamburger, two hot dogs and a cup of coffee, please?
B： Sorry, but we don't have hot dogs.
A： Really? OK, then I'll have one more hamburger, please.
B： Sure. That'll be six hundred yen.

Question： What will the man have?

（会話と質問を繰り返します。）

No. 2

A： Look at the bird in this picture. It is really cute. I'm glad we came to see it. Is there anything you like, Mike?
B： Well, there are a lot of nice pictures. My favorite is the picture of a train and a mountain. It's wonderful.
A： Oh, I haven't seen it yet. Where is it?
B： I saw it over there.

Question： Where are they talking?

（会話と質問を繰り返します。）

Look at No. 7.

Listen to the talk between Kayo and John, a student from the U.S., and read the questions. Then write the answer in English for questions 1, 2 and 3.

Let's start.

John： Good morning, Kayo. Sorry, I'm a little late.
Kayo： That's OK. What were you doing?
John： I was reading a Japanese newspaper. I read a Japanese newspaper every morning because it's a good way to learn Japanese. This morning, I found some difficult *kanji*, so I asked my host father how to read them.
Kayo： I see. How long have you studied Japanese?
John： I've studied it for three years. It's still difficult for me to read and write *kanji*. What do you usually do in the morning, Kayo?
Kayo： I usually listen to an English program on the radio in the morning. I want to use English for my job in the future, so I listen to it every day from Monday to Friday.
John： That's nice.
Kayo： I think it's great to use your free time in the morning to learn something you like.
John： I agree. By the way, are you free after school?
Kayo： Yes. What's up?
John： I have math homework, but I can't answer some questions. I need your help because you're good at math.
Kayo： OK. Actually I haven't finished it yet. Let's do it together.
John： Thank you.

（会話を繰り返します。）

以上で「放送を聞いて答える問題」を終わります。では，ほかの問題を始めてください。

No. 3

A： Mom, do you know where Dad is? I can't find him. He isn't on the second floor.
B： He went to the post office to send letters.
A： Oh, really? I want to carry some chairs to the garden, but they are too heavy. I need his help.
B： Oh, look. Your father just came back, Michael. See? He has just stopped his car.

Question： Where is Michael's father?

(会話と質問を繰り返します。)

Look at No. 4 and No. 5 on page 2.
Listen to each situation, and choose the best answer for each question.
Let's start.

No. 4

Robert asks Ken to play soccer together tomorrow.
Ken has to help his mother at home tomorrow morning.
But Ken is free in the afternoon, so he wants to play then.

Question： What will Ken say to Robert?

(英文と質問を繰り返します。)

No. 5

Mika is taking a walk with her father.
She has found a key on the way, but they don't know whose key it is.
Her father tells her what to do.

Question： What will Mika's father say to Mika?

(英文と質問を繰り返します。)

Look at No. 6.
Listen to the tour guide on the bus, and choose the best answer for questions 1, 2 and 3.
Let's start.

It's eleven fifty-five, so it's almost lunch time. We will arrive at the Saitama Restaurant soon. Let me tell you about the restaurant.

The Japanese food at the restaurant is really popular, but if you want to have food from other countries, Saitama Restaurant is a great place. You can eat many different foods from all over the world.

The cakes are really delicious, too. Most people order the chocolate cake at the restaurant. You can also have fruit cake and ice cream. I'm sure you will like everything.

We've just arrived at the restaurant. It's twelve o'clock now. Our bus will stay here for an hour and thirty minutes. When you finish having lunch, you'll have some free time. You can go shopping if you want to, and near the restaurant, there is a famous shop that sells cheese cake. It is very popular. Please come back here by one twenty-five p.m. Thank you and have fun, everyone.

Question 1 : What is the most popular cake at the Saitama Restaurant?

Question 2 : What time will the bus leave the restaurant?

Question 3 : Which is true about the Saitama Restaurant?

(英文と質問を繰り返します。)

数　学　　解答用紙 (2)

2

5点×2

(1) ※

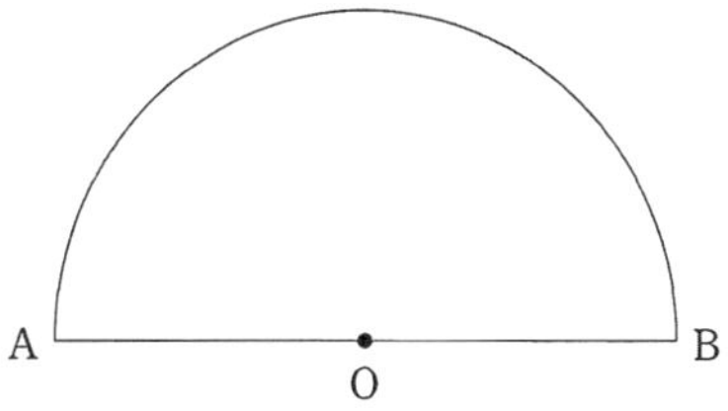

(2) ※

$a =$

面積　　cm^2

3

(1) 4点
(2) 4点
(3) 6点

(1) ※

$y =$

(2) ※

ア　　イ

(3) ※

（説明）

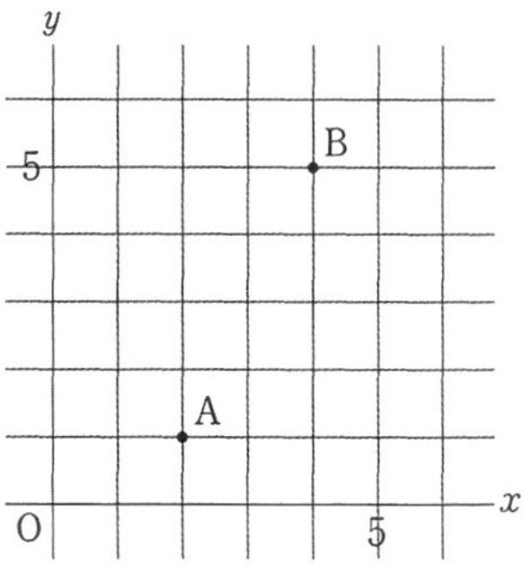

答え

4

(1) 6点
(2) 5点

(1) ※

（証明）

(2) ※

PC ＝　　cm

1の得点

得　点		※

受検番号	第　　番

※100点満点

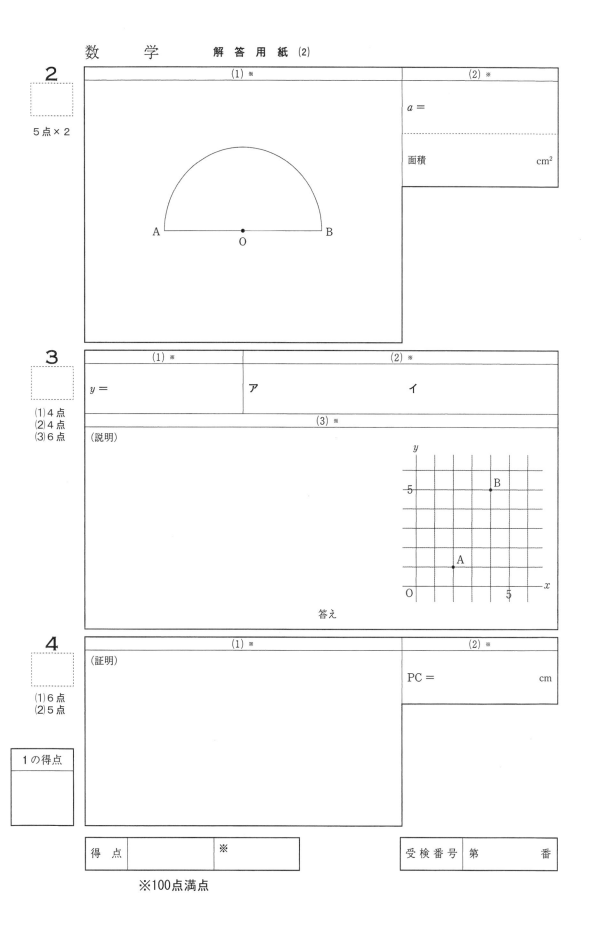

数　学〔学校選択問題〕　　解　答　用　紙　(1)

1

(1) 4点
(2) 4点
(3) 4点
(4) 4点
(5) 4点
(6) 4点
(7) 4点
(8) 5点
(9) 5点
(10) 5点

(1) ※	(2) ※	(3) ※
		$x=$
(4) ※	**(5) ※**	**(6) ※**
通り	EF ＝　　cm	
(7) ※	**(8) ※**	**(9) ※**
およそ　　匹	午後1時　　分　　秒	＜　＜　＜

(10) ※

（説明）

答え　　サイズ

2

6点×2

(1) ※	(2) ※
A　　B	$a=$

1，2の計

受検番号	第　　番

英　　語　　解答用紙 (2)

4

問1．3点
問2．4点
問3．4点
問4．3点
問5．3点
問6．4点
問7．4点
問8．4点

問 1 ※	
問 2 ※	
問 3 ※	It's better to give〔　　　　　　　　　　〕in.
問 4 ※	
問 5 ※	
問 6 ※	
問 7 ※	I think we should
問 8 ※	(　　　　　　　　　　) them to him?

5

問1．3点
問2．3点
問3．6点

問 1 ※	
問 2 ※	
問 3 ※	Hi, Danny. How are you? Thank you for your interesting e-mail. ① My dream ② See you!

1～3の計

得　点		※

※100点満点

受検番号	第　　　　番

英　語〔学校選択問題〕　**解 答 用 紙** (1)

1

No. 1～5. 2点×5
No. 6, 7. 3点×6

No. 1 ※		No. 2 ※		No. 3 ※	
No. 4 ※		No. 5 ※			

No. 6 ※	(1)		(2)		(3)	
No. 7 ※	(1)	To (　　　　　　).				
	(2)	She listens to the program (　　　　　　) week.				
	(3)	Because she is (　　　　　　) math.				

2

問1. 3点
問2. 4点
問3. 4点
問4. 3点
問5. 4点
問6. 3点×2
問7. 4点

問 1 ※	Should we (　　　　　　) him?			
問 2 ※	I think〔　　　　　　〕.			
問 3 ※	I think you should			
問 4 ※				
問 5 ※				
問 6 ※	(1)		(2)	
問 7 ※	Hey, don't you have (　　　　　　) at the school festival two years ago?			

1, 2の計

受検番号	第　　　　番

英　語〔学校選択問題〕　　解　答　用　紙　(2)

3

問1.　4点
問2.　3点×3
問3.　3点
問4.　3点×2
問5.　3点
問6.　3点×3

問 1 ※						
問 2 ※	①		②		③	
問 3 ※	In Shizuoka Prefecture, a〔　〕used since 1617.					
問 4 ※	A		B			
問 5 ※						
問 6 ※	(1)		(2)			
	(3)					

4

10点

40 語

50 語

1，2の計

得　点		※

※100点満点

受検番号	第　　　番

英　語　　解答用紙 (1)

1

No. 1～5. 2点×5
No. 6, 7. 3点×6

No. 1 ※		No. 2 ※		No. 3 ※	
No. 4 ※		No. 5 ※			

No. 6 ※	(1)		(2)		(3)	

No. 7 ※	(1)	He has studied it for ( ) years.
	(2)	Because she wants to ( ) for her job in the future.
	(3)	Because she is ( ) math.

2

A. 3点
B. 3点
C. 3点
D. 4点

A ※	
B ※	
C ※	
D ※	Please for shopping.

3

問1. 3点
問2. 3点
問3. 4点
問4. 4点
問5. 4点

問 1 ※	
問 2 ※	
問 3 ※	We〔 〕guitar together every day after school.
問 4 ※	Because he heard that she could ( ).
問 5 ※	

1～3の計

受検番号	第　　　番

数　学〔学校選択問題〕　解　答　用　紙 (2)

3

(1) 5 点
(2) 6 点
(3) 6 点

(1) ※	(2) ※
	ア　$y=$　　　　イ

(3) ※

（説明）

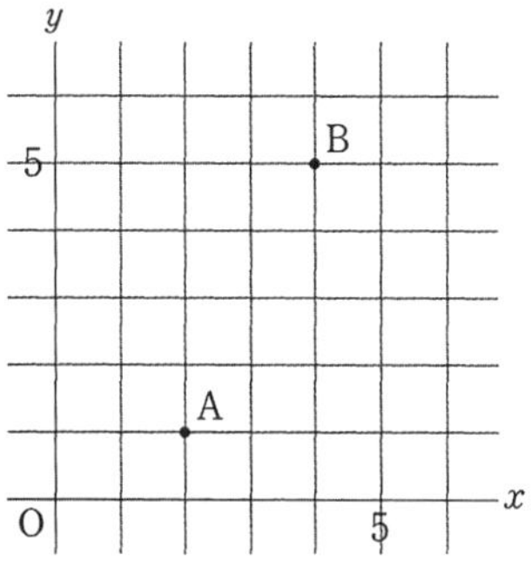

答え

4

(1) 6 点
(2) 5 点

(1) ※	(2) ※
（証明）	PC ＝　　　　cm

5

(1) 4 点
(2) 7 点
(3) 6 点

(1) ※

cm³

(2) ※

（説明）

答え　　　　cm³

(3) ※

cm³

1，2の計

得　点		※

受検番号	第　　　　番

※100点満点

数　学　　解答用紙 (1)

1

(1) 4点
(2) 4点
(3) 4点
(4) 4点
(5) 4点
(6) 4点
(7) 4点
(8) 4点
(9) 4点
(10) 4点
(11) 4点
(12) 4点
(13) 4点
(14) 4点
(15) 4点
(16) 5点

(1) ※	(2) ※	(3) ※
(4) ※	(5) ※	(6) ※
$x=$		
(7) ※	(8) ※	(9) ※
$x=$　　　, $y=$	$x=$	度
(10) ※	(11) ※	(12) ※
	度	通り
(13) ※	(14) ※	(15) ※
EF ＝　　　cm		およそ　　　匹

(16) ※
（説明） 答え　　　　サイズ

受検番号	第　　　　番

受検番号	第　　　　番

令和４年度学力検査問題

社　　会 （11時45分～12時35分〈50分間〉）

注　　意

1　解答用紙について

(1)　解答用紙は１枚で，問題用紙にはさんであります。

(2)　係の先生の指示に従って，所定の欄２か所に受検番号を書きなさい。

(3)　答えはすべて解答用紙のきめられたところに，はっきりと書きなさい。

(4)　解答用紙は切りはなしてはいけません。

(5)　解答用紙の※印は集計のためのもので，解答には関係ありません。

2　問題用紙について

(1)　表紙の所定の欄に受検番号を書きなさい。

(2)　問題は全部で６問あり，表紙を除いて18ページです。

○　印刷のはっきりしないところは，手をあげて係の先生に聞きなさい。

1　Sさんは，次の**地図**に示した国や地域について調べました。**地図**をみて，問１～問４に答えなさい。(14点)

地図

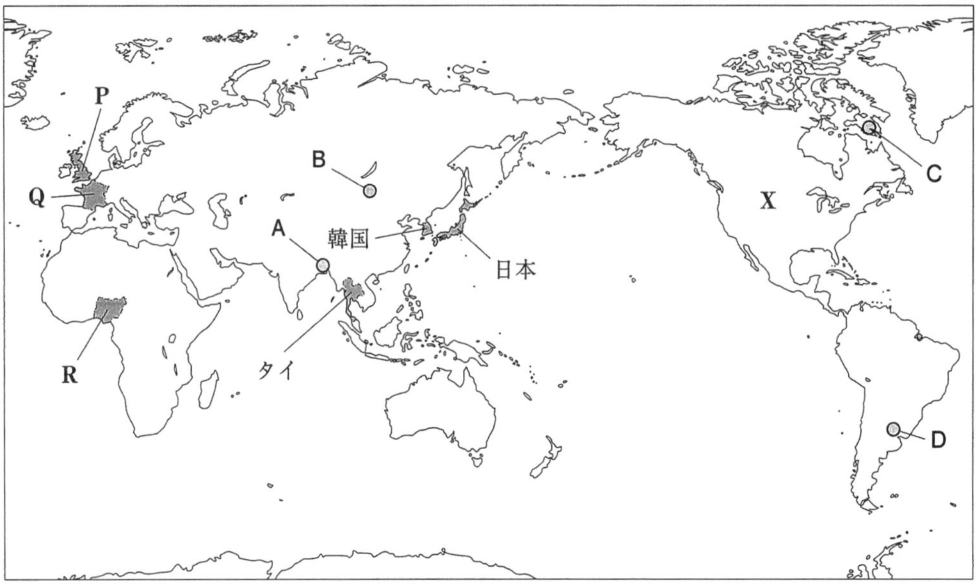

問１　六大陸のうち，**地図**中の**X**の大陸の名称を書きなさい。(３点)

問２　Sさんは，**地図**中の**A**～**D**のいずれかの地域にみられる人々の生活の様子について調べ，次の**カードⅠ**と**カードⅡ**をつくりました。**カードⅠ**，**カードⅡ**と**地図**中の**A**～**D**の地域の組み合わせとして最も適切なものを，下の**ア**～**エ**の中から一つ選び，その記号を書きなさい。(３点)

カードⅠ

この地域は，雨が少ないため，乾燥した土地で，水や草を求めて家畜とともに移動する遊牧を行っています。住居は，移動しやすい折りたたみ式で，アンテナを利用してテレビをみることができます。

カードⅡ

この地域は，季節による日照時間の差が大きく，夏は太陽が沈んでも暗くならない白夜とよばれる現象をみることができます。犬ぞりでの移動が中心でしたが，近年では，スノーモービルが使われています。

ア　カードⅠ－A　カードⅡ－C　　**イ**　カードⅠ－A　カードⅡ－D
ウ　カードⅠ－B　カードⅡ－C　　**エ**　カードⅠ－B　カードⅡ－D

問 3　Sさんは，**地図**中に示したタイと韓国の，1980年と2018年における輸出総額と輸出総額に占める輸出品の割合(上位5品目)について調べ，次の**表1**をつくりました。**表1**から読みとれる内容を述べた文として正しいものを，下の**ア**～**オ**の中から**すべて**選び，その記号を書きなさい。(3点)

表1

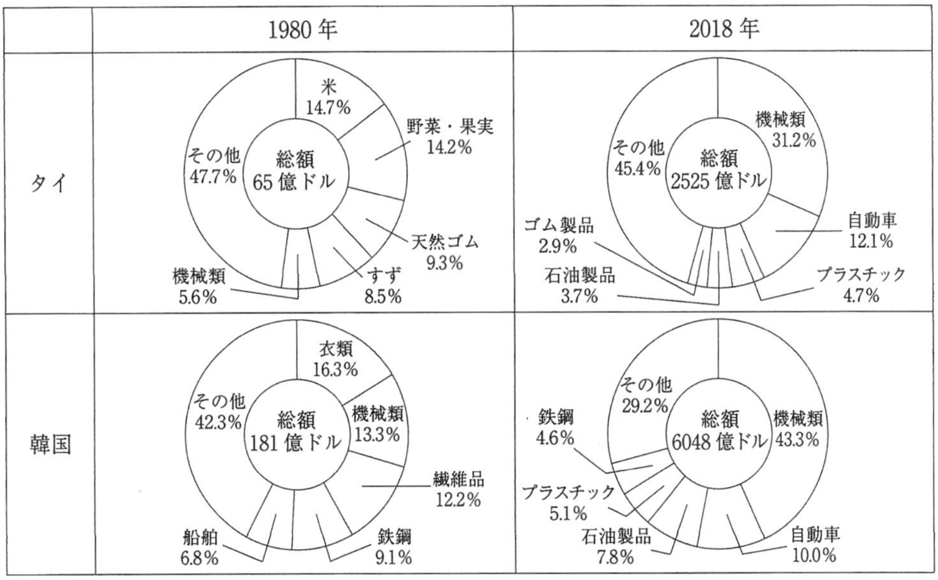

(世界国勢図会2020/21年版などから作成)

ア　1980年のタイにおいて，輸出品上位5品目はすべて農産物であり，輸出総額に占める米と野菜・果実の割合の合計は，30%を超えている。

イ　1980年の韓国において，輸出品上位5品目はすべて軽工業製品であり，輸出総額に占める衣類と繊維品の割合の合計は，30%を超えている。

ウ　2018年のタイにおいて，機械類の輸出額は，輸出品上位5品目のうち，機械類を除く輸出品上位4品目の輸出額の合計より多い。

エ　2018年のタイの自動車の輸出額は，2018年の韓国の自動車の輸出額より多い。

オ　2018年の韓国の輸出総額は，1980年の韓国の輸出総額の30倍以上である。

問 4　Sさんは，**地図**中に示した**P**，**Q**，**R**及び日本の4か国の，2017年における穀物の輸出入量と穀物の自給率について調べ，次の**表2**と**グラフ**をつくりました。**地図**，**表2**及び**グラフ**の中の**Q**にあたる国の名称を書きなさい。また，**表2**と**グラフ**から読みとれる，**P**，**R**及び日本の3か国に共通する特色と比較した**Q**の国の特色を書きなさい。(5点)

表2　4か国の穀物の輸出入量

	輸出量(千t)	輸入量(千t)
P	3250	6519
Q	28735	4811
R	19	5607
日本	316	23982

グラフ　4か国の穀物の自給率

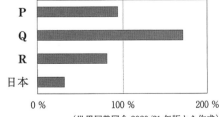

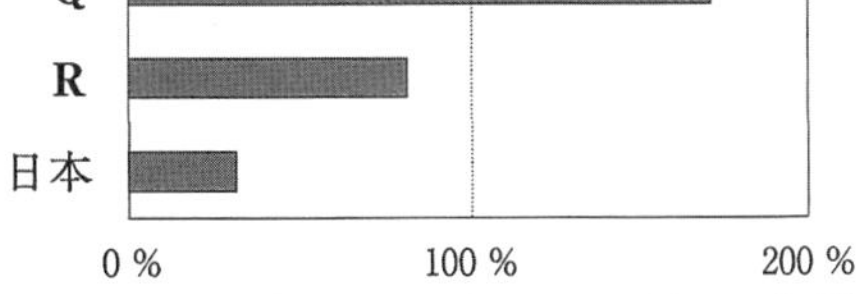

(世界国勢図会2020/21年版から作成)

2　Nさんは，地理的分野の授業で日本の諸地域を学習したあと，**地図１**を作成しました。**地図１**をみて，問１～問４に答えなさい。(15点)

地図１

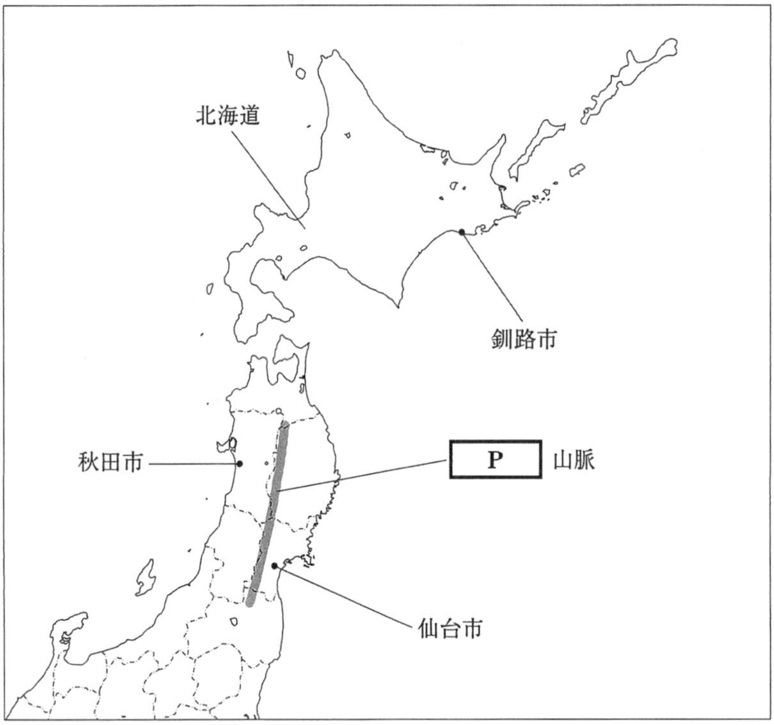

問１　Nさんは，**地図１**中の釧路市，秋田市，仙台市の三つの都市の気温と降水量を調べ，次の**Ⅰ～Ⅲ**のグラフをつくりました。**Ⅰ～Ⅲ**のグラフと都市の組み合わせとして正しいものを，下の**ア～カ**の中から一つ選び，その記号を書きなさい。(３点)

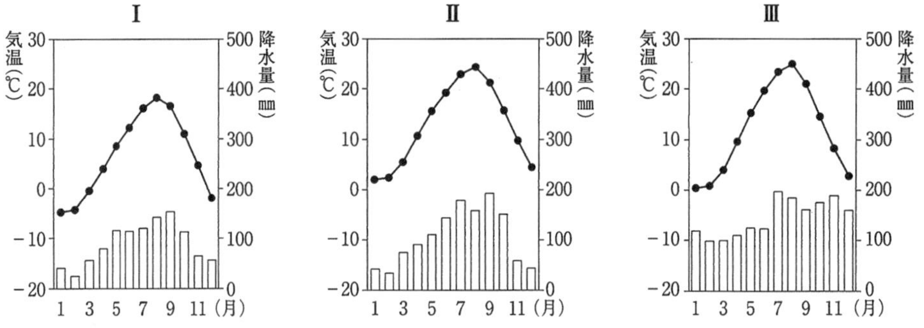

(気象庁ホームページから作成)

ア　Ⅰ－釧路市　Ⅱ－秋田市　Ⅲ－仙台市
イ　Ⅰ－釧路市　Ⅱ－仙台市　Ⅲ－秋田市
ウ　Ⅰ－秋田市　Ⅱ－釧路市　Ⅲ－仙台市
エ　Ⅰ－秋田市　Ⅱ－仙台市　Ⅲ－釧路市
オ　Ⅰ－仙台市　Ⅱ－釧路市　Ⅲ－秋田市
カ　Ⅰ－仙台市　Ⅱ－秋田市　Ⅲ－釧路市

問 2　**N**さんは，東北地方について調べ，次のようにまとめました。**まとめ**を読み，下の(1)と(2)の問いに答えなさい。

まとめ

> 東北地方は本州の北部に位置し，中央に **P** 山脈がはしり，日本海側に出羽山地などが，太平洋側に北上高地などがあります。
>
> 山地からは大きな川が流れ出し，下流には平野などが広がり，山地の間には盆地などがみられます。東北地方では，これらの平野や盆地に人口が集中し，おもに平野で稲作が，盆地で果樹栽培がそれぞれさかんです。また，三陸海岸の沖合いは，たくさんの魚が集まる豊かな漁場となっています。

(1)　**地図 1** と**まとめ**の中の **P** にあてはまる語を書きなさい。(2 点)

(2)　**まとめ**の中の下線部に関連して，次の**表**は，東北地方の各県の，2018 年における人口，農業産出額，漁業生産量について，各県を人口の多い順に並べたものです。**表**中の **X**～**Z** には岩手県，宮城県，秋田県のいずれかがあてはまり，**a** と **b** には米と果実のいずれかがあてはまります。**X** と **a** の組み合わせとして正しいものを，下の**ア**～**カ**の中から一つ選び，その記号を書きなさい。(2 点)

表

	人口(千人)	農業産出額(億円)			漁業生産量(t)
			a	b	
X	2316	1939	26	818	266530
福島県	1864	2113	255	798	51398
青森県	1263	3222	828	553	179515
Y	1241	2727	126	582	127794
山形県	1090	2480	709	835	4308
Z	981	1843	72	1036	6709

(データでみる県勢 2021 年版などから作成)

ア　**X**－岩手県　**a**－米　　**イ**　**X**－岩手県　**a**－果実
ウ　**X**－宮城県　**a**－米　　**エ**　**X**－宮城県　**a**－果実
オ　**X**－秋田県　**a**－米　　**カ**　**X**－秋田県　**a**－果実

問 3　次は，**地図 1** 中の北海道に関連して，日本の産業の特色について学習する授業における，先生とNさんの会話です。会話文中の **Q** と **R** にあてはまることばをそれぞれ書きなさい。（5点）

Nさん：北海道では，牧草などの飼料を生産しながら，乳牛を飼育する酪農がさかんであることを学習しました。

先　生：そうですね。北海道を中心に各地で飼育されている乳牛からしぼり出された生乳は，乳製品などの加工用，または牛乳などの飲用として処理されています。次の**地図 2** と**地図 3** からは，それぞれどのようなことが読みとれますか。

地図 2　2018 年における加工用の処理量と全国に占める都道府県別の割合（上位 6 道県）

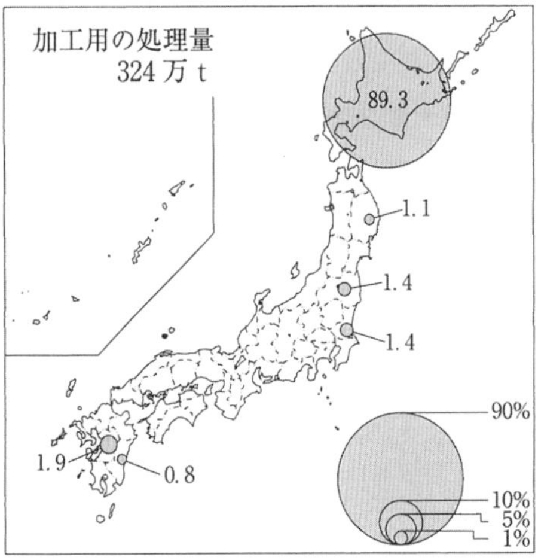

地図 3　2018 年における飲用の処理量と全国に占める都道府県別の割合（上位 6 道県）

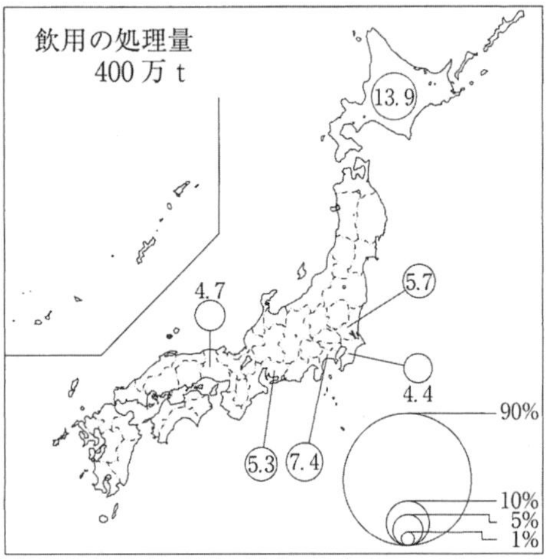

（農林水産省ホームページから作成）

Nさん：はい。**地図 2** から，加工用の処理量は，北海道の割合がとても高いことが読みとれます。乳製品などは，おもに北海道の工場で生産されているということですね。

先　生：そのとおりです。では，**地図 3** からは，どのようなことが読みとれますか。

Nさん：はい。**地図 3** から，飲用の処理量も，加工用の処理量ほどではないですが，北海道の割合が最も高いことが読みとれます。さらに，北海道を除く上位 5 県の位置に着目すると，それらの県は **Q** という共通した特色が読みとれます。

先　生：よく読みとれました。では，そのような共通した特色となる理由を説明できますか。

Nさん：はい。牛乳などの飲用は，乳製品などの加工用に比べて，**R** ため，工場で処理して出荷されてからできるだけ早く消費者に届けられる必要があります。よって，牛乳などは，おもに **Q** ところの工場で生産されている傾向があると考えられます。

先　生：そのとおりです。このように日本の産業は，各地との結びつきで成り立っていることがわかりますね。

問 4　次の**地図 4** は，**地図 1** 中の北海道の一部を示した 2 万 5 千分の 1 の地形図です。**地図 4** から読みとれる内容を述べた文として下線部が正しいものを，下の**ア〜オ**の中から**すべて**選び，その記号を書きなさい。（3 点）

地図 4

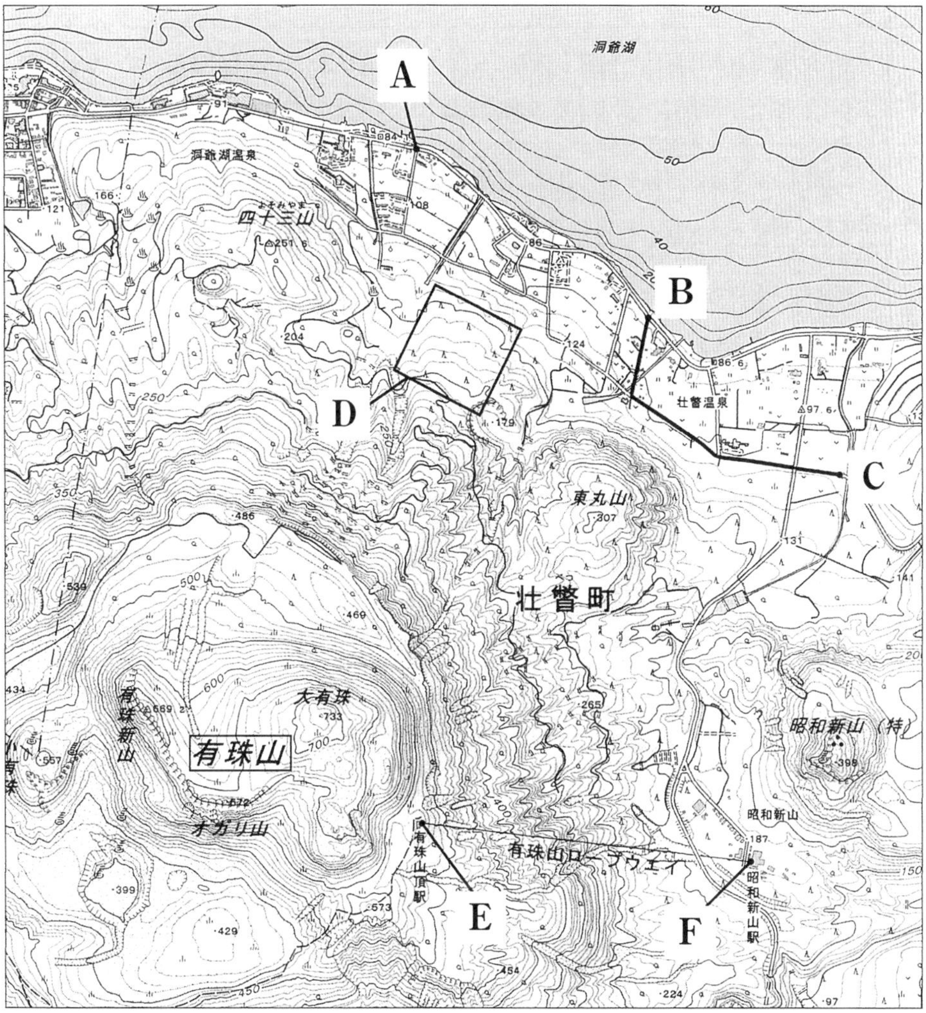

（国土地理院 2 万 5 千分の 1 地形図「洞爺湖温泉」平成 27 年発行一部改変）

ア　**A** 地点から **B** 地点まで最短の道のりで移動する途中，<u>進行方向左側に洞爺湖がある</u>。

イ　**B** 地点からみると，有珠山は，<u>およそ南東の方向にある</u>。

ウ　**B** 地点から **C** 地点までの道のりは，地図上で約 5 cm であり，実際の道のりは<u>約 1250 m である</u>。

エ　**D** の範囲内には，<u>広葉樹林がみられる</u>。

オ　**E** 地点の有珠山頂駅の標高と **F** 地点の昭和新山駅の標高の差は，<u>300 m 以上である</u>。

3　次の**Ⅰ**～**Ⅴ**は，**M**さんが，五つの異なる時代の仏教に関することについて調べ，まとめたものです。これをみて，問1～問5に答えなさい。（16点）

Ⅰ	仏教や儒教の考え方を取り入れた十七条の憲法が定められ，天皇を中心とする政治にはげむよう，役人の心構えが示された。
Ⅱ	中国の僧である鑑真は，何度も航海に失敗し，失明しながらも日本に渡って，仏教の教えを広めた。また，行基は一般の人々の間で布教し，人々とともに橋や用水路をつくった。
Ⅲ	日蓮は，法華経の題目を唱えれば，人も国も救われると説いた。また，中国に渡った栄西や道元は，座禅による厳しい修行で自ら悟りを開こうとする禅宗を日本に伝えた。
Ⅳ	禅僧は，幕府の使者として中国・朝鮮に派遣され，政治や外交で重要な役割を果たした。また，足利義政が建てた銀閣の東求堂同仁斎には，書院造が取り入れられた。
Ⅴ	幕府は，キリスト教を禁じる禁教令を出した。また，宗門改で仏教徒であることを寺に証明させ，葬式も寺で行われるようになった。

問１　**Ⅰ**の時代における日本と中国との関係について述べた文として正しいものを，次の**ア**～**エ**の中から一つ選び，その記号を書きなさい。（２点）

ア　邪馬台国の卑弥呼は，倭の30ほどの小さな国々を従え，魏の都に使者を送り，魏の皇帝から「親魏倭王」という称号と金印を授けられた。

イ　日本は，小国に分かれた中国を統一した宋とは正式な国交を結ばなかったが，民間の商人による貿易は行われた。

ウ　南北朝を統一した隋との国交を開き，進んだ文化を取り入れようとして，小野妹子らが使者として派遣された。

エ　日本から唐にたびたび使者などが送られるなか，阿倍仲麻呂は，日本に帰国せず，唐で一生を終えた。

問２　次の**資料１**は，**Ⅱ**の時代に出された詔の一部をわかりやすくなおしたものです。この詔を出した人物名を書きなさい。（３点）

資料１

> …わたしは，人々とともに仏の世界に近づこうと思い，金銅の大仏をつくることを決心した。…もし一本の草や一にぎりの土を持って大仏づくりに協力したいと願う者がいたら，そのまま認めよう。…

問 3　Ⅲの時代において，承久の乱の直後のできごとについて述べた文として，その正誤の組み合わせが正しいものを，下のア～エの中から一つ選び，その記号を書きなさい。（3点）

> **X**　有力な御家人どうしの争いが激しくなるなか，北条政子の父である北条時政が，幕府の実権をにぎった。
> **Y**　管領とよばれる将軍の補佐役には有力な守護が任命され，鎌倉府の長官には将軍の一族が就いた。
> **Z**　上皇に味方した貴族や武士の領地は没収され，新たに東日本の御家人がその土地の地頭に任命された。

ア　X　正　Y　正　Z　誤　　イ　X　正　Y　誤　Z　正
ウ　X　誤　Y　正　Z　誤　　エ　X　誤　Y　誤　Z　正

問 4　Ⅳの時代の日明貿易では，勘合が使用されました。この勘合は，どちらの国がどちらの国に対して与え，どのような役割を果たしていたかを書きなさい。（5点）

問 5　Mさんは，文化に興味をもち調べたところ，次の**a**，**b**の文と**資料2**，**資料3**をみつけました。Ⅴの時代の文化について述べた文と，その時代の代表的な文化財の組み合わせとして正しいものを，**表**中の**ア～エ**の中から一つ選び，その記号を書きなさい。（3点）

a　上方を中心に，町人たちをにない手とする文化が栄えた。俳諧では，松尾芭蕉が自己の内面を表現する新しい作風を生み出し，「おくのほそ道」を執筆した。

b　民衆の経済的な成長とともに民衆にも文化が広がった。能が各地の農村の祭りでも楽しまれるようになったり，お伽草子とよばれる絵入りの物語がつくられたりした。

資料2

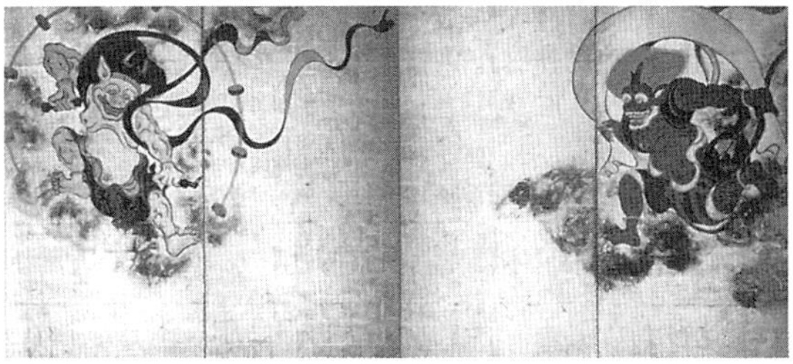

俵屋宗達がえがいた風神雷神図屏風

資料3

雪舟の水墨画

表

	文化	代表的な文化財
ア	a	資料2
イ	a	資料3
ウ	b	資料2
エ	b	資料3

4 次の年表をみて，問１～問５に答えなさい。(17点)

西暦(年)	で　き　ご　と		
1868	・五箇条の御誓文が定められる	A	
1871	・日清修好条規が結ばれる	↑ B	
1914	・第一次世界大戦が始まる	│	↑ C
1915	・日本が中国に二十一か条の要求を出す	↓	│
1919	・ベルサイユ条約が結ばれる		↓
1939	・第二次世界大戦が始まる	↑ D	
1956	・日本が国際連合に加盟する	↓	
1990	・東西ドイツが統一される	↑ E	
2004	・自衛隊がイラクに派遣される	↓	

問１　次の**資料１**は，年表中**A**のできごとのあとに行われた改革の詔の一部をわかりやすくなおしたものです。**資料１**の改革の名称を書きなさい。また，**資料１**の改革において中央集権国家を確立するために行われたことを，「**県令**」という語を用いて書きなさい。（５点）

資料１

> …私は，以前に版と籍を返させることを許可し，新たに藩の政治を行う知藩事に元の藩主を任命してそれぞれの職を勤めさせた。ところが，数百年にわたる古いしきたりのため，なかには名のみでその成果のあがらない者がいる。…よって今，さらに藩を廃止して県を置く。…

問２　次の**ア**～**エ**は，年表中**B**の時期のできごとについて述べた文です。年代の**古い順**に並べかえ，その順に記号で書きなさい。（３点）

ア　旅順や大連の租借権を日本がゆずり受けることなどを定めた，ポーツマス条約が結ばれた。

イ　遼東半島や台湾などを日本がゆずり受け賠償金が日本に支払われることなどを定めた，下関条約が結ばれた。

ウ　朝鮮では，東学を信仰する農民たちが腐敗した政治の改革などを求める甲午農民戦争が起こった。

エ　満州では，鉄道を中心に，炭鉱の開発や沿線での都市の建設などを進めようと，半官半民の南満州鉄道株式会社が設立された。

問 3　年表中Cの時期における日本の社会や経済の様子を述べた文として正しいものを，次のア～エの中から一つ選び，その記号を書きなさい。（3点）

ア　金融恐慌が起こり，中小銀行が不良債権を抱えて経営に行きづまり，預金を引き出そうとする人々が銀行に殺到し，取り付けさわぎが起こった。

イ　アメリカなどへの工業製品の輸出が大幅に増えたり，重化学工業が急成長したりするなど，日本経済は好況になった。

ウ　軍需品の生産が優先され，生活必需品の供給が減り，米，砂糖，マッチ，衣料品などが配給制や切符制になった。

エ　産業を育てることで経済の資本主義化をはかる殖産興業政策が進められ，富岡製糸場などの官営模範工場がつくられた。

問 4　次は，年表中Dの時期のできごとについてまとめたものです。**まとめ1**の中の [P] にあてはまる都市名を書きなさい。（3点）

まとめ1

朝鮮戦争が始まると，アメリカは東アジアでの日本の役割を重んじ，日本との講和を急ぎました。1951年9月，[P] で講和会議が開かれ，吉田茂内閣はアメリカなど48か国と平和条約を結びました。

1952年4月28日，[P] 平和条約が発効し，日本は独立を回復しました。**資料2**は，[P] 平和条約の調印の様子です。

資料2

問 5　次は，年表中Eの時期における地域紛争についてまとめたものです。**まとめ2**の中の [X] にあてはまる語として最も適切なものを，下のア～エの中から一つ選び，その記号を書きなさい。また，[Y] にあてはまる語を書きなさい。（3点）

まとめ2

中東では，石油資源をねらうイラクが，クウェートに侵攻したのをきっかけに，1991年，[X] が起こりました。イラクを制裁する国連決議に基づいて，多国籍軍が派遣され，イラクをクウェートから撤退させました。

国連は，主に紛争の平和的な解決を目的とする [Y] を世界各地で展開してきました。日本は，1992年に，国際平和協力法（[Y] 協力法）に基づいて，カンボジアにおいて初めて自衛隊が参加しました。

ア　ベトナム戦争　　イ　第四次中東戦争　　ウ　湾岸戦争　　エ　イラク戦争

5

Kさんのクラスでは，公民的分野の学習のまとめとして，自分の興味のある分野からテーマを選び，調べることになりました。次の**表1**は，Kさんが興味をもった分野とテーマについてまとめたものです。**表1**をみて，問1～問6に答えなさい。(23点)

表1

分野	テーマ
国民としての責任と義務	・私たちの①人権が制約されるのは，どのような場合だろうか。
②国会の地位としくみ	・国会の地位としくみはどのようになっているのだろうか。
③選挙制度とその課題	・選挙はどのようなしくみで行われているのだろうか。
④価格の働き	・価格はどのような働きをしているのだろうか。
私たちの生活と財政	・⑤税金にはどのような種類があるのだろうか。
⑥国際連合のしくみと役割	・国際連合は，どのような役割を果たしているのだろうか。

問1　下線部①に関連して，Kさんは，人権が制約される場合について調べ，次のようにまとめました。**まとめ1**の中の P にあてはまる語を書きなさい。(3点)

まとめ1

他人の人権を侵害するような場合や，社会全体の利益を優先する必要がある場合には，例外的に人権の制約を認めることがあります。人々が社会の中でともに生きていく時に必要となるこうした制約のことを，日本国憲法では，「 P 」による制約といい，第12条において，国民は自由及び権利を「濫用してはならないのであつて，常に P のためにこれを利用する責任を負ふ」と定められています。

問2　下線部②に関連して，日本の国会に関して述べた文として最も適切なものを，次の**ア**～**エ**の中から一つ選び，その記号を書きなさい。(3点)

ア　国会議員には，国会が開かれている間は原則として逮捕されない不逮捕特権や，国会で行った演説や採決などについて法的な責任を問われない免責特権が認められている。

イ　特別会(特別国会)は，内閣が必要と認めたとき，またはいずれかの議院の総議員の4分の1以上の要求があった場合に召集される。

ウ　条約の承認について，衆議院と参議院の議決が一致せず，両院協議会でも意見が一致しない場合は，衆議院で出席議員の3分の2以上の賛成で再び可決されれば承認される。

エ　裁判官としての務めを果たさなかったり，ふさわしくない行いをしたりした裁判官を辞めさせるかどうかを判断する裁判官弾劾裁判所は，衆議院議員のみで組織される。

問 3　下線部③に関連して，**K**さんは，選挙制度について調べ，小選挙区制と比例代表制の特徴を次のようにまとめました。**まとめ 2**をもとに小選挙区制と比例代表制を分類し，**図 1** 中の**A**～**D**のいずれかに位置付けたときの組み合わせとして最も適切なものを，**ア**～**エ**の中から一つ選び，その記号を書きなさい。（3 点）

まとめ 2

【小選挙区制】
・いずれかの政党が単独で議会の過半数の議席を得やすくなる。
・死票が多くなる傾向がある。
【比例代表制】
・得票の少ない政党も議席を得やすくなる。
・死票が少なくなる傾向がある。

図 1　座標軸による選挙制度の分類

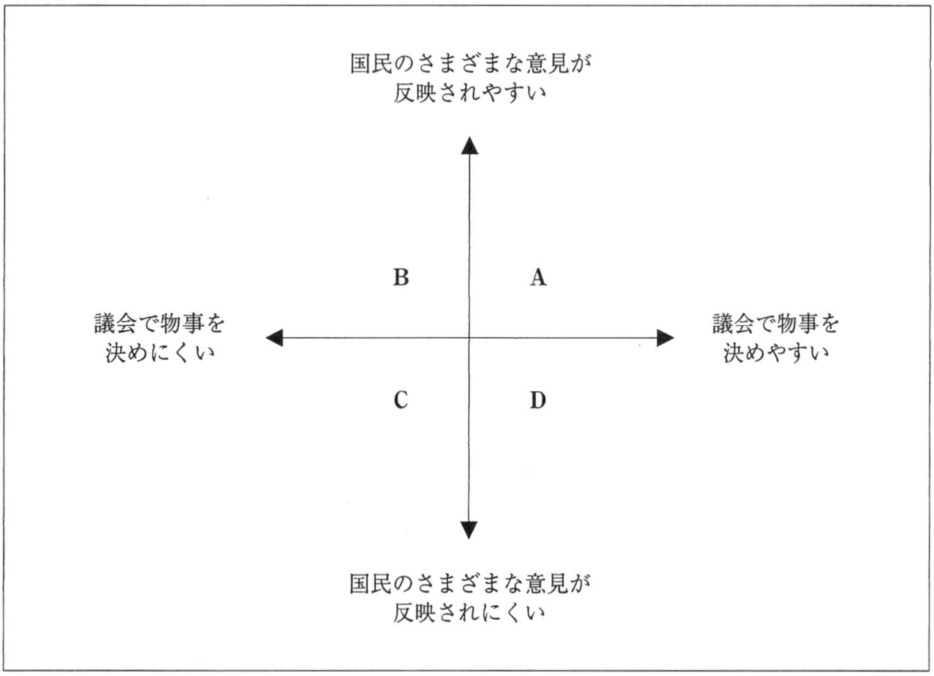

ア　小選挙区制－**A**　比例代表制－**C**　　**イ**　小選挙区制－**B**　比例代表制－**D**

ウ　小選挙区制－**C**　比例代表制－**A**　　**エ**　小選挙区制－**D**　比例代表制－**B**

問 4　下線部④に関連した学習において，次の**資料 1** はある市場について，**資料 2** は市場における需要・供給と価格との関係について，それぞれまとめたものです。**資料 1** が示す市場について，**資料 2** をみて，下の(1)と(2)の問いに答えなさい。なお，**図 2** は必要に応じて利用してもかまいません。

資料 1

ある地域で，もも 1 個の価格と買いたい量，売りたい量との関係についてアンケート調査を行いました。次はその結果です。

買いたい量について

価格(円)	100	200	300	400
買いたい量(個)	80	50	30	20

売りたい量について

価格(円)	100	200	300	400
売りたい量(個)	20	50	70	80

資料 2

縦軸が価格，横軸が数量を示すグラフにおいて，需要量と価格の関係を表す線を需要曲線，供給量と価格の関係を表す線を供給曲線といいます。

需要曲線と供給曲線の交点では需要量と供給量が一致します。このときの価格を，均衡価格といいます。

図 2

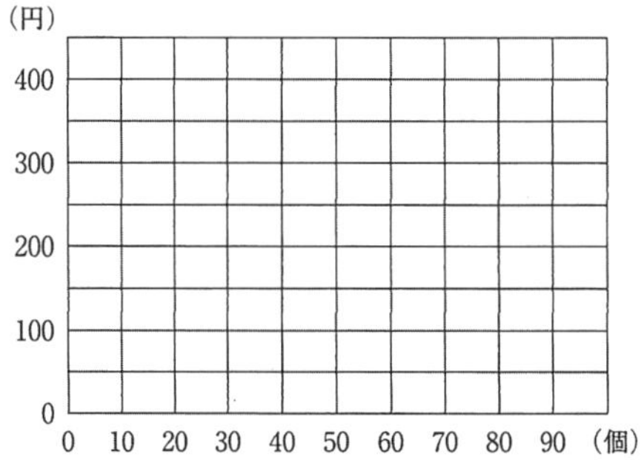

(1)　もも 1 個の価格が 300 円のときの需要量と供給量の関係についての説明として最も適切なものを，次の**ア**～**エ**の中から一つ選び，その記号を書きなさい。（ 3 点）

ア　需要量が 30 個であり供給量が 70 個なので，ももは 40 個売れ残る。

イ　需要量が 30 個であり供給量が 70 個なので，ももは売り切れる。

ウ　需要量が 70 個であり供給量が 30 個なので，ももは 40 個売れ残る。

エ　需要量が 70 個であり供給量が 30 個なので，ももは売り切れる。

(2)　ももの評判があがり，需要が増えたとします。このときの需要曲線と供給曲線の交点が位置する領域として最も適切なものを，次の**図 3** 中の**ア**～**エ**の中から一つ選び，その記号を書きなさい。ただし，供給には変化がないものとします。（ 3 点）

図 3

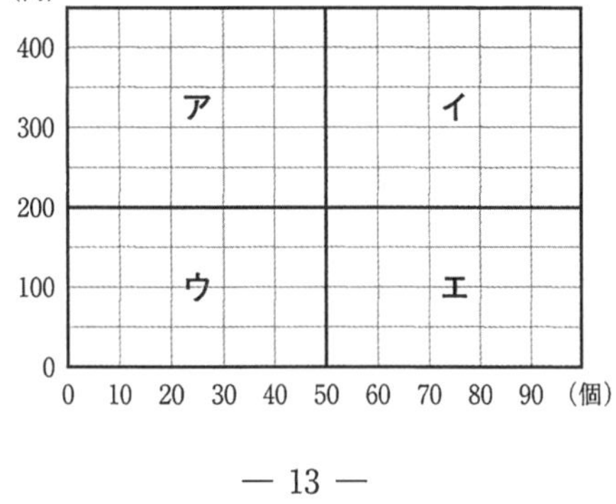

問 5　下線部⑤に関連して，**K**さんは，税金の公平性について調べ，次のようにまとめました。**まとめ 3**の中の［　Q　］にあてはまる，所得税における累進課税の課税方法の特徴を書きなさい。（5 点）

まとめ 3

> 税金は，国民が公正に分担して納める必要があります。消費税は，所得に関係なく，すべての国民が，同じ金額の商品の購入に対して同じ金額を負担しなければなりません。それに対して，所得税は，［　Q　］という特徴がある累進課税の課税方法が採られています。
>
> このように，税制は，複数の税金をうまく組み合わせることで，全体としての公平性が保たれています。

問 6　下線部⑥に関連して，**K**さんは，国際連合の主な機関について調べ，次の**表 2**をつくりました。**表 2**中の［　R　］にあてはまる語を書きなさい。（3 点）

表 2

名称	説明
総会	すべての加盟国で構成され，毎年 9 月から開かれます。決定にはすべての加盟国が加わり，各国が 1 票を持っています。
安全保障理事会	常任理事国 5 か国と非常任理事国 10 か国とで構成され，世界の平和と安全を維持するため，強い権限が与えられています。
［　R　］	国どうしの争いを国際法に基づいて解決するための機関です。裁判を開始するには，争っている当事国の合意が必要となります。
事務局	国連事務総長が代表を務め，各国の利害をはなれて中立的な立場から，国連のさまざまな機関が決定した計画や政策を実施します。

6　Fさんは３年間の社会科学習のまとめとして，熊本県熊本市について調べ，次の**カードⅠ**～**カードⅣ**をつくりました。これらに関する問１～問５に答えなさい。（15点）

カードⅠ

> 熊本市は，九州のほぼ中央に位置しており，東に阿蘇山，西に有明海《ありあけかい》をのぞみ，南部には平野が広がっています。

カードⅡ

> 肥後国《ひごのくに》にあった鹿子木荘《かのこぎのしょう》は，中世の著名な荘園の一つであり，その場所は，現在の熊本市の北部にあたります。

カードⅢ

> 熊本市は，納税者が自治体を選んで寄付する「ふるさと納税」を活用して，熊本地震で被害を受けた熊本城の復旧・復元を進めています。

カードⅣ

> 熊本市では水が浸透しやすい性質の土地に水田を開いたので，大量の水が地下に浸透し，地下水が豊富になりました。

問１　**カードⅠ**に関連して，次の**資料１**は，熊本市を上空から撮影したものです。また，**地図１**は，熊本市の一部を示した２万５千分の１の地形図です。**資料１**を撮影した方向として最も適切なものを，**地図１**中の**ア**～**エ**の中から一つ選び，その記号を書きなさい。（２点）

資料１

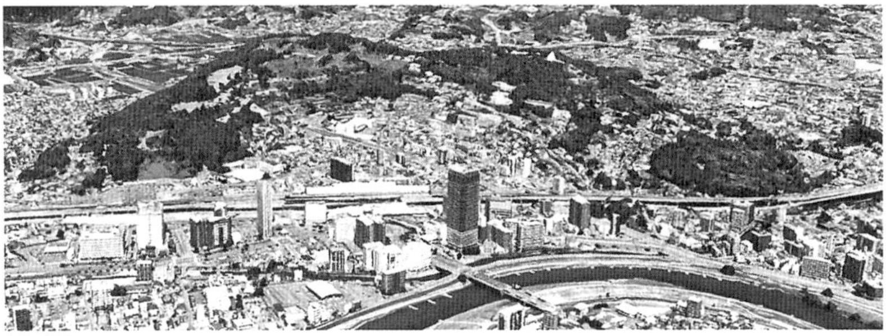

（Google Earth Web から作成）

地図１

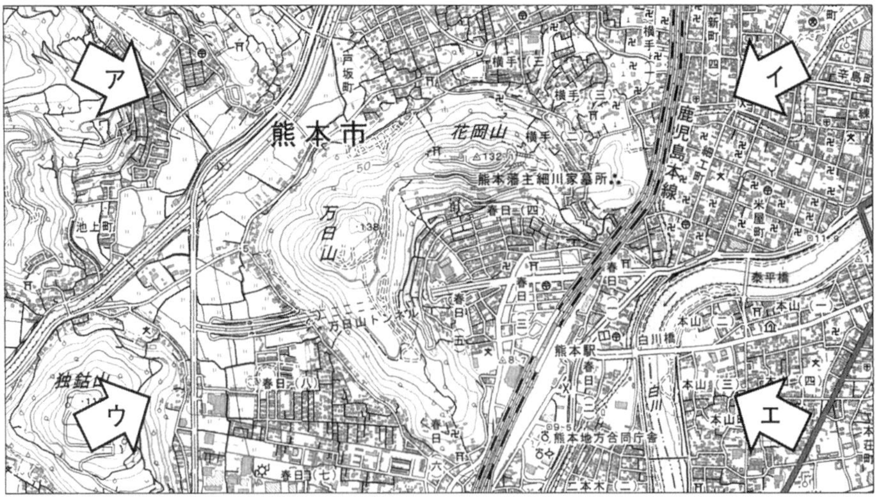

（国土地理院２万５千分の１地形図「熊本」平成30年発行一部改変）

問 2　**カードⅡ**に関連して，次の**ア**～**エ**は日本の土地制度に関して述べた文です。年代の**古い順**に並べかえ，その順に記号で書きなさい。（3 点）

ア　全国の土地の面積を調査して，地価を定め，地券を発行して，土地の所有権を認めた。

イ　新たに開墾した土地であれば，開墾した者が永久に所有することを認める墾田永年私財法が定められた。

ウ　武士の社会で行われていた慣習に基づいて，20 年以上継続してその土地を実際に支配していれば，その者の土地の所有を認める法律が初めて定められた。

エ　荘園の領主である公家や寺社などがもっていた複雑な土地の権利が否定され，直接耕作する農民に土地の所有権が認められた。

問 3　**カードⅢ**に関連して，F さんは地方財政について調べ，次のようにまとめました。**まとめ 1** の中の［ P ］と［ Q ］にあてはまる語を，それぞれ書きなさい。（3 点）

まとめ 1

地方公共団体の収入には，自主財源と依存財源があります。依存財源には，地方公共団体の間の財政の格差をおさえるために国から配分される［ P ］や，教育や道路の整備といった特定の仕事の費用を国が一部負担する［ Q ］，地方公共団体の借金である地方債などがあります。**グラフ 1** は，2018 年度当初計画における地方公共団体の歳入の内訳です。

グラフ 1

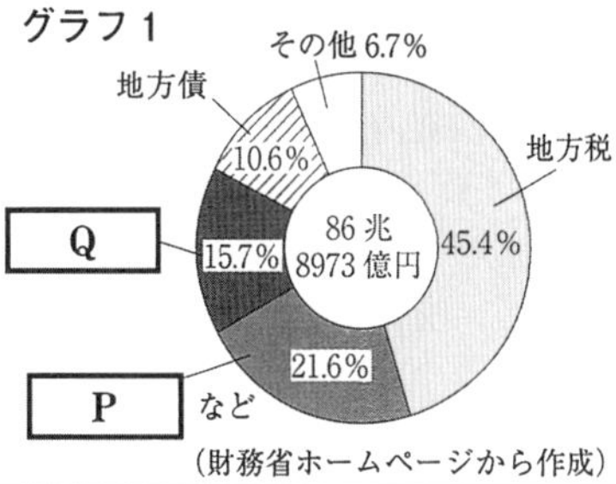

（財務省ホームページから作成）

問 4　**カードⅣ**の中の下線部に関連して，F さんは水力発電について調べ，**地図 2** と**グラフ 2** をみつけました。**地図 2** 中の［ W ］と［ X ］及び，**グラフ 2** 中の［ Y ］と［ Z ］には，それぞれ水力と火力のいずれかがあてはまります。**地図 2** と**グラフ 2** 中の水力にあたる組み合わせとして正しいものを，**ア**～**エ**の中から一つ選び，その記号を書きなさい。（2 点）

地図 2　日本の主な発電所の分布（2017 年度）

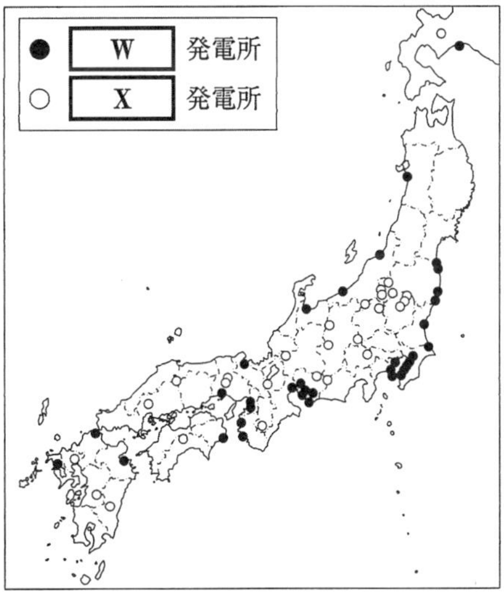

（2018 年版 電気事業便覧から作成）

グラフ 2　日本の発電電力量の内訳（2017 年度）

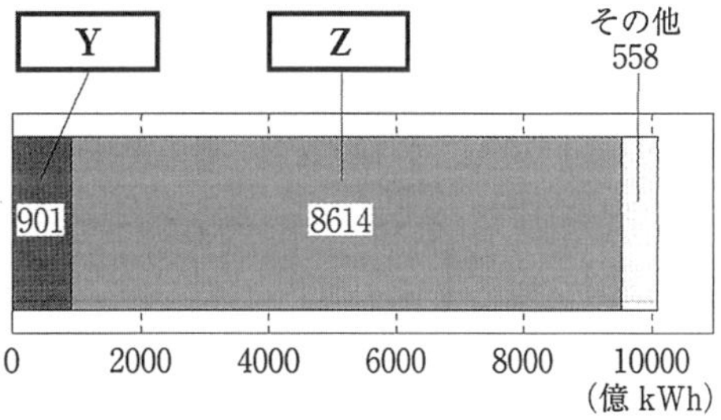

（日本国勢図会 2020/21 年版から作成）

ア　W と Y　　　**イ**　W と Z

ウ　X と Y　　　**エ**　X と Z

問 5　**F**さんは，熊本市の「日本一の地下水都市」の取り組みについて調べ，まとめました。次の**まとめ2**は，その一部です。**まとめ2**の中の［　**A**　］には，地下水の量を守るための取り組みとその効果についての説明があてはまり，［　**a**　］には，地下水の量を守るための取り組みの効果を示すグラフがあてはまります。**まとめ2**の［　**a**　］のグラフとして最も適切なものを，あとの**ア**～**エ**の中から一つ選び，その記号を書きなさい。また，**まとめ2**の［　**A**　］にあてはまる適切なことばを書きなさい。（5点）

まとめ2

≪探究課題≫

持続可能な社会を実現するために私たちはどのように行動すべきか。

～熊本市の「日本一の地下水都市」の取り組み～

≪課題設定理由≫

熊本市は，約74万人の市民の水道水源をすべて地下水でまかなっています。これを継続していくための取り組みは，持続可能な社会を実現するための私たちの行動の参考になると考えたからです。

≪探究内容≫

1　「日本一の地下水都市」の現状と課題

地下水位の低下や水質の悪化がみられており，市民の生活用の水使用量に必要な地下水を確保する必要があります。

2　地下水保全の取り組み

(1)　地下水の量を守るための2つの取り組みとそれぞれの効果

①　収穫後の田畑に水をはることなどによって，地下水かん養量が増えています。

②　**資料2**と**グラフ3**から，［　**A**　］ということが読みとれます。

資料2

市民に取り組みを促す運動

市民に示された取り組みの例

グラフ3

［　**a**　］

(2)　地下水の質を守るための取り組み

地下水質の監視，地下水の汚染防止対策などを行うことで，汚染物質を地下に浸透させないようにしています。

（注）　地下水かん養量…雨水などが土中にしみこみ，地下水として蓄えられる量のこと。

ア

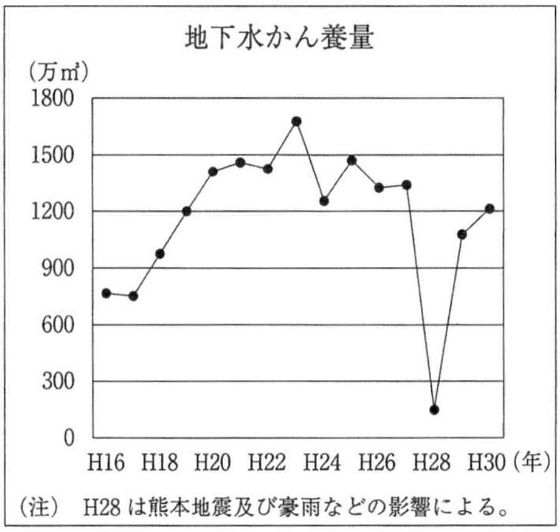

(注) H28は熊本地震及び豪雨などの影響による。

イ

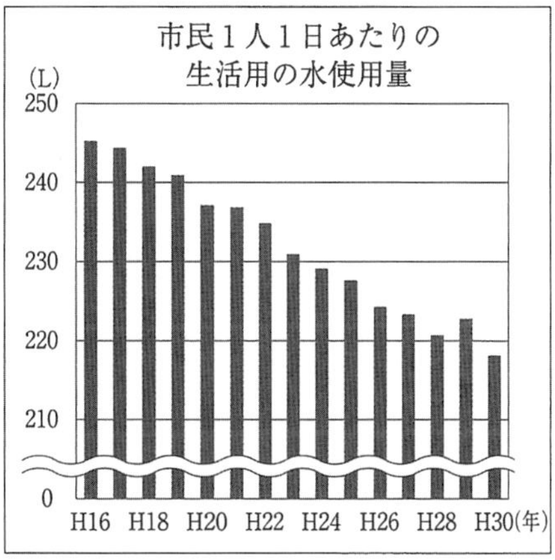

ウ

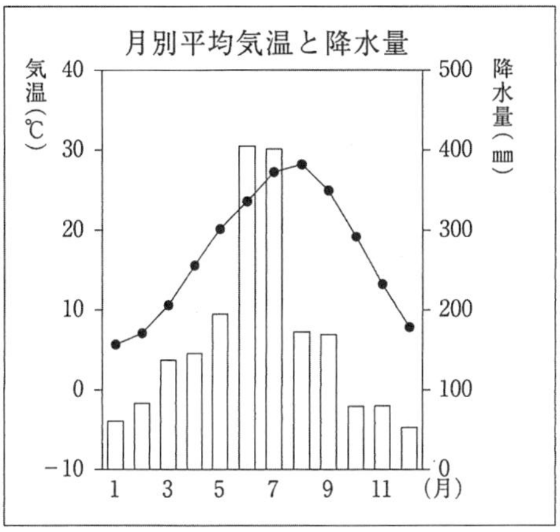

エ

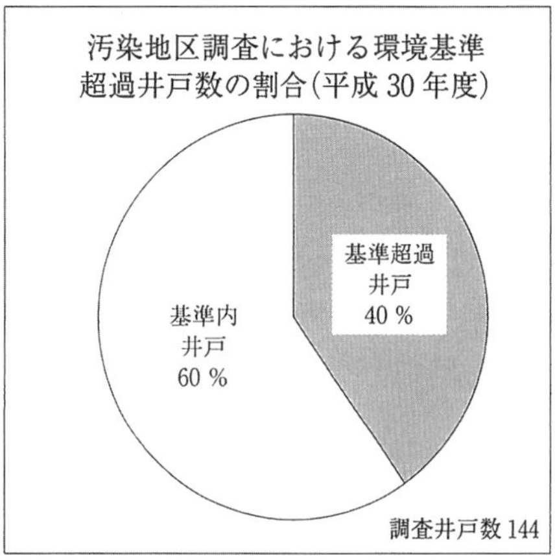

(熊本市ホームページなどから作成)

(以上で問題は終わりです。)

受検番号	第　　　　番

令和 4 年度学力検査問題

理　　　科 （13 時 30 分～14 時 20 分〈50 分間〉）

注　　意

1　解答用紙について

(1)　解答用紙は 1 枚で，問題用紙にはさんであります。

(2)　係の先生の指示に従って，所定の欄 2 か所に受検番号を書きなさい。

(3)　答えはすべて解答用紙のきめられたところに，はっきりと書きなさい。

(4)　解答用紙は切りはなしてはいけません。

(5)　解答用紙の ※ 印は集計のためのもので，解答には関係ありません。

2　問題用紙について

(1)　表紙の所定の欄に受検番号を書きなさい。

(2)　問題は全部で 5 問あり，表紙を除いて 14 ページです。

○　印刷のはっきりしないところは，手をあげて係の先生に聞きなさい。

1 次の各問に答えなさい。(24点)

問1 次の**ア**～**エ**の中から，マグマが冷え固まってできた岩石を一つ選び，その記号を書きなさい。(3点)

ア 石灰岩　**イ** チャート　**ウ** 花こう岩　**エ** 砂岩

問2 **図1**はカエルの精子と卵のようすを模式的に表したものです。放出された精子が卵に達すると，そのうちの1つの精子が卵の中に入り，精子の核と卵の核が合体して新しい1個の核となります。この過程を何といいますか。最も適切なものを，次の**ア**～**エ**の中から一つ選び，その記号を書きなさい。(3点)

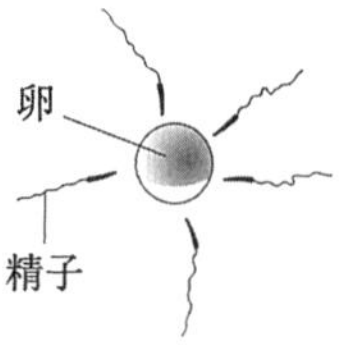

図1

ア 受精　**イ** 受粉　**ウ** 減数分裂　**エ** 体細胞分裂

問3 **図2**のように，ダニエル電池を使用した回路で光電池用モーターを作動させました。このダニエル電池に関して述べた文として**誤っているもの**を，次の**ア**～**エ**の中から一つ選び，その記号を書きなさい。(3点)

ア 電子は，導線を通って亜鉛板から銅板へ流れる。

イ 銅よりも亜鉛の方が，陽イオンになりやすい。

ウ 水溶液中のイオンは，セロハンを通過することができる。

エ 電流を流し続けると，亜鉛板は重くなり，銅板は軽くなる。

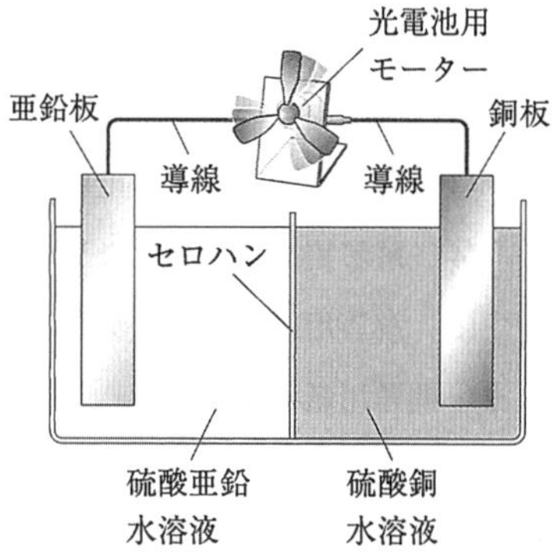

図2

問4 **図3**は，磁石の**N**極と**S**極の間にある導線に電流を流したときのようすを模式的に表したものです。このとき，導線にはたらく力の向きとして正しいものを，**図3**の**ア**～**エ**の中から一つ選び，その記号を書きなさい。(3点)

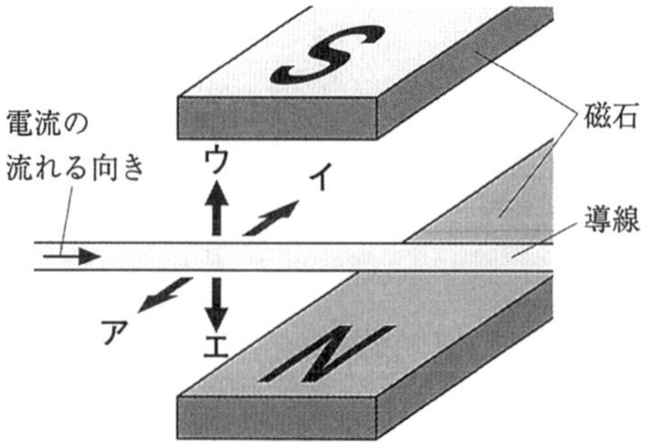

図3

問 5　**図4**は，暖気が寒気の上にはい上がって進んでいくようすを模式的に表した図で，線**A－B**は前線を表しています。線**A－B**の前線を，破線 ------- を利用して，天気図に使う記号で表しなさい。（3点）

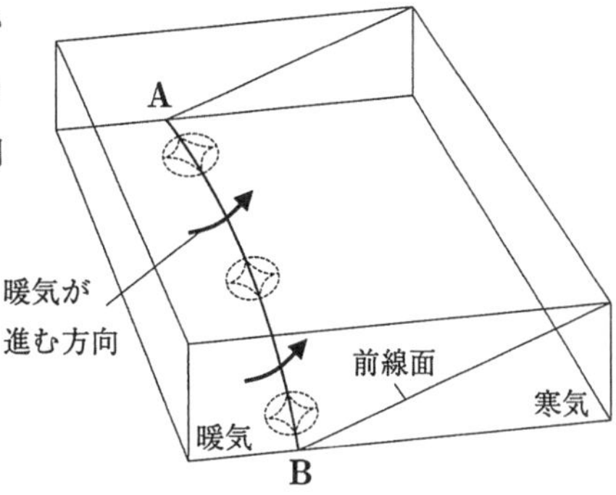

図4

問 6　**図5**は，アブラナの花の断面を模式的に表したもので，**X**はおしべの先端の小さな袋です。この**X**の名称を書きなさい。（3点）

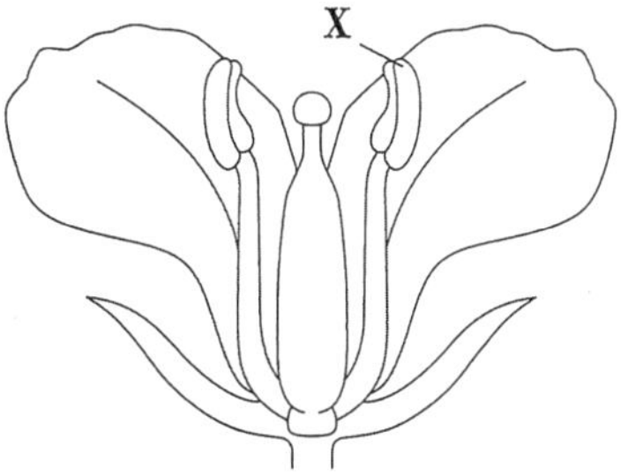

図5

問 7　**図6**のように，水素が入った試験管のゴム栓をはずし，すぐに火のついたマッチを試験管の口に近づけると，音を立てて水素が燃え，試験管の内側がくもりました。この化学変化を化学反応式で表しなさい。（3点）

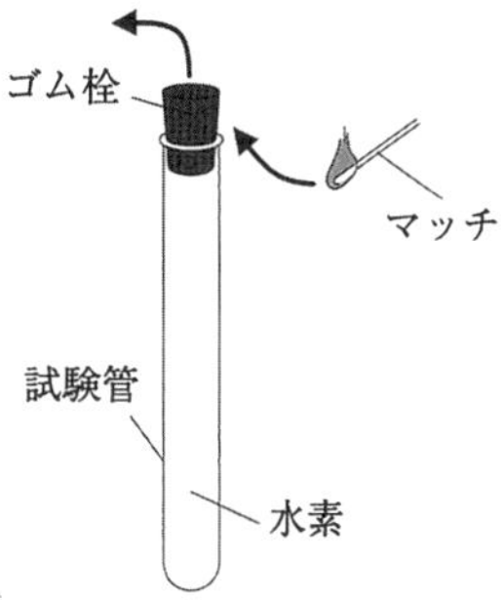

図6

問 8　**図7**は，光ファイバーの中を光が通っているようすを模式的に表したものです。光ファイバーは，**図7**のように曲がっていても光が外に出ることはなく，光を届けることができます。光ファイバーでは，光のどのような現象を利用して光を届けることができますか。この現象の名称を書きなさい。（3点）

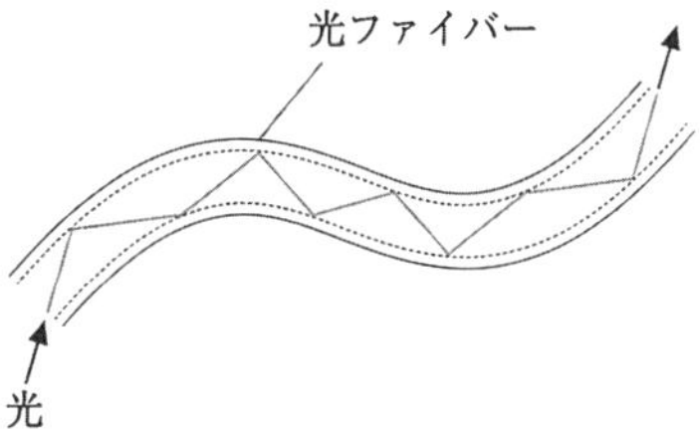

図7

2　WさんとSさんは，暦と天体の運行の関係について調べました。問1～問5に答えなさい。(19点)

理科の授業場面1

先　生：現在の日本で使われている暦は太陽暦といい，天体の運行をもとに決められています。暦について調べてみましょう。

Wさん：暦のもととなる1年は，季節をもとに決められたんじゃないかな。

Sさん：調べてみると，**図1**のように地球が太陽のまわりを1周するのにかかる時間をもとに1年が決められたんだね。現在の太陽暦のもととなった暦では，①春分の日を基準としたみたいだよ。

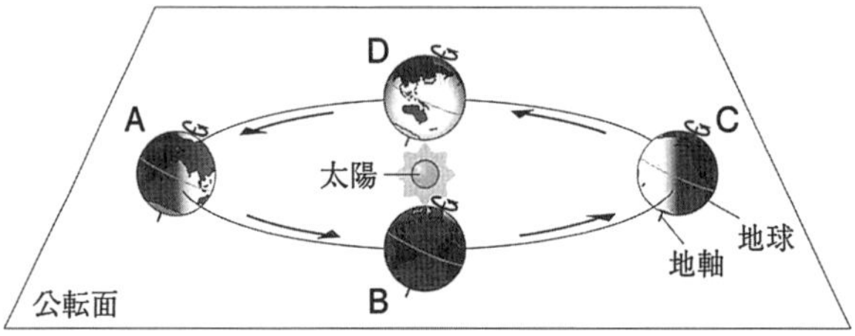

図1

Wさん：1日はどうやって定義したんだろう。

Sさん：**図2**に表される太陽の日周運動で，②太陽が南中する時刻から，次に太陽が南中する時刻までの時間をもとに1日を定義しているね。

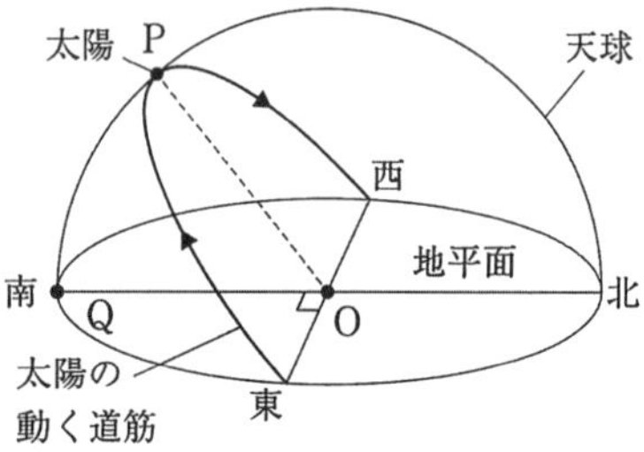

図2

Wさん：では，時刻はどうやって決めたんだろう。

Sさん：日時計を使っていたみたいだね。いろいろな日時計が作られていて，**図3**のように身近な材料で作れる日時計もあるようだよ。

Wさん：この日時計は，半透明な板に円周を24等分した文字盤をかいて，竹串を文字盤と垂直になるよう，円の中心にさしたものなんだね。どうやって使うんだろう。

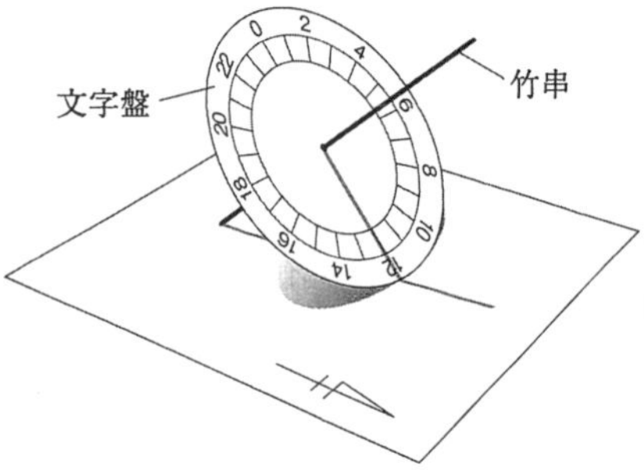

図3

問 1　下線部①について，北半球における春分にあたる地球の位置を示したものは，**図1**の**A**～**D**のどれですか。最も適切なものを一つ選び，その記号を書きなさい。（3点）

問 2　**図2**について，観測者の位置を**O**，天球上の太陽の位置を**P**，地平面上の真南の位置を**Q**としたとき，下線部②における角度∠**QOP**のことを何といいますか。その名称を書きなさい。（3点）

問 3　**W**さんと**S**さんは**図3**の日時計の設置のしかたに関して，次のようにまとめました。［Ⅰ］，［Ⅱ］にあてはまる数値や語句を書きなさい。（各3点）

> 埼玉県の北緯 36° の地点で**図3**の日時計を使う場合，**図4**のように地平面と文字盤のなす角度が［Ⅰ］°となるように傾け，竹串を真北に向けて，平らなところに設置する。これは，**図5**のように，空に向けた竹串が［Ⅱ］を指すようにするためであり，こうすることで文字盤を天球まで拡張したときの円周は，春分の日と秋分の日の太陽の通り道と同じになる。

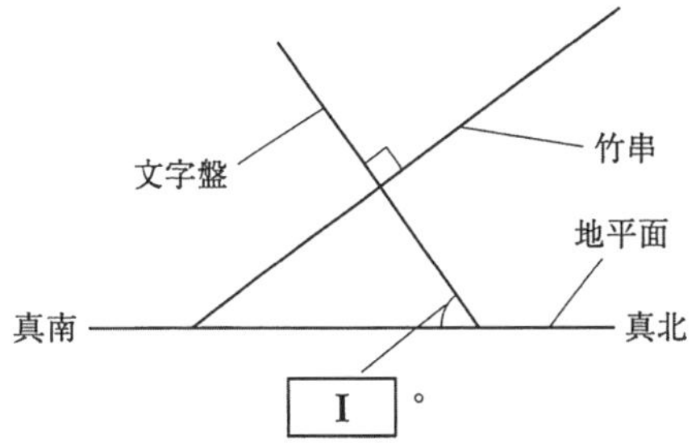

図4

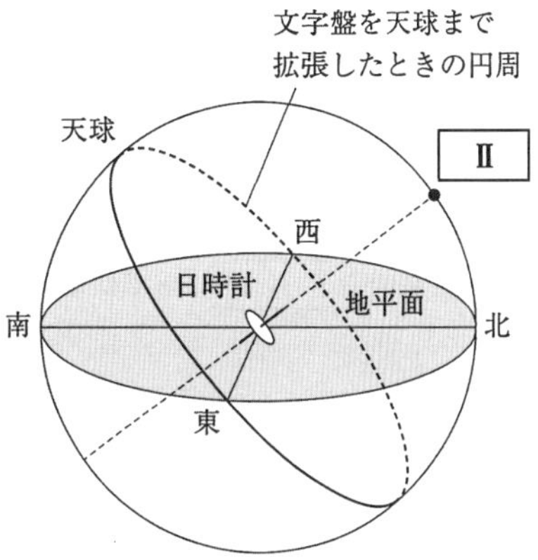

図5

理科の授業場面2

> **W**さん：1日を，太陽が南中する時刻で定義するかわりに，月が南中する時刻で定義すると，太陽で定義したときと同じ時間の長さになるのかな。
>
> **S**さん：月を毎日同じ時刻に観測すると，月は前日より［L］へ移動して見えるね。このことから，日ごとに月が南中する時刻は［M］ことがわかるので，同じ時間の長さにはならないね。

問 4　会話文中の［L］にあてはまる方位を，東または西で書きなさい。また，［M］にあてはまる，観測してわかることを書きなさい。（3点）

理科の授業場面3

Wさん：太陽暦の他に，月の満ち欠けを基準とした太陰暦という暦もあるんだね。

Sさん：**図6**のように月が満ち欠けする周期を新月から次の新月までとすると，その周期は平均29.53日のようだね。地球の公転周期は365.24日だから，月が満ち欠けする周期12回分を太陰暦の1年と考えると，地球の公転周期とは一致しないね。

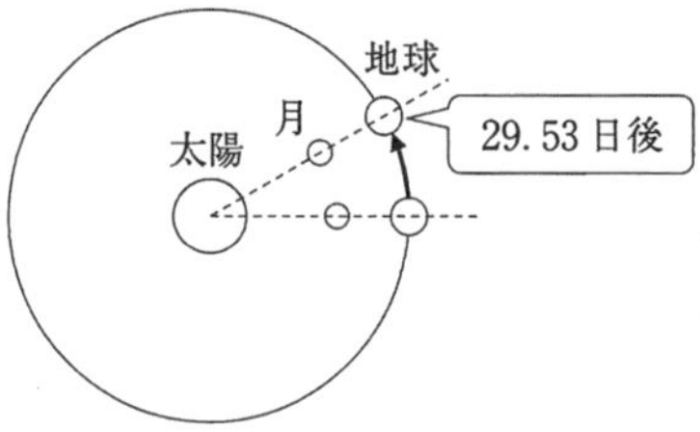

図6

Wさん：でも太陽暦の場合も，1年が365日であるのに対して，地球の公転周期とは0.24日という差があるから，1年ごとにその差が大きくなってしまうよね。

Sさん：そうだね。だから4年に1度，2月に29日を入れることで周期の差を修正しているよね。

Wさん：では太陰暦でも，1月から12月のどこかに，月が満ち欠けする周期1回分を「13番目の月」として入れれば，差は修正できるね。例えば [N] 年に1度「13番目の月」を入れれば，[N] 年間における地球の公転周期と太陰暦の差は，年平均1日程度に抑えられるね。

問5　会話文中の [N] にあてはまる整数を書きなさい。（4点）

3　YさんとNさんは，ヒトの消化と呼吸のしくみに関してノートにまとめました。問1～問6に答えなさい。(19点)

ノート1

食物にふくまれる成分が，ブドウ糖などの養分へと消化されるようす

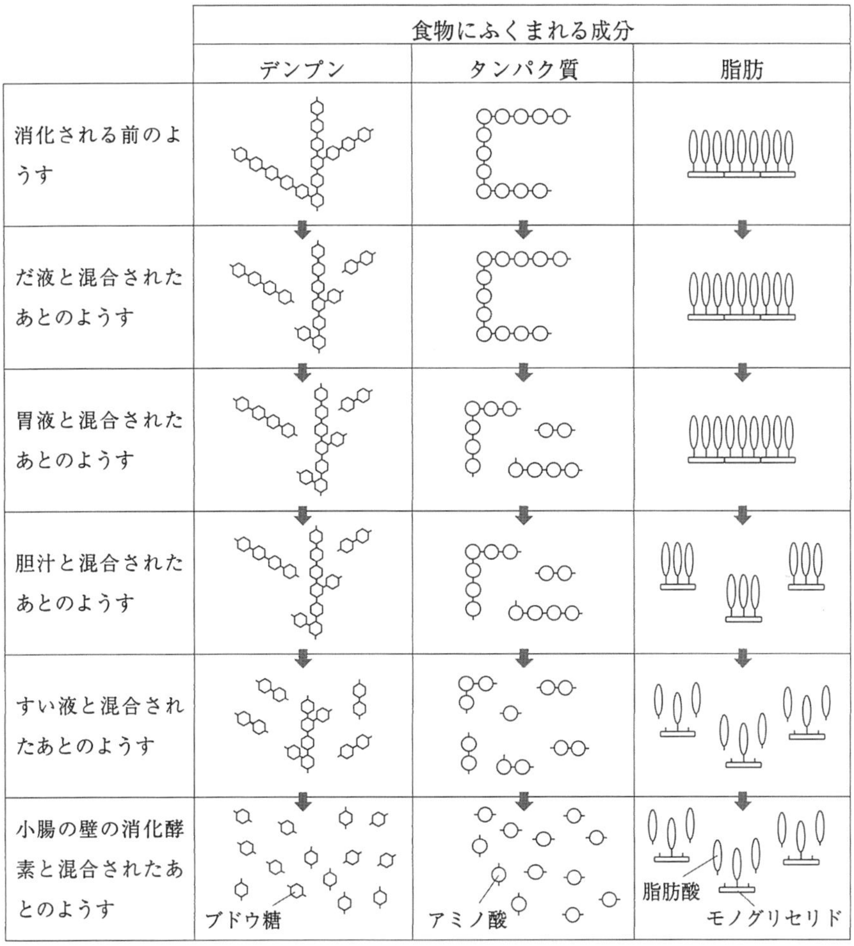

問1　ノート1 からわかることとして最も適切なものを，次の**ア**～**エ**の中から一つ選び，その記号を書きなさい。(3点)

ア　デンプンは，だ液と胃液と小腸の壁の消化酵素によって分解される。

イ　タンパク質は，胃液とすい液と小腸の壁の消化酵素によって分解される。

ウ　脂肪は，だ液とすい液と小腸の壁の消化酵素によって分解される。

エ　胆汁は，デンプンとタンパク質を分解する。

問2　小腸における養分の吸収について，次のようにまとめました。 Ｉ にあてはまる語を書きなさい。(3点)

> 小腸の内側の壁には多数の柔毛がある。これにより，小腸の内側の Ｉ が大きくなるため，養分を効率よく吸収できる。

Yさんと Nさんが話し合いをしている場面1

Yさん：吸収された養分はどのように全身に運ばれるのかな。

Nさん：①<u>吸収された養分は血液によって全身に運ばれる</u>よ。**図1**は血液の循環のようすを模式的に表したものだよ。血液は養分のほかに酸素や二酸化炭素も運ぶね。

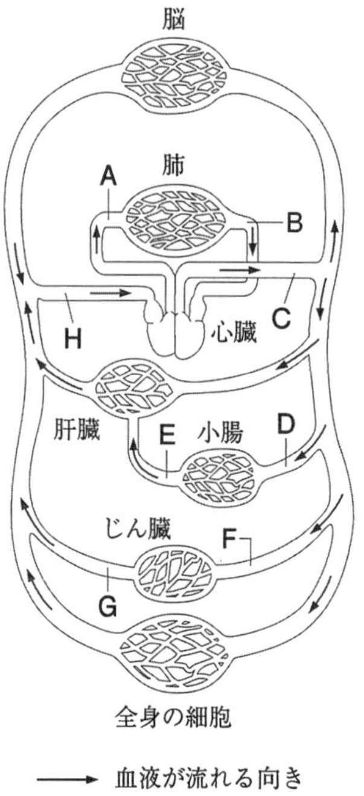

図1

Yさん：酸素の運搬には赤血球が関係すると習ったよ。

Nさん：赤血球にはヘモグロビンという物質がふくまれているんだ。ヘモグロビンは，酸素が [Ⅱ] ところで酸素と結びつき，酸素が [Ⅲ] ところで酸素をはなすという性質をもつよ。

Yさん：ヘモグロビンと酸素の結びつきやすさに影響をあたえる要因は，ほかにもあるのかな。

Nさん：調べてみると，血液の pH が変化すると，ヘモグロビンと酸素の結びつきやすさが変わるみたいだよ。

Yさん：二酸化炭素は水に溶け，その水溶液は酸性を示すと習ったね。

Nさん：全身の細胞から排出された二酸化炭素は血液にとりこまれるよ。二酸化炭素が多く溶けている血液では pH が [Ⅳ] なり，ヘモグロビンが酸素をはなしやすくなるみたいだね。

問 3　下線部①について，**図1**の**A**～**H**の中から，吸収されたブドウ糖を最も多くふくむ血液が流れている場所を一つ選び，その記号を書きなさい。（3点）

問 4　会話文中の [Ⅱ] ～ [Ⅳ] にあてはまる語の組み合わせとして最も適切なものを，次の**ア**～**エ**の中から一つ選び，その記号を書きなさい。（3点）

	Ⅱ	Ⅲ	Ⅳ
ア	Ⅱ…少ない	Ⅲ…多い	Ⅳ…小さく
イ	Ⅱ…少ない	Ⅲ…多い	Ⅳ…大きく
ウ	Ⅱ…多い	Ⅲ…少ない	Ⅳ…小さく
エ	Ⅱ…多い	Ⅲ…少ない	Ⅳ…大きく

国語　解答用紙(2)

5

13　11

12点

受検番号　第　番

社　会　解答用紙 (2)

4

問1．5点
問2．3点
問3．3点
問4．3点
問5．3点

問 1 ※	(名称) (行われたこと)
問 2 ※	→ → →
問 3 ※	
問 4 ※	
問 5 ※	(記号) Y

5

問1．3点
問2．3点
問3．3点
問4．3点×2
問5．5点
問6．3点

問 1 ※		
問 2 ※		
問 3 ※		
問 4 ※	(1)	
	(2)	
問 5 ※		
問 6 ※		

6

問1．2点
問2．3点
問3．3点
問4．2点
問5．5点

問 1 ※	
問 2 ※	→ → →
問 3 ※	P Q
問 4 ※	
問 5 ※	(記号) A

1～3の計

得　点		※

※100点満点

受検番号	第　　番

理　　科　　解答用紙 (2)

4

問1．3点
問2．4点×2
問3．4点
問4．4点

問1 ※			
問2 ※	(1)	二酸化炭素	酸素
	(2)		
問3 ※			
問4 ※			

5

問1．3点
問2．4点
問3．4点
問4．4点
問5．4点

<table>
<tr><td>問1 ※</td><td colspan="2">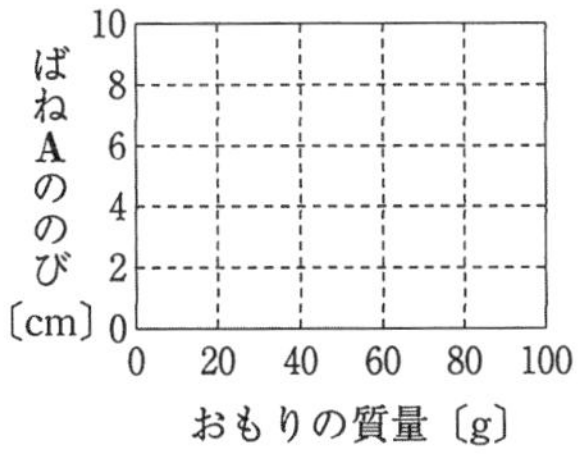
</td></tr>
<tr><td>問2 ※</td><td colspan="2">と</td></tr>
<tr><td>問3 ※</td><td colspan="2">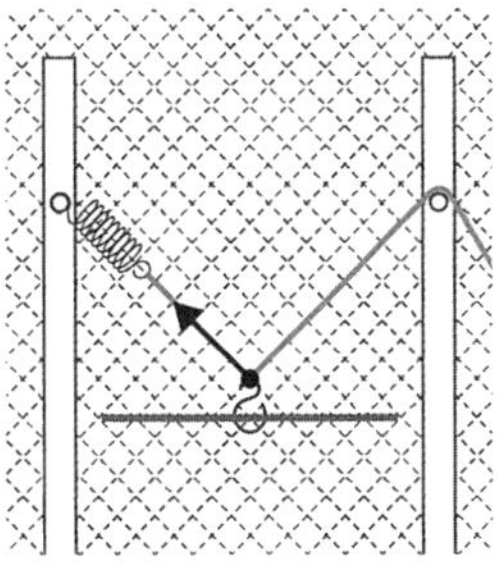</td></tr>
<tr><td>問4 ※</td><td colspan="2"></td></tr>
<tr><td rowspan="2">問5 ※</td><td colspan="2">L</td></tr>
<tr><td colspan="2">M</td></tr>
</table>

1～3の計

得　点		※

※100点満点

受検番号	第　　　　番

理　科　　解答用紙 (1)

1

3点×8

問 1 ※	
問 2 ※	
問 3 ※	
問 4 ※	

問 5 ※

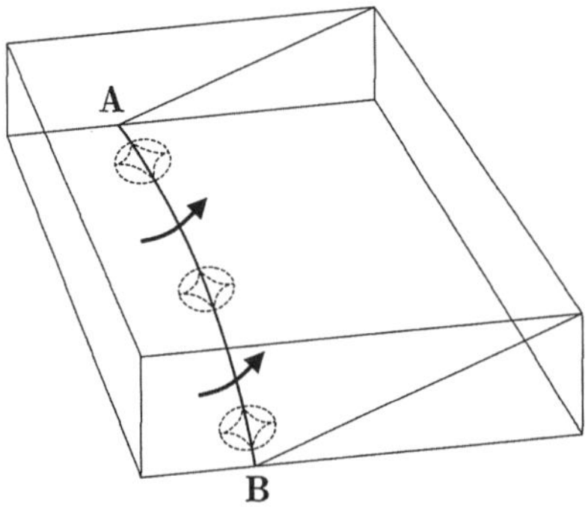

問 6 ※	
問 7 ※	
問 8 ※	

2

問1．３点
問2．３点
問3．３点×２
問4．３点
問5．４点

問 1 ※		
問 2 ※		
問 3 ※	Ⅰ	
	Ⅱ	
問 4 ※	L	
	M	
問 5 ※		

3

問1．３点
問2．３点
問3．３点
問4．３点
問5．３点
問6．４点

問 1 ※	
問 2 ※	
問 3 ※	
問 4 ※	
問 5 ※	
問 6 ※	

1～3の計

受検番号	第　　　番

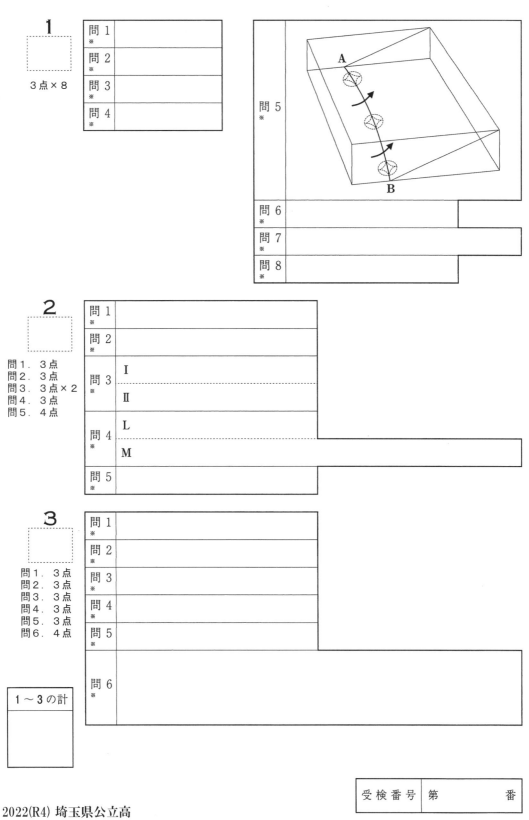

社　会　　解答用紙 (1)

1

問1．３点
問2．３点
問3．３点
問4．５点

問 1 ※	大陸
問 2 ※	
問 3 ※	
問 4 ※	Q (特色)

2

問1．３点
問2．２点×２
問3．５点
問4．３点

問 1 ※		
問 2 ※	(1)	山脈
	(2)	
問 3 ※	Q R	
問 4 ※		

3

問1．２点
問2．３点
問3．３点
問4．５点
問5．３点

問 1 ※	
問 2 ※	
問 3 ※	
問 4 ※	
問 5 ※	

1～3の計

受検番号	第　　　　番

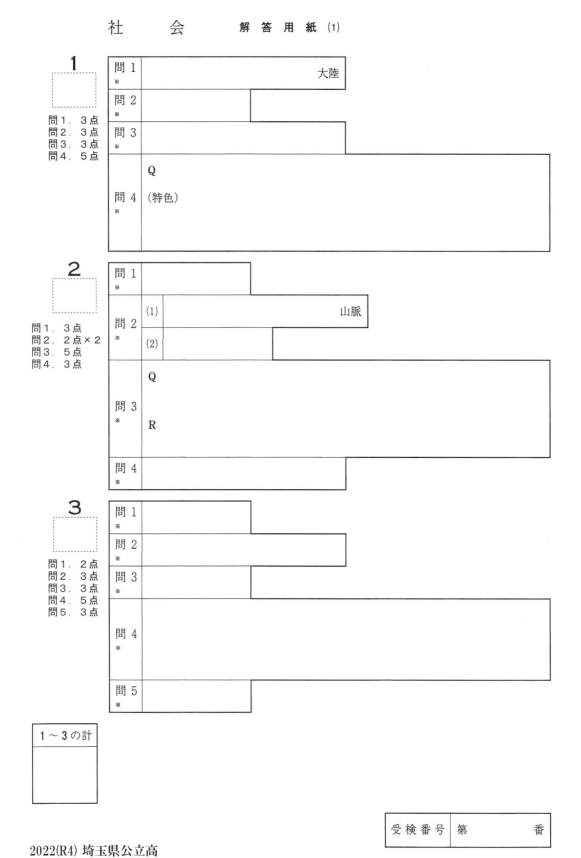

国語 解答用紙 (1)

※100点満点

得点	
	※

受検番号	
第	番

1

問1 ※

問2 ※

問3 ※

問4 ※

問5 ※ （　　）と（　　）

問1．4点
問2．6点
問3．4点
問4．7点
問5．5点

2

問1 ※ (1)　(2)　(3) がれる　(4)　(5) く

問2 ※

問3 ※

問4 ※ (1)　(2)　(3)

問1．2点×5
問2．3点
問3．3点
問4．(1)3点 (2)2点 (3)3点

3

問1 ※

問2 ※

問3 ※ Ⅰ　Ⅱ

問4 ※

問5 ※

問1．4点
問2．5点
問3．6点
問4．4点
問5．7点

4

問1 ※

問2 ※

問3 ※

問4 ※

3点×4

5

（作文は**解答用紙**(2)に書くこと）

【解答用

Yさんと**N**さんは，養分と酸素が細胞でどのように利用されるのかについて興味をもち，調べました。

ノート2

調べてわかったこと

○　養分と酸素は全身の細胞にとりこまれ，細胞呼吸(細胞による呼吸)に利用される。**図2**は，ブドウ糖を利用した細胞呼吸のしくみを模式的に表したものである。

ブドウ糖　＋　酸素　⟶　二酸化炭素　＋　［Ⅴ］

⇩

生命を維持するためのエネルギー

図2

○　養分はからだをつくる材料としても利用される。

○　ブドウ糖の一部は，肝臓で［Ⅵ］という物質に変えられて，一時的にたくわえられる。

問5　**ノート2**の［Ⅴ］，［Ⅵ］にあてはまる物質の組み合わせとして正しいものを，次の**ア**～**エ**の中から一つ選び，その記号を書きなさい。（3点）

ア　Ⅴ…水　　　　　　Ⅵ…グリコーゲン

イ　Ⅴ…水　　　　　　Ⅵ…尿素

ウ　Ⅴ…アンモニア　　Ⅵ…グリコーゲン

エ　Ⅴ…アンモニア　　Ⅵ…尿素

YさんとNさんが話し合いをしている場面2

Nさん：養分や酸素は，生命を維持するために利用されることがわかったね。

Yさん：まだわからないことがあるんだ。②血管内の血液にふくまれる養分やヘモグロビンからはなれた酸素は，どのように全身の細胞に届けられるのかな。

問6　下線部②の養分や酸素は，どのように血液中から全身の細胞に届けられますか。**血しょう**，**毛細血管**，**組織液**という語を使って説明しなさい。（4点）

4　**K**さんは，気体の水への溶けやすさに興味をもち，アンモニア，二酸化炭素，酸素を用いて，それらの違いを比較する実験を行い，レポートにまとめました。問１～問４に答えなさい。（19点）

レポート１

課題１

気体の種類によって，気体の水への溶けやすさはどのくらい違うのだろうか。

【実験１】

［1］　500 mLの乾いたペットボトルを３本用意し，それぞれペットボトル**A**，**B**，**C**とした。

［2］　**図１**のように，ゴム管をつないだ大型注射器に水を50 mL入れてピンチコックで閉じ，ゴム管の一端を，ゴム栓を通したガラス管につないだ。この器具を３つ用意した。

［3］　ペットボトル**A**に①アンモニアを，ペットボトル**B**に②二酸化炭素を，ペットボトル**C**に③酸素を集め，それぞれ**図１**の器具で栓をした。

［4］　ピンチコックを開いてペットボトル**A**，**B**，**C**内に水を注入し，ピンチコックを閉じて中の気体と水を混合して，ペットボトルの変化を調べた。

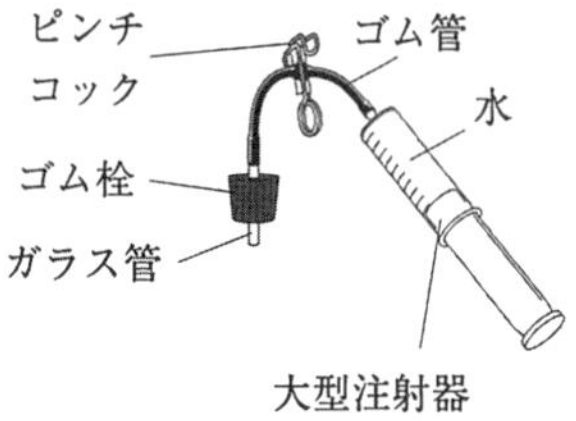

図１

【結果１】

ペットボトル**A**	ペットボトル**B**	ペットボトル**C**

大きく変形した	少しつぶれた	水を入れた分だけ膨らんだ

Kさんが Mさんに説明している場面１

Kさん

ペットボトルがつぶれるのは，気体の水への溶けやすさとどう関係しているのかな。

ペットボトルがつぶれるのは，密閉したペットボトル内で気体が水に溶けると，［　**I**　］ためだね。

なるほど。それで**【結果１】**からアンモニアが最も水に溶けやすいことがわかるんだね。

Mさん

問１　下線部①について，**K**さんはアンモニアを**図２**の装置で集めました。このとき，アンモニアがじゅうぶんにたまったことを確認する方法として最も適切なものを，次の**ア**～**エ**の中から一つ選び，その記号を書きなさい。（３点）

ア　火のついた線香をペットボトルの口に近づけて，燃え方が激しくなるかを見る。

イ　乾いた塩化コバルト紙をペットボトルの口に近づけて，色が変化するかを見る。

ウ　水でぬらした赤色リトマス紙をペットボトルの口に近づけて，色が変化するかを見る。

エ　水でぬらした青色リトマス紙をペットボトルの口に近づけて，色が変化するかを見る。

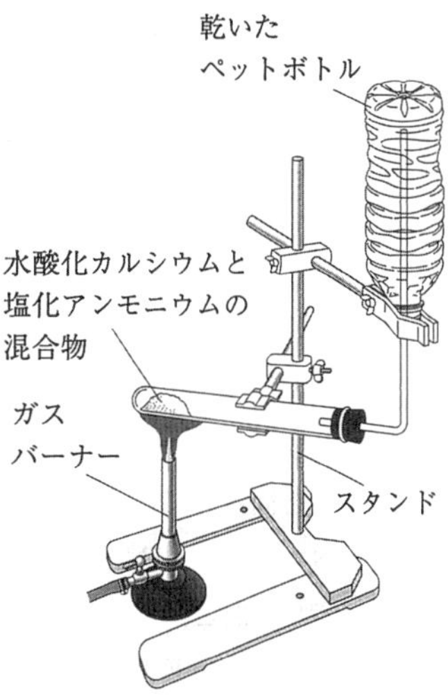

図２

問２　下線部②，③について，**K**さんは二酸化炭素および酸素を，それぞれ**図３**のように下方置換法で集めました。次の(1)，(2)に答えなさい。

(1)　二酸化炭素および酸素を，それぞれ発生させるために必要な薬品の組み合わせとして正しいものを，次の**ア**～**エ**の中から一つずつ選び，その記号を書きなさい。（４点）

ア　亜鉛　と　うすい塩酸

イ　石灰石　と　うすい塩酸

ウ　硫化鉄　と　うすい塩酸

エ　二酸化マンガン　と　うすい過酸化水素水

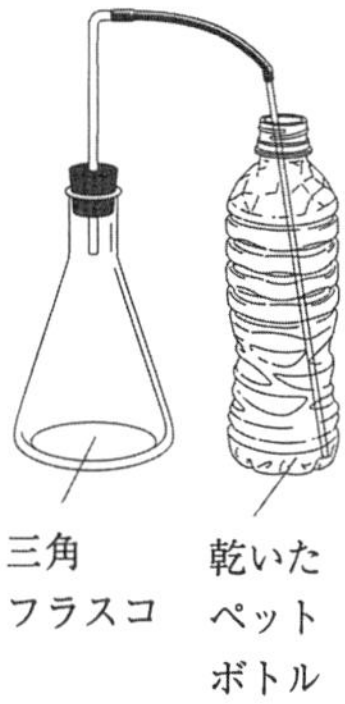

図３

(2)　二酸化炭素と酸素を集めるときは，一般的に水上置換法を使います。しかし**K**さんは，**【実験１】**ではこれらを水上置換法で集めることが適していないと考え，その理由を次のようにまとめました。［　X　］にあてはまることばを，［**課題１**］に着目して書きなさい。（４点）

> 水上置換法を使うことでペットボトル内が水でぬれると，［　X　］ため，実験結果に影響が出るおそれがある。

問３　会話文中の［　I　］にあてはまることばを，気体の粒子の数にふれながら，**大気圧**という語を使って書きなさい。（４点）

Kさんは，温度が気体の水への溶けやすさにあたえる影響を調べるため，二酸化炭素を用いて実験を行いました。

レポート2

課題2

温度が変わると，二酸化炭素の水への溶けやすさはどのように変化するのだろうか。

【実験2】

[1]　500 mLのペットボトルを3本用意し，それぞれペットボトル**D**，**E**，**F**とした。

[2]　二酸化炭素の温度と水の温度を一致させるため，5℃の水が入った水そうの中にペットボトル**D**を固定して二酸化炭素を満たし，5℃の水を50 mL入れた**図1**の器具で栓をした。

[3]　ペットボトル**D**に水を注入して混合し，そのまま5分置いてペットボトルの変化を調べた。

[4]　[2]，[3]と同様の操作を，ペットボトル**E**では水そう内の水温と注射器内の水温を25℃に，ペットボトル**F**ではそれぞれの水温を45℃にかえて行った。

【結果2】

ペットボトル**D**	ペットボトル**E**	ペットボトル**F**
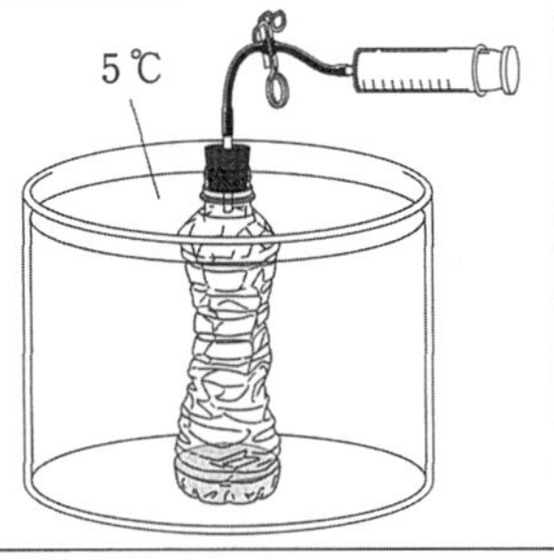	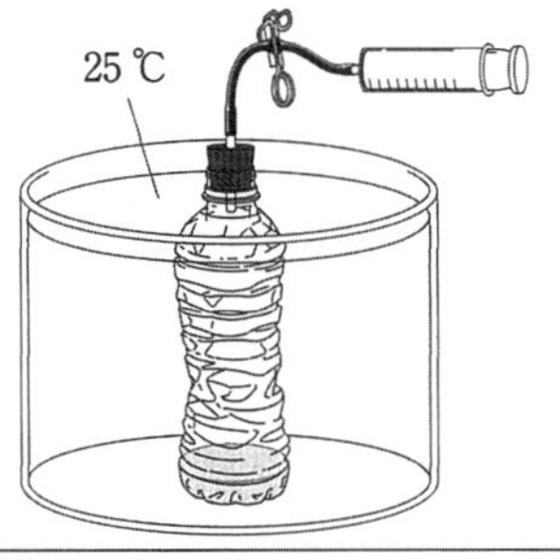	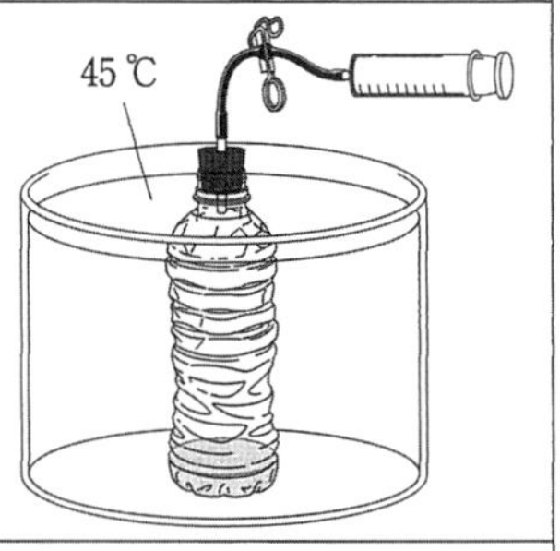
かなりつぶれた	少しつぶれた	ほとんどつぶれなかった

KさんがMさんに説明している場面2

Kさん

Mさん

K：**【結果2】**から，二酸化炭素は水温が高いほど水に［ Ⅱ ］なることがわかるよ。

M：最近，海水温が上昇しているときくね。そうだとすると，**【結果2】**から考えて，大気中の二酸化炭素が海水に溶けこむ量も変化するのかな。

K：もし海水温が上昇していくと，大気中の二酸化炭素が海水に溶けこむ量は［ Ⅲ ］していき，大気中の二酸化炭素の量は［ Ⅲ ］しにくくなると予想されるね。

問4　会話文中の［ Ⅱ ］，［ Ⅲ ］にあてはまる語の組み合わせとして正しいものを，次の**ア**～**エ**の中から一つ選び，その記号を書きなさい。ただし，二酸化炭素は，水にも海水にも同じだけ溶けこむものとします。（4点）

ア　Ⅱ…溶けやすく　　Ⅲ…減少　　　**イ**　Ⅱ…溶けにくく　　Ⅲ…減少

ウ　Ⅱ…溶けやすく　　Ⅲ…増加　　　**エ**　Ⅱ…溶けにくく　　Ⅲ…増加

5 Tさんは，ばねを用いて物体を支える力を測定する実験を行い，レポートにまとめました。問1～問5に答えなさい。ただし，質量100gの物体にはたらく重力の大きさを1Nとし，実験で用いるばね，糸，フックの質量，および糸とフックの間にはたらく摩擦は考えないものとします。(19点)

レポート1

課題1

ばね全体の長さとばねにはたらく力の大きさには，どのような関係があるのだろうか。

【実験1】

[1] ばね**A**とばね**B**の，2種類のばねを用意した。

[2] **図1**のようにスタンドにものさしを固定し，ばね**A**をつるしてばね全体の長さを測定した。

[3] ばね**A**に質量20gのおもりをつるし，ばね**A**がのびたときの，ばね全体の長さを測定した。

[4] ばね**A**につるすおもりを，質量40g，60g，80g，100gのものにかえ，[3]と同様にばね全体の長さを測定した。

[5] ばね**B**についても，[2]～[4]の操作を行った。

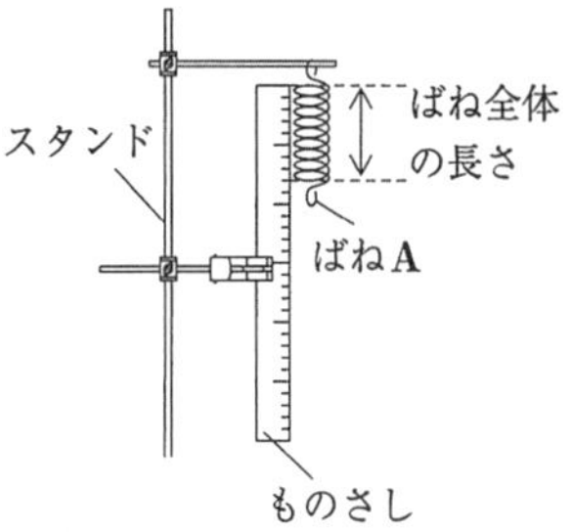

図1

【結果1】

おもりの質量〔g〕	0	20	40	60	80	100
ばねAの全体の長さ〔cm〕	8.0	10.0	12.0	14.0	16.0	18.0
ばねBの全体の長さ〔cm〕	4.0	8.0	12.0	16.0	20.0	24.0

問1 **【結果1】**をもとに，おもりの質量に対するばね**A**ののびを求め，その値を・で表し，おもりの質量とばね**A**ののびの関係を表すグラフをかきなさい。ただし，グラフは定規を用いて実線でかくものとします。(3点)

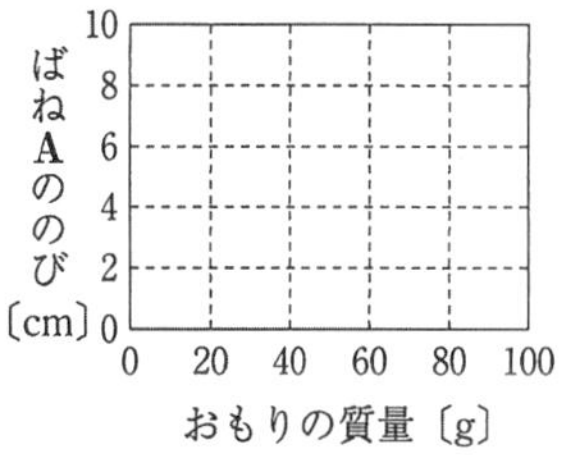

問2 **【結果1】**からわかることとして正しいものを，次の**ア**～**オ**の中から**二つ**選び，その記号を書きなさい。(4点)

ア ばね**A**もばね**B**も，おもりの質量を2倍にするとばねののびは2倍になっている。

イ ばね**A**もばね**B**も，おもりの質量とばね全体の長さは比例の関係になっている。

ウ ばね**A**とばね**B**に40gのおもりをつるしたとき，ばね**A**ののびとばね**B**ののびは等しくなっている。

エ ばね**A**とばね**B**に同じ質量のおもりをつるしたとき，ばね**A**とばね**B**のばね全体の長さの差は，つるしたおもりの質量にかかわらず常に一定になっている。

オ ばね**A**とばね**B**に同じ質量のおもりをつるしたとき，ばね**A**ののびとばね**B**ののびを比較すると，ばね**B**ののびは，ばね**A**ののびの2倍になっている。

Tさんは，図2のような「斜張橋《しゃちょうきょう》」では，塔から斜めに張られたケーブルが橋げたを支えていることを知りました。そこで，斜張橋に見立てた実験装置をつくり，ケーブルにはたらく力を，ばねを用いて測る実験を行いました。

図2

レポート2

課題2

斜張橋において，ケーブルと塔がつくる角度を変化させると，ケーブルにはたらく力はどのように変化するのだろうか。

【実験2】

[1]　**【実験1】**で用いたばねA，ケーブルに見立てた糸，橋げたに見立てたフック付きの金属板，塔に見立てた2台のスタンドを用意した。

[2]　2台のスタンドを垂直に立て，**図3**のように，ばねAの一方をスタンドのPの位置にかけ，もう一方に糸をつけて，この糸をPと同じ高さのQの位置にかけたのち，フック付きの金属板を水平になるように糸にかけた。

[3]　フックが糸にかかっている位置をOとするとき，OP間の距離とOQ間の距離を等しくしたまま，糸とスタンドがつくる角度を60°になるようにして，ばねAの全体の長さを測定した。

[4]　[3]と同様の操作を，<u>糸とスタンドがつくる角度を45°に変えて行った。</u>

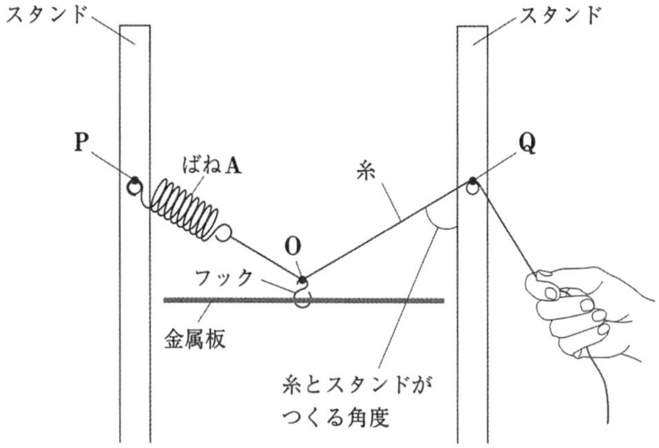

図3

【結果2】

糸とスタンドがつくる角度〔°〕	60	45
ばねAの全体の長さ〔cm〕	18.0	15.1

問 3　下線部について，糸が金属板を支える力のうち，**P**側の糸にはたらく力を力Ⅰ，**Q**側の糸にはたらく力を力Ⅱとし，力Ⅰと力Ⅱの合力を力Ⅲとします。力Ⅰを**図4**のように矢印で表したとき，力Ⅱと力Ⅲを，矢印を使ってそれぞれ作図しなさい。ただし，矢印は定規を用いてかくものとし，作図するためにかいた線は，消さないでおきなさい。なお，必要に応じてコンパスを用いてもかまいません。（4点）

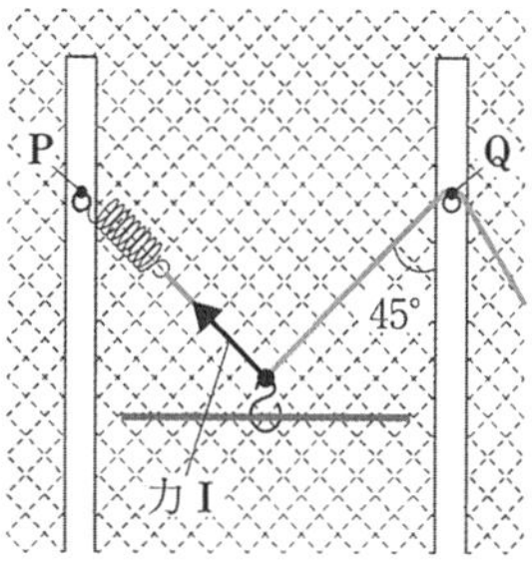

図4

問 4　**【実験2】**の[3]において，**図5**のように糸とスタンドがつくる角度を30°に変えると，ばね**A**全体の長さは何cmになると考えられますか。最も適切なものを，**図6**を参考にして次の**ア**～**エ**の中から一つ選び，その記号を書きなさい。ただし，$\sqrt{3} = 1.73$とします。（4点）

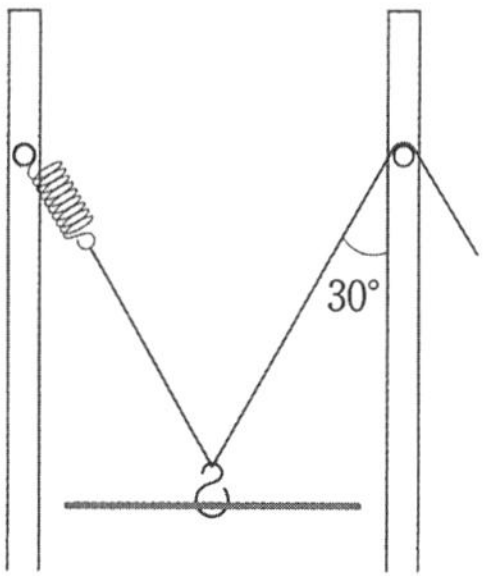

図5

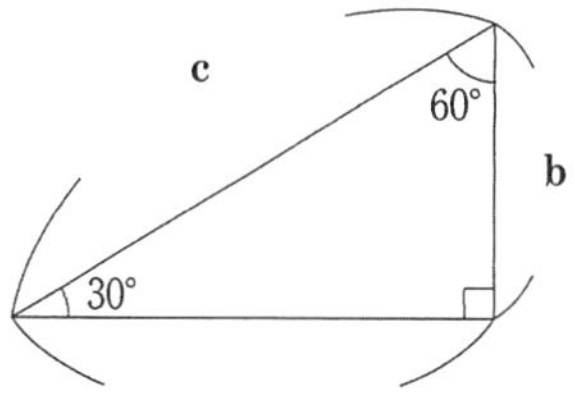

$\mathbf{a} : \mathbf{b} : \mathbf{c} = \sqrt{3} : 1 : 2$

図6

ア　10.9 cm　　**イ**　12.2 cm　　**ウ**　13.0 cm　　**エ**　13.8 cm

問 5　**図7**は，斜張橋を模式的に表したものです。**T**さんは，この斜張橋について，ケーブルにはたらく力をさらに小さくするにはどのようにすればよいかを考え，次のようにまとめました。［**L**］にあてはまる角度の変化を書きなさい。また，［**M**］にあてはまる方法を，**図7**中の**Y**や**Z**を使って書きなさい。ただし，ケーブルの数と塔の数は変えないものとします。（4点）

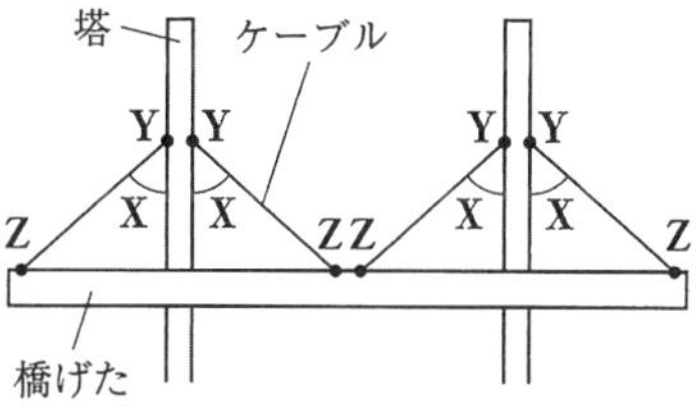

X：ケーブルと塔がつくる角度

Y：ケーブルと塔をつなぐ部分

Z：ケーブルと橋げたをつなぐ部分

図7

ケーブルにはたらく力をさらに小さくするには，
Xが［**L**］なるように［**M**］。

（以上で問題は終わりです。）

2022(R4) 埼玉県公立高
K 教英出版

受検番号	第　　　　番

埼玉県公立高等学校

令和４年度学力検査問題

数　　学　（10時35分～11時25分〈50分間〉）

注　　意

1　解答用紙について

(1)　解答用紙は１枚で，問題用紙にはさんであります。

(2)　係の先生の指示に従って，所定の欄２か所に受検番号を書きなさい。

(3)　答えはすべて解答用紙のきめられたところに，はっきりと書きなさい。

(4)　解答用紙は切りはなしてはいけません。

(5)　解答用紙の※印は集計のためのもので，解答には関係ありません。

2　問題用紙について

(1)　表紙の所定の欄に受検番号を書きなさい。

(2)　問題は全部で４問あり，表紙を除いて10ページです。

(3)　問題用紙の余白を利用して，計算したり，図をかいたりしてもかまいません。

3　解答について

(1)　答えに根号を含む場合は，根号をつけたままで答えなさい。

(2)　答えに円周率を含む場合は，πを用いて答えなさい。

○　印刷のはっきりしないところは，手をあげて係の先生に聞きなさい。

1 次の各問に答えなさい。(65点)

(1) $7x-9x$ を計算しなさい。(4点)

(2) $5\times(-3)-(-2)$ を計算しなさい。(4点)

(3) $12x^2y\div 3x\times 2y$ を計算しなさい。(4点)

(4) 方程式 $7x-2=x+1$ を解きなさい。(4点)

(5) $\dfrac{12}{\sqrt{6}}-3\sqrt{6}$ を計算しなさい。(4点)

(6) x^2-x-20 を因数分解しなさい。(4点)

(7) 連立方程式 $\begin{cases} 4x-3y=10 \\ 3x+2y=-1 \end{cases}$ を解きなさい。(4点)

(8) 2次方程式　$2x^2 - 3x - 3 = 0$　を解きなさい。(4点)

(9) 右の図において，点Oは円の中心で，3点A，B，Cは円Oの円周上の点です。このとき，$\angle x$ の大きさを求めなさい。(4点)

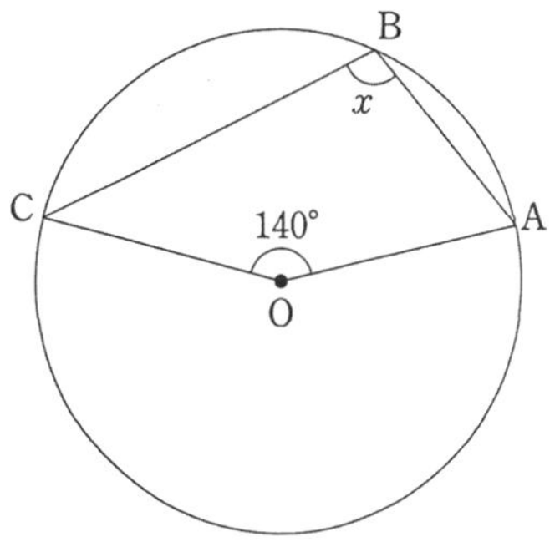

(10) 右の図において，直線は一次関数　$y = ax + b$　のグラフで，曲線は関数　$y = \dfrac{c}{x}$　のグラフです。

座標軸とグラフが，右の図のように交わっているとき，a，b，c の正負の組み合わせとして正しいものを，次のア～クの中から一つ選び，その記号を書きなさい。(4点)

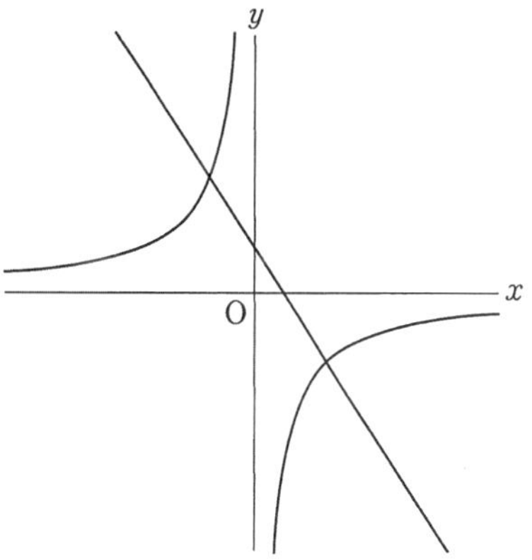

ア	$a > 0$，$b > 0$，$c > 0$	イ	$a > 0$，$b > 0$，$c < 0$
ウ	$a > 0$，$b < 0$，$c > 0$	エ	$a > 0$，$b < 0$，$c < 0$
オ	$a < 0$，$b > 0$，$c > 0$	カ	$a < 0$，$b > 0$，$c < 0$
キ	$a < 0$，$b < 0$，$c > 0$	ク	$a < 0$，$b < 0$，$c < 0$

(11) 右の図は，母線の長さが 8 cm，底面の円の半径が 3 cm の円錐の展開図です。図のおうぎ形 OAB の中心角の大きさを求めなさい。

（4点）

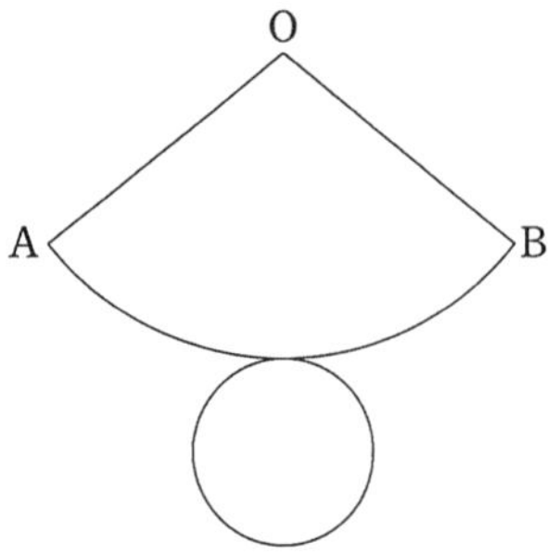

(12) $\sqrt{\dfrac{540}{n}}$ の値が整数となるような自然数 n は，全部で何通りあるか求めなさい。（4点）

(13) 右の図で，AB，CD，EF は平行です。AB = 2 cm，CD = 3 cm のとき，EF の長さを求めなさい。（4点）

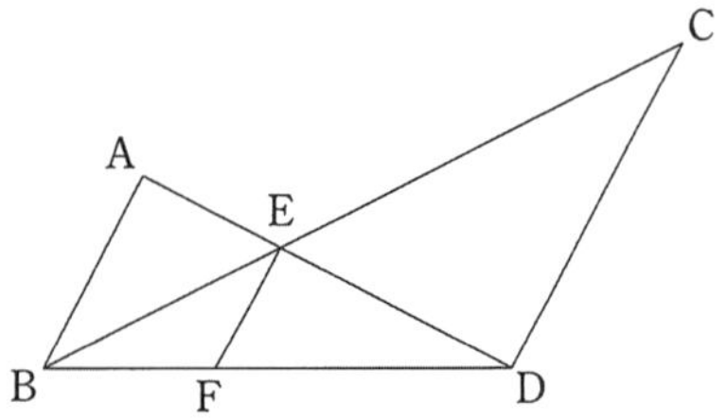

⒁ 次の**ア**～**エ**の中から，箱ひげ図について述べた文として**誤っているもの**を一つ選び，その記号を書きなさい。（4点）

ア データの中に離れた値がある場合，四分位範囲はその影響を受けにくい。

イ 四分位範囲は第3四分位数から第1四分位数をひいた値である。

ウ 箱の中央は必ず平均値を表している。

エ 第2四分位数と中央値は必ず等しい。

⒂ ある養殖池にいる魚の総数を，次の方法で調査しました。このとき，この養殖池にいる魚の総数を推定し，小数第1位を四捨五入して求めなさい。（4点）

【1】 網で捕獲すると魚が22匹とれ，その全部に印をつけてから養殖池にもどした。

【2】 数日後に網で捕獲すると魚が23匹とれ，その中に印のついた魚が3匹いた。

⒃　ある店では同じ味のアイスクリームをＳ，Ｍ，Ｌの３種類のサイズで販売しており，価格は次の表のとおりです。これらのアイスクリームをすべて円柱とみなして考えると，Ｓサイズと Ｍサイズは相似な立体で，相似比は３：４です。また，Ｍサイズと Ｌサイズの底面の半径の比は４：５で，Ｌサイズの高さは Ｍサイズの２倍です。このとき，最も割安なサイズを求め，その理由を数や式を用いて説明しなさい。（５点）

サイズ	S	M	L
価格(円)	160	320	960

2　次の各問に答えなさい。（10 点）

⑴　下の図は，OA を半径とする中心角 180° のおうぎ形です。$\overset{\frown}{\mathrm{AB}}$ 上に点 C をとるとき，AO：AC ＝ 1 ：$\sqrt{2}$ となる点 C をコンパスと定規を使って作図しなさい。

　ただし，作図するためにかいた線は，消さないでおきなさい。（5 点）

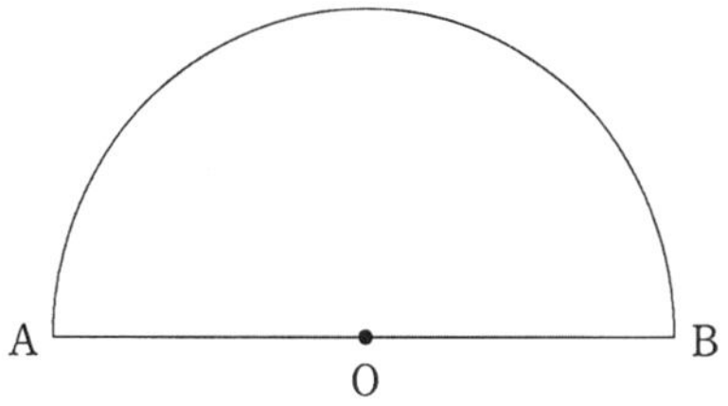

⑵　右の図において，曲線は関数 $y = ax^2$ （$a > 0$）のグラフで，曲線上に x 座標が -3，3 である 2 点 A，B をとります。また，曲線上に x 座標が 3 より大きい点 C をとり，C と y 座標が等しい y 軸上の点を D とします。

　点 D の y 座標が 8 のとき，四角形 ABCD が平行四辺形になりました。このとき，a の値と平行四辺形 ABCD の面積を求めなさい。

　ただし，座標軸の単位の長さを 1 cm とします。

（5 点）

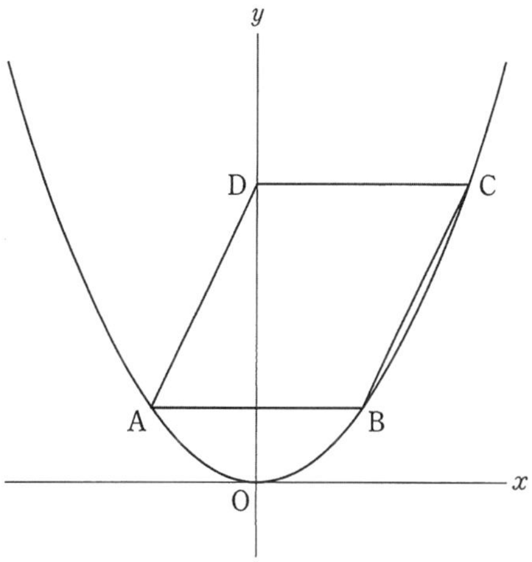

3 次の文と会話を読んで，あとの各問に答えなさい。(14 点)

先　生「次の**設定**を使って，確率の問題をつくってみましょう。」

設定

座標平面上に 2 点 A(2，1)，B(4，5)があります。1から 6 までの目が出る 1 つのさいころを 2 回投げ，1 回目に出た目の数を s，2 回目に出た目の数を t とするとき，座標が(s，t)である点を P とします。

ただし，さいころはどの目が出ることも同様に確からしいものとし，座標軸の単位の長さを 1 cm とします。

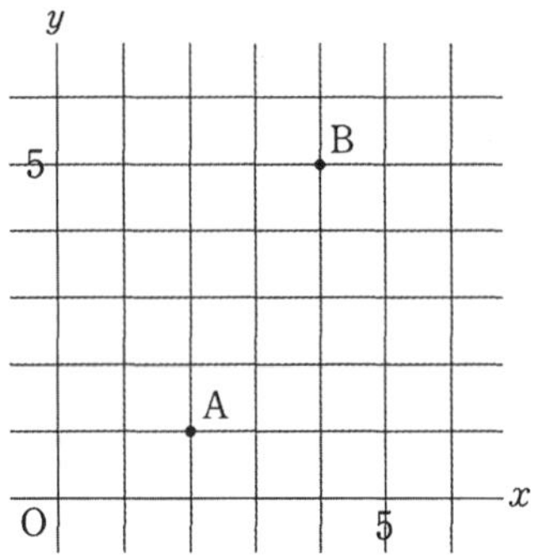

【E さんがつくった問題】

3 点 A，B，P を結んでできる図形が**三角形になる場合のうち**，△ABP の面積が 4 cm² 以上になる確率を求めなさい。

R さん「この問題は，**三角形になる場合のうち**，としているから，注意が必要だね。」

K さん「点 P が直線 AB 上にあるときは，3 点 A，B，P を結んでできる図形が三角形にならないからね。」

R さん「この問題だと，点 P が線分 AB と重なるときは，三角形にならないね。」

K さん「三角形にならない点 P は［ア］個あるから，三角形になる場合は全部で［イ］通りになるね。」

R さん「そのうち，△ABP の面積が 4 cm² 以上になる点 P の個数がわかれば，確率を求めることができそうだね。」

(1) 下線部について，直線 AB の式を求めなさい。（4点）

(2) [ア]，[イ] にあてはまる数を求めなさい。（4点）

(3) 【E さんがつくった問題】について，△ABP の面積が 4 cm^2 以上になる確率を，途中の説明も書いて求めなさい。その際，解答用紙の図を用いて説明してもよいものとします。（6点）

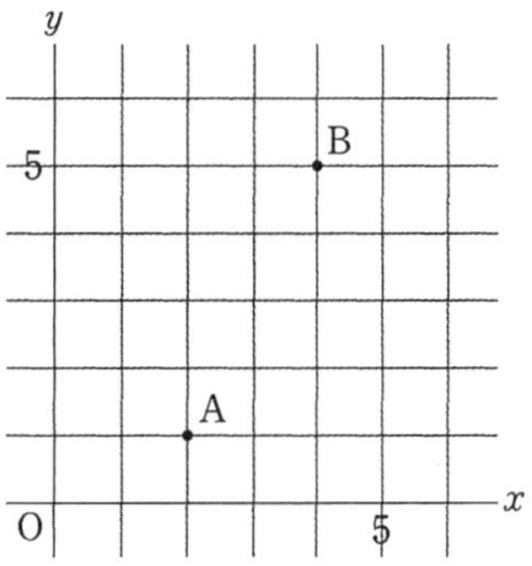

4　下の図のように，点Oを中心とする円Oの円周上に2点A，Bをとり，A，Bを通る円Oの接線をそれぞれℓ，mとします。

直線ℓとmとが点Pで交わるとき，次の各問に答えなさい。(11点)

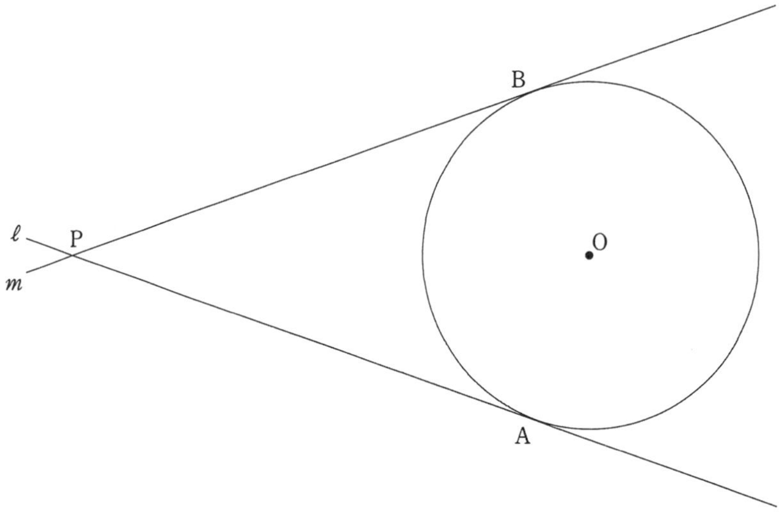

(1)　PA＝PBであることを証明しなさい。(6点)

(2) 下の図のように，直線 ℓ，m に接し，円Oに点Qで接する円の中心をRとします。また，点Qを通る円Oと円Rの共通の接線を n とし，ℓ と n との交点をCとします。

円Oの半径が5 cm，円Rの半径が3 cm であるとき，線分 PC の長さを求めなさい。（5点）

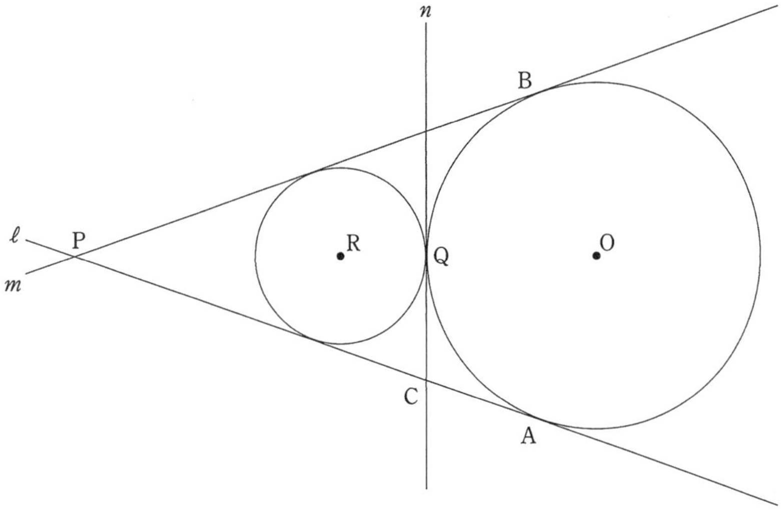

（以上で問題は終わりです。）

受検番号	第　　　　番

令和４年度学力検査問題

数　学〔学校選択問題〕

（10時35分～11時25分
〈50分間〉）

注　　意

1　解答用紙について

（1）解答用紙は１枚で，問題用紙にはさんであります。

（2）係の先生の指示に従って，所定の欄２か所に受検番号を書きなさい。

（3）答えはすべて解答用紙のきめられたところに，はっきりと書きなさい。

（4）解答用紙は切りはなしてはいけません。

（5）解答用紙の※印は集計のためのもので，解答には関係ありません。

2　問題用紙について

（1）表紙の所定の欄に受検番号を書きなさい。

（2）問題は全部で５問あり，表紙を除いて10ページです。

（3）問題用紙の余白を利用して，計算したり，図をかいたりしてもかまいません。

3　解答について

（1）答えに根号を含む場合は，根号をつけたままで答えなさい。

（2）答えに円周率を含む場合は，πを用いて答えなさい。

○　印刷のはっきりしないところは，手をあげて係の先生に聞きなさい。

1 次の各問に答えなさい。(43点)

(1) $6xy^2 \div \left(-\frac{3}{5}xy\right) \div (-2x)^3$ を計算しなさい。(4点)

(2) $\sqrt{11}$ の整数部分を a，小数部分を b とするとき，a^2-b^2-6b の値を求めなさい。(4点)

(3) 2次方程式 $2(x+3)^2-3(x+3)-3=0$ を解きなさい。(4点)

(4) $\sqrt{\frac{540}{n}}$ の値が整数となるような自然数 n は，全部で何通りあるか求めなさい。(4点)

(5) 右の図で，AB，CD，EF は平行です。AB = 2 cm，CD = 3 cm のとき，EF の長さを求めなさい。（4 点）

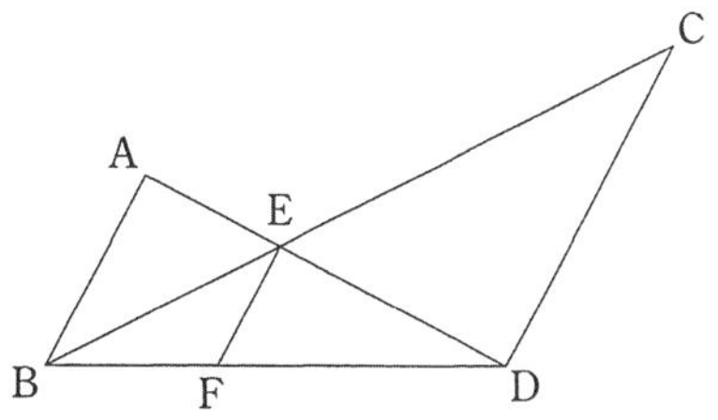

(6) 次の**ア**～**エ**の中から，箱ひげ図について述べた文として**誤っているもの**を一つ選び，その記号を書きなさい。（4 点）

ア　データの中に離れた値がある場合，四分位範囲はその影響を受けにくい。

イ　四分位範囲は第 3 四分位数から第 1 四分位数をひいた値である。

ウ　箱の中央は必ず平均値を表している。

エ　第 2 四分位数と中央値は必ず等しい。

(7) ある養殖池にいる魚の総数を，次の方法で調査しました。このとき，この養殖池にいる魚の総数を推定し，小数第 1 位を四捨五入して求めなさい。（4 点）

【1】 網で捕獲すると魚が 22 匹とれ，その全部に印をつけてから養殖池にもどした。
【2】 数日後に網で捕獲すると魚が 23 匹とれ，その中に印のついた魚が 3 匹いた。

(8) A さんは，午後 1 時ちょうどに家を出発して 1500 m 離れた公園に向かいました。はじめは毎分 50 m の速さで歩いていましたが，途中から毎分 90 m の速さで走ったところ，午後 1 時 24 分ちょうどに公園に着きました。このとき，A さんが走り始めた時刻を求めなさい。（5 点）

(9) 右の図において，曲線①は関数　$y = ax^2$　のグラフで，曲線②は関数　$y = \dfrac{b}{x}$　のグラフ，直線 ℓ は一次関数　$y = cx + d$　のグラフです。

曲線①，②と直線 ℓ が，x 座標が -1 である点Pで右の図のように交わっているとき，a，b，c，d の大小関係を**小さい順**に不等号を使って表しなさい。（5点）

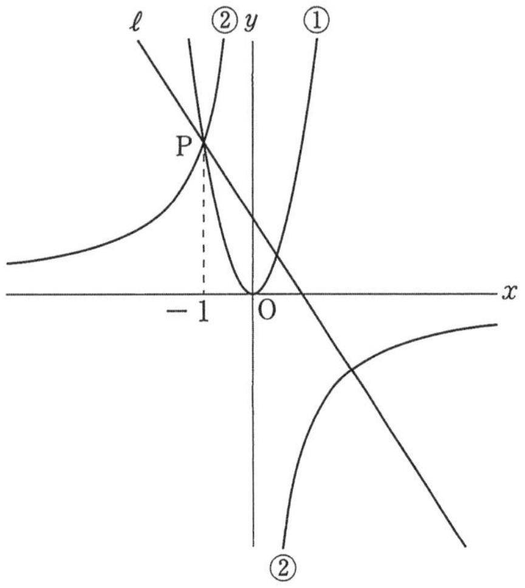

(10) ある店では同じ味のアイスクリームをS，M，Lの3種類のサイズで販売しており，価格は次の表のとおりです。これらのアイスクリームをすべて円柱とみなして考えると，SサイズとMサイズは相似な立体で，相似比は3：4です。また，MサイズとLサイズの底面の半径の比は4：5で，Lサイズの高さはMサイズの2倍です。このとき，最も割安なサイズを求め，その理由を数や式を用いて説明しなさい。（5点）

サイズ	S	M	L
価格(円)	160	320	960

2　次の各問に答えなさい。(12点)

(1)　下の図の線分AB上に点Cをとるとき，AC：AB＝1：$\sqrt{2}$ となる点Cをコンパスと定規を使って作図しなさい。

ただし，作図するためにかいた線は，消さないでおきなさい。（6点）

(2)　右の図において，曲線は関数 $y = ax^2$ （$a > 0$）のグラフで，曲線上に x 座標が－3，3である2点A，Bをとります。また，曲線上に x 座標が3より大きい点Cをとり，Cと y 座標が等しい y 軸上の点をDとします。

線分ACと線分BDとの交点をEとすると，AE＝EC で，AC ⊥ BD となりました。このとき，a の値を求めなさい。（6点）

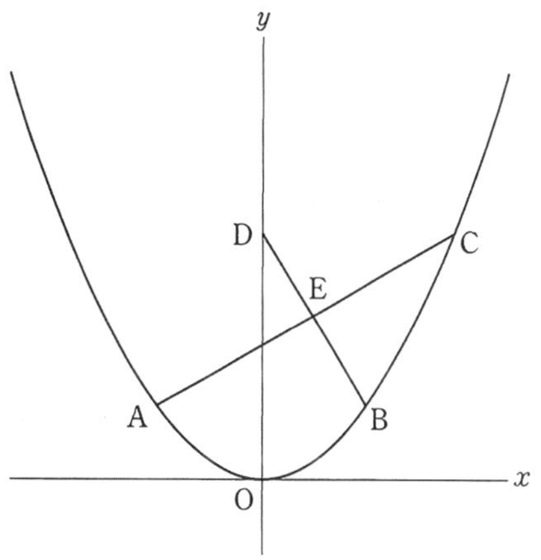

3 次の文と会話を読んで，あとの各問に答えなさい。(17 点)

先　生「次の**設定**を使って，確率の問題をつくってみましょう。」

設定

座標平面上に 2 点 A(2， 1)，B(4， 5)があります。1 から 6 までの目が出る 1 つのさいころを 2 回投げ，1 回目に出た目の数を s，2 回目に出た目の数を t とするとき，座標が (s， t)である点を P とします。

ただし，さいころはどの目が出ることも同様に確からしいものとし，座標軸の単位の長さを 1 cm とします。

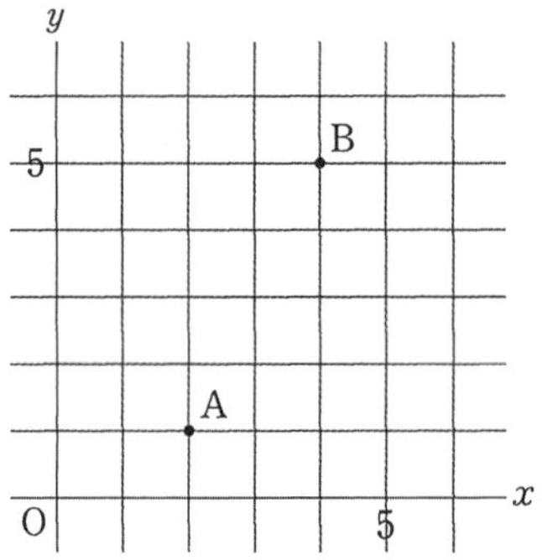

【H さんがつくった問題】

∠APB = 90° になる確率を求めなさい。

【E さんがつくった問題】

3 点 A，B，P を結んでできる図形が**三角形になる場合のうち**，△ABP の面積が $4\ \text{cm}^2$ 以上になる確率を求めなさい。

R さん「【H さんがつくった問題】について，∠APB = 90° になる点 P は何個かみつかるけど，これで全部なのかな。」

K さん「円の性質を利用すると，もれなくみつけることができそうだよ。」

R さん「【E さんがつくった問題】は，【H さんがつくった問題】と違って，**三角形になる場合のうち**，としているから注意が必要だね。」

K さん「点 P の位置によっては，3 点 A，B，P を結んでできる図形が三角形にならないこともあるからね。」

R さん「点 P が直線［ア］上にあるときは三角形にならないから，三角形になる場合は全部で［イ］通りになるね。」

K さん「そのうち，△ABP の面積が $4\ \text{cm}^2$ 以上になる点 P の個数がわかれば，確率を求めることができそうだね。」

(1) 【Hさんがつくった問題】について，$\angle \mathrm{APB} = 90^\circ$ になる確率を求めなさい。（5点）

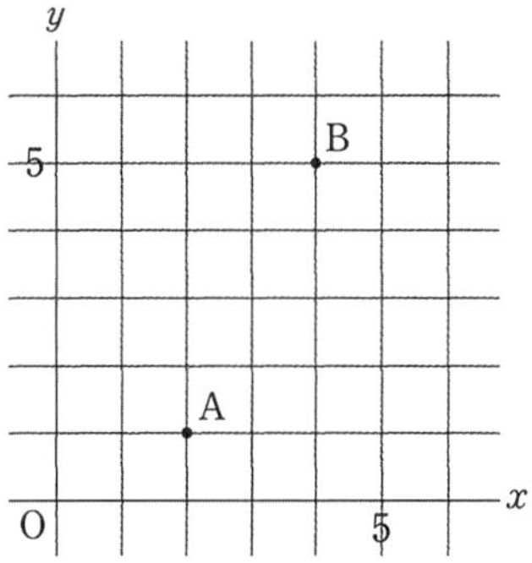

(2) ア にあてはまる直線の式を求めなさい。また， イ にあてはまる数を求めなさい。

（6点）

(3) 【Eさんがつくった問題】について，△ABPの面積が $4\ \mathrm{cm}^2$ 以上になる確率を，途中の説明も書いて求めなさい。その際，解答用紙の図を用いて説明してもよいものとします。（6点）

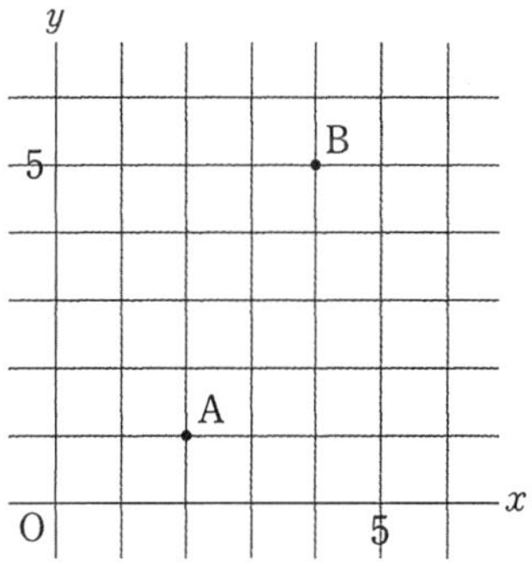

4 下の図のように，点Oを中心とする円Oの円周上に2点A，Bをとり，A，Bを通る円Oの接線をそれぞれℓ，mとします。

直線ℓとmとが点Pで交わるとき，次の各問に答えなさい。（11点）

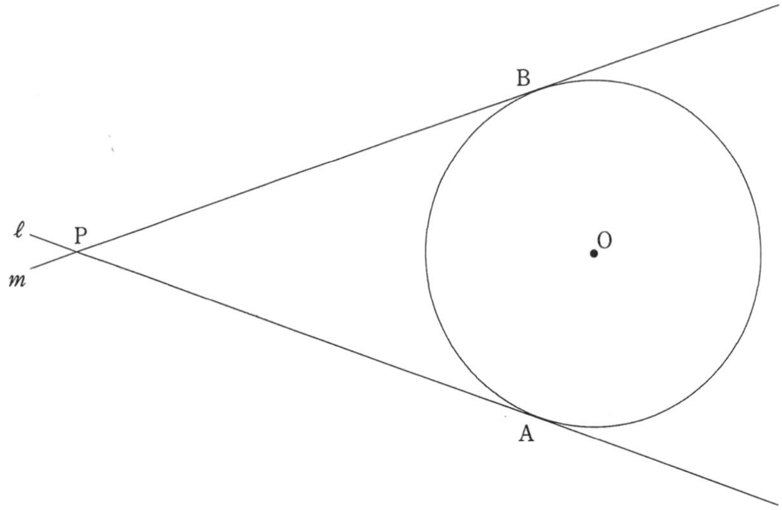

(1) PA＝PBであることを証明しなさい。（6点）

(2) 下の図のように，直線 ℓ，m に接し，円Oに点Qで接する円の中心をRとします。また，点Qを通る円Oと円Rの共通の接線を n とし，ℓ と n との交点をCとします。

円Oの半径が5 cm，円Rの半径が3 cmであるとき，線分PCの長さを求めなさい。（5点）

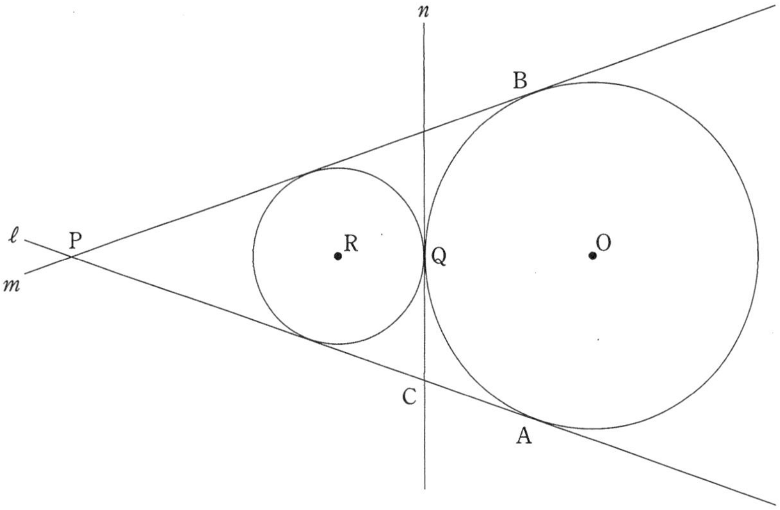

5 次の文を読んで，あとの各問に答えなさい。(17点)

Tさんは，カットされた状態で販売されているスイカを見たときに，そのひとつひとつは平面で切られた多面体であることに気づきました。

球から多面体を切り出したときの立体の体積について興味をもったTさんは，次のように考えました。

下の図1は中心O，半径 r cmの球を，Oを通る平面で切った半球で，切り口の円の円周上に $\angle AOB = 90°$ となるように2点A，Bをとります。また，$\angle AOC = \angle BOC = 90°$ となる半球の表面上の点をCとし，半球を点A，O，Cを通る平面と点B，O，Cを通る平面の2つの平面で切ります。

図2は，半球をこの2つの平面で切ったあとにできる立体のうち，点A，B，Cを含むもので，この立体をVとします。

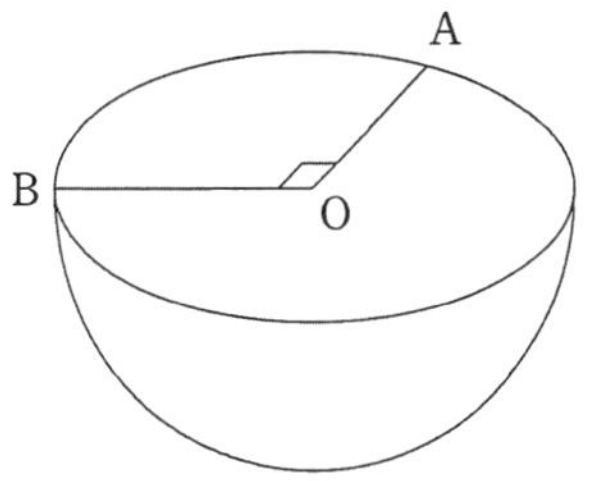

図1

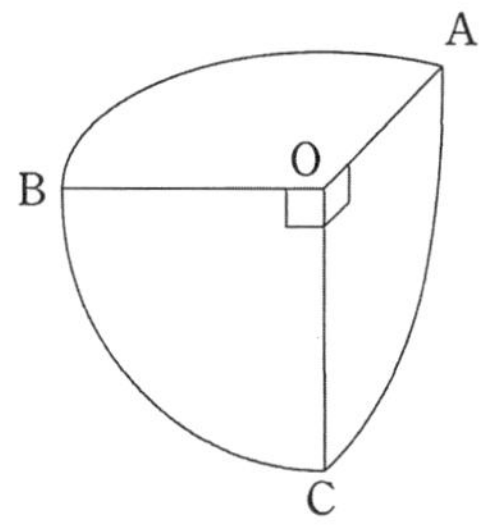

図2(立体V)

(1) 立体Vの体積を求めなさい。(4点)

(2) 図2において，おうぎ形OBCの $\overset{\frown}{BC}$ の長さを二等分する点Dを，図3のようにとります。このとき，5つの点A，B，C，D，Oを頂点とする四角錐の体積を，途中の説明も書いて求めなさい。(7点)

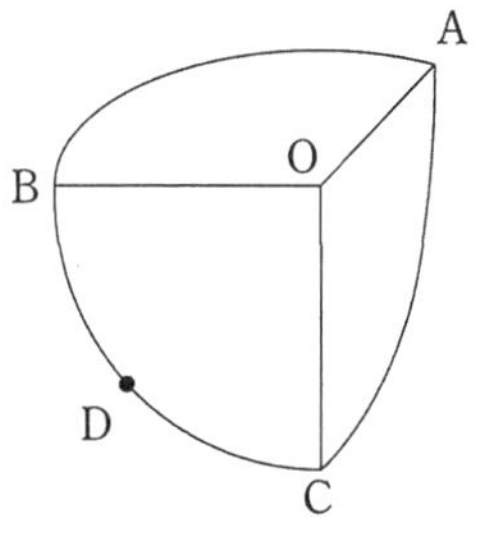

図3

(3) 図2において，おうぎ形OBCの$\overset{\frown}{BC}$上に∠COE＝30°となる点Eをとり，点Eと線分OAを通る平面で立体Vを切ると，点Cを含む立体は図4のようになりました。

図4のように，おうぎ形OACの$\overset{\frown}{AC}$を1：2に分ける点をF，おうぎ形OAEの$\overset{\frown}{AE}$を1：2に分ける点をGとするとき，6つの点A，C，E，F，G，Oを頂点とする五面体の体積を求めなさい。（6点）

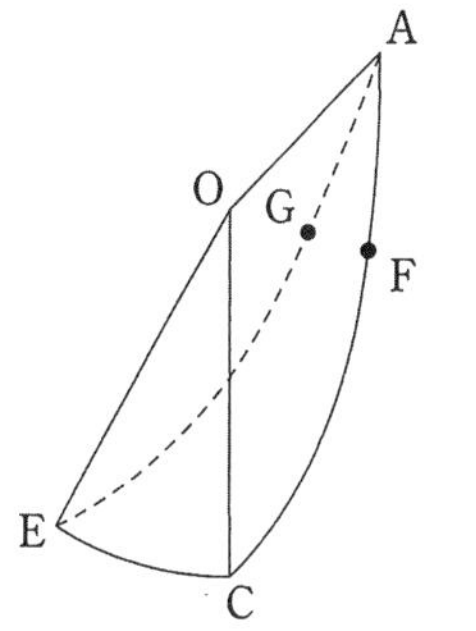

図4

（以上で問題は終わりです。）

受検番号	第　　　　番

令和４年度学力検査問題

英　　　語

（14時40分～15時30分〈50分間〉）

注　　意

1　解答用紙について

(1)　解答用紙は１枚で，問題用紙にはさんであります。

(2)　係の先生の指示に従って，所定の欄２か所に受検番号を書きなさい。

(3)　答えはすべて解答用紙のきめられたところに，はっきりと書きなさい。

(4)　解答用紙は切りはなしてはいけません。

(5)　解答用紙の※印は集計のためのもので，解答には関係ありません。

2　問題用紙について

(1)　表紙の所定の欄に受検番号を書きなさい。

(2)　問題は全部で５問あり，表紙を除いて９ページです。

○　最初に「放送を聞いて答える問題」を行います。

○　印刷のはっきりしないところは，手をあげて係の先生に聞きなさい。

★教英出版注
音声は，解答集の書籍ＩＤ番号を
教英出版ウェブサイトで入力して
聴くことができます。

1　放送を聞いて答える問題(28点)

問題は，No.1～No.7の全部で7題あり，放送はすべて英語で行われます。放送される内容についての質問にそれぞれ答えなさい。No.1～No.6は，質問に対する答えとして最も適切なものを，A～Dの中から一つずつ選び，その記号を書きなさい。No.7は，それぞれの質問に英語で答えなさい。放送中メモを取ってもかまいません。各問題について英語は2回ずつ放送されます。

【No.1～No.3】(各2点)

Listen to each talk, and choose the best answer for each question.

No.1

A

B

C

D

No.2

A

B

C

D

No.3

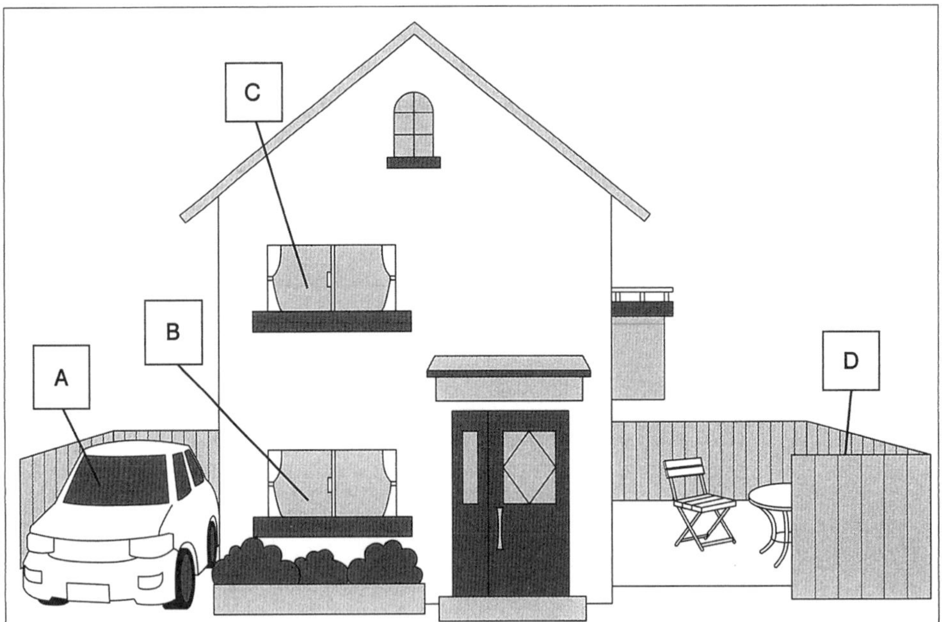

【No. 4， No. 5】（各2点）

Listen to each situation, and choose the best answer for each question.

No. 4

A Thank you for your help.

B How about tomorrow afternoon?

C Can you do it by yourself?

D Sorry, I'm busy all day.

No. 5

A I've lost my key.

B I'll look for it tomorrow.

C Mine is a little small.

D Let's take it to the police station.

【No. 6】（各3点）

Listen to the tour guide on the bus, and choose the best answer for questions 1, 2 and 3.

(1) Question 1

A The chocolate cake.

B The ice cream cake.

C The fruit cake.

D The cheese cake.

(2) Question 2

A At eleven fifty a.m.

B At noon.

C At one twenty-five p.m.

D At one thirty p.m.

(3) Question 3

A Chinese food is more popular than Japanese food at the restaurant.

B People on the bus don't have to get off the bus to order lunch.

C The restaurant is a great place to eat many different foods from all over the world.

D There are some famous shops in the restaurant.

【No. 7】（各3点）

Listen to the talk between Kayo and John, a student from the U.S., and read the questions. Then write the answer in English for questions 1, 2 and 3.

(1) Question 1： How long has John studied Japanese?

Answer： He has studied it for (　　　　　　　　) years.

(2) Question 2： Why does Kayo listen to the English program on the radio?

Answer： Because she wants to (　　　　　　　　) for her job in the future.

(3) Question 3： Why did John ask Kayo to help him with his math homework?

Answer： Because she is (　　　　　　　　) math.

2 フリーマーケット(flea market)の案内を英語で作成します。〔日本語のメモ〕をもとに，空欄 [A] ～ [C] にあてはまる適切な1語を，それぞれ英語で書きなさい。また，空欄 [D] には適切な3語以上の英語を書きなさい。なお，空欄 [A] ～ [C] には省略した形や数字は使わないものとします。(13点)

〔日本語のメモ〕

> ## けやき街フリーマーケット
>
> けやき街フリーマーケットに来て楽しんでください！
> たくさんの種類の中古の本，CD，DVDや食器などがあります。
> 何かいいものをみつける絶好の機会です。
>
> 1　日時：6月18日(土)　午前9時～午後5時
> 2　会場：けやき街ファミリー公園
> 　　　　けやき駅からバスで10分
> 買い物のためのバッグを持ってきてください。

> ## Keyaki Town Flea Market
>
> Come and [A] the Keyaki Town Flea Market!
> There will be many [B] of used books, CDs, DVDs and dishes.
> It's a great chance to find something nice.
>
> 
>
>
> 1　Time and Date : From 9 a.m. to 5 p.m. on Saturday, [C] 18
> 2　Place　　　　: Keyaki Town Family Park
> 　　　　　　　　　10 minutes from Keyaki Station by bus
> Please [D] for shopping.

(A，B，C各3点，D4点)

3 次は，中学生のDaisukeが書いた英文です。これを読んで，問1～問5に答えなさい。*印のついている語句には，本文のあとに〔注〕があります。(18点)

I am a junior high school student and I love music. But I couldn't play *instruments well until *recently. One day, I had a chance to try a guitar in music class at school. One of my friends, Aki, and I *made a pair and we practiced with one guitar. Aki played the guitar well because she learned the guitar when she was an elementary school student. [A] Then, our music teacher, Mr. Kishi, gave me some *advice for playing the guitar.

After coming back home, I said to my mother, "I practiced the guitar but I couldn't play it well yet." "Oh, I see. Do you want to try my guitar? I (　　　) the guitar I played when I was young," my mother said. I didn't know that my mother could play the guitar, so I was surprised to hear that. She smiled and brought the guitar from her room and gave it to me. [B] "Can I play this?" I asked. "Of course!" said my mother. *Thanks to my mother's help and Mr. Kishi's advice, I started to get better.

At the next music class, I did my best to play the guitar, but I made some mistakes. Mr. Kishi and the other students were surprised because I improved a lot since last time. Now, I have a new goal. [C] I am going to play the guitar with Aki at the school festival. We 〔 been / have / the / practicing 〕 guitar together every day after school.

〔注〕 instrument……楽器　　　recently……最近
make a pair……ペアをつくる　　　advice……助言
thanks to～……～のおかげで

問1 本文中の [A] ～ [C] のいずれかに，But it was very difficult for me to play it well. という1文を補います。どこに補うのが最も適切ですか。[A] ～ [C] の中から一つ選び，その記号を書きなさい。(3点)

問2 下線部について，(　　　)にあてはまる最も適切なものを，次のア～エの中から一つ選び，その記号を書きなさい。(3点)

ア always break　　イ often forget　　ウ still have　　エ should make

問3 〔　　　〕内のすべての語を，本文の流れに合うように，正しい順序に並べかえて書きなさい。(4点)

問4 本文の内容に関する次の質問の答えとなるように，(　　　)に適切な英語を書きなさい。(4点)

Question： Why was Daisuke surprised when he was talking with his mother?
Answer： Because he heard that she could (　　　　　　　　　　　　　　　).

問5 本文の内容と合うものを，次のア～エの中から一つ選び，その記号を書きなさい。(4点)

ア Daisuke couldn't play any instruments because he didn't like music.
イ Daisuke used the guitar that his mother brought from her room to practice.
ウ Aki couldn't play the guitar well because Daisuke brought the school guitar to his house.
エ Aki played the guitar well because Mr. Kishi taught her how to play it.

4 次の[1]～[4]は，書道部のNaoto，KimmyとAyakoの会話です。これらを読んで，問1～問8に答えなさい。＊印のついている語句には，本文のあとに〔注〕があります。(29点)

[1] 〈*One day after school, Naoto, Kimmy and Ayako are talking.*〉

Naoto： Our ALT, Mr. Smith is going back to Australia. He often comes to this calligraphy club. All the members in our club like him very much.

Kimmy： He is very nice to us. He gives us good *advice.

Ayako： He helps us a lot. He loves the calligraphy *works we make, too. Hey, I have an idea. How about giving him a present?

Naoto： That's a good idea! What should we get for him?

Kimmy： Let's write messages for him on *shikishi*. I think he'll be glad to read our messages.

Ayako： [A] It's a popular present and easy to make. Should we make something else for him?

Naoto： We should give him *shikishi* and one more thing, but I cannot think of any good ideas *right now.

Kimmy： I *wonder what he would like.

Ayako： Let's tell the other members of our club about our ideas. I think they will help us choose a good present.

〔注〕 advice……助言　　work……作品
right now……今すぐに　　wonder～……～だろうかと思う

問 1 空欄[A]にあてはまる最も適切なものを，次のア～エの中から一つ選び，その記号を書きなさい。(3点)

ア I don't believe it.
イ That sounds good.
ウ Don't worry about it.
エ I'll give it to you.

問 2 本文[1]で，Ayakoは，自分たちの考えを他の部員たちに伝えようとするのはなぜだと述べていますか。日本語で書きなさい。(4点)

2 〈*The next day, they start a *discussion after talking with the club members.*〉

Naoto： So, everyone in our club wants to give Mr. Smith a present, right?

Ayako： Yes, we talked about plans for a present during the club meeting yesterday, but we couldn't decide what to give him as a present with the *shikishi.*

Kimmy： Then, we need to think of a good plan.

Naoto： After we talked in the club meeting, one of the club members gave me Mr. Smith's *self-introduction sheet. Mr. Smith gave it to all the students in his first English class. I think it'll help. Let's look for ideas on the sheet. It's better to give 〔 is / he / him / interested / something 〕 in.

Ayako： Oh, I remember I was given this sheet when I was a first-year student. That's a good idea.

Naoto： *Based on this sheet, how about giving him flowers, too? I'm sure he'll like them.

Kimmy： I don't think that's a good idea. I think there are rules for taking flowers or plants out of the country.

Naoto： Oh, you mean that he cannot take flowers from Japan to Australia?

Kimmy： I'm not sure, but if the flowers we give him cannot be taken from Japan to Australia, he may have trouble.

Ayako： If we give him things that are too large or heavy, it'll be hard for him to carry them to Australia, so we shouldn't choose things like that.

Naoto： You're right. What should we give him instead?

Self-Introduction Sheet

Timothy Smith	
出身地	Australia
一番好きなもの	Japanese pop songs
趣味	B
やってみたいこと	Calligraphy and *kendo*

〔注〕 discussion……話し合い　　self-introduction……自己紹介
based on～……～に基づけば

問 3 〔　　〕内のすべての語を，本文の流れに合うように，正しい順序に並べかえて書きなさい。（4点）

問 4 本文 2 の内容と合うように，Self-Introduction Sheet の空欄 B にあてはまる最も適切なものを，次のア～エの中から一つ選び，その記号を書きなさい。（3点）

ア Collecting pens　　イ Cooking　　ウ Traveling　　エ Taking care of flowers

問 5 本文 2 の内容と合うように，次の英語に続く最も適切なものを，ア～エの中から一つ選び，その記号を書きなさい。（3点）

Naoto said that

ア flowers were good as a present, but Kimmy didn't agree with that idea.

イ something that was too large or heavy was not bad as a present.

ウ he needed Mr. Smith's self-introduction sheet, so he asked Ayako to find it at her house.

エ the self-introduction sheet was easy to read, so Ayako thought it was very useful to study English.

3 〈*They continue their discussion.*〉

Ayako： How about singing some songs for him? Do you know any good Japanese pop songs, Kimmy?

Kimmy： Yes, I do. I'll think of some Japanese pop songs we can sing for him.

Naoto： Thanks. I'm sure he'll like listening to Japanese pop songs because he wrote so on his self-introduction sheet.

Kimmy： Well, I can play the piano, so I will play the piano for the songs. I think we can use the music classroom at school if we ask our music teacher, Ms. Fukuda. If we choose to sing songs for him, I'll ask her.

Naoto： Great. Well, how about collecting pictures of us and making a photo *album for him?

Kimmy： That's also a good idea. We'll have to find a lot of pictures. Oh, I have another idea, too.

〔注〕 album……アルバム

問 6 本文 3 の内容と合うものを，次のア～エの中から一つ選び，その記号を書きなさい。（4点）

ア Naoto thinks it is difficult to take good pictures.

イ Ayako has a lot of pictures she collected with Mr. Smith.

ウ Mr. Smith has never listened to Japanese pop songs.

エ Kimmy will play the piano if they sing songs for Mr. Smith.

4 〈*They try to reach a *conclusion.*〉

Kimmy： We can also make some calligraphy works as a present. What do you think?

Naoto： Good idea. I wonder what words we should write for the works.

Kimmy： So, we have *come up with three ideas for presents. Singing songs for him, a photo album, and calligraphy works. How about giving him the *shikishi* and all three of these presents?

Naoto： We don't have enough time to *prepare all of them. We should give him the *shikishi* and one more present. Let's choose one of the three.

Ayako： OK. I think we should [C]

Kimmy： I agree with you. I hope Mr. Smith will like our presents.

Naoto： I hope so, too. Let's tell the other club members about our plan. I'm sure they'll like it.

〔注〕 conclusion……結論　come up with～……～を思いつく
prepare～……～を準備する

問 7 空欄 C について，あなたなら，本文 4 の3つのプレゼントの案の中からどのプレゼントを選びますか。会話が自然な流れになるように，I think we should に続けて，あなたが選んだプレゼントについて2文以上の英文を書きなさい。1文目は選んだプレゼントを1つあげて，2文目以降はその理由が伝わるように書きなさい。（4点）

問 8　次は，後日の Naoto と Kimmy の会話です。自然な会話になるように，（　　　）に適切な 4 語以上の英語を書きなさい。（4 点）

Naoto：　Finally, we are ready. Let's give him our presents.

Kimmy：　I hope he will like them.（　　　　　　　　　）them to him?

Naoto：　How about this Friday afternoon? I think he will be at school.

Kimmy：　OK. I can't wait!

5 次は，アメリカに住む，あなたの友人であるDannyから届いたメールです。これを読んで，問１～問３に答えなさい。＊印のついている語句には，本文のあとに〔注〕があります。(12点)

Hi, how are you doing?

Last month, I watched an old movie on TV with my mother. She said that the old movie was her favorite. She watched it many times when she was young. It was a *science fiction movie, and in the movie, a scientist makes many things, like a time machine. With a time machine, you can go to the future and see what happens. I really loved the movie. That night, my little brother went to bed early, so my mother recorded the movie for him. The next day, she showed him the movie, too. After he finished watching the movie, he said, "I want to go to the future, too!" My brother and I like the movie as much as our mother likes it. We have watched it many times since then. If I traveled to the future, I could see what my life is like. *As for my future, I'd like to be a doctor. I hope my dream will come true. How about you? What is your dream for the future?

〔注〕 science fiction movie……SF映画　　as for～……～について言えば

問１　本文の内容に合うように，次の英文の(　　)にあてはまる最も適切な１語を，本文中から抜き出して書きなさい。(３点)

After Danny and his brother watched the old movie, it became their (　　) movie.

問２　本文の内容と合うものを，次のア～エの中から一つ選び，その記号を書きなさい。(３点)

ア　Dannyは，このメールを書くまでに何度もその映画を見た。
イ　Dannyの母は科学者なので，タイムマシンを作りたいと考えている。
ウ　Dannyは先月初めて，Dannyの弟にその映画を見せてもらった。
エ　Dannyは，弟と一緒に見るまで，その映画を見たことがなかった。

問３　下線部について，あなたの将来の夢について，〔条件〕に従い，Dannyに伝わるように，［ A ］に３文以上の英文を書いて，**メール**を完成させなさい。(６点)

メール

Hi, Danny. How are you? Thank you for your interesting e-mail.

［ A ］

See you!

〔条件〕 ①　１文目は，あなたの将来の夢はどのようなものかを，My dreamに続けて，解答欄の①に書きなさい。

②　２文目以降は，①について具体的に，２文以上で解答欄の②に書きなさい。

(以上で問題は終わりです。)

受検番号	第　　　　番

令和４年度学力検査問題

英　語〔学校選択問題〕

（14時40分～15時30分）
〈50分間〉

注　意

1　解答用紙について

（1）解答用紙は１枚で，問題用紙にはさんであります。

（2）係の先生の指示に従って，所定の欄２か所に受検番号を書きなさい。

（3）答えはすべて解答用紙のきめられたところに，はっきりと書きなさい。

（4）解答用紙は切りはなしてはいけません。

（5）解答用紙の※印は集計のためのもので，解答には関係ありません。

2　問題用紙について

（1）表紙の所定の欄に受検番号を書きなさい。

（2）問題は全部で４問あり，表紙を除いて９ページです。

○　最初に「放送を聞いて答える問題」を行います。

○　印刷のはっきりしないところは，手をあげて係の先生に聞きなさい。

★教英出版注
音声は，解答集の書籍ＩＤ番号を
教英出版ウェブサイトで入力して
聴くことができます。

1　放送を聞いて答える問題(28点)

問題は，No.1～No.7の全部で7題あり，放送はすべて英語で行われます。放送される内容についての質問にそれぞれ答えなさい。No.1～No.6は，質問に対する答えとして最も適切なものを，A～Dの中から一つずつ選び，その記号を書きなさい。No.7は，それぞれの質問に英語で答えなさい。放送中メモを取ってもかまいません。各問題について英語は2回ずつ放送されます。

【No.1～No.3】(各2点)

No.1

A　　B　　C　　D

No.2

A　　B　　C　　D

No.3

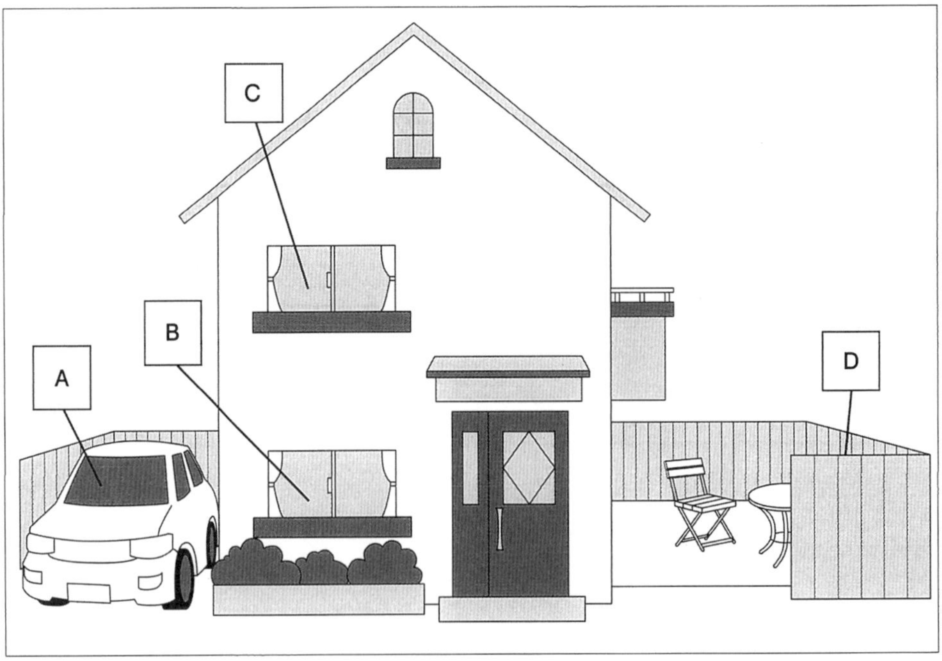

【No. 4， No. 5】（各 2 点）

No. 4

A　Thank you for your help.

B　How about tomorrow afternoon?

C　Can you do it by yourself?

D　Sorry, I'm busy all day.

No. 5

A　I've lost my key.

B　I'll look for it tomorrow.

C　Mine is a little small.

D　Let's take it to the police station.

【No. 6】（各 3 点）

(1)　Question 1

A　The chocolate cake.

B　The ice cream cake.

C　The fruit cake.

D　The cheese cake.

(2)　Question 2

A　At eleven fifty-five a.m.

B　At noon.

C　At one twenty-five p.m.

D　At one thirty p.m.

(3)　Question 3

A　Chinese food is more popular than Japanese food at the restaurant.

B　People on the bus don't have to get off the bus to order lunch.

C　The restaurant is a great place to eat many different foods from all over the world.

D　There are some famous shops in the restaurant.

【No. 7】（各 3 点）

(1)	Question 1：	Why does John read a Japanese newspaper every morning?
	Answer：	To (　　　　　　　　　　).
(2)	Question 2：	How many days a week does Kayo listen to the English program on the radio?
	Answer：	She listens to the program (　　　　　　　　　　) week.
(3)	Question 3：	Why did John ask Kayo to help him with his math homework?
	Answer：	Because she is (　　　　　　　　　　) math.

2 次の[1]～[4]は，書道部のNaoto，KimmyとAyakoの会話です。これらを読んで，問1～問7に答えなさい。＊印のついている語句には，本文のあとに〔注〕があります。(28点)

[1] 〈*One day after school, Naoto, Kimmy and Ayako are talking.*〉

Naoto： Our ALT, Mr. Smith is going back to Australia. He often comes to this calligraphy club. All the members in our club like him very much.

Kimmy： He is very nice to us. He gives us good advice.

Ayako： He helps us a lot. He loves the calligraphy *works we make, too. Hey, I have an idea. How about giving him a present?

Naoto： That's a good idea! What should we get for him?

Kimmy： Let's write messages for him on *shikishi*. I think he'll be glad to read our messages.

Ayako： That sounds good. It's a popular present and easy to make. Should we (　　　　　) him?

Naoto： We should give him *shikishi* and one more thing, but I cannot think of any good ideas right now.

Kimmy： I *wonder what he would like.

Ayako： Let's tell the other members of our club about our ideas. I think 〔 him / us / everyone / present for / help / will / choose / a good 〕.

〔注〕 work……作品　　　　wonder～……～だろうかと思う

問1 下線部が「彼に他の何かを作るべきでしょうか。」という意味になるように，(　　　　　) に適切な4語の英語を書きなさい。(3点)

問2 〔　　　〕内のすべての語句を，本文の流れに合うように，正しい順序に並べかえて書きなさい。(4点)

[2] 〈*The next day, they start a *discussion after talking with the club members.*〉

Naoto： So, everyone in our club wants to give Mr. Smith a present, right?

Ayako： Yes, we talked about plans for a present during the club meeting yesterday, but we couldn't decide what to give him as a present with the *shikishi*.

Kimmy： Then, we need to think of a good plan.

Naoto： After we talked in the club meeting, one of the club members gave me Mr. Smith's *self-introduction sheet. Mr. Smith gave it to all the students in his first English class. I think it'll help. Let's look for ideas on the sheet. It's better to give him something he is interested in.

Ayako： That's a good idea. Oh, look at this. His advice really helped me.

Kimmy： Yes, your English is much better now!

Naoto： *Based on this sheet, how about giving him flowers, too? I'm sure he'll like them.

Kimmy： I don't think that's a good idea. I think there are rules for taking flowers or plants out of the country.

Naoto： Oh, you mean that he cannot take flowers from Japan to Australia?

Kimmy： I'm not sure, but if the flowers we give him cannot be taken from Japan to Australia, he may have trouble.

Ayako： If we give him things that are too large or heavy, it'll be hard for him to carry them to Australia, so we shouldn't choose things like that.

Naoto： You're right. What should we give him instead?

Self-Introduction Sheet

Hello, everyone! My name is Timothy Smith. I am from Australia. My hobby is taking care of flowers.

I like Japanese pop songs. My favorite Japanese foods are *sushi* and *takoyaki*. But I do not like the hot weather in Japan very much. Someday, I want to try calligraphy and *kendo*.

Today, I will give you some advice about learning English. I think you should [A]

Keep trying! Thank you.

〔注〕 discussion……話し合い　　self-introduction……自己紹介
based on～……～に基づけば

問 3　下線部 His advice really helped me. について，Self-Introduction Sheet の空欄 [A] には，Mr. Smith から生徒へのアドバイスが入ります。あなたならどのようなアドバイスを書きますか。本文 [2] の内容と合うように，I think you should に続けて，２文以上の英文を書きなさい。１文目はアドバイスを１つあげて，２文目以降はその理由が伝わるように書きなさい。（４点）

3 〈*They continue their discussion.*〉

Ayako： How about singing some songs for him? Do you know any good Japanese pop songs, Kimmy?

Kimmy： Yes, I do. I'll think of some Japanese pop songs we can sing for him.

Naoto： Thanks. I'm sure he'll like listening to Japanese pop songs because he wrote so on his self-introduction sheet.

Kimmy： Well, I can play the piano, so I will play the piano for the songs. I think we can use the music classroom at school if we ask our music teacher, Ms. Fukuda. If we choose to sing songs for him, I'll ask her.

Naoto： Great. Well, how about collecting pictures of us and making a photo album for him?

Kimmy： That's also a good idea. We'll have to find a lot of pictures. If we make a photo album, I can borrow a camera from my homeroom teacher, Mr. Kishi, to take new pictures. Oh, I have another idea, too.

問 4 本文 3 の内容と合うものを，次のア～エの中から一つ選び，その記号を書きなさい。

（3点）

ア Kimmy thinks it is difficult to take a good photo Mr. Smith will like.

イ Naoto will ask Mr. Kishi to take pictures because he doesn't have enough pictures for the album.

ウ Ayako wants to practice singing songs, so she told Kimmy to play the piano for practice.

エ Kimmy will ask their music teacher to let them use the music classroom if they need.

4 〈*They try to reach a *conclusion.*〉

Kimmy： We can also make some calligraphy works as a present. What do you think?

Naoto： Good idea. I wonder what words we should write for the works.

Kimmy： So, we have *come up with three ideas for presents. Singing songs for him, a photo album, and calligraphy works. How about giving him the *shikishi* and all three of these presents?

Naoto： We don't have enough time to prepare all of them. We should give him the *shikishi* and one more present. Let's choose one of the three.

Ayako： OK. I think a photo album is the best idea because he can look at it and remember his time in Japan.

Kimmy： I agree with you. OK, I'll go to see Mr. Kishi later. I hope Mr. Smith will like our presents.

Naoto： I hope so, too. Let's tell the other club members about our plan. I'm sure they'll like it.

〔注〕 conclusion……結論　　come up with～……～を思いつく

問 5　本文[1]～[4]の内容に関する次の質問に，英語で答えなさい。（4点）

Why will Kimmy go to see her homeroom teacher, Mr. Kishi, after choosing the present for Mr. Smith?

問 6　本文[1]～[4]の内容と合うように，次の(1)，(2)の英語に続く最も適切なものを，ア～エの中から一つずつ選び，その記号を書きなさい。（各3点）

(1)　Naoto thinks the presents should be *shikishi* and one of the other three ideas because

ア　he cannot think of any good ideas right now.

イ　it would take too much time to prepare all three presents for Mr. Smith.

ウ　he has to tell all the club members about his idea.

エ　choosing only one of the four presents is enough for Mr. Smith.

(2)　During the discussion,

ア　Naoto came up with the idea of flowers as a present, but Kimmy didn't agree with his idea.

イ　Kimmy thought Mr. Smith could make good calligraphy works based on the information written on his self-introduction sheet.

ウ　Naoto brought Mr. Smith's self-introduction sheet, so Mr. Smith could remember Japan.

エ　Ayako said calligraphy works from all the club members would be a good present.

問 7　次は，後日のKimmyとNaotoの会話です。自然な会話になるように，（　　　）に適切な4語以上の英語を書きなさい。（4点）

Kimmy：　I started taking pictures to make the photo album for Mr. Smith. Here are some of them. What do you think?

Naoto：　Oh, these are good pictures, but we need more.

Kimmy：　Hey, don't you have (　　　　　　) at the school festival two years ago? I'm sure Mr. Smith was with us at that time. Didn't Mr. Kishi let you use a camera then?

Naoto：　Oh, I remember! After the school festival, Mr. Kishi gave me some of them. I'll look for them at home.

3 次は，高校1年生のTsuneoが書いた英文です。これを読んで，問1～問6に答えなさい。＊印のついている語句には，本文のあとに〔注〕があります。(34点)

When I was an elementary school student, we had to use pencils made of wood. Some of my friends wanted to use *mechanical pencils, but we didn't use them at our elementary school. Why are pencils the first *writing tools used by elementary school students? The pencils I used at school were given to me by my mother, and when the pencils became short, I asked her to buy me new ones again. After we entered junior high school, almost all of my friends started using mechanical pencils. I always used pencils made of wood in elementary school, but after that, I only used mechanical pencils. One day, I found an article about pencils while I was reading the newspaper. It said that about 1,400,000,000 pencils were made every year in the 1960s in Japan, but in 2019, only 180,000,000 pencils were made. That is about 13% of the amount of pencils made every year in the 1960s. One of the reasons is the *decline in the number of children. I became interested in pencils, so I decided to research them on the Internet.

In 1564, in *Borrowdale, England, a black material was discovered in the ground. This material was *graphite. People found it was useful for writing. But, if you hold graphite, your hands get dirty. [①] These were the first pencils. After that, pencils spread across Europe, and soon became popular. After about two hundred years, people couldn't find any more graphite in Borrowdale because there was no graphite left there. People in England couldn't find better graphite than that in Borrowdale. [②] After trying many ways to make pencils, they *mixed graphite and *sulfur. But this graphite mixed with sulfur was not as good as the graphite in Borrowdale. But in Germany, people knew a better way to mix graphite and sulfur. People in France bought pencils made in England, but in the eighteenth century, people in France couldn't get pencils from England because of the wars between France and England. People say that *Napoleon Bonaparte asked a scientist to make better pencils because they needed to make their own pencils in France. The scientist mixed graphite and *clay, and the graphite mixed with clay was *heated to around 1,100℃ to make the *lead. Then, the scientist was finally able to make the best lead. It was almost the same as the lead used today. [③] The company put six pieces of lead between two boards, and then cut them into six pencils. This is almost the same *process used to make many pencils at once today.

How about pencils in Japan? People say that Tokugawa Ieyasu was the first Japanese person to use a pencil. In Shizuoka Prefecture, a 〔 he / protecting / shrine / has / that / been / the pencil 〕 used since 1617. In *the Meiji period, Japanese people tried to learn many new things from the U.S. and Europe. Young people had more chances to learn than before. In 1873, about twenty Japanese engineers were sent to Europe to learn new technologies. After they came back to Japan, some of them taught a man how to make pencils. People say that this man, Koike Uhachiro, made the first pencils in Japan. These pencils made in Japan were [A] in an *exposition in Ueno, Tokyo in 1877. After this, pencils became more popular in Japan and many people started using them. About forty pencil companies were made in those days, and some of them still make pencils today.

There are several *merits of pencils. Do you know how long you can write with just one pencil? I read an article on the Internet. It said you can draw a line about 50 km long! <u>I thought this was amazing!</u> You can write with a pencil longer than many other writing tools. A pencil can be used in many different environments, too. For example, if you use a *ball-point pen in a very cold place like the top of a mountain in winter, writing will probably be very difficult. In Japan, pencils are the first writing tools elementary school students use to learn how to write because pencils are hard to break. If there [B] no pencils, it would be much more difficult for children in Japan to practice writing.

Now I know a lot more about pencils. Pencils have a very interesting history. It was very surprising to learn about. How about other writing tools around us? They may have their own surprising history. I want to know more about them.

〔注〕 mechanical pencil……シャープペンシルwriting tool……筆記用具
decline in～……～の減少Borrowdale……ボローデール（地名）
graphite……黒鉛mix～……～を混ぜる
sulfur……硫黄Napoleon Bonaparte……ナポレオン・ボナパルト
clay……粘土heat～……～を熱する
lead……（鉛筆の）芯process……過程
the Meiji period……明治時代exposition……博覧会
merit……長所ball-point pen……ボールペン

問 1　本文の内容に関する次の質問に，英語で答えなさい。（4点）

Why are pencils the first writing tools used by elementary school students in Japan?

問 2　空欄 ① ～ ③ にあてはまる最も適切な文を，次のア～カの中から一つずつ選び，その記号を書きなさい。なお，同じ記号を2度以上使うことはありません。（各3点）

ア　Before they found new graphite, they were making new pencils in the same way for two hundred years.

イ　After that, those people finally brought pencils to England.

ウ　Then, in the nineteenth century, a pencil company in the U.S. found a new way to make pencils.

エ　Then, those scientists sold the new ones to a pencil company in the U.S. to make more money.

オ　So, they had to find another way to make pencils.

カ　So, they put the graphite between two pieces of wood.

問 3　〔　　　〕内のすべての語句を，本文の流れに合うように，正しい順序に並べかえて書きなさい。（3点）

問 4　空欄 A ， B にあてはまる最も適切なものを，次の中から一つずつ選び，それぞれ正しい形にかえて書きなさい。（各3点）

ask	be	give	go
have	show	turn	write

問 5　下線部I thought this was amazing! の this は何をさしていますか。日本語で書きなさい。（3点）

問 6　次の英文は，本文の内容をまとめたものです。次の（ 1 ）～（ 3 ）に適切な英語を，それぞれ**2語**で書きなさい。（各3点）

Tsuneo used pencils in elementary school, but he stopped (1) in junior high school. One day, he became interested in pencils because of an article in the newspaper. After researching them, he learned a lot of things about pencils. For example, he learned when and where the first pencils were made, and he learned how people (2) better and how pencils were introduced to Japan. He also learned many other things about pencils, for example, how long you can write with just one pencil. Tsuneo was (3) learn about the interesting history of pencils. He wants to know more about the history of other writing tools, too.

4 次の英文を読んで，あなたの考えを，〔条件〕と〔記入上の注意〕に従って40語以上50語程度の英語で書きなさい。＊印のついている語には，本文のあとに〔注〕があります。(10点)

Making a speech or presentation is effective to *deepen your understanding. When you make a speech or presentation, you may *discover some things that you want to learn more about. To learn more, you will need to do research. For example, you can do this in many ways at school. The school library and the *tablet computers can also help you. <u>How will you use things, such as the library or computers for your research?</u>

〔注〕 deepen～……～を深める　　discover～……～を発見する
tablet……タブレット型の

〔条件〕 下線部の質問に対するあなたの考えを，その理由が伝わるように書きなさい。

〔記入上の注意〕
① 【記入例】にならって，解答欄の下線＿＿の上に1語ずつ書きなさい。
・ 符号(，．？！など)は語数に含めません。
・ 50語を超える場合は，解答欄の破線……で示された行におさまるように書きなさい。
② 英文の数は問いません。
③ 【下書き欄】は，必要に応じて使ってかまいません。

【記入例】

Hi!	I'm	Nancy.	I'm	from
America.	Where	are	you	from?
is	April	2,	2006.	It

50語
is Ken's birthday, too.

(以上で問題は終わりです。)

【下書き欄】

40語

50語